罗银胜　赵涛◎主编

百年顾准丛书

【顾准先生**百岁华诞**纪念版】

顾准的后半生

罗银胜◎著

纪念顾准先生诞辰**一百周年**（1915-2015）
纪念陈敏之先生诞辰**九十五周年**（1920-2015）
纪念王元化先生诞辰**九十五周年**（1920-2015）

民主与建设出版社

图书在版编目（CIP）数据

顾准的后半生 / 罗银胜著. -- 北京 : 民主与建设

出版社, 2015.7

ISBN 978-7-5139-0608-1

Ⅰ.①顾⋯　Ⅱ.①罗⋯　Ⅲ.①顾准（1915～1974）—

传记　Ⅳ.①K825.31

中国版本图书馆CIP数据核字（2015）第149908号

出 版 人： 许久文

责任编辑： 李保华

整体设计： 金刚创意

出版发行： 民主与建设出版社有限责任公司

电　　话： (010)59419778　　59417745

社　　址： 北京市朝阳区阜通东大街融科望京中心B座601室

邮　　编： 100102

印　　刷： 北京彩虹伟业印刷有限公司

版　　次： 2015年9月第1版　2015年9月第1次印刷

开　　本： 16

印　　张： 26

书　　号： ISBN 978-7-5139-0608-1

定　　价： 56.00元

董辅礽[①]致罗银胜同志信

罗银胜同志:

您好!

信收到了。

顾准同志秉性刚直,极聪明,作学问扎实,功底很深,能独立思考,非我辈所及。他的著作我读得不多。会计我一向未认真学,这方面他的著作我未读过,他在经济学方面的许多思想,可惜未全写出来,或未展开。冶方同志在世时曾得到他的启示。我是知道的。关于他的学术观点,可能张纯音同志更了解一些。

如能把他的传记写好,自然对我国经济学是一项贡献。

他是个奇才,可惜命运不好,未展其才,又早逝了。痛哉!

---

① 董辅礽(1927—2004),中国著名经济学家,有"一代经济学大师"之称,其生前为中国经济体制改革作出了巨大贡献。1927年生于浙江省宁波市。1946年入武汉大学经济系就读,并于1950年毕业。1953年远赴苏联学习,先后获苏联莫斯科国立经济学院硕士、副博士学位。历任武汉大学经济系讲师、副教授、教授、院长,中国科学院经济研究所助理研究员、国民经济平衡组副组长,中国社会科学院研究生院副院长,经济科学出版社总编辑兼社长,北京大学、中国人民大学、中国社会科学院教授、博士生导师。董辅礽先生还是第八届全国人民代表大会代表、全国人大常委会委员、全国人大财经委员会副主任委员,第九届全国人大常委会委员、财经委员会副主任委员,国务院环境保护委员会顾问,国家环境保护局顾问,全国政协委员,全国政协经济委员会副主任。著有《苏联国民收入动态分析》《社会主义再生产和国民收入问题》等书。

序

周瑞金[①]

今年是我国当代著名思想家顾准100周年诞辰。

这个1935年加入中国共产党的老党员，在1949年新中国刚成立，就荣任华东军政委员会财政部副部长兼上海市财政局局长、税务局局长，与陈毅、潘汉年、方毅等同为上海市政府党组成员。1956年任中国科学院综合考察委员会副主任兼经济研究所研究员时，他就大胆提出了社会主义经济可以自由发展，并以市场价格调节的观点，成为新中国提出社会主义市场经济理论的第一人。

然而，在阶级斗争为纲的年代，他两次被划为"右派分子"。在长期忍受苦难的煎熬中，顾准以其深邃的思想、渊博的学识和非凡的胆略，撰写了《希腊城邦制度》《从理想主义到经验主义》等著作以及大量的笔记文稿，深刻论述了不受制约的权力造成的危害，人治和法治的利弊，以及对直接民主、议会民主制、史官文化、资本主义萌芽等的精辟分析，对改革时期的社会思潮产生了重大影响。他是最早清醒地反对个人迷信的人，是最早冲破教条主义的人，也是以一人之力顽强掘通阻隔中西思想对话的黑暗隧道的人。顾准是当代中国当之无愧的改革开放的思想先驱！

顾准1974年不幸病逝。1980年得到平反昭雪，骨灰被安放在八宝山革命公墓，党和国家领导人万里、黄克诚、方毅、谷牧、张劲夫等表示了哀悼，从此"罪名"尽洗。1994年经王元化力荐，《顾准文集》一书在贵州人民出

---

①　周瑞金：著名政论家，"皇甫平"系列文章作者之一，《人民日报》前副总编辑。

版社出版，先后被遴选为"三十年三十本书"，"六十年六十本书"。吴敬琏坦诚地说"顾准改变了我的全部人生"。李慎之则称顾准是点燃自己拆下的肋骨，照亮黑暗的人。

为纪念顾准诞辰一百周年，我的贤友罗银胜同志适时推出了经过精心修订的《顾准的后半生》。这本书全面地反映了顾准作为中国社会主义市场经济的第一人，在中国全面实行计划经济时，他发文呼吁中国应进行市场化改革；他坚信市场经济将是中国的"神武景气"。他从经济学破壁而出，研究古希腊罗马史、中国历史、诸子百家、中世纪、法国大革命，力图从更高的学术视点反思中国，呼唤改革。顾准卓越而深邃的思想，源于他传奇而坎坷的人生。顾准拼死捍卫人格底线，以思想日记的形式，写下他对"斯大林主义"中国化的深刻批判。在那场浩劫中顾准经受了残酷的批斗和折磨，并遭遇了妻离子散、家破人亡的人间惨剧，但他依然昂首走在思想探索之路上。

读了新版《顾准的后半生》，深感顾准自由思想、独立精神的可贵，深为顾准追求真理勇背十字架、一往无前的人格风范所感奋。今天，我们要全面建设小康社会、全面深化改革、全面依法治国、全面从严治党，就非常需要弘扬顾准这种追求真理、百折不屈的精神，非常需要学习顾准这种开拓进取、勇于担当的人格风范！

目录

第一章　引子

加强住济校藏，严格执
纪，积累回家建板资金，
会计工作人员应该在
这方面充分发挥自己的
作用。

　　　程　华

一九五〇·
青十日

李慎之（1923—2003 年 4 月 22 日）
襄阳南巷 1995 年 8 月 15 日

李慎之先生曾积极推动研究顾准的活动

顾准画像

这是一个中国知识界流传已久的真实故事：

——有一天，境外同行在一次学术会议上问及学界，在20世纪60年代与70年代，你们有没有可以称得上稍微像样一点的思想家？面对这样一个潜含挑战与讥讽双重含义的问题，在座的一位前辈学者李慎之先生凛然而起，应声回答：有，有一位，那就是顾准。一语既出，语惊四座。

正是这位名叫顾准的思想家，在十年动乱那种风雨如晦、万马齐喑的岁月，孜孜矻矻，不懈探索，全然不顾个人安危，还发出如下预言：

"……清醒地看到问题所在，知道我们已经解决了什么，哪些没有解决，哪些走过了头，实事求是，而不是教条主义地对待客观实际，我们国家不久就会在经济上雄飞世界……" [①]

这是本书的传主顾准在1973年6月11日所说的。虽然已过去几十年，至今听来，仍振聋发聩，血脉贲张。回首近四十年我国政治、经济、文化领域发生的巨大变迁，我们不得不由衷地感叹：顾准不仅是一位伟大的思想家，而且是一位科学的预言家。20世纪90年代以后，随着《从理想主义到经验主义》（香港三联书店）、《顾

① 陈敏之、罗银胜编：《顾准文集》[增订珍藏本]，福建教育出版社2010年5月版，第288页。

准文集》（陈敏之编，贵州人民出版社）、《顾准日记》（陈敏之、丁东编，经济日报出版社）、《顾准：民主与终极目的》（罗银胜编，中国青年出版社）和《顾准文存》（陈敏之、顾南九编，中国青年出版社）、《顾准文集》[增订珍藏本]（陈敏之、罗银胜编，福建教育出版社）、《顾准会计文集》（立信会计出版社）等著作的相继问世，顾准这个名字，得到国内思想界、知识界、经济学界的广泛关注；人们越来越珍惜顾准留下的宝贵思想遗产，顾准著作的深刻意蕴被越来越多的人所认识。人们为顾准的大德大爱，富有传奇性的人格魅力、深刻的思想底蕴所深深折服：顾准自幼自学成才，很快成为立信会计事业的台柱，深得杰出的会计专家、教育家潘序伦的信任；顾准积极投身抗日救亡运动，领导了地下党的职委、文委工作，立信是他革命生涯的起点；顾准是新中国成立后上海市首任财政局局长，为国民经济的迅速恢复作出了巨大的努力；顾准后来在令人难以想象的逆境中，从事学术研究，他对古今中外的历史、文化、哲学、经济、思想的探索，具有里程碑式的贡献，真正做到了究天人之际、明内外之势、通古今之变、成一家之言……

《从理想主义到经验主义》（香港三联书店1992年出版）封面，《顾准文集》（贵州人民出版社1994年出版）封面，《希腊城邦制度》封面，《顾准文集》［增订珍藏本］（福建教育出版社2010年出版）封面

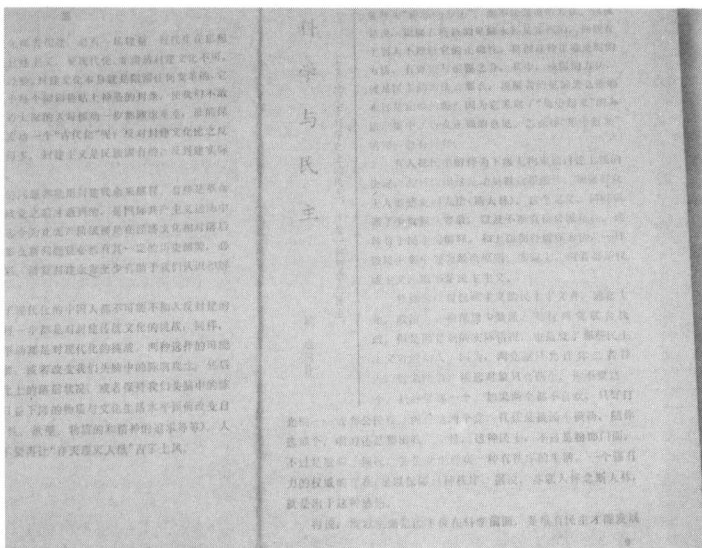

顾准遗作《民主与科学》在《读书》杂志发表

顾准的大德——体现于他对理想、对真理的勇敢献身；顾准的大爱——体现于他对祖国、对人民的赤胆忠心。

顾准著作的流布颇广

著名思想家王元化感喟："我们这里有不少人以思想家自诩，但配得上这个令人尊敬的称号的，恐怕只有像顾准这样的学者！"①

王元化（右三）、王蒙先生（右二）宏论偶觉

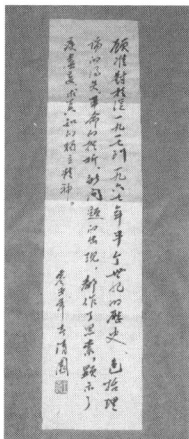

文化大师王元化
先生为本书著者的题词

学者朱学勤说："他本来有一官宦前程，而且前程似锦。但是他'糟蹋'了这一前程，走上了一条料无善终的不归之路。他在黑暗中求索，给抽屉写作，给后人写作……甘愿忍受时代对他的遗弃，是要给这迷路的时代指点'出走'之迷津。"②

顾准是一位在逆境中坚持理性思考，在黑暗中洞见光明的智者；

顾准是一位置身残酷环境而特立独行，在万马齐喑的特殊年代敢于诉说的勇士；

顾准的存在，弥补了那一段非常岁月里我国思想荒漠的空寂。

其实，顾准也只是一名普通的中国知识分子，一个普通的中国人。

他几十年的生命旅程，坎坷之路，无不折射出当代中国社会进程的斑驳影像。

他的命运，是当代中国一个特殊历史时期所有中国人命运的共同缩影……

---

① 《文汇读书周报》1994年12月3日。
② 《风声雨声读书声》，三联书店1994年9月第1版。

顾准的胞弟、著名经济学家陈敏之对顾准思想的传播，居功至伟

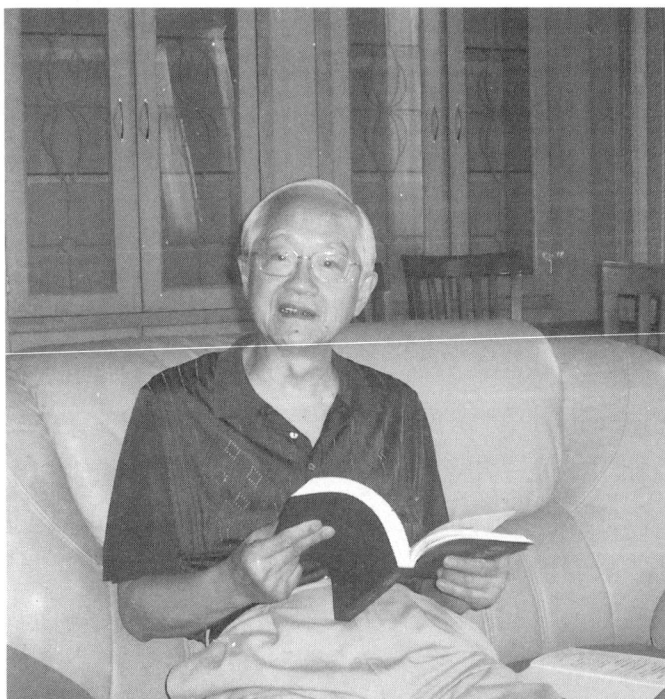

吴敬琏阅读著者所著《顾准画传》

顾准著作书影

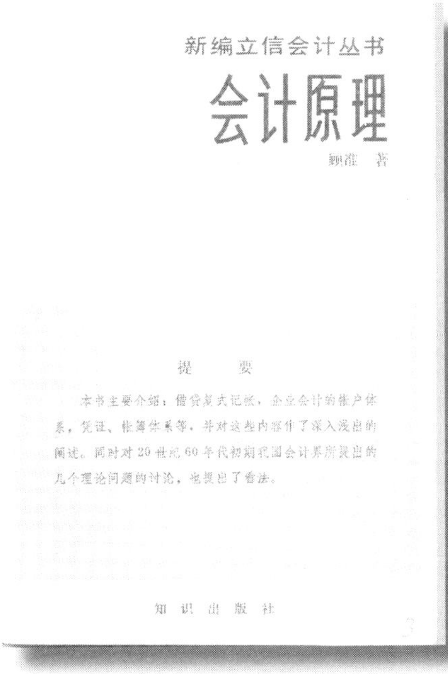

顾准《会计原理》（知识出
版社1984年出版）封面

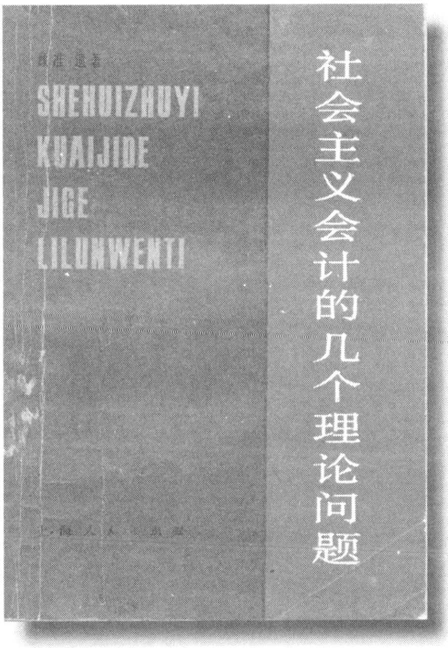

顾准《社会主义会计的几个理论问题》
（上海人民出版社1987年出版）封面

一个中国知识分子的苦难历程
一曲道义捍卫者的浩气长歌

顾准传

罗银胜 著

团结出版社

《顾准传》（团结出版社1999年出版）封面

ACCOUNTING WORKS
OF GUZHUN

顾准会计文集

立信会计出版社

《顾准会计文集》主要内容包括：会计
论文、会计专著两部分。由立信会计出
版社2010年出版

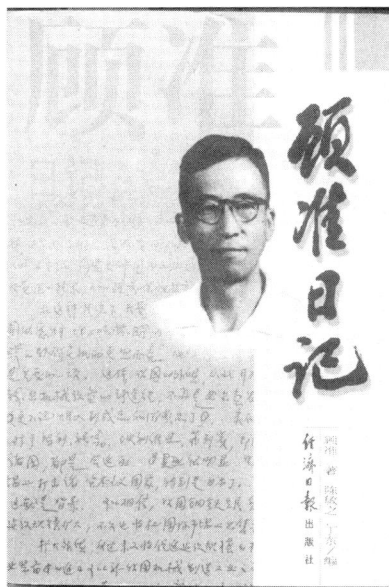

《顾准日记》（经济日报出版社1997年出版）封面，书名由王元化先生题签

《顾准文集》（华东师范大学出版社出版）

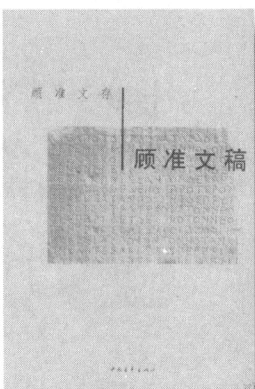

顾准系列书影

《顾准：民主与"终极目的"》（中国青年出版社1999年出版）封面

2005年12月在海外出版的顾准遗著《读希腊史笔记——希腊城邦制度》

《顾准文集》（中国市场出版社2007年出版）

第二章　上海的早晨

加强住宅核孩，严格节
约，积累回家建设资金，
会计工作人员应该在
这方面充分发挥自己的
作用。

启平
一九五〇年
十月十日

一

晚春的江南，风景秀丽，诗意盎然；花草繁茂，绿叶婆娑，煞是好看……

1949年的此刻，顾准却无心欣赏这迷人的景色。他有太多的事要做，解放上海的战役即将打响，如何接管大上海，是他彻夜思考的问题。

1949年，无论对中国历史抑或是对顾准本人，都是非同寻常的转折之年。中国共产党和中国人民历经28年的浴血奋斗，终于实现了人民民主专政。顾准本人从1931年投身革命生涯，从白区到解放区，辗转千里，艰苦卓绝，他将成为远东第一大都市上海的首任财税行政长官——上海市财政局局长兼税务局局长。他固然精通财经、长袖善舞，但等待的命运又将如何，一帆风顺，还是充满荆棘？

话还得从1949年二三月份说起。此时，中共中央和华东局已经开始酝酿如何接收远东特大城市上海，开始遴选和罗致各方干部，顾准因其资历，自然名列其中。

3月5日，中共七届二中全会在西柏坡开幕。毛泽东在会上作了工作报告。顾准听了这个报告的传达，对其中特别是中国共产党的工作重心由乡村移到城市的论断，深有感慨。

二中全会闭会的次日，中央便召集了安排人事的座谈会。邓小平受中央委托，提出经过酝酿的华东（包括上海）的人事安排[1]。其中：

中共中央华东局——以邓小平、刘伯承、饶

顾准是建国后上海市财政局第一任局长

---

[1] 参见胡石言等编著：《陈毅传》，当代中国出版社1991年8月版，第443页。

漱石、陈毅、康生、张鼎丞、曾山、张云逸、谭震林、粟裕、张际春、宋任穷、陈赓、刘晓、刘长胜、曾镜冰、舒同17人为委员。邓小平为第一书记，饶漱石为第二书记，陈毅为第三书记。

中共上海市委——由饶漱石、陈毅、刘晓、刘长胜、曾山、刘少文、陈赓、潘汉年、宋时轮、郭化若、李士英等为委员，饶漱石为书记。

上海市政府——市长陈毅，副市长曾山、潘汉年及一位非党人士（后为盛丕华）。

华东军区——司令员刘伯承，副司令员陈毅、粟裕，政委邓小平，副政委饶漱石、谭震林。

华东局在渡江前后，已开始做接收上海的准备工作。总的部署是：华东局和华东军区直属机构的全部干部力量，都用作准备接收上海市（南京市由二野负责接收），山东工作，移交给新成立的以康生为首的山东分局负责。

根据这一决定，原华东财委就要接收上海的全部财经系统。当时作了如下安排：华东财委副主任方毅留在山东，主任曾山则南下。顾准也随之南下，其原任的财政厅长职务移交给老战友周光春（原山东粮食局长，曾任国务院上海经济区办公室副主任）。于是，顾准参加到南下准备工作的行列中去了。

"南下准备，包括集中南下干部加以组织，学习党的城市政策，了解应该接收的单位，初步考虑接收的方案等等。"顾准后来的回忆是这样的。他还写道，南下干部队伍的集中完成于当年2月底前后，由原华东财委所属的财小机关、财政厅、银行、工商总局、生产部等及其下设各机构和山东军区后勤部抽调了三千人左右，分为财政、银行、商业、外贸、重工业、轻工业、交通、公用事业、房地产、劳动工资、农林等十余个大队，合并组成"青州总队"。①这支队伍实际上就是将要接管上海市财政经济系统的精英，顾准被任命为青州总队总队长，石英（也是顾准的老战友，原任山东工商总局局长，建国后曾任上海市副市长）任副总队长，黄耀南（后任华东军政委员会人事局长）任总队政委。当时，顾准的弟弟陈敏之被编在第八大队，专门接管上

---

① 　《顾准自述》手稿，第162页。

海市的公用事业部门。

浩浩荡荡的南下接收队伍，在顾准的率领下，有条不紊地从青州出发，由津浦铁路乘车南下，第一部驻安徽蚌埠以西的怀远县，进行政策学习和接收准备工作。据顾准的同事、曾任上海市财政局副局长的朱如言回忆所及，顾准率部南下途中，什么东西都可以不带，他那两铅皮箱的心爱的书却非带不可；每天早晚，顾准都伏在油灯下孜孜不倦地读书，平日也常常手不释卷，他时刻在"思想操练"。

其时，顾准的夫人汪璧颇想跟随丈夫一路南下，但是，顾准考虑到他们刚添了次子顾南九（即高梁），便安排汪璧与家人，随同家属队伍稍迟一些南下。

顾准的妻儿与母亲的合影

怀远位于淮河和涡河交叉口，是中国历史上享有盛名的历史文化名城和鱼米之乡。同时这里也是新四军与武卫会的老根据地。青州总队在当地驻军接应下，分别住宿在县城与附近农村。

　　这时各地来怀远集合的财经接管干部，人数已达3500多人。顾准安排大家分成9个单位学习。主要学习文件有：《入城纪律守则》；上海地下党转来的情报与地方常识；华东局政策研究室编写的《接管城市工作学习提纲》《新区工作学习提纲》《城市政策》；华东局前方工作委员会编发的外国传媒介绍国际形势的电讯等等。怀远集训学习时，接管干部们都很兴奋，七嘴八舌地表达意见，曾山经常让顾准进行概括。顾准很讲民主，总是笑呵呵地鼓励大家畅所欲言，然后再进行归纳。他有超群的概括能力，每次都能用逻辑性很强的语言，充分反映争论焦点和各方论据……他能够很快就赢得大家的尊重，是理所当然的事情。

　　经中央决定，南下后的华东局，和中原局合并，仍称华东局（其领导成员如前述），驻扎徐州。七届二中全会后，顾准专赴徐州花园饭店应邀参加新组建的华东局的干部会议，学习七届二中全会的精神。

　　顾准取回毛泽东、刘少奇等人在七届二中全会上的讲话稿，回来进行传达。大家在讨论时，对接管方案积极出谋划策。不向上海市区开炮的设想，此时已开始酝酿。

　　会后，曾山让顾准去苏中靖江出差，会见当时负责苏北财经工作的陈国栋，联系工作。

　　有一天，大家聚集在农村露天谷场学习，新剃了一个安徽"笆笆头"的顾准，坐在一张农家粗木方桌前，刚作完报告，正欲提起一只别致的怀远瓦罐，要给身边的战友陈先（解放后曾任国家计委副主任）和自己倒茶，一位姓康的随军记者，眼明手快地举起照相机，为他拍下了一张富有生活情趣的照片。

　　怀远集训进行得轻松热烈，各个学习点经常传出一阵又一阵欢声笑语。当地革命群众在支前热情驱使下，争先恐后地推车挑担，给青州总队送来肥猪、鲜鱼和绿油油的新鲜蔬菜，尽量让大家在进军大上海前吃得好，养得壮……老百姓对共产党建立新中国的期待与支持，深深地感染了顾准。

　　4月初，在总前委的指挥下，二野、三野的渡江部队已在长江北岸集结完毕。华东局决定，青州总队于4月3日起，从怀远分四路出发，经苏北宝应等地，宿营于靠近长江北岸的扬州，随时待命随大军渡江。渡江后，接管大上海的各路文武俊杰，将在长江对岸的丹阳会合。

随着4月21日我大军渡江成功，4月23日解放南京，青州总队很快便从安徽移驻扬州。镇江解放未已，便又自渡江至镇江，最后于丹阳集中。华东野战军总前委就设在这里。

由于接管上海的各路干部都在丹阳县城集合，一时房屋显得十分紧张，青州总队的3000多名干部，便背着背包，分别住进了学校、祠堂、寺庙和临时草棚。他们摊开稻草当床铺，垫起门板当桌子，一会儿就舒舒服服地安顿下来。青州总队至此结束了它的历史使命。今后，一切都将根据总前委和华东局的新方案进行。

二

丹阳，并不是一个大城市。然而，1949年四五月间这座小城突然热闹非凡。成百上千的干部从解放区、从北平、香港等地日夜兼程地赶来，"一下子变得人多了，拥挤了，忙碌了。来的人，有各纵队穿军装的，也有来自上海穿长衫西装的，真是人来人往，好不热闹"①。他们来到这里，便投入接管上海的集中整训。

这时华东局第一书记兼总前委书记邓小平，和陈毅、饶漱石、粟裕、张云逸、潘汉年、谭震林、张爱萍、宋时轮、张震、曾山、舒同、魏文伯、叶飞、郭化若、孙冶方、夏衍、范长江、于伶以及上海地下党市委的刘晓、刘少文、王尧山等人都集中在丹阳，其中不少人与顾准都相熟，在街上巧遇，便都紧紧拉着手，笑呵呵地说个不停。他们已开始作解放和接收上海的具体部署。

在丹阳，华东局具体决定了接管组织和人事安排，分政务、军事、财经、文教等四个方面编组，确定了接管上海大军的总指挥即未来的上海市军事管制委员会的主任、市长——陈毅，副主任粟裕，秘书长潘汉年。军管会下设军事接管委员会，主任粟裕，副主任唐亮。政务接管委员会，主任周林

---

① 毛毛：《我的父亲邓小平》上卷，中央文献出版社1993年8月版，第622页。

（建国后曾任贵州省委第一书记），副主任曹漫之（建国后曾任上海市政府副秘书长）。文化接管委员会，主任陈毅，副主任夏衍、钱俊瑞、韦悫、范长江等。

上海财经接管委员会的建制是：主任曾山，副主任许涤新（建国后曾任上海市工商局局长、中共中央统战部副部长）、刘少文，秘书长骆耕漠。秘书主任方原，副秘书主任卜三、高景平。财政处处长顾准，副处长陈智方、王良。贸易处处长徐雪寒，副处长吴雪之、卢绪章。金融处处长陈穆，副处长项克方、谢寿天。工商处处长石英，副处长王纪华、杨延修、蔡北华。劳工处处长马纯古，副处长徐周良。轻工业处处长刘少文，副处长陈易。重工业处处长孙冶方，副处长程望。农林处处长何康，副处长李人凤。公用事业处处长叶进明，副处长程万里。铁道处处长黄逸峰[①]。那时实行"小机关"，一个处就相当于现在的一个局。

顾准被任命为上海市军管会财政处处长。他负责的财政处，将要接管的范围很大，包括八个重要部门，它们是上海市财政局、财政部上海货物税局、财政部上海直接税局、上海市地政局（相当于土地管理局）、财政部驻沪办事处、财政部公债司驻沪办事处、上海市会计处、上海市审计处。

顾准在丹阳的一个月左右时间中，除了组织学习接管工作的有关政策外，还学习了上海地下党收集汇报的《上海概况》（内容涉及经济、政治、文化、社会情况），使大家对接管单位的情况、特点以及接管中应该注意的事项，做到心中有数。此外，总队党委还组织部分人员到无锡学习接管财政税务机关的经验。

5月12日和13日两天两夜，陈毅认真听取了青州总队关于财经接管工作的规划和干部学习、人员配备以及准备工作的情况汇报，并指示，在接管城市后，在运输供应方面必须迅速调

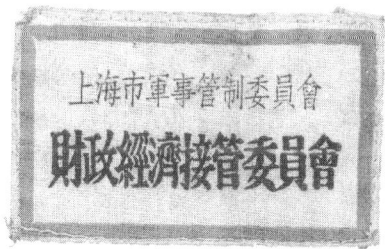

上海解放时，军管会财经接管委员会标记

---

①　详见1949年6月13日《解放日报》。

集"两白一黑"（指米、棉、煤）等急需物资，以利城市恢复生产和保障军民供给。

当时，许多干部都不敢在这样高层次的会议上随便发言。顾准领导经验丰富，文化水平高，又在上海生活工作过多年，是典型的"老上海"。他在讨论会上惹人瞩目地唱了好几次主角。陈毅不断鼓励他充分发挥。顾准那时神采飞扬、口若悬河的精彩发言，譬如，如何恢复工商业生产贸易；如何与各界民主人士联系；如何征收税款，繁荣新上海……至今仍为健在的与会者们津津乐道。他的许多建议，都被华东局及时采纳了。陈毅高兴地夸奖道：

"顾准确有'倚马可待'之才，足见平日的积累！"

5月10日清早，陈毅召集干部大会，作入城纪律报告。听报告的有好几百人。作报告的地点就在大王庙院内，当时选择这个地点一是在城外便于防空疏散；二是周围环境不复杂利于保密。顾准当时也在座。

陈毅作报告开门见山：

> 今天主要讲的是入城纪律和在上海要注意的事情。大家都已经学习研究过接管江南三个文件，有的也测验了，但今天还要讲讲。在丹阳会合后，我们入城的纪律并不好，这样到上海后并无把握，所以重新讲讲。①

陈毅的报告分为四部分：一、在丹阳纪律不好的有几件事；二、谈谈进入上海的问题；三、对进占上海我们要有革命的信心，另一方面要有谨慎虚心的态度；四、必须强调入城纪律。陈毅在这篇报告里，从当时战争形势说到入城纪律政策，对敌友我的说明分析，谈对巩固革命成果的建设要求等。陈毅用他常有的通俗、生动而风趣的语言，时而严肃以至生气，时而幽默轻松谈笑风生，毫不枯燥，令顾准等许多在座的干部钦佩不已。

其中讲到上海的接管工作，陈毅指出："上海的工人有革命传统，上海有地下党，有各阶层民主人士。大批民主人士到北平，就要欢迎我们去上

---

① 引自《陈毅同志在丹阳一次会议上的讲话》，《上海党史资料通讯》1984年第4期。

海。我们欢迎他们就是要他们帮助我们搞好上海的接管工作。我们请他们吃饭、坐车，将来他们仍要纳粮上税，要请我们大吃，我们一本万利。有他们配合我们，帮助我们，加上我们自己努力，上海没有搞不好的。没有这点信心，要犯右倾机会主义错误。革命几十年，小小上海还搞不好吗？……"陈毅在讲话中侃侃而谈，深深打动了顾准等许多人，大家连声喝彩。

会后，顾准组织了青州总队的同志学习和讨论，更进一步统一思想。

5月21日，总前委在丹阳发出向上海总攻的命令，历时15天的上海战役终于打响了。

5月24日，三野前沿部队突击进入上海市区。

5月25日晚11时至26日凌晨，上海市军事管制委员会的干部，陆续到达上海。这时，苏州河以北的闸北、杨树浦、江湾、大场、吴淞一带，还有零星枪声。沪南的游行队伍，却已经涌上街头，和入城的解放军一起高唱《团结就是力量》了。

华东财委和上海财经接管委员会的主要干部到达上海后，集中在南京路著名的金门饭店办公与住宿。这是一座豪华的酒店，由于它属于官僚资本，已经被军事接管。顾准和财政、粮食干部乘坐的卡车，由于中途一度断了保险杠，只能靠别的车子牵引，直到26日上午7时许才到达金门饭店，大约是财经接管委员会最后到达的一个处。

5月27日，上海全部解放。上海战役的胜利，意义重大而深远。正如1949年5月29日新华社社论《庆祝上海解放》（由胡乔木代拟）所指出的："上海的解放，引起了全中国人民和全世界进步人类的欢呼。这是因为，第一，上海是中国的最大的经济中心，上海的解放表示中国人民无论在军事上、政治上和经济上都已经打倒了自己的敌人国民党反动派；第二，上海是帝国主义侵略中国的主要基地，上海的解放表示中国人民已经确立了民族独立的基础。这两种情况，使得上海的解放在中国人民解放事业中具有特殊的意义。……上海是一个世界性的城市，所以上海的解放不但是中国人民的胜利，而且是国际和平民主阵营的世界性的胜利。"[1]

---

① 见《胡乔木文集》第一卷，人民出版社1992年5月版，第385—387页。

三

1949年5月26日凌晨，顾准带领部下由上海西北郊进入市中心，驻扎在南京路上的金门大饭店。大部分人员就地而卧，以大饼充饥。

顾准是在上海土生土长的，曾在上海从事党的地下工作多年，他到上海后迅速与上海党组织取得联系。在上海原国民党税务机关工作的地下党员陈新华，按照组织上的通知，与朱慧林、陈文灼一起满怀喜悦地来到金门大饭店，与顾准会晤，汇报原上海直接税局与货物税局的情况，并商议进驻接管的日程安排。

根据陈新华后来的回忆：顾准在一间不太宽敞的办公室里接待了他们。他看上去年约四十开外、瘦长个子，身着一套半新的草绿色布军装，一张因长期操劳而显得苍白的长方脸上依然显露出军人的刚毅。顾准的鼻梁上架着一副宽边眼镜，那对深藏在黑眉下的眼睛透射出炯炯光芒，使人感到既朴实又亲切。

陈新华等人怀着激动而忐忑不安的心情向他汇报了地下党在税务局与敌斗争的情况。顾准听完以后，"唰"地一下站起身来，挺起胸脯，向他们庄严地行了个军礼。

他高兴地说："你们只有四个年轻的党员，在两个税务局内艰苦工作，使税局全部财产、档案得以完好地保存，你们立了大功！我代表军管会感谢你们，并向你们致敬！"

陈新华等人接着又向他汇报说：

"旧机关工作人员对'接管'思想顾虑很重。过去国民党的新局长上任总带着自己的亲信班底来，不会拍马逢承的人，往往就被'裁减'或'调离'。这次共产党的局长来了，大家怕保不住饭碗……"

顾准听了，脸色严峻，他带着坚强的声调说：

"请你们告诉群众，人民政府的税务局长不是反动派的贪官污吏。我这个接管大员是党要我为人民当家理财的。我们靠的是大家，我们都是人民的公仆。只要是一心为人民的，我们不但不'裁退'，更是依靠和欢迎。"

"人民的公仆"，在机关余音缭绕，陈新华他们还是第一次听到了这如此亲切的词语，都觉得十分振奋。这个词语是跳动闪耀的，它辉映着一个共产党的局长一颗誓为人民服务赤诚坦荡的心。

顾准的话，既体现了我党武装斗争和白区斗争两条战线上会师的革命深情，也表达了他上任后做好人民的公仆的信念。当陈新华等人回去，把新局长顾准要当人民的公仆的话，原原本本传达给广大职工时，那些在旧社会看到局长就战战兢兢的小职员，都激动万分，不仅顾虑冰释，更萌生了全心全意帮共产党做好工作的想法。

顾准与进军到上海接管的许多同志一样，虽然经历了艰苦的行程，熬过了无数不眠之夜，但是仍然保持了旺盛的斗志和高昂的情绪。他们心中十分激动，都有一个共同的愿望——在中共上海市委和市军管会领导下，贯彻执行党的接管城市政策，把上海接管好，为人民办好财政税收事业。

当时，地下党上海市委根据上海已经解放的形势，为把地下党员分别介绍给所在单位的军代表和党组织，设办事处于江海关。地下党上海市委书记张承宗、市委委员兼职委书记梅洛，都是20世纪30年代顾准在职委工作时期的熟人。因为顾准要接管的部门多，处里干部不够用，于是他在电话里再三向张承宗、梅洛这两位当年的老部下求援，结果要来了顾树桢（曾任上海市人民政府副秘书长、立信会计专科学校校长）和王良材两人。顾树祯分到上海市府会计处、审计处两机构，王良材分到货物税局。直接税（营业税和所得税）局，后来由王纪华等人接管。

1949年5月27日上午，上海军管会财经接管委员会财政处处长顾准，在武装护卫下，带领一大批接管干部，对旧上海的财政、税务等各部门分别实行了军事接管。

顾准接管财政局，是当年上海整个接管工作中最富有戏剧性的事情。当顾准身穿草绿色细布军装，足蹬青布鞋，率领朱如言（接管后担任上海财政局副局长兼税务局副局长）、谢祝珂（接管后担任地政局副局长）、蔡兆鹏、彭斌、谢胥浦等接管干部，在武装护卫下来到财政局时，财政局地下党纠察队队长王伟鼎，代表地下党组织向顾准等人表示热烈欢迎，并将顾准引入局长室。

1949年5月末，上海市财政局地下党纠察队队长王伟鼎（左一）与接管财政局的部分南下干部及地下党员在上海市府大厦广场原财政局房捐科门前合影

顾准在局长办公桌前坐定后，地下党支部书记程子嘉，便传唤早已静候在一旁的国民党财政局局长汪维恒，以及主要官员张兴国、俞忠栋等依次上前，按规定移交权力。

这时，汪维恒突然要求和顾准单独谈一会儿。顾准沉吟了片刻，同意了他的要求。汪维恒避开了众人后，才悄悄告诉顾准，他其实是共产党潜伏在沪的情报干部！

据了解，汪维恒在1925年便加入中共了。1927年他奉命潜入国民党军队后，一度与共产党失去联系，到1937年才又和中共社会部副部长李克农接上关系，开始源源不断地为中共提供情报。解放前夕，由台湾赶来上海，在秘密策反国民党上海市市长陈良时，反被陈良委任为上海市财政局长兼上海银行董事长。

汪维恒告诉顾准，他对解放军来财政局接管，早已做好了各项必要的配合与准备工作，只等接管干部上门，而且，他还有台湾军事设施和美军顾问团的绝密情报，要立即呈送潘汉年本人，但是，他已经好几个月找不到暂离上海的潘汉年了。

在获悉汪维恒的身份后，当天顾准就弄清了情况，便在他办理交接的手续后，转报上海市委。不久，经中央社会部批准，汪维恒的身份解密。他随即被任命为上海市地政局局长。从此以后，汪维恒成为顾准的亲密同事，在各方面给予他许多帮助。

上海市档案馆于2014年5月23日公布了一批解放初期的珍贵档案，在"上海解放及军管会成立"档案系列中，有一卷"上海市军管会接收统计表"，详细记录了军管会接收旧上海市政府机构及人员的情况。公布的资料显示，被接管的上海市财政局所有机构、所有物资无一损失，全体职员中，只有2名官员离开上海前往台湾，其余都留下来成为新政府的员工。上海市财政局保全如此完备，与其"主事官员"汪维恒的身份密不可分[①]。

随后，顾准率领王纪华、周信（立信校友，曾任上海市政府驻北京办事处主任）、邢一新、高岩、韩曼涛等人，接管了直接税局；并率领陈智方等人接管了货物税局；率领顾树桢等人接管了上海市企计处与审计处……

在短短的时间里，上海的财政、税务、地政、审计等大权，顺利地交到人民的手中。顾准郑重宣布，包下除两个沪办以外所有机构的职员，处理少数罪大恶极的贪官污吏[②]。

5月28日上午，上海市各机关根据工作需要大搬家。华东财委搬到顾准解放前当过行员的中国银行。顾准的财政接管处搬到滇池路74号四楼。华东局则从西区的圣约翰大学，搬到市中心的三井花园（今瑞金宾馆）开会。

---

① 储静伟、郑林：《上海解放档案解密：军管会共接收超12万名旧政府职员》，2014年5月23日《东方早报》。

② 参见王如桢：《山雨过后不见君，百花丛中留笑容——记顾准同志在上海解放前后二三事》一文，原载《上海财税》，1989年第5期。

新中国成立后，陈毅出任第一任上海市市长

上海市人民政府举行升旗仪式

三井花园原是国民党的高级俱乐部，园内古木参天，一幢幢欧式别墅坐落在宽广的草坪前。陈毅刚在三井花园落脚，便召开军管会处以上干部会议，研究当天下午接管上海市政府的大问题。陈毅要顾准等各位新局长，都出席他的就职演讲。陈毅并开列了一张单子，具体指示各位"大员"，今后如何支持他这个当市长的"父母官"。

当时的上海市政府坐落在江西中路、汉口路转弯口。这是一幢典型的欧洲文艺复兴时期科林斯希腊式花岗岩环形建筑，最初是工部局大楼，后来成为国民党市政府，楼内公共地面和墙壁采用华贵的大理石，处处装饰都十分考究。

28日下午，风和日丽，大楼顶端红旗招展，楼房内外清洗一新。近旁的黄浦江，在蓝天白云映照下显得格外明丽。当海关的大钟敲响两声的时候，陈毅率领军管会所属军事、政治、财经、文教各接管委员会的主要干部，包括顾准在内一行人气宇轩昂地走上了市府大厦的黑色大理石阶梯，正式接管市政府。

嘹亮的歌声回荡在市府大厦的苍穹，楼顶上飘扬着鲜艳的红绸大旗。

国民党上海代理市长赵祖康交出了旧市府关防印信。随后，陈毅又对市政府所属人员讲话。他希望大家各安职守、办理移交，并听候人民政府量才录用。

当天，崭新的"上海市人民政府"的大门牌挂了出去，标志着人民政权的正式诞生。

不久，顾准带着满面笑容，拿着与陈毅市长商定的恢复经济方案，走进市府大楼，精神抖擞地正式出任新上海财政局局长。他的办公室在三楼，就在陈毅和潘汉年的市长办公室楼上，也带有一个漂亮的转角阳台，室内宽敞而讲究。1949年6月20日，顾准与汪维恒联合签署的税务布告正式刊登在《解放日报》上。

顾准还兼任了上海市政府党组成员（当时市府党组成员共七人：陈毅、潘汉年、方毅、周林、李士英、曹漫之和顾准）、华东财政部副部长、上海市委财经委员会委员、上海市政府财经处党组书记、上海直接税局局长（直接税，即一般的营业税、所得税。1950年1月，直接税局与货物税局合并为市税务局，顾准兼任市税务局局长）。

此后，政权建设有序地进行。在1950年10月召开的上海市第二届第一次各届人民代表会议，选举了市人民政府委员会委员、市长和副市长。陈毅当选市长，潘汉年、盛丕华当选副市长；政府委员除了市财政局长顾准外，还有刘晓（市委第二书记）、刘长胜（市总工会主席）、周林（市府秘书长）、郭化若（淞沪警备司令部政委）、许涤新（华东财委副主任、市工商局局

任上海市副市长时的潘汉年同志

1949年11月顾准同志出席
上海市各届人民代表大会

长）、夏衍（市文化局局长）、荣毅仁（民建全国委员、市工商联筹委会副主席）、赵祖康（市工务局局长）等30人。

此时，顾准便在市委、市政府的领导下、在广大职员的帮助下，对上海财税机器重新运转，开始作出周密的安排。

顾准决定，南下时从山东工商总局抽调的税收干部，绝大部分配备在货物税局，因为货物税收数量庞大，税收手法又简单，于是决定，由地下党配备接收其他部门（如直接税局）等。

接管以后，在顾准同志的领导下，财税系统数百名南下的军管干部和地下党员会合后，立即分赴工作岗位，有的参加清点接收，有的协同原有人员进驻纳税重点厂、场。

在办理清点、交换的同时，恢复了财政税务业务，认真按照军管会财字第一号布告执行，财政税收工作没有停顿，对恢复生产、保证开支和支援前线，都起了积极的作用。

当年财政局的同志，提及顾准，印象犹深，还记得顾准的作风是坚持艰苦朴素，密切联系群众，重视税收政策学习和政治学习。财政局组织了两个学习班，通过政治理论学习，树立革命人生观和为人民服务的观念。直接税局和货物税局、会计处等也都有计划地分批实施。直接税局还实行了每周一次的时事政治报告会，由顾准亲任报告人。经过学习，不断提高工作人员的政治思想认识，更加紧密地团结在一起，为完成上海的财税任务而努力。

三

1949年5月29日，上海解放后的第三天，街头上的显要之处张贴出了由陈毅、粟裕签署发布的上海市军事管制委员会财字第一号布告，明确地宣告：现上海已获解放，原国民党各项税务机关业经本会经管，一切财政收入均转为人民服务，性质上已与过去完全不同，争取全国胜利，责任至重，值此解放伊始，原有各项国税市税，仍暂继续征收，希各界人民照旧缴纳，勿得逃避。至于国民党原订税率不合理之处，俟秩序安定，本会即根据发展生产之原则，修订新办法实施。

这一布告的发布，宣告上海财权为人民所掌握，上海市从解放伊始，便有了收入来源。而此布告的起草者即为顾准。

顾准还考虑到，财税机关接管以后，为了整顿旧税制，对原由国民党政府规定的属于勒索摊派的保卫团费、保安特捐、新兵安家费等6种税捐，即行明令废除，之后，他决定，陆续取消了有重复征收性质的11种捐税。

顾准将对财税改造的设想，向陈毅等市领导作了详细汇报。陈毅在8月3日召开的上海市第一届各界人民代表会议上发表讲话，他指出：对于财政税收政策，既要照顾政府的开支，首先是军费开支，借以支援人民解放战争的前线，同时又要照顾人民的负担能力。据此，市人民政府采取先简单，后繁复；先沿用，后改并的步骤，在对旧税收作了初步改造以后，陆续颁布了货物税、营业税、印花税等9种地方性的暂时办法。

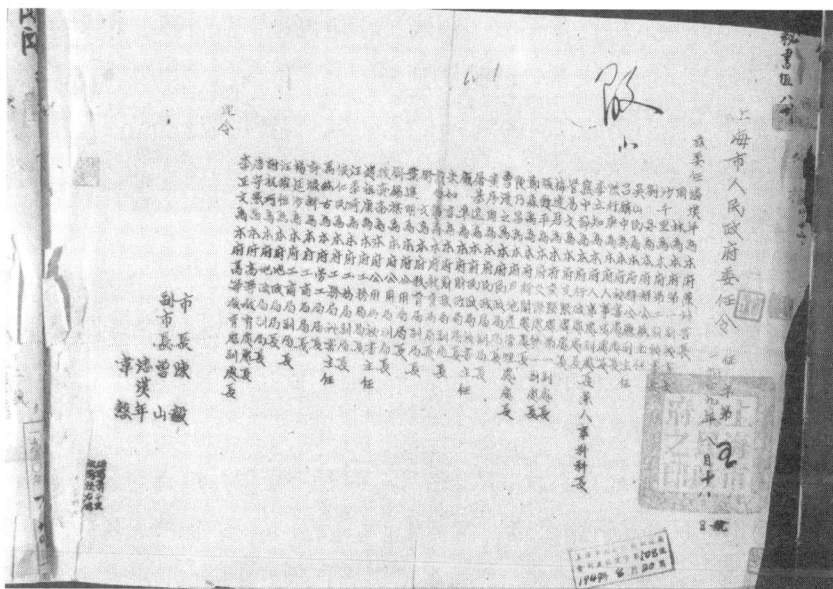

顾准任上海市财政局局长等人事安排的上海市政府委任令

为了促进企业恢复生产，克服产销困难，培养重点税源，还降低了卷烟等货物税的税率。对沿用旧税制，涉及广大市民负担的捐税则采取了区别对待的政策：住房条件差的，房租低的，适当降低税额，以资照顾；对住房条件好，房租高的，采取累进制，多征一些税。这些措施，受到工商界和人民的拥护，显示了时代的变迁。顾准针对上海部分工商业，特别是商业仍然开业的现状，迅速安排了税收计划。为了迅速开展工作，他经中央同意，去除苛捐杂税后，基本沿用国民党制定的税法、税种，作为税收依据。他又大胆采纳了税政处副处长吕若谦提出的直接税临时税收方法："自报实交，轻税重罚"。这种税收方法的好处是，给正在复苏的私营工商业，创造了宽松的经营条件，在大量新税务人员尚未熟悉业务的情况下，也可以马上开展工作。具体说就是：税户自报应交税额，由税务局抽查稽核。由于税率定得比较轻，有利于私营工商业发展。而违法不交，则课以重罚，严肃法规。顾准把这一切布置就绪后，便雷厉风行地开始行动了。

顾准在实际工作中，深切地感受到了中央和上海市领导对上海的财税工作的重视。他认为："上海是全国轻工业也是私营工业最集中的城市，上海税收在全国财政收入中比重很大，税收工作应该是上海财政工作中突出的重点。我军进城后的第一张布告就是税制未曾改革以前，一切税收一律暂照国民党统治的税法照旧交纳，目的就是充裕深入，保证供应。"[1]

历史历经沧桑，有些事情不可再现，好在我们有一份顾准遗文，对当时上海财税接管以后，如何开展工作有所披露：

由于连年战祸，解放前夕上海工业已陷入半解体状态，1.2万多家工厂中，只有30%维持开工，机器业工厂停工80%以上，面粉业由于北运通路不畅，产量只是内战爆发前的1/10。占上海工业产值74%的轻纺工业，缺原料无销路，陷于半瘫痪状态。

因此，上海市的地方财政收入较少，1949年5至12月地方财政预算内收入只有697万元，而抢修道路桥梁、恢复生产、安置人员、保障人民生活、疏散救济难民等各方面的支出较多。经过各方努力，随着生产的逐步恢复，收入的增加，在上海解放初期，只有6、7两个月是收不抵支，到8月份收支平衡。10

---

[1] 《顾准自述》手稿，第170页。

月开始建立全市的经费概算，经市人民政府行政会议通过后执行，并委托中国人民银行上海市分行代理市金库。所有这些，都是与顾准的努力分不开的。

据当时在华东局工作与顾准有过接触的一位老同志张椿年[①]的叙述：

> 他（指顾准）是老革命。参加革命的老同志很多，但他这个同志有一个特点，就是骨头硬。顾准同志在上海刚解放时任上海第一任财政局局长。那个时候我在上海，我那时年龄很小，但我有特殊的地位，就是在华东局工作。当时在上海街上，经常贴有上海市财政局局长、上海市税务局局长顾准的布告。在那时顾准同志的名字给了我很深的印象，但见他本人的面不多，只是他到华东局开会（顾准另任华东局财政部副部长职），我在华东局办公厅做会务工作能看见他。[②]

除了"出布告最多的局长"的戏称，顾准还以"地价税"巧妙回收"跑马厅"（现人民广场）、哈同花园（现上海展览馆）等外国资本家的常年占地之事，饮誉国际税务界。上海财、税局的老职员，如今提起顾准，仍充满尊敬："顾准局长来事（沪语'能干！'之谓），全国沿用至今的财税专管员制度，就是他亲自创建的。大老板，小摊贩，谁敢在顾准手里逃税？当时，上海苦苦支撑着中央财政收入的1/3。共产党坐天下，顾准确实功不可没。"

这里可以追述一下顾准怎样巧妙地利用"地价税"（即房地产税）与外商斗争的故事。他于1949年10月间冥思苦想，建议上海地政局长汪维恒和他联手，以地价税回收跑马厅等大批外国建筑及其占地。顾准的依据是，上海开埠后，外国列强于1845年强加给中国的《上海土地章程》、1854年单方面制定《上海英法美租界租地章程》均早已作废。可是，汪精卫于1943年依靠日本，向英、美、法收回租界时，却无法解决大量遗留问题。战后，国民党虽然对租界的外国建筑开征地价税，但畏于欧美帝国主义，制定税额既低，又经常减

---

① 张椿年，曾任中国社会科学院世界历史研究所所长、中国历史学会副会长。

② 张椿年的一次会议发言，原载《顾准史学思想沙龙》打印稿，第4页，由顾准的女婿张南同志提供。

免，也使中国继续吃大亏……现在，新上海的税务、财政、地政三局，完全可以联合行动，对租界黄金地段上的外国建筑，按新拟标准征收地价税。

汪维恒极力支持顾准这一独创性的想法。市委研究顾准的报告后，也立即复文批准。

于是，在顾准牵头之下，上海便大张旗鼓地对大批外国著名建筑开征地价税。这些建筑，昔日多是灯红酒绿的场所，解放后陷入难以经营的窘境。未过许久，外国老板都无法按新规定交纳黄金地段的地价税和滞纳金。与此同时，顾准按照西方会计界"应收应付"纳税惯例制定的《税务概要》，又使税务局查实了这些外商的所得税欠交款。俗话说，法令如山。顾准利剑在手，便依法将各种催交税款的通知，像十二道金牌连连发出。那些曾经巧取豪夺租界地皮的外国产权人，一面咬牙切齿地咒骂顾准是"敲骨吸髓"的"税务魔鬼"，一方面心又不甘地将大批豪华建筑拱手相送，以抵销拖欠上海市政府的各种税金。英国内阁接到驻沪商人的告急报告，曾专门开会研究对策，却无计可施，只好老老实实地表态："对此，我们也没有办法。"一段时间内，欠税的各国外商，纷纷委托上海地政局专门成立的中华企业公司，代办房产抵销税金的法定手续，简直热闹非凡。

据顾准在自述中回顾和其弟陈敏之的补充，顾准在征收地价税时，为了做到万无一失，还调阅了大量陈旧的"道契"，参考了抗战胜利后的"中美善后条例"等外交文件，并通过外交部的陈家康司长（后为副部长），取得"部印周批"特批件，即文件上盖有外交部大印，又有周恩来总理亲笔签字。因此，当顾准铁面无情地把十二道金牌一一发出后，驻沪外商统统无话可说。

顾准翻阅着一大叠依法办理的外商产权房收归国有登记表，大笑着说道：

"这个案，可是永远翻不过来的啊！"

顾准以这种巧妙方式回收的主要建筑有：跑马厅（今人民广场）、跑狗场（今文化广场）、哈同花园（今上海展览中心原址）、华懋公寓（今锦江饭店）、法国总会（今锦江俱乐部）、沙逊大厦（今和平饭店）……其范围之广，足令后人惊叹不已。

沙逊大厦（今和平饭店）以及华懋公寓、跑马厅等，都是顾准以"地价税"
方式巧妙地收归国有

　　顾准曾说过："应该承认，上海税收工作的成绩是巨大的，虽然探本
溯源，在站起来了的中国人民和中国人民解放军的无比威力面前，南京的美
帝'紫石英号'差一点被我军俘获，长江和黄浦江上没有了帝国主义的军

舰，他们的侵华经济势力是只好滚蛋的。然而税收工作至少做到了一件事：我们'保护外国侨民生命财产的安全'（《中国人民解放军布告》，即约法八章）。我们没有采用任何没收政策，却肃清了帝国主义在上海的残余经济势力。"[①]

由于政策方法正确，顾准在上海税务系统执政的前期，虽然十分艰难，却旗开得胜。1949年6月至8月，可观的入库税金，不仅为市政府缓解了资金困难，也部分抑制了通货膨胀。税务干部在总结经验时都说道，这一税收实绩，充分反映了人民政府的崇高威信。

陈毅市长和曾山、潘汉年副市长，多次赞扬顾准的税务工作做得好！

四

这里暂且将顾准如何接管上海的话题收住。请将视线转向顾准与潘序伦以及立信的关系上来吧。就在上海解放前夕，1949年4月，在丹阳华东局——三野司令部驻地，华东联络部通知顾准写一封信给潘序伦，劝他留在上海等待解放，不要亡命港澳台，由联络部派人在上海送给他。

潘序伦本人也十分明智，他知道，立信会计事业的根基在大陆，离开了，到哪里去发展呢？于是，潘氏毅然留了下来，顾准的来信对此不无关系。据潘序伦回忆说："我曾一再提到和我一起工作了20年的顾准同志，上海解放时，他跟随陈毅市长和潘汉年

建国初期的潘序伦先生

①　《顾准自述》手稿，第207页。

副市长一回到上海，就来我家看我，并带来潘副市长的名片，代表他向我问候。潘汉年同志是我原籍江苏宜兴县的远房族侄，他的长兄潘梓年在八年抗日战争时期，担任重庆《新华日报》总编辑，那时我也在重庆，常有来往，他称呼我为'四叔'。上海解放后，顾准任华东军政委员会财政部副部长，兼任上海市财政局局长和直接税局局长，是陈毅市长和潘汉年副市长在财经方面的一位得力助手。他来我家劝我在上海市人民政府下担任一个职务，为国家为人民效力。但我因前半生受封建主义和资本主义的影响较深，一时尚难解脱，就对顾准说：'我以一个再醮妇的身份（指我已失足担任过国民党蒋政权下的高级官吏），来担任人民政府的公职，必将使我十分为难。因为在必须表态的场合，用进步的口吻来发言，有许多和我同样处境的人们会骂我为投机分子，无耻之徒；用落后的口吻来表态，又担心要为自己招致不良后果。因此，还是先让我闭门思过，等一段时期再说罢！'我就这样自视清高，不问政治，回绝了他的好意……我虽没有出来为党工作，但还是关心我国的会计事业，鼓励和推荐介绍了不少旧同事和学生，到政府机关和企、事业单位任职。"[1]潘序伦对自己培养的学生顾准能够为新中国服务，内心是十分高兴的。

潘序伦先生（1893—1985年），中国杰出的会计专家、教育家

上海吉祥里18号（老立信校址），顾准在此工作和战斗了十余年

上海河南路吉祥里校舍

---

① 《潘序伦回忆录》，中国财政经济出版社1986年9月版，第51—52页。

潘序伦先生创办的立信，涌现了许多像顾准那样的杰出人才，图为上海立信会计学院新貌

　　这次拜访后不久，潘序伦在接到潘汉年副市长的名片后，对潘汉年作了一次礼节性的回访，是由顾准陪同一道去市府的。

　　在此次见面以后，潘序伦请顾准吃过一顿饭，为他洗尘。后来由于顾准工作实在繁忙，与潘氏接触不多。据顾准后来回忆，记忆中有如下几次：

　　一次，中国人民银行行长南汉宸到沪，要去见潘序伦，顾准陪他造访潘府；还有一次南汉宸请潘序伦到北京去，是直接约他的，潘氏返沪后，到顾准家里去了一次，还送给顾准一盒北京果脯、一把王麻子剪刀。另外，潘序伦还约顾准和黄逸峰（1906—1988，著名的社会科学家，在私立立信会计专科学校任教授兼教务副主任，建国后曾上海铁路局局长、上海会计学会会长、上海社会科学院院长）到他家吃过两次饭，其中一次有当时任西南军政委员会商业部副部长的王凉尘（原重庆立信会计专科学校毕业，后任国家商业部副部长、全国工商联副主席）在座，席上大家无话不谈，十分欢畅。

　　1949年8月，潘序伦还曾盛请顾准当立信会计补习学校的校董或校长，由于顾准公务繁冗，再囿于进城纪律所不允，顾准只得婉言谢拒。其实以潘序伦的私衷来说，十分愿意让顾准来当立信会计事业的接班人，这一点，无论是从顾准的能力，还是他的实绩和学问，都是十分恰当的。一次，潘氏在给顾准的信中称道："兄之才识十倍于我"，可见他对顾准的厚爱。

得知顾准从解放区回到上海，立信校友也都十分兴奋，还专门举行欢迎仪式。据立信老校友严松龄说："1949年，上海庆解放，顾准同志随大军返沪主持上海市财税工作。我们全体在沪校友假座天津路银钱业公会欢迎他，我兴奋得没法形容。他还是那个瘦长个子，穿一套不甚合身的黄土布军服，桌上放着一只大公事包、一罐香烟，说话极其谦和诚恳。"[1]老校友相聚，自然皆大欢喜，顾准趁势向立信校友介绍了形势与任务，使与会同仁得益匪浅。

会后，顾准基于当时城市接管和经济建设的需要，介绍了大批立信校友参加革命工作。如现居南京的温以仁校友，尽管事隔多年，仍然非常感念，他回忆说，"1949年5月上海解放，全市所有私营银行均告停业，我又第二次遭受失业的威胁，不得已再次向母校（指立信）求援，在潘老师的亲切关怀下，通过顾准老师（当时任华东局财政部副部长）介绍，让我到无锡苏南行政公署工商局参加革命。从此我作为革命阵营内的一个会计专业干部，在江苏省商业系统工作了四十多年，直至现在。"

顾准重返上海后，不仅对潘序伦十分关心，而且对立信事业其他负责人诸如李鸿寿、陈文麟、顾洞等也备加关爱。对此，在顾准诞辰80周年之际，李鸿寿（1909—1998，民主人士，曾任立信会计专科学校校长，后任上海财大副校长）接受采访时深情地说："1949年5月底，顾准同志打来电话，说他随军进入上海，住在金门酒店，不久就要到财政局办事。同时称赞我留在上海继续搞教育和会计工作，做得对，这两样在新中国都很重要。隔了几天，我到江西路财政局拜会顾准局长。他在百忙中接待了我，除了谈学校和家庭情况外，他讲了党的方针政策，说新中国要培养大批财经干部，有广阔前途。这一席话，使我坚定不移地跟共产党走，为社会主义教育事业奋斗终身。我邀请他在方便的时候到柿子湾新校舍看看，对全体师生作一次报告。他欣然允诺。一天下午，他来视察校舍各处，然后为全体师生作了一次热情

---

① 严松龄：《读纪念顾准文章有感》，1995年9月25日《立信校友通讯》。

洋溢的报告，鼓励大家为新中国财经事业作出贡献。"

顾准的言行，不仅体现了对母校的关心，更是革命家的一贯作风。

为适应发展经济的需要，人民政府迫切要求培养会计人才，健全会计制度。1950年夏，立信会计专科学校增设了一年制的高级会计训练班；1951年，又受上海市财经委员会的委托，举办了财经干部训练班。据了解，在顾准等人的关怀下，建国初期，立信又得到了发展。1951年，上海立信的各种学制在校生，总共达到19000多人。

顾准虽日理万机，仍对会计人才、会计教育一如既往地关心支持。1949年10月前后，顾准接待东北财委的林里夫、谭伟、雍文涛三人为首的东北招聘团，协助他们在沪招聘会计人员，并物色一位著名的专家，顾准立即想到了上海商学院的会计学教授安绍芸（1900—1976，解放前曾在立信会计师事务所短期任职，建国后任财政部首任会计制度设计司司长）。但是顾准顾虑这位名教授不知能否放弃大上海优越的生活条件前去艰苦的东北，另外不知安绍芸对共产党是否坚信不疑，于是便与招聘团的同志一起与安氏面谈，谁知两人一见如故。当场拍板，订下协定，即日启程。

安绍芸等一行数人，于1949年10月下旬到达天津。此时，接到中财委的一份电报，请安绍芸等人不要去东北，即刻到北京来。一时不知何因，到了北京，才知道这是陈云的意见，这批人成了新成立的中央财政部会计制度设计司的基础。当时同安绍芸同志一起来的，号称会计界的"八大金刚"，包括他的高足杨纪琬先生等，这些人都是财政部老会计司的骨干力量。他们一直在财政部工作，在会计战线上辛勤耕耘工作几十年，卓有建树，贡献突出。

顾准组织财政局中的接收人员张大椿——他原系老留学生——翻译苏俄专家贝柯夫所写的关于苏联计划工作的书，油印了几十本，分送各方面参考。并让孙际明翻译《苏联财政制度》，交由立信会计图书用品社出版发行。

第三章　大都会里的"财税总管"

加强住济核税，严格节约，积累四家建设资金，会计工作负应该在这方面充分发挥自己的作用。

潘序伦
一九五〇年青十二日

一

1949年7月24日，上海遭到30年未遇的特大台风暴雨袭击，海堤受损严重，江水倒灌，市区受淹，市府大厦内水深过膝，大量档案、税票、凭证遭到水浸，情况十分紧急。

次日凌晨，顾准、朱如言等局领导立即从愚园路寓所涉水赶到机关，带领全体人员利用各种盆桶，奋力排水，抢救了全部档案，及时烘晾，避免了损失。

一位中年女工作人员对此感慨地说：

陈云慧眼识顾准。图为1955年3月21日，陈云作"一五计划"报告

"国民党官僚架子大，根本不把我们放在眼里。现在共产党的接管专员，不但平等待人，还和我们一起泡在水里抢救财产。这是我们难忘的事。"

当时上海解放不到两个月，还比较混乱，就在中央财政经济委员会刚刚搬进九爷府办公的一周之后，中央决定中财委主任陈云到上海市主持召开第一次全国财经会议，研究城市生产事业的恢复和发展，顾准参加了这一会议。

陈云随即率领宋劭文、钱之光、曹菊如和秘书周太和匆匆起程，乘火车前去上海。专车驶进上海时，曾遭蒋机袭击，冒险进沪开会，可见情形何等紧迫！

为什么在如此紧迫的情况下召开上海财经会议？究其原因，主要在于上海刚刚解放，外有帝国主义军舰封锁，出不去，进不来；内有城乡交流受阻，物资进出不畅，困难很大，请求中央帮助。另外，华中局建议中央召开有华东、华北、华中、西北、东北参加的财经会议，研究解决上海所面临的问题。会议还邀请了即将进军两广、西南的野战军代表参加，实际上成为名副其实的全国性的财政经济会议。

陈云同志在会议上说：这次会议的目的，是帮助南线解决困难，同时交换一下意见，看看明年全国的财经情况怎么样。会议的内容有三个部分：

一是研究解决上海的困难，要求各地区大力支持；

二是了解各地区的困难情况，估算8至12月全国财经形势，研究应采取的措施；

三是预计1950年全国财经状况，提出财经工作的初步设想。

上海财经会议7月27日开始，8月15日结束，历时20多天。

会议的第一周，主要由各解放区和上海汇报情况，提出问题，摸清困难所在；从8月1日起为正式会议，分为金融、贸易、财政、综合四个组进行讨论，形成了一个《关于若干问题的共同意见》草稿，提交大会讨论；会议的最后一周，8月8日，先由陈云同志将初步形成的《共同意见》向大会作了报告①，并组织大家讨论，最后，8月15日，陈云同志代表大会作总结报告②，大会结束。陈云同志回到北京后，向中央作了报告，并向中财委的同志做了传达报告，实际上成了中财委以后工作的纲领，全国的财经工作从此逐步展开③。

会议期间，顾准悉心聆听了陈云的报告，并予以领会。陈云与顾准是老相识了，他们早在延安时就结下了深厚的战友情谊。1944年3月，陈云由中共中央组织部部长改任中共中央西北局委员、西北财政经济办事处副主任兼政治部主任。在他的领导下，开办了会计训练班。这年夏天，顾准结束了在中共中央党校校务部的会计工作，于是便由陈云点将，调去当会计教员。陈云把顾准介绍给会计训练班的章夷白，称顾准在会计教学上颇有造诣。陈云非

---

① 即《陈云文选：1949—1956年》中的《克服财政经济的严重困难》一文。

② 同上。

③ 详见李海：《陈云同志与上海财经会议》，载财政部《财政研究》1995年第3期。

常重视边区的财经和会计工作，认为搞好这方面工作具有重要的政治意义，所以他要正在党校学习的顾准协助他工作。

暌违数年，变化不小，彼此都十分挂念。陈云特地约见了顾准。

陈云在他下榻的位于外白渡桥旁的百老汇大厦（今上海大厦）4楼，专门与顾准畅谈了几次。他亲切地询问顾准离开延安后的种种情况。顾准高兴地向陈云一一进行汇报，并特别介绍了上海这一阶段的财政税务工作。陈云对顾准的工作成绩给予充分肯定，又微笑着对1949年内上海税收指标提出了明确的任务数字，这是一个很高的要求。顾准对此已胸有成竹，他根据当年6、7月份的收入实绩，毫不犹豫地表示保证完成陈云下达的任务。陈云听到顾准如此肯定的表态，十分满意，给予了充分的鼓励。

他们在谈话中间，谈到了当年在延安期间的峥嵘岁月，犹感近在眼前。顾准还向陈云汇报了他对财政平衡、财政推动国营企业创造经济效益、国营企业财务管理等问题的设想，提出了富有创见的意见。并写成书面材料递交陈云带回北京研究，陈云对此深表赞赏。

顾准没有在陈云面前说大话。经过他和大家的不懈努力，自1949年10月起，上海财政收支便取得了平衡，税收实绩也稳步提高。从此，上海便承担了向中央财政上缴巨额资金的重要任务。

全国财经会议结束后，顾准为了贯彻会议精神，他开始关注国营企业。

顾准早在山东工作后期，就痛感根据地"公营"企业存在的弊端。解放后，这些公营企业理所当然成为了国营企业。顾准认为"国营企业财务管理是我们财政工作中尚未解决的问题"——据著者了解，这是党内敏锐地发现这一问题的第一人。

如今，企业财务管理可能是一个耳熟能详的名词，但是60多年前就注意到这一问题的重要性，恰好证明了顾准的超凡卓识。在企业管理中，财务管理关乎资金的筹集、分配、使用和控制等工作。

在顾准看来，国营企业的财务管理应该做到：其一，合理筹集和使用资金，对企业成本进行分析和预测。加强会计核算的基础工作，制定一整套的会计核算体系和成本核算方法；其二，要正确地、及时地、完整地记录和反映企业的经济活动和财务收支情况，为企业领导和上级机关提出可靠的会计核算资料；其三，充分利用会计核算资料，分析企业的财务经营状况和财务成果情况，总结经验，挖掘潜力，发现问题，堵塞漏洞，改进工作，提高财务会计核算的经营管理水平。（用现在的眼光看，这些都是现代企业制度的起码要求，也是朱镕基总理决定向大型企业委派特派稽查员的初衷。）

1950年4月15日上海市财政局局长顾准在上海市一届三次各
届人民代表大会上作上海市财政及税务工作报告

为了加强国营企业财务管理这项工作，并尽可能摸索一些经验，顾准向华东财委主任曾山（兼任上海市副市长）和华东财政部部长陈国栋两人提出建议，在华东财政部内设立"公营企业财务管理处"。这一建议，得了曾山和陈国栋的鼎力支持，并决定，由顾准兼任处长（这时顾本人已兼任副部长）、汪璧任副处长（因她对上海的会计界比较熟悉），联手成为"夫妻档"。

这样，华东财政部公营企业财务管理处从无到有地成立了。不久，通过顾准充分利用其社会关系和个人关系，从社会延聘一批"懂得企业经营管理""懂得企业会计"的各界知名人士，约有20多人。

随着华东财政部公营企业财务管理处的运作，开始和华东各省特别是上海市工业、交通、商业各部局的财务会计部门建立了经常的业务联系，予以业务指导和商榷。1949年10月以后，顾准因有他用，离开该处。她的夫人汪璧仍留在该处。不久，陈国栋调朱楚辛接任处长。而汪璧不久因产假离职，假满后来到上海市税务局工作。回顾这段往事，顾准写道：

> 我在这个处的时间太短，无法估价这项工作，我只知道，各大区财政系统建立这项工作的以华东为最早。中央财政部组建财务司的时间我不知道，恐怕是通过苏联专家的帮助，不久这项工作也就在全国范围建立起来了。①

在顾准的心目中，财务管理是企业管理的核心，不重视财务管理是没有前途的。

二

上海解放时，国民党留下的是一副烂摊子：生产停顿、通货膨胀，物价飞涨、民不聊生……

在上海税务系统的"三局合并"之前，顾准在陈智方、王良的支持下，先在货物局进行整顿，使货物税征收走上了轨道。对直接税的征收，顾准则采取了"自报实交、轻税重罚"的方法，第一期两个月的营业税实绩可观。对此，人们用惊叹的口吻说——这是"人民政府崇高的威望"的结果。

但是，上海的税收问题其实是很复杂的。比如有些人对人民政府税收制

---

① 《顾准自述》手稿，第171页。

度表现为还很不理解："每个城市在接收后的几个月内，商人和企业家，尤其是前者，成为一种相当沉重的累进税的对象。这项税无空子可钻，因此很多人提出抗议，但共产党人不为所动，他们认为过去由农民承担了战争的主要负担，现在该由城市作贡献了。但农村仍在作出自己的贡献，新解放区要缴纳13%的谷物税，老区则为20%。"①

针对这种情况，顾准需要做大量细致耐心的工作，积极贯彻党的对民族工商业实行"限制、利用、改造"的政策。特别值得称道的是，他还非常注意自己财税人员的队伍建设。在狠抓税收业务的同时，顾准十分注重政治思想教育。

有一次，顾准对他的老部下陈新华说："我总是觉得自己一个脑袋实在不管用，接触面不广，考虑问题的局限性很大。我们能不能想个法子，把全局员工调动起来，号召大家面对严峻形势，都来动脑、动口、动手。"

说着，只见顾准拧着眉头，紧闭着嘴唇，额头上显出深深的皱纹。忽然，他伸出左手狠劲地往下一劈，朝陈新华道：

"对，来个'大脑袋'活动！"

"什么叫'大脑袋'活动？"陈新华很纳闷地发问。

"集中所有人的脑袋，融入每个人的智慧，这岂非是个'大脑袋'？"顾准笑着说。

于是，"大脑袋"活动开始了。每到周六下午，全局员工都要到当时位于外滩6号大楼的上海市税务局局本部学习。

顾准亲自上大课作报告。说是报告，更确切一些讲是谈心！

因为顾准讲话从不用稿子，而是针对大家的思想动态坦诚地和同志们交换意见，谈心里话。同志们根据局长的讲话，随时可以递张条子，写上三言两语都行。每当此时，顾准总是详细地作出解答，然后像珍藏一件宝贝似地把这些零乱不堪、毫无规则的小纸片小心翼翼地夹在自己的笔记本里。

---

① ［美］胡素珊：《中国的内战——1945—1949年的政治斗争》，中国青年出版社1997年11月版，第469页。

顾准参加会议的照片

　　为了掌握群众的思想脉搏，他总是利用一切可以利用的时间。多少次，他总是一边狼吞虎咽地吃着午饭，一边却在用心地听着汇报。有一天，陈新华觉他实在太辛苦了，便主动为他写好了上大课稿子。他接过稿子翻看一下，低声地问道：

　　"这次报告是你做还是我做？"

　　"当然是你局长做呀！"

　　顾准笑笑说道："既然是我做报告，那就应该我自己动脑筋，自动笔头，怎么能叫你代劳呢？"他语重心长地继续说：

　　"作为一名党的宣传干部，要紧是了解群众的思想动态，收集群众对我们工作的反映。至于对我，你们只需提供报告的素材就可以了。"

　　在心与心的撞击下，即便是块石头也能融化。一位头发花白的员工激动地说："我做了半辈子旧机关的小公务员，从来就是在局长面前低头听训，而现在却是局长和我们一同商量，上面没有官架劲，下面没有畏惧心，共产党的局长多好啊！"

　　顾准倡导的"大脑袋"活动激发了广大财税干部的主人翁思想，提高了党在群众中的威望。从此，财税工作就更上一层楼了。

一石激起千层浪。在财税局，只要顾准局长一作完报告，大家都兴高采烈，议论纷纷。一次，听完顾准的报告，同志都在私下七嘴八舌地议论开了。

有的说："局长不是常说我们是国家的主人吗？怎么还称我们是'留用'呢？"还有的说："说我们是'留用人员'根本上就是给我们划了条界线。"

的确，当时刚接管的税务局一半以上的员工都是从旧机关转过来的，通过新旧社会的对比，使他们感受到了共产党领导的新中国的温暖，然而这种幸福感又和他们心中不应有的自卑感交织在一起。一些人甚至还有一种错误感觉，认为自己是国民党机构走过来的，新领导未必会对自己以诚相待。所以他们似乎心情显得沉重。而这种心情是一种长期压抑在心中的委屈，抑或因顾准又不时称他们为"留用人员"而产生的一种失落感。

这时，有人赶紧将这些群众流露出来的思想反映，告诉了顾准。

顾准听后，目光变得十分严肃。他自责："我没有注意，太不注意了。伤了群众的自尊心，我应该向他们检讨。"此时，人们从顾准的脸上看到了一种歉疚的神色。

果然，在下一周的报告会上，顾准专门就"留用人员"的称呼，向大家作了检讨。

"同志们！"他用比平常高出几度的声音深沉地称呼大家。"作为一个领导，我曾错误地称呼你们，我向你们道歉。"

他接着说："你们是旧社会走过来的人。你们曾经为了养家糊口，不得已才到旧机关工作。但在新社会，你们用自己的劳动证明了你们和我们一样都是社会主义的劳动者，我们就是革命队伍中的战友，我们是平等的，我们是同志。'同志'，是我们革命队伍中最光荣的称呼，我们应该互称同志才是。"

场下的许许多多财税干部流泪了。这泪水洗涤了他们心中的委屈。这泪水是得到信任后的涌泉，这泪水更是对共产党的局长真诚坦率的回报。

据顾准的警卫员回忆，其实当夜，顾准也翻来覆去没法入睡，他失眠了……

自此之后，"局长检讨"的消息不胫而走，在全局上下传为美谈。人们从心底里激发出一股暖流，大家尊敬顾准，因为从他身上更看到了共产党的伟大。

　　"啊，这个局长了不起，没说的。"

　　"有水平，是块当官的料。"

　　那段时间，人们都在这么说。

1950年7月，顾准与中国店员工会会员代表合影

　　顾准在上海财税局的所作所为，常为人们所称道。曾经在上海财政局工作过的著名作家陈丹晨在他的回忆文章中这样描述："我正是怀着这种久违重见的心情阅读顾准文章，一方面为他的睿智深邃、目光如炬、超前机锋的卓识而惊叹折服，另一方面又常勾起青年时代的一点回忆，更得倍感亲切和伤感。50年代初，我才19岁，第一次参加工作就是到上海市财政局，先在基层做税收员，后又做办公室的秘书。顾准是我们的局长，还兼任直接税局、货物税局的局长。这三个局不断有各种征税的通知公告张贴在大街小巷，刊登在各报，每次都署有正副局长的名字。尤其是街上的布告署名还常用套红的签名，非常醒目，顾准是三个局的局长，他的名字更是频频出现，成为大

家熟知习见的。当时像我这样的小青年，几乎都是抱着热情的幻想把参加工作视作投身革命，对顾准这样的老干部更是用一种仰慕崇敬的心情去看他的。虽然因为职务关系相距甚远，没有什么直接接触的机会，但是听他讲话做报告还是常有的事。他讲话不用讲稿，也很少用空洞的革命词句来装点门面，更多的是晓之以理，动之以情。"①陈丹晨以激情满怀的话语，再现了当时的情状。

<h1 style="text-align:center">三</h1>

现在，如果读者有耐心的话，不妨介绍一下顾准1949年5月到上海工作后的个人和家庭的生活。最初接收上海后，顾准被安排住在原国民政府财政部驻沪办事处的房子里，座落在愚园路1182号。

顾准的上海寓所

---

① 丹晨：《顾准与〈顾准日记〉》，《随笔》1998年第2期。

这是一幢很有气派的"花园洋房"，院子门口设有门房，屋前有一块长约50米，宽约20米，可以当网球场的西式大草坪，屋后也有大片空地，环境幽静。院内种着许多花木，几株西洋玉兰树紧挨窗前。主楼内铺着柚木地板，前厅设有一个放置鲜花的花坛，共有大小十几间房间。院子的北部、东部，各有一幢两层的副楼；北楼底层是汽车库……

同住的有三家：顾准之外，还有朱如言、王纪华和王良（后两人先后住过）。顾准一家住在洋房的二楼。他们夫妇住一个大间，母亲带着几个孩子住一个大间，另有一个大间是顾准的会客室。两个小间内，分别住着两个警卫员和两个保姆。靠楼梯口，还有一个很宽敞的会客室，因为顾准会见的客人特别多。三楼另有一个小间，也属于顾准家使用。这样的居住条件当时在上海属于比较宽裕的。驾驶员住在北副楼的二楼；东副楼就这么空着。顾准曾经开玩笑说，这幢住宅的标准，简直就像一个大官僚的府第。

解放初期的高级干部，过着一种很奇特的生活。他们住在高级住宅里，却过着十分简朴的生活。顾准进去后，根据他的要求，原来所有的豪华家具立即被总务人员拉走，另找了一套极普通也极简单的家具送来。去过顾准家的人，现在都能回忆起，那是一套连一般中等家庭都不如的家具，只是够用而已。唯一特别的是，按照顾准有一点洋化的生活方式，他们夫妇的卧室里，在床头柜两侧各放一张单人床——这是外国人经常采用的卧室格局。而母亲和孩子们合住的房里，则挨墙摆着一溜木架床，靠门口放着一张饭桌，那是他们全家人吃饭的地方。客厅里除了几张沙发和茶几，显得空空荡荡。顾准很喜欢这种俭朴实用的生活。

顾准摄于20世纪50年代

这时顾准已是5个子女的父亲了，陈敏之后来为我们介绍了顾准添嗣的一些情况：

1937年前后的两三年中，顾准曾经有过两个男孩子，都在不满两周岁时夭折了，患的是同样的脑膜炎症。我没有听到顾准和我谈起过他的这两个孩子和他对丧失这两个孩子的感受，不过我确实在无意中看到过汪璧在两个孩子夭折以后所写的书面材料（是否系日记，现在已不复能记忆），这是一个年轻的母亲在丧失了自己心爱的孩子以后用血泪写的，深沉的悲恸，读了令人摧折心肺。

中国民俗有这样一个规矩：为了使孩子容易成活，常常给孩子起一个贱名。因此顾准以后生的几个孩子依次起的乳名是稆（音bang）头（苏北方言玉米的土名）、小米、高梁。五个孩子的学名分别是淑林、逸东、南九、秀林、重之。从学名可以看得出来，1、4是女，其他3个是男。稆头1942年底或1943年初生于苏北淮海区。1942年起，抗战进入相持阶段，也是解放区最艰苦的时期。为了度过困难时期，全国解放区一律执行精简方针，因此，稆头生下来不久，汪璧就携女回到上海，和祖母一起生活（汪璧1944年重返解放区，孩子和祖母留在上海）。1945年，抗战胜利，当时全国有和平可能，经组织批准，我到上海接我母亲和稆头到解放区，此时顾准已从延安回到华中解放区的淮阴，顾准一家在这里团聚了。可是好景不长，停战协定墨迹未干，内战烽火又重新燃起，我母亲以年近七旬的高龄，在内战的硝烟中奔走，从苏北到山东，由鲁南而胶东，最后被迫冒险渡过渤海湾到大连。这时，汪璧又生下了小米，小米学名之所以叫逸东，我虽然没有直接问过顾准，不过，我推测是蕴含被迫东撤大连的意思。

1949年，南下解放上海以前，顾准又添了一个男孩（高梁），进入上海，添了一个女孩（秀林，乳名五五）、一个男孩（重之，乳名小弟）。①

---

① 陈敏之：《顾准和他的儿女们》，《今日名流》1997年第11期。

顾准和汪璧那时风华正茂，是普遍受到尊敬的革命干部。他们的几个孩子，都健康活泼地成长着。老母亲操持家务。一家人生活得十分愉快。周末，倘若顾准回来较早，家里总是融融一室，欢声笑语不绝。顾准有时还爱和孩子们一起做做游戏，给他们讲革命故事。

顾准在上海与其他进城干部一样，实行供给制，所以一家人除居住条件稍为优越之外，维持温饱不成问题。在生活要求不高的顾准看来，这样生活是相当不错："那时的供给制发给高级干部的生活费是不低的，家属每人都有一份供给，孩子有保姆。我有专用汽车，有一年，公安局给我配备了两名警卫员。我住的那所房子归税务局总务科管理，设置了一名看门人。这样，直接间接为我服务的有关人员有六人之多：警卫员两名，保姆两名，司机一名，看门人一名。"①

顾准一家饮食起居也没有什么特殊之处。他吃饭不吃小灶，中午到市政府大食堂打饭。晚上如果要开会（据顾回忆，晚上开会，特别是在1950年，是十分频繁的），则预先随便买两个葱油饼权作点心，充充饥。会后回到家里才吃晚饭。但是，顾准参加宴会的次数也不少，如1950年4、5月到1951年初，他与市工商联的资本家代表常常要协商税务工作，开会总在上海大厦，会后常有便宴。这样他便把那两个葱油饼包好带回家去，作为次日的早点。

据当时的同事回忆，顾准举行宴会时，换穿一身整齐的中山装，一双黑皮鞋，将三七开的头发梳理得一丝不乱，进入宴会厅，便把外套一脱，露出整洁的白衬衫和西式背带长裤，显得既朴素又带点洋派。这是顾准最喜欢的一身装束。上海工商界人士都说他很有风度，具有西方绅士的派头。

当时，给顾准带来非议的有一件事情。在"三反"以前，顾准经常接到恐吓信，为了保护他的安全，在杨帆的坚持下，市公安局便给他增加了一名警卫，又增配了一条警犬。

一条警犬，据说每天需喂几斤牛肉，其耗费当然不能算小。不过，养狗的时间，前后大概半年左右。有人不明真相，认为顾准资产阶级生活方式突出，追求奢华，在家中豢养狼狗作为消遣，那当然是一种误会。

---

① 《顾准自述》手稿，第241—242页。

四

　　上海解放后，为了尽快恢复市政建设，恢复生产，支援人民革命战争，争取全国胜利，上海市军管会立即公布了在未制订新办法前原有各项国税、市税仍暂继续征收的布告，沿用旧制征收各税。

1950年10月16日，上海市第二届第一次各界人民代表会议召开，选举了市人民政府委员会。陈毅（前排左七）当选市长，政府委员中有顾准（市财政局局长，后排左七）、荣毅仁（市工商联筹委会副主席，后排右六）。图为第一届上海市人民政府委员在就职典礼上的合影

　　上海市人民政府财政局、上海市货物税局和上海市直接税局建立后，在修正原有征税规定的基础上，结合上海情况陆续制订了上海单行的税收法

规，主要有：印花税、屠宰税、车辆使用捐、娱乐税、营业税、船舶使用捐、房捐、营业事业所得税等暂行征收办法，均由上海市人民政府于1949年6至11月先后公布实施。在此期间，废除和停征了"一切所得税""车辆市政建设捐""汽车季捐"和"土地增值税"等15种税捐。在货物税方面，华东财政经济委员会财政部于1949年9月颁发了《华东区统一货物税税目税率表》，上海市按此表征收。

一开始，在当时上海财税工作就出现了两种税收方法之争，一种是中央财政部推行的"民主评议"（其实只适应于刚解放不久的中小城市）；一种就是顾准主张的"税收专管"这一符合现代税收制度的做法，其核心是："专管、查账、店员协税"。因为在顾准看来："进入上海以后，货物税（纸烟、棉纱、火柴等轻工业产品的出厂税）照旧章征收，没有什么困难。营业税、所得税两者是否采用民主评议办法，一开始我就持有疑问。上海大厂商多，账册'健全'，早在30年代国民党政府开征所得税时，资产阶级就在学习在税法范围内和国民党政府作斗争（我在30年代的潘序伦修改的那本《所得税原理与实务》，事实上就服务于资产阶级来进行这种斗争的）。"①

顾准心里很清楚："我们如果在上海搞民主评议，只能有二种可能的结果，一是征税实额低于税法规定的税率，这会使资产阶级占尽便宜。二是征税实税高于税法规定的税率，这就会变成'摊派'。民主评议首先要我们提出应征税收总额，再层层派下去，这个应征总额怎样定法，实在摸不到底。又民主评议评到户，要经过各业同业公会。上海工商户如此之多，一个行业的同业公会内有势力的资本家可能占便宜，不占势力的可能吃亏。更重要的是，这种税收方法因其必然完全脱离税法规定，它可以保证完成税收任务，可是绝不能使税收成为对资本主义经济成分的限制反限制的斗争的武器。"②

可见，正因为"民主评议"有悖税收法规，与上海的实际情况也显违和感，上海工商界的实际情况正如顾准所言，会计基础好，账册一般比较健全，完全可以依率计征，按照税法纳税，同时上海有强大的工人阶级队伍，

① 《顾准自述》手稿，第177—178页。
② 同上书，第178—179页。

可以动员他们来协助监督，防止偷逃税的行为出现。据此，顾准在税收工作上敢于直言，提出不同的意见，并且勇于坚持真理，当然也不是为了一己的私利。

这场争论因为涉及与中财部的意见相左，当然惊动了市委。据陈敏之介绍，市委（还有华东局）曾不止一次地讨论过这个问题。1950年8月陈毅在去南京军区前夕，曾专门找潘汉年和顾准到他家讨论这个问题，陈毅同志的结论，毫无保留地要废除民主评议，采取"自报、查账、店员协税"的方法。可以设想，如果没有市委和陈毅同志的同意和支持，顾准的正确主张是不可能付诸执行的。

这场争论当然也通到了中央。1951年12月，中财委主任陈云同志在中央的一次会议上指出：上海税收方法争论中，"顾准的方法是对的"，这个意见还得到毛泽东主席的肯定。已故的解放初期上海税务局副局长朱如言生前曾亲口对陈敏之说过类似的话，他告诉说陈云认为税收方法之争，"直在顾"。

按照顾准的税收方法，1951年3月税收实绩1.8亿元，较1950年增加6倍；1952年3月，入库税收3亿元，较1950年增加到10倍。1950年"二六"轰炸以后，上海工商业一度萎缩，1951年的税收增长，可视为工商业恢复的反映；1951年至1952年上海工商业已恢复正常，税收的增长明显高于经济的增长，应当认为这与税收方法的科学性以及采取有力的组织措施（根据顾准的建议，市委已批准各区设立区税务局和按地区设置税务专户专管员等）有关。

上海解放初期，根据中财部的指示，采用的是"民主评议"的方法。有着丰富会计实务与税务知识的顾准一开始先是"持有疑问"的。故而就在旧直接税局接收不久，他就采纳了吕若谦建议的营业税"自报实交、轻税重罚"的办法。据顾准回忆：这年"六月份，饶漱石找我谈了一次话，谈话中我提出，上海工商采用'民主评议'方法恐怕不行，饶表示同意，并赞成采用'自报实交，轻税重罚'方法"。[1]饶漱石当时是上海市委书记，顾准得到他的支持后，便于6月份在上海直接税局修改国民党时代的营业税率（国民党统治时代，逃税愈多，税率愈提高，税率愈高，逃税愈厉害，形成恶性循

---

① 《顾准自述》手稿，第107—108页。

环），减轻旧税率约30%至50%，上报上海市委批准后公布。

这样，第一期两个月内上海市的营业税由各户自报实交，征税实绩比国民党统治时代高出了好几倍，这还是在旧税务机构尚未完全改造、店员群众还未完全发动起来的情况下取得的。所以，顾准以此方法作为过渡时期的临时办法，然后进行税局的根本改造，彻底杜绝偷税、漏税。

在1949年底前，在顾准主持下，由直接税局公布了一批"特约查账员"，帮助深入企业查账纳税，办理税务代理业务。

当时受聘担任过"特约查账员"的诸尚一（1913—1997，建国后曾任民革上海市委副主任，市政协委员，立信会计师事务所主任会计师），劫后余生，他以亲身经历，告诉人们：

> 我与顾准同志在上海解放前本来并无交往。解放后，他出任第一任市税务局长，忽然于1949年约11月间，柬邀我去参加一个税务工作的座谈，这才开始相识。
>
> 刚入场，顾准同志看到我的签名，脱口就叫我："尚公，欢迎你！"一下子就把我闷住了——素不相识，他怎么会以此称呼？"尚公"是我解放前供职《商报》时所辟专栏《尚公说法》用的笔名，由此有些熟人就以此相称，即带有尊称的性质，也是一种所谓的"爱称"。所以，于不意中竟然听到顾准同志这样叫我，顿时从心底里涌起了一股暖流，感到分外亲热，从此奠定了我同他的同志式的友谊。他这次之邀严谔声和我，是由于我们俩在解放前曾运用上海市商会的关系，长期代表民族资本家的利益，同当时国民党政府的上海市直接税局打交道，对旧的税制有一定的了解，在今天有可以借鉴之处的缘故。
>
> 就在这次会后，大约是在1949年底1950年初的交界期间，陈文麟同志邀我到顾的家里去。陈文麟同顾准都是潘序伦先生的学生，又是潘先生创办和主持的立信会计师事务所和立信会计专科学校的同事，所以，由陈来邀我。其实，事先我已风闻，顾为了课征1949年度的所得税，深感税局干部力量不足，所以想聘请若干位老会计

师担任市税局的"特约查账员"。在那时，会计师究竟怎么定性，不仅社会上议论纷纭，就连会计师界人士亦是心中七上八下，莫衷一是。所以，"特约查账员"这个桂冠，无疑就引起了会计师界不少人的关注，能轮得上戴当然好；戴不上，也至少可以证明会计师是能为社会主义服务的。果然讨论的中心正是此事。[①]

在诸尚一的回忆中，当时顾准从一开始就特别重视人选问题，一再强调政治因素，要求宁缺毋滥。经过一再筛选，最后提出了十几个人的名单，其中包括陈文麟、李文杰、李鸿寿、汪诒和张更生等，这些人大多是立信的资深教授，同时也把诸尚一列了进去。

对此，诸尚一认为自己不能说毫无思想准备，但坦率地讲，他又无志于斯的。因为：第一，他很忙，无暇及此；第二，他自感只会"说法"，对查账实务并无实际经验。所以，当天在后半场，就几乎形成为劝驾出山的会议。顾准更是坚持要他参加，他也就只好恭敬不如从命了。诸尚一后来回想起来，"顾准同志何以厚爱于我？大概是我的《尚公说法》，在国民党统治的黑暗时代，还多少在客观上表现了有那么一点正义感，从而他站在党的立场上，执行了不忘记对人民做了好事的人政策吧？"诸尚一的感叹是发于内心的。

通过税务干部的努力和利用社会力量，顾准带领财税干部圆满并且超额完成了上海当年的税收任务。

在此期间，大概是1949年10月，中财委召开第一次全国税务会议。通知要求各地税务局主要负责人出席会议，顾准因忙于上海的工作，一时难以脱身。于是委派市直接税局检查室主任邢一新赴会。会后，邢一新传达了有关精神。

这时，顾准在直接税局办公时，初步回顾了几个月的工作进程，认为不能盲目轻敌，因为1950年的税收任务很重。他深感："我们的工作则漏洞百出，全面改组直接税工作，涉及税收机关的彻底改组，涉及普查纳税户等一

① 诸尚一：《政策的威力，榜样的力量——怀念顾准和王纪华同志》，《尚公杂议》第二集，上海人民出版社1995年10月版，第106—107页。

系列根本性的组织工作，以及怎样在最短时朗内完成这一工作。"①

但是，摆在顾准面前的问题并不可轻视：上海有十几万纳税户，其中既有接近垄断资本规模的申新、永安之类的大企业（这些都是立信会计师事务所的老客户），也有无数贩卖纸烟火柴的用上海话即"夫妻老婆店"等等。

"怎样把这庞大复杂的工作合理组织起来，一时实在找不出答案。"顾准在冥思苦想。对于以上这些问题，中央财政部答案简单明确：民主评议。以致"当年十月税务会议以后，中央财政部随即通过各种途径（其中主要的一项是'登报'）对上海税务工作作了严厉的批评，批评中着重指出，不用民主评议方法而用'自报实交，轻税重罚'方法是错误的"。

而顾准仍然坚持自己的观点："我还是认为民主评议不足以解决一切问题。"因为"从1949年10月到1950年2月，我一方面在原有局面基础上乏行纳税户普查。可是事实证明，以一个局来对付广大地区内的十几万纳税户，要做到纳税户没有遗漏是不可能的。当时，以莫斯科市副市长为首的苏联市政工作专家团在上海，其中的财政专家是列宁格勒州的财政厅长阿尔希波夫（按：顾与阿氏的交往详后），我向他请教苏联城市中税收工作的组织方法。他告诉我，他们实行'专户专管'，即一个财政工作人员专管几户（阿尔希波夫还告诉我，像上海这样的大城市，不用专户专管的方法，不能根本解决问题。我把他的意见写在一个报告中，大概还反映到中财部。"

1950年1月，苏联顾问阿尔希波夫突然应召去北京一次，回到上海就改变了态度。他严厉指责顾准不执行中财部关干征税方法的指示。他的改变态度，显然是受到了某种压力……

形势变得扑朔迷离，但顾准却决意探索，走出富有创意又行之有效的办法，他"从专管这条路线采考虑解决问题，结论是全市要组织若干个[税务]分局，每一个区分局下要按地段建立稽征组（现在改称为税务所），稽征组的每一个税务员专管若干纳税户。……这个方案，在几个税务主要负责人酝酿过，也曾向市委和市府党组提出建议。"②

---

① 《顾准自述》手稿，第181—182页。
② 同上书，第182—183页。

顾准还认为，征税方法仅仅考虑税务机关的专管还不行，必须把店员协助税收作为重要的组成部分，这就是下一步需要开展的工作之一。

五

1950年2月13至25日，中财委在京召开全国财经会议，主要讨论统一财经、紧缩编制、现金管理和物资平衡四个经济问题。确定1950年财政经济总方针是：首先满足解放战争的需要；其次，保持900万脱产人员的生活开支；第三，运粮救灾；第四，重点恢复经济，即把有限的投资首先用于农田水利，修复铁路，恢复电力、煤炭、钢铁等工业，以便解决国民经济的急需。陈云同志在会上作了《财经工作人员要提高自觉性》的重要讲话（载《陈云文选1949—1956年》）。

上海市副市长曾山以及陈国栋参加了这次会议。会议期间，他们俩发回电报，初步传达会议关于"公债税收、平衡财政、稳定币值"的意见，顾准接到后，向市委、市府领导作了汇报。

当时，上海正值"二六"轰炸事件。当天中午，蒋机分四批袭入上海上空，投下六七十枚重磅炸弹，千百间密集的民房烟火冲天，500多名无辜居民被炸死。然而轰炸的中心目标显然还是美商杨树浦发电厂，这个供应着上海10%电力的心脏部门被反复轰炸，遭到毁灭性打击。所以，短期内仅能维持照明，工业电力供应几乎停止，连染织厂染制的布匹也随时有烂掉的危险。

轰炸后一两天内，上海市委和华东局还没有知道将有苏联空军和防空部队进驻上海的消息，而当时我军的防空力量薄弱，要想有效地阻止敌机再度来袭是困难的。

在随即召开的市委会议上，顾准建议市委致电中央（毛泽东和周恩来此刻远在莫斯科谈判签订《中苏友好互助同盟条约》），北京是由刘少奇主持工作的。电报内容是详细陈述上海面临的困境，请求考虑上海的公债税收任务，市委便要顾准起草这份电稿后发出。

"二六"轰炸重创上海市（周海婴图）

过了一两天，中央复电，措辞十分严厉，大意是防空问题中央自有对付方法，公债税收任务绝对不可以改变。据顾准说，防空问题不久确实就解决了，在一次敌机夜袭中我高射炮打落一架敌机以后，敌机再也没有骚扰过上海上空。不久，全国财经会议结束，曾山与陈国栋返沪。《顾准自述》谈道："曾、陈回来，传达财政会议决定的基本内容是，要在1950年3月份内，通过公债税收各3000亿（旧值）来征集一大笔现金资金（具体数字可能不确切），以此平衡财政，稳定币值。公债的征募以工商联为主组织公债征募委员会，党内由许涤新负责。税收责成税务系统如数完成。"①

"二六"轰炸炸坏了上海的杨树浦、闸北发电厂，顷刻之间，全上海由万家灯火霓虹闪烁的不夜城突然沉入黑咕隆咚的阴暗之中，家家摸黑，路灯失明，工厂停工，夜市关闭，米价暴涨，燃煤告紧，人心惶惑，谣言蜂起，占领上海刚满半年的共产党面临着巨大的考验。

为了稳定人心，这时上海市委、市政府安排身兼上海市财政局长、税务局长的顾准在上海体育馆作形势报告。上海体育馆位于今陕西南路上，可以容纳好几千观众，是当时上海最大最好的室内体育馆，聆听报告的是上海市方方面面的干部。

---

① 《顾准自述》手稿，第185页。

顾准根据毛泽东的报告《为争取国家财政经济情况基本好转而斗争》的精神，侃侃而谈，纵横挥洒，慷慨激昂，说明有困难，有办法，有希望，共产党能够解放上海，就一定能够领导上海人民克服困难，建设好一个人民的新上海，彻底粉碎国民党反攻大陆的梦想。

"二六"轰炸造成的灾害是严重的。旧历年关将近，物资缺乏，人心浮动。更困难的是，电力供应虽然大部分恢复，工业用电短期内仍嫌不足。与此同时，人民币币值虽然比较稳定，但物价仍在上升。在顾准看来，征集如此大量资金，确实有效制止了通货膨胀式的物价持续上升，但一时工业生产下降，多数工厂减产，甚至有些工厂停工，失业增加，整个上海的局面此时是紧张的，也给税收工作带来不利因素，凑巧的是，3月份正是征收1949年所得税的时候，1949年上海工商业受战争影响利润有限，因此用正常方法完成3000亿元的任务实在困难。对此，顾准在税局的会议向大家交心：只得在"轻税重罚"的"重罚"两字上作文章。

其做法是：组织直接税局检查室的工作人员出去查账，查出问题，从严解释税法，从重课处罚金。顾准曾谈到，"这种逃税处罚和公债征募同时进行，即使确有税法根据，也可以把逃税户弄得破产。于是，上海资产阶级一方面通过工商联、协商会议等大提抗议，一方面也进行非法抵抗——这一两月中我收到一大堆匿名恐吓信，以致公安局为保护我的安全起见，给我配备了两名警卫员。"[1]

这时候，税收成为一切工作的重中之重。因为时值解放初期，百废待兴，税收成为工作重点。当时中央领导在第一届全国税务会议上强调"完成税收任务是一个严重的政治任务"，否则就是丢毛主席的脸，要求各地党政部门全力以赴。中央财委指示上海在1950年3月份内"通过公债税收各3000亿来征集一大笔现金资金，以平衡财政，稳定币值"。当时，上海刚刚解放，特别是刚刚经历了"二六"大轰炸，工商业凋敝，纳税困难。

顾准首先是扩大了征税范围，宣布凡有营业就必须纳营业税，废除营业税的起征点，并实施"区级税务专管制度"，把征税触角直接下达到了基层

---

[1]　《顾准自述》手稿，第185—186页。

里弄，使小商小贩也难逃纳税。其次是扩大了营业额的计算范围，凡是财产孳息收入，都纳入税基；税率提高了30%—100%，每日滞纳罚金提高到3%。做个对比，中国现行的滞纳金比例仅为每日万分之五，即使考虑到当时畸高的通货膨胀率，3%的日滞纳金比例依然是可怕的，迟交一个月税款就要翻倍。如果结合顾局长的"从严解释税法"以及"特约查账员"制度，将公债征募和逃税处罚结合进行，尤其对逃税课以重罚，甚至报账不实就罚款，有的在税则中原未明确规定要缴税的，忽然查账时说要缴了，以致滞纳金不胜负担，甚至导致商家破产。

用顾准自己的话说是"这种逃税处罚和公债征募同时进行，即使确有税法根据，也可以把逃税户弄得破产"。这引发了工商业的强力反弹，纷纷通过工商联、协商会议等提出抗议，甚至还给顾准写匿名恐吓信。上海棉纱公会副主席刘靖基说，税务调查员态度错误，以为工商界个个"作奸犯法"，他们是来捉贼捉盗的，造成了政府与人民的对立。一般民众认为税务局目前的措施，只有八个字："于情不合，于法无据"。

对这种情况，也要作认真分析，"二六"大轰炸后，上海工业开工率大减，不少工厂停工停产。而"公债税收"运动又恰逢此时开展，因而当时上海一部分职工群众和学生群众对于我党政策和上海经济怀有疑问，也是可以理解的。

面临这一窘境，许多人不约而同地想到了熟稔经济学的顾准。后来在他的笔下描述了这一幕幕感人的情景：

"因为我曾经在上海地下党工作。上海各区区委中有熟识我的人，记不得哪一个区委首先找我去做公开讲话，解释稳定币值的必要性和上海经济的光明前途。我以通货经济学的解释方法，说明长期通货膨胀中工厂屯原料、家庭屯日用消费的必然性；以及一旦物价不再续涨，甚至一时下跌时，市场和生产所受的冲击必定极其猛烈，但是这种冲击又必然是极其短暂的，市场购买力必然迅速恢复，而币值和物价稳定情况下购买力的恢复，对于生产所起的积极作用，又如何必定大大超过通货膨胀时期。也许因为这种通俗经济学的解释有助于祛除一部分群众的疑虑。第一次讲话后，好几个区委连续要去作同样的讲话。三四月份，这样的讲话也许达十次。潘汉年也组织过一次市属各局工作人员的报告会，要我作同样的讲话。"①

顾准的报告，效果好得出奇，受到了陈毅等市领导的激赏。时至90年代，发生在几十年前那幕征税事件，虽然事过境迁，但仍有主客观方面的经验教训值得反思。顾准自己也曾说过："我接受3月份的税收任务并不是没有犹豫的。曾经考虑过民主评议。可是民主评议也要经过一个时期的准备工作，1949年所得税征收办法公布已久，怎能一下子改得过来。用正常方法不能完成这个任务，通过重罚来完成这个任务，我称之为'非常征税'。曾陈去京参加全国财经会议，把庄文恭（即韩曼涛）带了同去。庄回上海后来找我，说刘少奇是他留苏同学，他去见了刘，刘在谈话中跟他说了这样一段话：'你告诉顾准同志，这次收税，注意不要过分损害私营工业，商业可以多要一些。'刘少奇这番话显然暗示了这次公债税收中的税收带有"非常征税"的性质，只是要区别对待工业和商业而已。"②应该说，无论是刘少奇还是顾准；无论是中央还是上海，总的目标是一致的，他们贯彻中央对民族工商业的政策："发展生产、繁荣经济、公私兼顾、劳资两利"，然而不可讳言，在税收的具体做法，有时某些人不免带有"命令主义"的急躁办事的烙印，这是值得汲取的教训。

全国财经会议结束后，根据中央财政部的意见，王南秋曾到上海市货物税局兼任过很短时间的局长，王原任财政部税务总局副局长兼天津市税务局长，调他到上海据说是为了"加强上海税收工作"。此时，顾准仍任上海市财政局局长兼上海市直接税局长，并兼华东财政部副部长（上海税务局"三局合并"是在1950年6月左右）。

为了完成中央的"公债税收"任务，对个别违法户采取重罚等方法，持续时间不到一个月。从4月份起，转入正常轨道。顾准还强调，要"着重于处理处罚不当的案件"，以取信于民，为了克服私营工商业遇到的困难，稳定他们的生产经营情绪，不久中央就作出了在全国范围内调整工商业、包括调整税收政策的决定，并在党内开展了反对命令主义、反对以功臣自居骄傲自满的整风运动。税务系统是上海整风的重点。在顾准主持下，税务局党组

---

① 《顾准自述》手稿，第231—232页。

② 同上书，第186页。

（顾是党组书记）在党内开了连续两周的整风会议。

就在公债税收运动中，上海市委更加重视税务工作，大约5、6月之间，批准"三局合并"和成立30个区分局的建议；批准由店员工会输送3000名进步店员到税务局来，又从"台盟"调来几十位党员充实税务局的党员力量。从此之后，税局机构改组初步完成，新旧人员各占一半。顾准认为，旧机构虽然初步打烂，"但是新建立起来的机构，要它切实担负起工作任务，还需要经历一个过程"的，前面的路还很长、很长……

六

1950年6月6日至10日，在北京召开了中共七届三中全会。毛泽东在会上作了《为争取国家财政经济状况的基本好转而斗争》的书面报告，并作了《不要四面出击》的重要讲话。毛泽东在前述的报告中说："我们现在在经济战线上已经取得的一批胜利，例如财政收支接近平衡，通货停止膨胀和物价趋向稳定等等，表现了财政经济情况的开始好转，但这不是根本的好转。要获得财政经济情况的根本好转，需要三个条件，即：（一）土地改革的完成；（二）现有工商业的合理调整；（三）国家机构所需经费的大量节减。"

这次全会决定合理调整工商业、调整税收，使工厂开工，解决失业问题。上海的陈毅等参加了会议。

与此同时，中央还召开了第二次全国税务会议。出席对象既有各地各级税务工作人员，也有民族资产阶级的代表人物。顾准参加了这次会议。会议旨在贯彻"调整税收"的总方针，很少涉及专门业务问题。故而会议期间，单独召集税务工作人员开会的次数不多。在顾准印象中，这次会议以后，直到"三反五反"为止，中财部从来没有提出过反"左"中要防右的问题。

为了贯彻上述两个会议的精神，上海市委采取措施，加以落实。在该年7、8月间，成立了直属市委的党的税务委员会，负责人由潘汉年副市长兼任，参加的除顾准本人外，还有各主要工商业区的区委书记和其他有关的党员干部。任务是监督税务工作，协调税务涉及的各方面关系。在这个委员会的推动下，由顾准创办的《税务通讯》发表了数篇社论，要求税务工作人员严格"依率计征"，贯彻税法要体现"合法、合情、合理"的"三合"精神。不久，这个委员会被撤销。

作为调整税收的一种措施，各企业的营业税采用民主评议的方法，由税务局派出五六百名工作人员，在副局长王纪华率领下移驻上海市工商联，与工商联秘书长胡子婴、副秘书长马龙桂一起组成"民主评议委员会"的工作机构，然后分别和各同业公会一起民主评议各业内各户的应纳税额。据顾准回忆，用民主评议方法征收的营业税大约不超过三期6个月，后两期，专户专管其实已经全面实施，民主评议愈到后来愈流于形式，9、10月份，就正式停止了"民评"。因为所得税以一年为一次征收期，半年估征是预征性质，以年底结账时的利润为根据计算全年交税额，所以这次"民评"估征，对全年所得税征收实税是没有影响的。

在调整税收过程中，顾准发动进行了一次纳税户大普查。用顾准自己的话说就是："完成纳税户普查，实行地区性的专户专管。这样，全市无论什么地方新增或减少一户工商业户，税务机关都可随时掌握。"表面上看，这次普查的缘由是对营业税的征收方式从"自报实缴"改为"民主评议"而做准备，实际上它为建立符合上海都市特性的"税务专管制度"奠定了基础。事实上，顾准倡导的"税务专管"制度一直沿用至今，并且推及全国。

为发动全体税务干部重视这项普查工作，顾准在局内刊物《税务通讯》第七期上发表了《做好普遍调查工作》的文章。他首先回顾了过去因实行营业税"自报实缴"产生的弊端，指出"自报"必须以专管制度为基础，"自报"必须把纳税人组织起来，必须对纳税人的会计记录和发票进行管理，这样的"自报"，加上查账，才能"实缴"。

顾准等人通过研究，还拟定在20个市区税务分局中设立96个稽征组，也就是开始将市区的10万个中小纳税户分成96块，实行区域管理。当时每个稽征组管理上千家纳税户，于是又按街道地段划分为若干个专管段，每个专管段至少设一名专管员，担负100多个工商业户的征税事务，同时要调查了解纳税户的变动情况，处理开业歇业的税务问题，以及联系职工群众，开展职工护税工作，便是顾准倡导的上海税务专管员责任制的开端。

从上述叙述中，不难体会顾准的做法初步构架了现代税收制度的雏型，其中独具匠心的创造性工作，是值得后人珍视的。

在税收调整时期，顾准批准成立了税务稽查队，其任务为从海关、铁路、市场搜集报税、货运、成交凭证，分发各分局，用来核对有关工商业账册。倘有单据而不入账，就是逃税，这样，便于专管人员随时进行查账；还征收无固定营业地址的行商税。

由于顾准工作出色，得到了陈毅的充分肯定。1950年8月，在一次专门的会议上，陈毅明确指示要实行"专管、查账、店员协税"的征税方式，给顾准以极大的支持。顾准以为："从此以后，上海税收工作才开始纳入了正轨。"

"店员协税"是顾准在调整税收过程中，平衡各方利益，巧妙地提出来的，充分体现了顾准领会对私营工商业"限制、利用、改造"的精髓。所以，当顾准代表上海市税局向市委提出"店员协税"问题时，市委立即批准了这个请示。于是，市税务局会商上海店员工会。该工会积极响应市委号召，组织了"协助税收委员会"，分业分地段动员会员参加协助税收工作，有效地防止了逃税漏税行为，为稳准狠地打击少数违法纳税户创造了条件，也为1952年店员大规模参加"五反"运动作了准备。

1950年9月，鉴于各区稽征组和市局稽核处专管户的基层组织已经普遍建立，店员协助也已实行，"民主评议"名存实亡，"专管、查账、店员协税"这一套办法已经初步贯彻实施，顾准决定，市税务局召开第一次稽征组长会议。会上挑选若干工作较好的稽征组作典型报告，用具体的例子来表明稽征组应该如何工作，对于推动全局工作起了一定作用。这次会议以后顾准的全部工作转向次年3月征收的1950年所得税的准备工作上，关于所得税法，向税务总局提出一些建议，派人出席了中央税总的专门会议，从工商联抽调回来的五六百名税务人员，配备到需要的地方；为了统一计算利润的标准，和上海工商联及各业同业公会进行了一系列的协商；通过协商会议宣传税法，在税务内开展了必要业务知识的学习和政治动员等等。经过这些准备，1951年3月，包括所得税在内的全部税收实税记得是旧币1.8亿元值，为1950年3月税收任务的6倍。

　　但很显然，采用了顾准的"专管、查账、店员协税"的征税方式，才取得了如此税收实绩。这些收入，大力支撑了国家的各项开支，并有力地支援了正在进行的抗美援朝战争。

　　顾准办税有主见，有魄力，又善于利用调动社会力量，为了确保财政收入的足额完成，他确实殚精竭虑，这给当时的专业人士留下深刻的印象，李鸿寿（1909—1998，时任私立立信会计专科学校校长）忆述道："1950年底将放寒假的时候，顾局长打来电话，说今年开征所得税，税务局要抽查部分工商企业账目，感到人手不足，打算利用大专院校会计学科高年级学生寒假期间帮忙。我表示赞同。这对学生是极好的实习机会。他要我与有关院校联系。他自己则与高教局联系。结果，各方一致赞同。一天，税务局同志打电话来说，定于某日下午在中州路前上海商学院礼堂，集合实习生开一次会。请顾局长作动员报告，请我主持会议，讲讲实习的要求。这天到会的人非常踊跃，动员报告后立即编组，并定期在税务局报到，每人发一本《查账须知》小册子。这次实习，各方面都表示满意。回忆往事，崇敬之心，怀念之情，无时或已。"

　　李鸿寿的这番发自内腑的话，流露出真情实意，代表着许多有识之士的见解，说明中央调整税收的决策和顾准推行的做法可行性。新华社名记者李普（1918—2010，曾任新华通讯社副社长，中国新闻工作者协会书记处书记）作于1951年5月的《上海工商业在欣欣向荣》一文如实反映当时的情况：

　　　　从税收方面来看，今年三月间上海工商户交纳的所

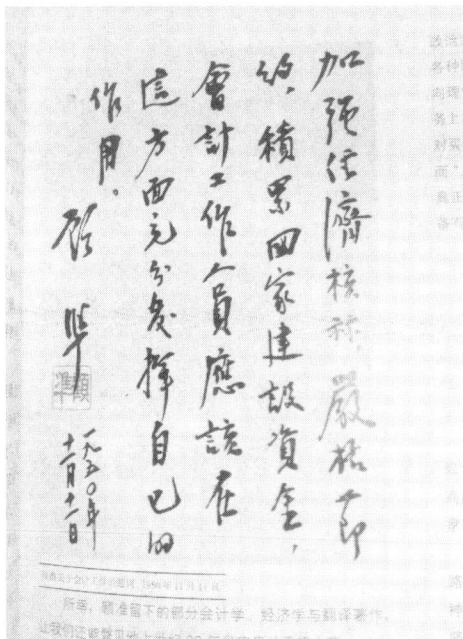

顾准关于会计工作的题词，1950年11月11日

得税和其他税款，约略和去年这些时候税收和公债的总额相等。那时工商业者大喊困难。但是今年他们兴高采烈，举行了一次集体交税的大游行。一年来，特别是抗美援朝的爱国运动以来，工商业者在政治上大大前进了一步。这就是他们如此踊跃交税的原因之一。同时，这也的确反映了工商者的处境是比过去好了。

根据所得税的自报查账户所申报的数字，去年赚钱最多的是机器染织工业。这一行业绝大多数的自报查账户赚了钱，总共盈余2000亿元。其次是棉纺织工业，盈余1600多亿元……①

尽管笔者涉猎有限，但仍然接触到一篇奇文，这里不惮烦琐，摘得一段："我们共同回忆，他（按：指潘汉年）对人宽，对己严。1950年上半年在市政协会议上讨论税收问题时，税务局拟出的讨论办法草案是一个月民主评议一次。汉年同志发表意见，认为一个月评议一次，事实上来不及，反而会影响税收。税务局负责同志当场不同意汉年同志意见，另外也有党内同志作了不适当的发言，因而引起工商界部分人士的非议。"②这篇文章对税务局负责人的名字，没有点明，我不敢妄加推断，但至少有一点与事实不符："民主评议"确实是顾准所主持的上海市税务局一直是顶着的，所以，希望现存知情者能够给个确切的说法。不过，笔者想披露《顾准自述》中的一段话，以正视听：

一年多以后，即1951年12月，中财委主任陈云同志在党中央的一次会议上指出，税收方法争论中"顾准的方法"是对的，主席（按：指毛泽东）肯定了陈云同志的这一意见，……自此以后，税收方法的争论才最后结束。③

---

① 参见宋强、乔迈等著：《人民记忆50年》，甘肃人民出版社1998年1月版，第70页。

② 包善政等：《回忆潘汉年同志主持上海市府工作片断》，载唐瑜编《零落成泥香如故》，三联书店1984年7月版，第81—82页。

③ 《顾准自述》手稿，第201页。

　　不过，有关税收方法采取"民主评议"，还是"依率征税"，争论一直纷纷扰扰，众说纷纭。甚至有人以为顾准采取"专管、查账、店员协税"的征税方式重罚资本家，对此，当年曾在顾准手下任上海税务局办公室主任胡实声老先生据理力争："《书屋》今年第三期《人啊，你是如此复杂》①一文中第三节谈到顾准，说当时顾准主张查账计税方法不当，民主评议才是对的，这根本颠倒了是非。老解放区，由于企业没有健全的会计制度，无法查账计税，只能采取落后的民主评议方法，这是事实。顾准任上海税务局局长后，认为上海企业、工厂都有健全的会计制度，都有明细账册，根据正确的账目、按税法照实计税，是完全符合世界通行的计税办法的，说顾准用'轻税重罚'的办法消灭'资本家'根本不是事实。我当时在顾准领导下工作，任上海税务局办公室主任，许多事都亲身经历，像香烟厂老板经叔平，由于计税错误，常来找我，我便根据税法一一核实，予以纠正。顾准还通过盛康年、胡子婴等约工商界民主人士进行座谈，解释税法上的一些问题，他与工商界关系是不错的。上海税务局局长顾准主张查税计税，而华东税务局局长陈国栋力主民主评议，引起很大矛盾，争论颇为激烈，相持不下，事情闹到上海市委那里。为此，陈毅在上海市委专门召开了一次会议，有关同志各抒己见，申达理由，双方仍然各不相让，争论极为激烈。当时，我也参加了会议，也曾发言，支持顾准主张。陈毅静听双方争论，并不插言，直至最后作结论，认为顾准的主张和做法是正确的。此事，当在市委档案室可以查到记录。"②

　　1949年下半年，为了加强国营企业财务管理工作，已经担任华东财政部副部长的顾准在部内设立了"国营企业财务管理处"，兼任处长，并延聘了一批知名人士，其中便包括胡实声，后调入上海税务局，先后任办公室主任、副局长等。胡实声老先生已经100岁了，他看淡世事的纷争，但遇到与顾准有关的税收的大是大非的问题上，他还是义不容辞，以自己的亲历亲为，为顾准的不白之冤叫屈！

---

　　①　指蔡蓬溪刊登在《书屋》2011年第2期的文章。
　　②　胡实声：《顾准重罚资本家并非事实》，《书屋》2011年第11期。

百岁老人胡实声同志是顾准的老部下

七

　　1951年3月，中共上海市委决定成立市财政经济委员会，潘汉年兼主任，顾准及许涤新兼副主任。同时决定让顾准放下市税务局的日常工作，移到市财委去办公。至此，税务局作了某些改组，局长仍由顾准兼（直到1952年2月），日常工作由副局长朱如言主持，但重大的事情都须经过顾准的同意。

　　上海解放后一年多时间内，社会发生深刻的变革，由此自然而然地产生出一些社会主义和半社会主义的经济成分。当时国营经济在纺织工业占有优势，国营花纱布公司正式建立，私营纱厂不再自购棉花，自销成品，花纱布由花纱布公司统购统销。但是，加工订货的条件，工缴费的大小，涉及对私关系，是对上海资产阶级的统战工作的重要内容。另外，解放初期自下而上建立起来了大批供销合作社，此时已建成市联社；从前为大小把头所把持的全市人力运货车（上海市称为"塌车"）已由市公安局调出一位处长组建了上海搬运公司，这是镇反运动中镇压"东霸天""西霸天"的结果。在商业方面，国营商业控制了重要物资在全国范围内的流通，使得煤炭、建筑材料、粮食等项的私营零售业无法照旧继续下去，国营商业已经渗透到零售商业范围中去。以上这种趋势，还在急速发展，不久就扩大到建筑业范围中去了。人民政府在接收时期掌握的一批社会主义企业所产生的巨大影响，使私营企业职员群众愈来愈不能忍受资本家在厂内的统治，不少资本家已经感觉到他们在厂内的统治无法维持下去，社会主义改造势不可免。

1951年7月21日，上海市人民政府财政经济委员会就职典礼纪念。前排右七为潘汉年，右九为顾准，后排右一为杨延修

　　顾准在自述中对市财委的工作，披露了许多鲜为人知的细节，如果后人从中汲取经验教训，对如何进行机构改革（政治体制改革），可能有所裨益。据顾准自谓，他对于市财委的任务，心目中有华东财委为蓝本。他早就发现华东、上海分家时所有国营企业几乎划归华东，上海市人民政府几乎成

了一个单纯的行政机构（用现在的眼光看，倒是"政企分开"了）。因此，顾准认为："市财委成立以后，应该搞起许多市属国营企业，逐步使市财委和华东财委一样，领导一系列国营企业。就不重视搞公私关系的统战工作，甚至多少有些轻视这类工作。我的这种看法显然并不全面，因为所谓公私关系，就是对资本主义的限制、反限制的斗争，没有理由轻视它，问题在于这类工作中是否正确执行了党的阶级政策。如果说，我认为市财委应该搞市属国营企业，尤其是通过搞公私合营来发展市属国营企业的意见是正确的，那么它在整个市财委工作中应该占有何种地位，它和其他工作，尤其和处理公私关系这项的关系，应该怎样正确规定市财委全部工作的方针任务，我也是没有什么完整而深远的考虑的。"①顾准在当时能够思考到这些问题，已属不易，进一步地探讨，则有待历史的前进。经过几十年的努力，上海按照国民经济发展的需要，改造老企业，建设新企业，开拓新兴企业，建立了比较雄厚的工业物质技术基础，形成门类比较齐全的工业体系，生产水平有很大提高。顾准当含笑于九泉。

为了促进上海市地方工业的发展，经上级同意，顾准还设立了"市财委地方工业处"，"该处于1951年6、7月建立，由我兼处长，梅洛兼副处长，处内附设'公营合营纺织厂联营处'，由方克强任处长。这样，市财委预定搞市属国营企业的两个人，全部投入了地方工业处。"②顾准说道。

当时市财委领导层，是有些分歧的，具体的细节如今也没有必要再作追究。应该看到，领导之间产生工作上的分歧是正常的，通过党内协商甚至可以斗争来解决，谈不上什么"宗派主义"，但是许涤新在1957年中国科学院党组组织的批判斗争顾准"右派"会上，却说顾在上海市财委工作时期，"三天不和他吵一次架是罕有的"，这就不免言过其实了。

尽管如此，顾准在市财委还是做了不少工作，对"近代金融奇才"的周作民所经营的"新裕第一纱厂"的购买，就是由顾准的地方工业处经办的。1950年冬，周作民在党的政策感召下回到上海，潘汉年设宴为他洗尘，金融

---

① 《顾准自述》手稿，第220—221页。
② 同上书，第225页。

界各方面的负责人应邀作陪。周先生经营的金城银行由于受国民党金圆券风潮后遗症的影响，赤字无法弥补，不得不将投资的一个厂售给政府，以抵偿赤字。潘汉年认为，周作民在香港时，对转移民主党派负责人秘密离港赴东北、华北解放区曾作出贡献，我们不能忘记人家的功劳，就派市财政局局长顾准帮助周先生解决困难，同时表示愿意以比较优惠的价格购厂。

周作民对此十分感激。这样，既解决了金城银行的困难，又团结了工商界人士，加深了他们对党的信任。

据考证，其实此时顾准与周作民接洽，是以市财委副主任的身份前往的。购买金城银行的企业是上海市人民政府决策定下的，而非潘、顾几个人所为。顾准与周作民谈妥以250亿（人民币旧值）购买新裕一厂。然后，顾准又去找人民银行华东区行行长陈穆，了解到金城银行欠人民银行的钱款，已超过250亿。于是，顾准当即与陈穆约定：由上海市签发支票时告诉他，以使他把支票全数扣抵欠款，不让金城得到可以周转的现金资金。这样约定后，即正式办理购买该厂的手续。

顾准在市财委经手办理类似的工厂还有光中染织厂、永新化工厂（现为吴泾的合成洗涤剂厂）、关勒铭金笔厂、天山化工厂、协昌缝纫机厂等。

为了把市财委地方工业处的工作做好，顾准抽调不少人来此。立信老校友丁苏民回忆道："上海解放后，我应老同学顾准、周信之召，回到上海，先后在市直接税局稽核科和货物税局补税大队工作。不久，两局合并，我奉派负责筹建黄浦区分局，任第一副局长；适上海市财委成立地方工业处，又奉调前往，以后就一直在工业财务战线

金城银行总经理周作民，他对顾准雪中送炭，极为感激

上忙碌。"丁老在接受笔者采访时，每每提及顾准，总是泪水涟涟，他为顾准后来的悲惨境遇而痛心不已。

上述这些工厂的被收购或改为国营，受到了工人们的热烈欢迎。他们知道，从此工人自己当家作主，成为工厂的主人，所以十分欢欣鼓舞。顾准说过："我们在这短短半年中，凡是购买或合营的工厂，一当协议成立，总要召开全厂职工参加的'庆祝合（国）营大会'，说明从私营到合（国）营的这一变化的意义，宣布合（国）营以后的方针，并介绍公方代表和工人见面。"顾准还发动在厂内开展民主改革运动，使工厂充满生机，工人扬眉吐气，激发了工作干劲。

第四章 一夜之间颓倒的"老虎"

加强经济核算，严格节
约、积累国家建设资金，
会计工作人员应该在
这方面充分发挥自己的
作用。

张平
一九五〇年青十日

一

　　在干劲冲天、红旗招展的喜庆气氛中，1952年到来了。顾准高兴地规划着，在新的一年里，为上海创造更优异的经济成就，以更丰厚的上缴税利，支持全国经济发展。一个安定团结、繁荣昌盛的新中国，正在向全国人民招手。

　　毛泽东看到许多干部陶醉于经济工作的胜利，忽视了思想斗争和阶级斗争，颇为忧虑。

　　毋庸讳言，建国之后，在资产阶级腐朽思想侵蚀下，党政军机关、人民团体和经济部门中滋长着贪污、浪费和官僚主义的现象。这不仅给经济建设事业造成了重大损失，也严重地从政治上和思想上腐蚀了少数干部。1951年11月30日，中共中央根据同年秋季全国工农战线开展的爱国增产节约运动中揭发出的大量的贪污、浪费现象和官僚主义问题，向全党指出："必须严重地注意干部被资产阶级腐蚀发生严重贪污行为这一事实，注意发现、揭露和惩处，并须当作一场大斗争来处理。"12月1日，中共中央又作出《关于精兵简政，增产节约，反对贪污、反对浪费和反对官僚主义的决定》；同月8日，中央发出《关于反贪污斗争必须大张旗鼓地去进行的指示》。

　　此后，一个全国规模的"三反"运动普遍地开展起来。1952年元旦，毛泽东在元旦团拜会上号召："我国全体人民和一切工作人员一致起来，大张旗鼓地、雷厉风行地，开展一个大规模的反对贪污、反对浪费、反对官僚主义的斗争，将这些旧社会遗留下来的污毒洗干净！"

　　上海也紧跟中央的部署。"三反"运动在上海初期批判的对象有《解放日报》总编辑恽逸群等人。运动一开始，饶漱石就直接抓上海市的工作，并把时任中共浙江省委书记的谭震林从杭州调来华东局。顾准这时曾和潘汉年、许涤新等人一起到华东局参加饶、谭召开的有关运动的会议。

　　至于市财税系统的运动，因为时逢年关，要征收1951年度的所得税，所以暂时推迟。市财委的运动与总的部署一致，开始清查副秘书长王纪华在香港办报时的所谓"账目不清"事件。至于顾准，则在运动开始时在市财委的会议上，检查了财政工作中的所谓"赤字财政"等政策性错误，以及个人的一些浪费行为。

1952年2月上旬，饶漱石调任中组部长，谭震林来沪协助陈毅主持华东局工作。陈丕显则从华东局调来上海任市委第四书记。饶漱石走后不到两周，陈毅从华东（南京）军区回上海主持华东局和市委的工作。陈毅未回沪前，华东局工作由谭震林主持。由于此时中央正开始号召开展"五反"（在私营工商业者中开展的反行贿、反偷税漏税、反盗骗国家财产、反偷工减料、反盗窃国家经济情报）运动，而上海原来具体负责"五反"运动的是许涤新，许涤新却因为在家中浴室烧木炭炉洗澡，引起二氧化碳中毒，住院治疗甚久。而"三反"开始后，顾准只在机关内部做了一次应景式的检查，便非常顺利地过了关，正以轻松的心态负责财委等工作。谭震林便指定顾准代替许涤新，要顾准协助他负责上海的"五反"运动。为了及时指导顾准进行工作，谭震林与顾准之间"建立了直接的指挥关系"，并从各省调来一二十位地委县委干部，集合到顾准那里，开始筹划运动进行的步骤。市委第三书记刘长胜，则与顾准经常交换意见，代表市委表态。陈毅从南京回到上海后，在华东局会议上对这一安排表示欣然同意。

顾准的自述说道，"谭积极布置五反，要我暂时负责五反运动"。嗣后，他便以上海"五反"负责人身份频频亮相。

2月3日顾准受市委委托，由上海店员工会副主席韩西雅陪同，前往店员工会"五反"大会作报告。次日《解放日报》刊登了顾准身穿中山装，伫立在毛泽东巨幅肖像下讲话的照片。

2月16日《解放日报》刊登了顾准针对"五毒"偷漏税问题撰写的文章。

2月18日，《人民日报》刊发了顾准的署名文章《坚决打退上海资产阶级对国家税收的猖狂进攻》。文章在严厉斥责了上海资本家设置假账、营业额不入账、抽调资金，化名行商等偷逃税的手法之后，把矛头从资本家个体上升为阶级。文章最后要求："勇敢坚决投入目前反行贿、反偷税漏税、反盗窃国家资财、反偷工减料、反盗窃国家经济情报运动，坚决打退上海资产阶级对国家税收工作的猖狂进攻，这是目前全上海店员职工和全市广大人民的斗争任务。"文章吹响了"五反"运动的集结号声。

顾准受市委委托，在上海店员工会干部会上作"五反"动员报告
（1952年2月4日《解放日报》新闻照片）

2月20日顾准陪同陈毅、刘长胜出席上海产业工人"五反"大会；在会上号召全市开展"五反"，全体代表并通过了向毛泽东表示决心的电报。

当天晚上，顾准参加了中共上海市委召开的党员干部大会。陈毅与谭震林在会上对上海市"三反""五反"运动作了重要指示，要求全体党员干部迅速以坚决的积极的行动，克服运动中迟缓落后状态。批评在某些同志中所存在的错误。宣布无论任何干部，如果妨碍或阻碍运动的开展，都一定要从现有的岗位上撤换下来。陈毅还指出目前必须坚决打倒"思想老虎""政治老虎"，并特别介绍了华东军区部队"三反"运动中的经验，反复说明打倒"思想老虎"的重要性。在这次会议的会场上，顾准遇见了中央节约运动委员会主任薄一波（他在中央是"三反""五反"运动总负责人之一），并与他作了交谈。据2月22日《解放日报》的报道，大会"庄重地宣布说：目前，必须坚决打倒'思想老虎'，下定决心，好好学习并掌握住'打虎'的战略

战术，才能使运动迅速开展起来。"自从有了"思想老虎"新提法，"打虎"工作容易多了，"三反"的打击面也大大扩展。

什么是"思想老虎"？整个运动期间都没有界定过。因此，怎样"打倒'思想老虎'"，就具有很大的随意性，"打倒'思想老虎'"和1957年"反右"运动盛行的"思想定罪"如出一辙，即依据某人头脑中被揭露出来的思想，便可确定他的阶级属性，确定他是不是一只吃人的"老虎"。而那些被认定具有"资产阶级思想"的人，自然而然构成了社会主义时期的新"资产阶级"，率先成为被打倒与改造的对象。

2月28日，顾准再次受市委委托，在上海人民广播电台发表"五反"工作讲话……这一切都表明，顾准当时深受华东局和上海市委的信任。然而，奇怪的是相隔一天，在2月29日，顾准竟突然作为"思想恶劣""与党对抗"的"三反"分子被揪出来了！

二

黄浦江混浊的水翻滚着，泛出发黄的水沫，像一根根伤感的巨弦，弹奏着无语的歌。冬天是寒冷的，只见西北风嗖嗖地直往顾准身上灌，顾准有点怕冷。上海电台正在播送着新华社的一份电讯稿。

纯洁党的队伍　严肃党的纪律
上海市委处分八个党员

[新华社上海三日电]市委在2月29日召开党员干部大会上，宣布对于八个共产党员的处分决定。……有四个因妨碍反贪污、反浪费、反官僚主义运动的开展而被撤职。

市委第三书记刘长胜在会议上说明纯洁党的队伍、严肃党的纪律的重要性之后，宣布市委的决定：

......

（二）市委财政经济委员会委员顾准，一贯地存在着严重的个人英雄主义，自以为是，目无组织，违反党的方针政策，屡经教育，毫无改进。决定予以撤职处分，并令其深刻反省。至于其华东军政委员会财政部副部长、上海市人民政府财政经济委员会副主任、财政局局长和税务局局长等职，建议有关方面一并撤除。

消息一下子传遍了上海，人们感到震惊与困惑......

的确，1952年2月29日，是一个令顾准终身难忘的日子。这天，他成了恶劣分子，并被免职。

这天晚上，全市处级以上干部，熙熙攘攘地来到福州路上的市府大礼堂开紧急会议。礼堂里人头攒动，绝大多数人都不知道会议将具体什么，大家不停地往手心上呵热气。天气太冷了，连室内的温度也降至零度。大会开始时，1000多个座位座无虚席，人们等待市委领导的讲话，顾准也在座。

岂知，为了"迅速地、坚决地搞好'三反'运动，回答毛主席和全国人民的期望"，会议刚开始，便如同要占领高地，政治攻势十分凌厉。主席台上宣布，上海市委已从高级干部中捉出八只"大老虎"，黎玉名列第一，顾准名列第二......众人闻之皆瞠目结舌，不敢言语。当主席台上继续宣布，顾准因有"阻碍三反"等一系列罪状，当即撤职时，顾准毫无任何精神准备，惊愕而痛苦地面对着全场干部向他射来的复杂目

為更進一步展開「三反」鬥爭

中共上海市委舉行黨員幹部大會

黎玉、顧準等四人思想惡劣阻碍三反被撤職

曹漫之、程萬里等四人品質極壞被開除黨籍

（本報訊）上海市的反貪污、反浪費、反官僚主義的鬥爭，從二月廿日中共市委召開全市幹部堅決全黨員，堅決撤換了十五個本身貪污政府反貪污鬥爭不力的負責幹部，並堅決開展了反對右傾思想的鬥爭以後，形勢已有很大發展。為了更進一步地展開這一鬥爭，爭取徹底的勝利，中共上海市委會特於二月廿九日下午召開了二千多人的黨員幹部大會。

上海《解放日报》对
顾准撤职的相关报道

光，他是毫无思想准备的：既不能当场辩解，也无法进行申诉。一切都已经
在市委书记话音落下时成为既成事实。顾准不明白组织上为什么要这样做；
他晚年在自述中这样写道："这次宣布，对我是完全突然的。"

接着刘长胜讲话的是谭震林，他在讲话中有一句话是"顾准是孟什维
克、潘汉年是布尔什维克"。

身临其境的顾准之弟陈敏之追述那一幕时说道：

　　1952年2月29日上海市委召开宣布黎玉、顾准等八个党员撤职或
开除党籍处分的干部大会，我也参加了的。当时除了震惊，也感到
愕然。我相信他和贪污、浪费、官僚主义无关，但为什么要给他这
样严厉的处分，实在不能理解，在我心中一直是个谜。我至今还记
得，就是召开这次大会的前一天，顾准还在电台上作关于开展"五
反"运动的广播讲话（顾准遗留下来的自传材料中有这样的记载：
"受谭震林委托，暂时负责'五反'运动的领导，并在谭和顾之间
建立直接的指挥关系，此事在华东局的一次会议上，得到了陈毅
同志的欣然同意"，可以证实我的记忆并无错误）。可是，相隔一
天，一个"五反"的领导者，为什么在"三反"中被撤职，我不能
不感到意外。不过，事后从来没有问过顾准本人，因为我怕触动他
这个伤痕。其实，对顾准本人，也是十分突然的。当时市委负责人
之一的陈丕显曾询问他对处分的意见，顾准直率地表示了"感觉十
分突然"。事隔22年，1974年9月，离他去世前两个多月，我和他在
北京有过一个多星期的盘桓。在他对一些往事并不轻松的回忆中，
"三反"中他为什么被撤职，我才第一次有了一些了解，原来这和
上海税收方法之争有关……①

当时，许多干部与陈敏之一样，对顾准这样一位领导干部被处分，都感

---

①　陈敏之：《我所知道的顾准与"三反"》，见陈敏之著《我与顾准》，上海文艺
出版社2003年6月版，第23页。

到十分不可理解。就拿陈丹晨来说,他认为,就是这样一个上海财经界的重要领导干部,在"三反"运动初期的一个早晨,人们打开报纸看到忽然被加以莫须有的可怕的罪名而撤职了。这对机关上下的人们震动实在太大而都惶惑不可理解。同时被撤的还有《解放日报》总编辑恽逸群等八位同志,都是上海各界的重要人物。当时开展的是"反贪污反浪费反官僚主义"运动,而报纸所说的这几个人的罪名都与这三个方面毫不相干。从此再也没有人在财税局的党内外向人们作个半点解释和交代。这样,一个人就此无声无息地消失了。毫不夸张地说,从此开启了党内无序斗争的先河。

当年的《解放日报》曾把除黎玉、顾准两人以外所有"大老虎"的问题,一一予以公布。与顾准有密切关系的王纪华被公布为:"王纪华同志是职员出身,与资产阶级有密切联系。参加中国共产党后,长期在国民党统治区做地下工作,在各项工作与斗争中,未得到彻底改造,致敌我不分,缺乏共产党员的原则性……他对于比自己的职位稍高一些的干部,阿谀奉迎,唯唯诺诺。对下则又神气活现,炫耀自己,充分表现了资产阶级的丑恶习气。他对顾准的态度,就是一个明显的例子。每逢和顾准在一起开会总看顾准的脸色说话,如果自己的意见和顾准的意见不一致,一看顾准不大满意,就马上来个180度的大转弯。例如有一次顾准提议成立工商经济调查处,调市财委秘书处副处长去担任处长,王纪华和其他同志都说:'精简节约了,很多地方还要合并,调处一级的干部要向人事局请示。'顾准看到他的意见有人'反对'即发脾气。王纪华马上改变说:'顾主任,我不是那个意思,你成立好啦。'当财委党支部对顾准的错误思想展开尖锐斗争时,他却面面俱到讲些应酬式的意见。同志们反映'王纪华没有立场,总跟着顾准的屁股跑'。"报道最后涉及了王纪华居住较大房子,资产阶级生活方式等问题……[①]由此可知,如何对待顾准,已经成为划分政治立场的标准。顾准问题的严重性,可想而知。

上海市民政局长曹漫之被公布的主要问题是:用美国汽油清洗家中的油漆墙壁;像"封建领主"对待"家奴"似的要工作人员侍候。恽逸群被公

---

① 1952年3月15日《解放日报》第1版。

布的主要问题是：将报社的资金借给他人办企业；保护地主成分的姐姐。温仰春被公布的主要问题是：未经党的批准，担任同乡会的主任；在苏州工作时，住在顾祝同的公寓内。黄逸峰被公布的主要问题是：压制华东交通专科学校学生薛承风，对黄兼校长的领导班子提出批评。陈公演被公布的主要问题是：一贯家长式和官僚主义，影响了干部团结。

黎玉是著名的"老运动员"，处分决定已写明："历史上一贯犯有严重错误⋯⋯"大家明白他是老问题被揪，对没有进一步揭发他的问题并不奇怪。可是，顾准突然被撤销一切职务，却直至"三反"结束，也未见任何报刊和文件公布错误事实，不免引起人们议论纷纷。

长期以来，对顾准被撤职的内情猜测颇多。《解放日报》只说，顾准"阻碍'三反'被撤职"。可是，老干部们都不同意这种说法，也从未听说他的此类言行。流传最广的说法是："他野心膨胀，公然宣称：'三年之内当市长，五年之内当总理。'"然而，顾树桢（时任上海市财政局预算处处长，后曾任立信校长、上海市人民政府副秘书长）则证实，顾准撤职挨批后，他曾亲口问过顾准：

"你到底说过'三年之内当市长，五年之内当总理'这句话吗？"

"你这个人啊，没有经过政治风波。在我们党内，运动期间，什么事情都会出来的！"顾准没有正面回答，却用了只有见识过延安整风的人才说得出的一句话作答。

顾树桢说："顾准这样回答我，显然是说明他没有讲过这句话。"而顾准本人，也一向坚决否认他说过如此离奇的话，并为此多次辩诬。他在自己的历史自述中写道："这句话流传了很久，其实绝不符合事实。""要当总理之类，不仅没有说过，更绝未想过。"

据顾准自己表明，可以捕风捉影的事只有一件：1951年，中央曾大量抽调地方干部去中央部门任职。期间，中财部曾想调顾准担任预算司长。陈毅征求他的意见，他回答："我服从组织决定。如果我自己可以表示意见的话，我是上海人，愿在上海工作下去。"陈毅同意顾准继续留在上海工作。

曾任上海市财政局局长的顾树桢同志是顾准的得力助手，他见证了当时的财税工作。此为本书著者2011年3月28日采访他时的合影

同事间闲聊，都将调中央部门戏称为"入阁"，互相询问："你何时'入阁'？"顾准便以"自由主义"的态度，发了一句议论："'入阁'以后，就成了'盆景'，长不成'乔木'了。"仅此而已。

顾准自己则认为，他的被撤职，其实与上海税收的"民主评议"的争论有关，"民主评议"不可避免地带有随意性，而他主张依照税法所规定的税率依法"查账征收"，并下大力气建立了划区分片的税务专管制度（沿用至今），这种"不依法"还是"依法"的争论，以顾准去职而告终，这实际上从一个侧面反映了我们的经济工作长期存在的一种陋习即"随意性"。而事实上照顾准的做法，1952年3月顾准被突然撤职时，上海市入库税收3万亿（旧币），较1950年增加十倍……

不过，顾准主张的自报税额看似延续了传统的税务制度，而民主评议则并非如此，但顾准的初衷却是通过税收的"自报实缴、轻税重罚"消灭资本家；与此相比，"民主评议"虽然不准确，却在那个特殊历史阶段一般不会对资本家造成杀身之祸。以顾准的聪敏，根据他所制定的税收严格标准，查账发现问题是很容易的，其"重罚"的目的是为了消灭资本家。所以他毫不留情地在"三反"运动中打击上海小企业主和大资本家，致使许多小企业主破产自杀，大资本家有的自杀，有的敢怒不敢言，为此顾准曾收到匿名恐吓信。工人一开始配合政府"三反"，可是由于企业主自杀而企业倒闭后造成了大量失业，上海市面十分萧条，职工对"三反"变得消极，社会稳定也成为问题，这才引起中共上层人士的警觉，派薄一波来到上海指导"三反"运动，一定程度上纠正了左倾做法，并撤销了顾准的职务，理由是顾准打击面过宽，把靠拢政府的大资本家也毫不留情地推到了打击之列。

因此，历史的诡异之处，在于顾准的落马不是因为"右"，而是"左"。早些时候，有的人片面认为顾准因为"右"而被撤职：顾准抵制了"民主评议"制，主张依账征税；他雇佣会计师作为税务局的"特殊查账员"，被认为是向资产阶级知识分子交权；他根据通货膨胀的现实情况，重估企业的账面资本，导致企业适用较轻的所得税率。

他怀疑当时中央提倡的"天津模式"——民主评议制，即由政府规定税款总额，而由商人自己民主讨论，按其资金、营业赢利状况评定等级，按级计分，分摊税款。商人间互相了解，通过民主评议的形式，商人就很难隐瞒收入。

他主张"自报实交，轻税重罚"。他聘用了立信会计事务所的二十位会计师作为"特约查账员"，对纳税大户实行自报实交，轻税重罚，还结合了专户专管、店员协税、高滞纳金等手段，威力强大，效果显著。据1950年底的一项统计：当时的上海税收总额，已占全国的22%。顾准向时任国务院副总理黄炎培介绍"专管"时，用了"在大房子里找针"的比喻，黄炎培直呼"太厉害"了。

如果认为这种手段，相对"民主评议"更接近依法征税的法治精神，那只是一种错觉。顾准之所以反对"民主评议"，是因为这种税收方法"绝不使税收成为对资本主义经济成分的限制反限制的斗争的武器"；而且由于"民主评议"以工商联为主，"这种民主评议，既使资产阶级在应交税额上得到照顾，又使它们的阶级组织——工商联和各业同业公会操持税收大权"；"应用民主评议方法时，征税权实际上操在资产阶级手中，必定会造成大量的合法逃税"，"我的确抵制了税收工作中民主评议的右倾投降主义，我认为我抵制得对，绝对没有错误"。顾准反对"民主评议"征税，只是觉得那是"右倾"。

顾准之落马，不是因为"右"了，而是因为"左"了。在顾准被撤职后第三天，1952年3月3日，当时在上海负责指导"五反"工作的薄一波给中央的一份简报中说："上海少数同志（如顾准等）有趁此机会把大资本家而且是比较靠近我们的大资本家……一齐打掉实行'社会主义'的想头。"在顾准被撤职后一个星期，时任上海市副市长的潘汉年在市政协的报告中，也提到顾准被撤职是因他在执行政策时"过左"。顾曾经的上级竺可桢，在1957年9月5日的日记中，对顾准的介绍是"解放时曾任上海财政部部长，计委副主任，税务司司长。在1952年的三反时期走左倾路线，主张以没收方法来消灭资本主义，被批评撤职……"（详见蒋贤斌的《顾准在"三反"运动中被撤职的原因分析》）

与顾准后半生联系紧密的著名经济学家吴敬琏，也曾说："他被打成'大老虎'之前，他的思想一直是很左的。"

三

过去和现在，绝大多数知情者都认为，顾准被突然撤职的根本原因，是他曾以激烈的态度与中央有关部门进行税收方法之争。只有此事，可以与处分决定中的"目无组织，违反党的政策方针，在思想上、组织上与党对抗，虽屡经教育仍毫无改进"[1]，不脱干系。

1974年9月，顾准在与他的弟弟陈敏之交谈时说过，三反以后，陈毅曾召

---

[1]　陈敏之：《我所知道的顾准与"三反"》，见陈敏之著《我与顾准》，上海文艺出版社2003年6月版，第24—25页。

开过一个处以上干部的座谈会，听取大家对2月29日市委处分决定的反映，当时一位担任副市长的民主人士对顾准这样一位有才干的同志受到撤职处分表示惋惜，他毫无顾忌地当众反映："有人认为，顾准被撤职很可惜。"

一位对顾准受撤职处分起决定性影响，也是某大区的负责人当即在会上表示："顾准不听话。再不听话，不给他饭吃！"

这样，顾准因"不听话"而断送乌纱帽的看法，就非常普遍了。而据陈敏之介绍，顾准本人追述这件往事时，也曾直言不讳地陈述类似推论。他以平静的口气列举了一些事实来证明，他的撤职确与那场税收方法之争有联系，这不是没有根据的虚妄之说。

说来似乎匪夷所思，令人诧异的是，直至中共十一届三中全会后，顾准获得彻底平反，仍然没有公布他1952年受处分的事实依据。据陈敏之介绍说，1985年，顾准的子女和他一起向上海市委提出复查顾准冤案时，经办的同志受理后告诉他们：

"'三反'中顾准受处分，在市委的档案中找不到有关的书面正式文件，唯一能找到的根据就是《解放日报》发表的消息。"

因此，1985年，上海市委为顾准恢复政治名誉的批复，只能使用"撤销1952年2月29日市委负责同志在全市负责干部会议上宣布的撤销顾准市委财政经济委员会委员职务的决定"云云这样的措辞。后来国务院批准时，也没有补充新的说法。

60多年来，竟没有任何一份文件可以说明，处分一个高级干部的具体依据和错误事实。而当事人顾准本人，为此蒙冤几十年，直至含冤逝世，也弄不清楚自己长期遭受厄运的确切原因，确实异乎寻常。

其实，不正常的现象，早在1951年12月，"三反"运动初，就有蛛丝马迹了。顾准在他的自述中披露：一向稳重的潘汉年，数月前还多次提名顾准同志担任市府秘书长，却突然在12月的一次市府会议上，当着顾准和许多干部的面做了一个非常简单的口头检查，大意是，顾准的工作是我建议的，建议不当，任用非人。

顾准听后非常纳闷，事后专门到武康路99号潘汉年家中登门请教他这么说是什么意思。潘汉年却并未进一步解释，只是含糊其辞地说了几句。顾准弄不清楚究竟是怎么回事，只好不了了之①。此后，一切却又迅速恢复了正常，顾准担任了"五反"工作负责人。然而，联系起来看，某些方面的负责人对顾准很有意见，并千方百计想撤换他，这是不容置疑、早已存在的事实。今天，自然已无必要对此进行具体考证。后人只需记取，极左路线对人的随意伤害，是何等沉痛的历史教训。

"文革"结束后，华东和上海在"三反"中被打倒的大多数高级干部，如黎玉、顾准、恽逸群、温仰春、黄逸峰、曹漫之、李剑华、王纪华、陈公琪……不仅得到彻底平反，并受到普遍尊敬和怀念，的确发人深省。

从顾准被撤职这件事上，我们至今仍然可以从中得到一些有益的启示。前面提到的一位对顾准受撤职处分起决定性影响，也是某大区的负责人有一次在他领导的大区的一个干部会议上又说：

"像顾准这样的干部，我们大区内一个也找不到。"

如果仅从表面上看，这位负责人前后两次的讲话似乎是矛盾的，其实只要串起来仔细想一想，就会发现是完全一致的：实际上他是在告诉你，承认你是有能力的，但必须服从领导这个最根本的前提，如果你能做到这一点，那你就将前程似锦……否则连饭也不给你吃。这由不得你不相信。

陈敏之证实说，1959年初，他曾参加在杭州召开的全国基本建设会议（那时陈云担任全国基本建设委员会主任），会后在回上海的火车上，上海市委书记陈丕显向陈云介绍"他是顾准的兄弟"。在闲谈中，谈到顾准，陈丕显对陈云说："顾准就是不服用。"于此可见，驯服工具论是深入人心的。②

除了陈敏之所指出的党内存在的弊病之外，还应吸取的有：各级党政对税收执行的不正当干预，不能保证税收的正常实现。

但是，中财部所拟定的税收方法，还是受到最高当局的指责。这里提供一个史实，"三反"以后在中央的一次会议上，即"1953年夏，在一次重要的财经工作会议上，毛泽东谈到了一系列问题，包括对富农的让步和暂缓发展社会主义化的农业。但是，毛所谈到的最尖锐的问题是同高岗事件牵连在

---

① 《顾准自述》，中国青年出版社2002年1月版，第206—207页。

② 陈敏之：《顾准和他的儿女们》，《今日名流》1997年第9期，又见《新华文摘》1998年第3期。

一起的新的赋税制度，这一制度由财政部长薄一波于1952年提出，它减轻了私营资本家的纳税负担。毛泽东认为，这是'有利于资本主义，不利于社会主义的资产阶级思想'"。①

2月29日晚上，撤职大会散会后，顾准慢慢走出会场，不知道可以到哪里去，又能向谁去探询原由，倾吐冤屈。他不想马上回家，他蹒跚着来到市府三楼，他暂时还能使用办公室，打电话告诉没有参加会议的妻子，他今晚有事不回家，便独自坐在沙发上，一支连一支地抽着香烟，沉思着。

秘书刘方锦已经获悉此事，十分同情突然遭遇重大打击的首长，便默默地陪着顾准一起坐在办公室里。顾准端坐着始终不说一句话，刘方锦也不知道说什么才好……夜里没有暖气，冻得两脚都发痛，顾准却一步也不挪动，始终在继续着自己的思考。整整一个通宵，都在死一般的沉寂中度过。次日黎明，顾准乘别人还没有来上班，就静静地独自离开了。刘方锦追上来，小声问他去哪里，顾准没有回答，使劲推开了市府的大门怅然而去。

顾准被撤职后，从1952年3月起，在家闭门谢客，达两三个星期。此刻，他的内心是不平静的，二十多年的革命生涯，使他养成了处乱不惊的习惯。表面上，与往常没有异样，然而，心中的思绪却如脱缰的马匹，不停地跳动。

刹那间，阳光、鲜花、掌声、赞美消失了，有的只是一个接一个的疑问和不解！

也许，从那时起，顾准在默默沉思，昔日创造的荣耀将永远成为过

薄一波任中央财政部长时，与顾准工作上多有接触

---

① 据费正清、罗德里克·麦克法夸尔主编《剑桥中华人民共和国史：1949—1965》，上海人民出版社1990年6月版，第98页。

去，埋在心底，今后漫长的历程将有可能会充满不平与坷坎。很显然，"三反"的处分，对顾准当时的打击是巨大的。他曾经自述，在那些日子里，闭门家居，"除写成一份检查报告而外，别无他事。心情烦乱，情绪消沉，什么事也做不成。常常竟夜不能成寐，卧听马路上车声杂沓，渐渐沉寂；到又有少数人声和车辆开动的声音时，也就是天色欲晓了。两三个星期之后，市委决定让'三反'中撤职的高级干部一律集中到沧州饭店（今锦沧文华大酒店的前身）居住，那里人多，市委没有派人组织学习，就竟日下棋，消遣时光。沧州饭店住了一月，又回到家里，找到几本初等几何开始学习数学。自此以后，直到1955年，进中央高级党校为止，除工房工程处和洛阳工程局两段，又朝夕投身工作而外，业余时间全用在学习数学上。"[1]顾准笔下的情景，苦涩不堪，情何以堪。

好在相濡以沫的妻子汪璧十分理解也十分信任他，非但没有半句责怪之言，反而送来许多安慰和鼓励。汪璧帮助顾准度过了这段最难熬的日子，并在以后的漫长岁月里，与顾准相互扶持，从容应对惨淡的人生。这是对顾准极大的支持。在他们夫妇的精心隐瞒下，孩子们对这一重大变故，竟长时间一无所知。顾准的长子顾逸东回顾说："直到1957年父亲被彻底打倒前，我们都不知道父亲曾被撤职。父母亲着意隐瞒，是觉得我们还小，不想让我们心灵受到一点伤害。他们互相安慰，承受着巨大的痛苦和压力。后来才听说，父亲在'三反'中受到冤屈后，某次在家中摔坏了一只茶杯，可见心中的郁闷与愤慨。"

顾准自1952年3月起至1953年离上海到北京为止，从来没有参加过一次会议，就连在市财税局的检查，也是由接替他在市财政局位置的宋季文（后曾任上海市副市长）代作的。而检查内容竟是"三反"运动最初阶段，顾准所作检查报告中提及的"赤字财政"等鸡毛蒜皮之类的零碎问题，在顾准看来，"由接替工作的人代撤了职的前任作检查，是极其罕见的事例。发生这样怪事的确实原因，我至今还弄不清楚"[2]，顾准说这话是在20世纪60年代。

---

① 《顾准自述》手稿，第258—259页。
② 《顾准自述》手稿，第258页。

　　而且，更怪的事还有，当顾准住在沧州饭店时，宋季文前去探望，他对顾准说，"你写的检查报告完全不必要提民主评议问题。"可能，宋季文也受到了某种压力。但现在这只是一种猜测，无从稽查了。

第五章　攀援的年代

加强住僑核放，嚴栺
地積累回家建設資金，
會計工作人員應該在
這方面充分發揮自己的
作用。

一

顾准被撤职赋闲数月后，在1952年6月，华东财委主任曾山约顾准谈话．谈话当中，曾山对他过去的工作作了肯定，并传达组织上的决定，分配他到正在筹建中的华东建筑工程部任办公室主任。从此，就组织系统而言，顾准离开了他工作多年的上海市。

其时正是解放初期，作为东方大都市的上海，百废待兴，工厂停产，大批工人失业，生活用品匮乏。而逃到台湾的蒋介石集团却唯恐毁得不够，屡派飞机滥炸，妄想彻底毁掉上海，震惊世界。1952年4月，华东局根据中央的决定，组建华东军政委员会建筑工程部，部长李人俊，副部长有贺敏学（贺子珍的兄长，曾任上海防空司令）等人。

为了适应即将到来的全国大规模的经济建设需要，中央决定从全国抽调6个正规师转业为建筑工程部队。华东3个师的建筑工程部队，有两个师（建筑第五师、第六师）开进上海，受华东建工部领导，承担上海的基本建设任务。根据华东局决定，为了便于开展工作，这两个师成立联合司令部，贺敏学兼任司令员，李人俊兼任政委。他们肩负的任务是指挥这支新组建的不带枪的部队，在没有硝烟的战场上，打一场让上海市民们看得见摸得着的漂亮仗。

贺敏学以敢于负责的精神，力排众议，毅然拍板决定：从社会上招聘建筑专业人才，在半年时间内，战士们通过速成培训，掌握了三级操作技术，连以上干部在技术人员带领下也很快掌握了工程管理技术。当时面临的最大任务是建造总造价为5000亿（旧人民币，下同）的工人住宅（上海人俗称"二万户"）。并要通过这批工劳的建造，建设一支能够支援到外地去的基本建设队伍。就前一任务而言，1952年3月上海市税收达3000亿，加以"五反"运动后的巨额退赔，市场购买力已经萎缩，所以要针对这一情况；同时也为了解决一部分长期以来工人宿舍的严重不足。就后一目的而言，翌年（1953年）就是我国第一个五年计划的起步之年，东北和关内京汉路以西地区，将有一批重点工程要兴建起来。

工作展开后，贺敏学经常走街串巷，视察市容。他实地察看的不是那些富丽堂皇的建筑物，而是被战火毁灭的废墟，或是一些建筑简陋、年久失修的民房。他的足迹还亲抵让广大市民苦不堪言的石库门房子。他很快向华东军政委员会，并向中央汇报了改造棚户区、承建工人住宅的意见和方案。得到批准后，经集思广益，决定分两步实施对棚户区的改造：第一步先在沪北曹杨地区，规划中国第一个工人新村，并借此锻炼出一批有经验的工程兵；第二步在市区铺开60万平方米新工房建设。

为加快棚户区的改造，建设好工人住宅区，贺敏学从部队中抽调一批工程兵，再招收一些闲散在社会上的失业建筑工人，共计2万余人，组建成立上海工房工程处，由一位师政治部主任负责。建国前，上海在全国现代化房屋的建筑量雄居前茅，从而建筑工人和建筑技术人员相对集中。当时的设想是，与其零星招聘到外地集合成建筑队伍，还不如在上海通过建筑任务把他们组织起来支援外地。

顾准在华东建筑工程部任办公室主任的岗位上工作了一个月左右。该年7月，"二万户"工程设计完成，即将进入施工阶段。这时，华东建筑工程部决定设立"工房工程处"。据顾准回忆，"我请求去搞这工作，获得李人俊的同意，尤其得到华东财委曾山同志的大力支持，就担负了工房工程处主任的职务"。[1]

华东建筑工程部工房工程处，是在曹杨新村的工棚内成立的。曹杨新村位于上海西北角，是1951年兴建的工人新村，工房工程处成立时，曹杨新村这一批工程还未最后竣工，所以这个工程单位也一起并入华东建筑工程部，工房工程就是在这个工程单位的基础上建立的。同时，从市建筑工程处、商业部、公共房屋管理处等单位的施工部门及其他单位抽调了一批技术人员。顾准多年后还"记得在工房工程处工作的主要工程师有汪受衷（1964年建工部的总工程师），陆文照、吴民孚（这两位1964年在茂名，那年春节正好在北京来过我家一次），王壮飞、张中亮，和一个党员工程师周勤文"等人。[2]

---

① 《顾准自述》手稿，第262页。

② 同上。

顾准考虑到，工房建筑基地比较分散，分布在五个区域：一是曹杨新村，接近曹家渡；二是控江新村，位于杨浦区（接近沪东旧租界的一个大片区域）；三是日晖新村，在沪南日晖港附近（现属徐汇区）；四是真如新村，靠近真如车站（现称上海西站，今属普陀区）；五是天山新村，在长宁区。所以分设上述五个基地。

上海第一个工人新村曹杨新村

由于曹杨新村工程未了，具备现成的工地设施，所以新工房先在那里开始建造，工房工程处也就设在这个工地上。不久，该处就迁到控江新村，这是出于控江新村工程量相对来说最大的考虑。

在大家的努力下，曹杨新村按期竣工，新式里弄房子、煤气、坐便式水冲厕所，这些在当时都是很少见的。安排进来的第一批住户是当时上海市评出的1002户劳动模范。中国工人阶级住进了为自己建造的新村，谱写了上海城市建设新的一页。曹杨新村竣工后，其他三个建筑区各设小规模的基地办事处。

由于当时这批"二万户"工房，全部采用二层立贴式结构，即用木材构成房屋构架，用砖砌外墙和间隔墙，这是我国传统的建筑结构，所以需要开设木构架加工厂，组成各工种的施工队，采用流水施工法进行施工。

为了科学合理组织施工，顾准变外行为内行虚心向工程技术人员学习。他与几位工程师商量决定了施工设计方案，考虑到建筑材料的运输量巨大，要有较好的道路设施，所以施工程序是先沟渠、筑路，然后再建工房，避免重复劳动，节省施工便道。当时施工几乎全部手工劳动，机械化程度很小，但因为施工中广泛应用了分工协作，劳动效率大大高于小规模作业。

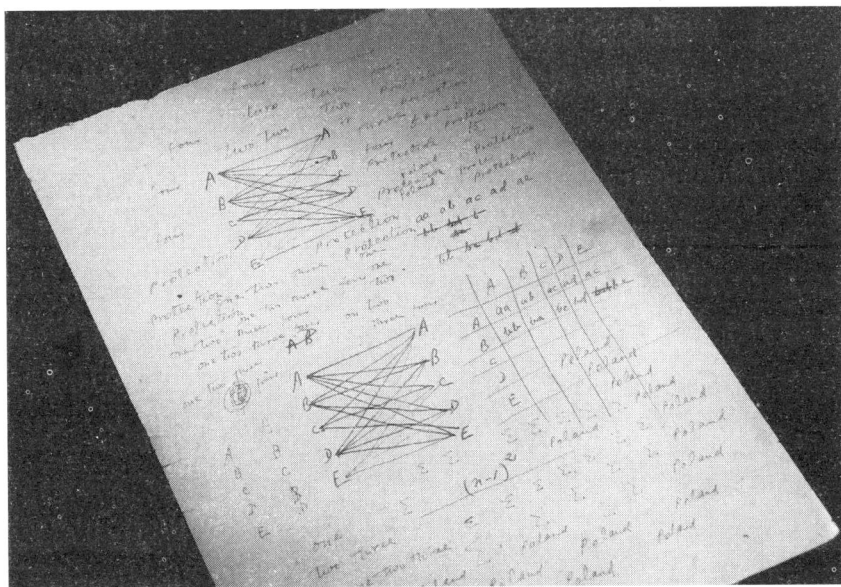

顾准的数学笔记

在日常工作中，顾准为了及时解决工地上的各种实际问题，他和大家一起吃住在临时的工棚内，实行现场办公。他还深入到各施工现场，悉心观察各种情况，及时提出改进劳动方式，改善生活条件的合理化建议。在上海市卫生局的支持下，顾准首创性地为各建筑工地设置了医务室。医务室中设有十几张病床。建筑工人大多数是临时工，顾准便以行政手段，将这些临时工编成相对固定的施工队，实行民主生活制度，这样，既逐步改变了建筑工人中的游民陋习，也便于进行现代化大规模作业的调度和管理。顾准曾经说过，在企业管理中，"自然而然地形成了和刘少奇完全合拍的见解"[1]，即抓规章制度，抓管理，抓效益等等。各个工地上的工程师和建筑工人，都亲切地把顾准看成真正的"工程指挥员"，而顾准则打算在建筑工地长期干下去。

这年8、9月的一天，顾准忽然在工地上接到市委通知，陈丕显要找他谈话。顾准如约前往。陈丕显代表组织，了解顾准对撤职处分的意见。顾准如实地说：我感觉十分突然。

陈丕显说道：市财委、市财政局和税务局的运动，现在进入了思想建设阶段，市委决定让你去这些单位作检查。顾准表示执行市委的决定。可是后来如前所述，事情却杳无音信。

1952年冬季，华东局派张文韬、赵毓华来到工房工程处，协助顾准领导工人群众进行了民主改革运动，使"社会主义企业秩序"真正建立起来。

1953年，是中国国民经济由恢复走向发展，开始进入有计划的经济建设时期，也是"一五"计划开始实施的第一年。中共中央提出了过渡时期的总路线与总任务，随即中央人民政府成立了许多新部，由于地方缺乏组织管理能力，故增设机构以加强中央集权。1952至1953年之间，中央各部增加到42个。建筑工业部成立于1952年的年底。

在此前后，华东地区有大批干部上调中央，报上发表了华东建工部部长李人俊调中央燃料工业部的任命。1953年1月，中央建工部副部长周荣鑫（后曾任教育部部长）到上海，决定建筑五师配备工程技术人员担负长春第一汽车厂的施工，又决定将华东建工部的汪季琦、金瓯卜和一大批工程技术人员调到中央建工部工作。

周荣鑫在沪期间，特地找顾准谈了一次活，告诉他中共中央组织部已决定调他到建工部任财务司司长，汪璧也同时调去担任处长。这次谈话后，顾准就将工房工程处的工作移交出去。

由于多日操劳，顾准得了急性肺炎，便住进华东医院治疗了约一个月。春节以后，顾准夫妇俩安排好家小，便离开上海，赴北京任职。

***

[1] 《顾准自述》，中国青年出版社2002年1月版，第217页。

二

1953年3月，顾准痊愈出院，到了北京。他先上中央人事部报到，接待他的正是1944年在延安时会计培训班负责人章夷白同志。章夷白告诉顾准，中组部对他的工作还未最后确定。让顾准先在招待所住下，听候分配。

顾准事后才知道，当时中央建工部虽已决定让顾准当财务司长，但中财委副主任薄一波却有意让他到中财委工作。由于工作未定，顾准只好耐心等待。

这样，顾准便给自己放了一个月的假期，用以排遣心中多日的抑郁。在这一个月中，顾准没有和建工部联系，只是与汪璧两人一同游览故宫、天坛、北海、香山等京华名胜，并蛰居在招待所内埋头研修精深的高等数学。

不到一个月，建工部得知顾准抵京的消息，就派建工部财务处（尚未建司）的张怀萱（他是顾准在上海立信会计夜校时的学生，很早就到了延安，原在中直机关生产单位搞财务工作。中央建工部最初就是以中直机关生产单位的班底为基础组建而成的）到招待所拜访顾准。他见到顾准以后，得知人事部说工作未定，就当场和中财委秘书长范子久联系，最后便确定了顾准到建工部。

自此不久，顾准就到建工部正式上班。当时的建工部部长陈正人、副部长万里等，热情地接待了这位新来的财务司长。

当时建工部的业务还有待于开拓，其直属的设计施工单位不是很多，全国大部分基建队伍分属各大区的建筑工程局，所以顾准认为建工部财务司的机构设置应以"精简上层、充实下层"为原则，有效地开展工作。

建工部财务司当时的正副司长有三人，即顾准、雷峻山和朱端绥，整个领导班子非常和谐。顾准对经历了长期革命斗争考验的朱端绥同志十分尊重，朱端绥是老革命家熊瑾玎的夫人。熊瑾玎（1886—1973）与毛泽东是同乡，1918年参加新民学会，后任毛泽东创办的自修大学和湘江学校教务主任。加入中共后，一直从事党的秘密工作。在《新华日报》社熊瑾玎是个总管家，人称"熊老板"……朱端绥为人热情周到，她不仅支持顾准的工作，平时也十分关心顾准的日常起居,顾准夫妇其时住在灯市口一带。顾准是个善于交朋友的人,他和在北京工作的许多熟人,如陈家康(时任外交部亚洲司司长)、龚饮冰(外贸部领导)……都时有来往。他们夫妇调来北京后的生活并不寂寞。

建工部财务司领导层几个人共事一年半,彼此配合默契,合作很愉快。顾准常常告诫自己:"不说不利于团结的话,不做不利于团结的事。"

司内工作虽然比较和谐,也是容易应对的,但是,顾准以为,应该而且可以深入基层去调查研究建筑企业的经济核算问题,还可以制订建筑企业的会计制度。与此同时,顾准由于在上海工房工程处时期有过一些接触,对施工组织感兴趣,所以,他就准备下基层,接触实际。

这时是1953年,全国最大的重点工程是鞍山钢铁厂。是年夏季,顾准受部领导委托,带领有多名司局长参加的一个综合调查组到东北,在沈阳、哈尔滨调查建筑施工中编制计划和执行计划中的问题。顾准一行到鞍钢时,就去参观了大型钢铁企业的现代化施工。顾准还与鞍钢的一位苏联专家探讨"金属结构工厂"的技术组织,并会同数位设计人员到东北某地一个军需工厂商量工程设计。

在东北建工局,顾准受到了局长隋芸生、副局长刘云鹤的欢迎,并参加了该局召开的财务会议,对财务工作发表了重要见解。顾准回京后,还曾到北京建工局去指导工作。

建工部首任部长是陈正人(1907—1972,后曾任江西省委书记),于1953年1月到任。副部长万里(1916—2015,"文革"后任国务院副总理、全国人大常委会委员长等职)是西南调来的。副部长还有周荣鑫(原中财委副秘书长),在陈、万两位部长未到任前,由他负责建工部的筹建工作。

陈正人部长到任后,比较倚重万里,这样建工部工作搞得有声有色。1953年8月,中央在京召开全国财经工作会议,指出从中华人民共和国成立,到社会主义改造基本完成,这是一个过渡时期。党在这个过渡时期的总路线和总任务,是要在一个相当长的时期内,逐步实现国家的社会主义工业化,并逐步实现国家对农业、手工业和资本主义工商业的社会主义改造。对这一总路线,全国人民是衷心拥护的。

1954年2月，在中国共产党七届四中全会上，通过决议，正式批准了这条总路线。这次全会还揭露了高岗、饶漱石的反党阴谋活动，通过了由中共中央政治局起草的《关于增强党的团结的决议》。

随后，建工部召开了一连串会议揭发陈正人、万里参与高饶阴谋的活动（后获平反），其实陈正人、万里与高饶之间只是正常的上下级的工作关系，他们根本不是反党集团的成员。当时的斗争确有扩大化和过火的现象。

在这种不正常的观念的导向下，顾准又与陈永清（建工部办公厅主任）、孙敬文（城市建设局局长，后任石油工业部副部长）、秦仲方（设计局局长）等四人，被诬为是"陈正人派"的"四大金刚"，这是实在没有根据地乱套帽子。据顾准自述："我到部以后，一向不参加部内任何派别斗争，我和财经会议及其后的高饶反党阴谋活动绝无任何瓜葛。"[1]事实也确实如此。

对这些不实之词，顾准当然嗤之以鼻，并愤然予以反驳，说了一些牢骚话。后因确无实据，也就不了了之。在此前后，顾准曾向建工部党组和中组部提出复查"三反"中被撤职的请求，却遭到驳回。中组部通过建工部党组，对顾准答复了六个字："此事已经解决。"

这时的顾准已心灰意冷。1954年春夏之交，建工部党组批给顾准去庐山休养的假期，作为对他的安抚。顾准已被围攻得头脑发胀，正想调整调整心态，便毫不推托地接受了休假——这是他建国后第一次休假。顾准赴庐山途中，特意在上海停留数日，回愚园路家中看望孩子们和母亲。家人和他分别已经一年，得此机会团聚，老老小小都十分高兴。顾准对长时间离开孩子，没能很好地照顾他们十分歉疚，便在离开上海时，给陈毅写了一封信，一方面问候和汇报，一方面请求陈毅帮助，把他的一个孩子，送到条件较好的市委机关托儿所。顾准回到北京才知道，陈毅返回上海后，收到他的来信十分重视，立即嘱咐有关干部负责解决此事。嗣后，陈毅又专门叮嘱秘书打电话给在上海市府工作的陈敏之，了解顾准孩子入托一事是否已完全办妥，还有什么问题。而这时，陈毅正打点行装，准备进京出任国务院副总理。陈毅真诚的关心和照顾，使顾准感激不已。

---

[1] 《顾准自述》手稿，第264—265页。

1953年7月，顾准摄于庐山。

送给
叔林
小米

爸爸拍於廬山

一九五五年七月

我坐在五老峰的一塊

石頭上，這個峰拔海

一千四百公尺天

顾准在照片背面给大女儿、大儿子写的说明

1953年顾准在庐山

顾准（前排左一）1953年7月在庐山疗养时所摄

顾准在庐山平静地休假一个月。他穿着一身浅色夏装，在大树林前和其他疗养干部、护士的合影照片，面容略带忧郁和沉思。

8月初，顾准回到北京。这时，陈正人已实际上离开建工部（不久调任中共中央农村工作部副部长），部务由万里副部长代理。在此不久，万里组织了一个班子到河南洛阳去筹备洛阳拖拉机厂等三个大型企业的施工，参加者包括顾准、城市建设局局长孙敬文等。

他们到达洛阳时，早先预定担负洛阳拖拉机厂领导工作的原华东工业部建筑公司负责人陈去非已在那里等候。

万里与顾准一向关系良好，他很欣赏顾准的学识、智慧和才能。经过一段时间的考察，万里郑重询问顾准——是否愿意到即将成立的建工部"洛阳工程局"工作。这是当时一个重要的职务，体现了万里对顾准的看重。对此，顾准回忆说：

万里20世纪50年代任建工部
部长时，顾准在其麾下工作

我读过卡达也夫的《时间啊！前进》，我认为在第一个五年计划中有机会战斗在建设第一线是光荣的，我满腔热情地同意留在洛阳工作。不过，我同时提出，我是在三反运动中"犯了严重错误"的，我不能当工程局的第一把手，我只能做一些协助的工作。万里也同意我的意见，他说中南局已经考虑要王焕宇（原中南局秘书长，1962年前后是建工部的人事司长，后因癌症去世）来这个工程局负责，决定由我任第一副局长。我连北京也不再回，就这样留在洛阳工作了。①

当时洛阳工程局共有正副局长5人，除王焕宇和顾准之外，还有华东调来的陈去非（1964年调回上海建工局）、中南调来的建筑部队的卢师长和政委吴兴。就人员的地区来源而言，这个局的人员是由华东和中南两个地区的精兵强将组建起来的；就建筑力量的成分而言，它包括部队和建筑公司两者；就领导关系而言，它既直属于建筑工程部，又受中南建筑工程局领导，也受中共洛阳市委领导。

为了加强局内各处力量，中南局调来了一批地县级干部，他们既有学习的任务，要逐渐熟悉业务，也有完成工作的任务。

当时洛阳"一五"期间投资兴建的三大厂分别为拖拉机厂、矿山机械厂和滚珠轴承厂，这三个厂的设计都由苏联设计院负责。三个厂的筹建单位，

---

① 《顾准自述》手稿，第271页。

由中南局和河南省委调集干部来负责。由此看来，洛阳工程局虽然规模不大，但内外关系还是较为复杂的。

50年代，顾准参与兴建的洛阳工程

顾准的身份是第一副局长，在他个人理解，如果按照当时学习苏联的风尚，正副职的分工也仿照苏联建筑企业中的办法，那么他的职责便是指挥施工。

顾准虽然不是科班出身的工程师，但他有过施工工地的经验，又可以依靠总工程师蒋以铎（原华东工业部建筑公司总工）的帮助，所以准备放开手脚大胆地干起来。

顾准住在简陋的单人宿舍，宵衣旰食地忘我工作着。洛阳是中国著名的历史文化名城，自东周以来，九朝天子在这里建都。我国四大艺术石窟之——北魏、唐代修建的龙门石窟，珍藏着诸多佛教文物的东汉白马寺，以及三国的关羽墓，唐代的白居易墓等等都建在这里。顾准怀着对古代灿烂文化的尊敬，四处参观并了解情况后，颇为疑惑。

"对于主席选定这样一个地下到处是古墓，处理颇困难的地方来建设工业，很不理解。"他暗想。

然而，顾准是一个刚受过重大处分的人，不宜多讲话，便把疑惑深藏在心里。在他指挥下，在力图绕开文化古迹的情况下，展开了大规模的基本建设。

在那火红的50年代，洛阳的物质生活极其艰苦，中西部的气候饮食，也和上海、北京有很大差距。这些都使顾准难以适应。但是，顾准忘记了生理上的一切不适，热火朝天地投入建设工作中。通过干部工人齐心奋斗，一个崭新的工业基地，渐渐出现在洛阳新区。

顾准的干劲十足，但是，事与愿违，不久就出事了。顾准追述道：

> 按照苏联制度，设计院不仅负责工厂的工艺设计，厂区总平面设计和厂房建筑设计，如何施工，也要由设计院作成施工组织设计，建筑企业只能依照施工组织设计组织施工，绝不能因地制宜，自定施工方案。洛阳三厂，连同它的职工宿舍，构成整整一个新城市（即当时洛阳的涧西新市区，它和旧城相隔金谷园、西官等好大一片区域，据说现在已经完全连成一片了）。根据我在上海工房施工的经验，施工的第一步，应把这个新市区的主干道路和重要公路首先修好，这样，厂房舍施工中大量建筑材料的运输，就可以利用这些道路，使运输畅通，也可以节省施工便道。又，1954洛阳工程局开建的时候，厂房设计尚未完成，已经集中在那里的施工（建筑部队和建筑公司）如能抓紧时间完成准备工作，可以加速厂房图纸到达后的施工进度。至于宿舍工程，迟几个月开工，多做准备，避开冬季，既可免除冬季施工，对整个工程成也全无影响。可是，这两点全未做到，而且都出了事。[1]

顾准的设想其实是从实际出发，符合客观规律的。但是由于种种原因，造成工作上的被动局面。

首先是洛阳市委书记李立，坚持要在1954年这一年完成宿舍施工的一定工程量，顾准则不以为然，李立的做法"其实不过是为了表示一种形式主义的'工作成绩'"。

由于这项宿舍工程开工已在10月前后，北方冬季来得早，施工就需要大批保暖材料——草帘子。工程局调度主任石某不够细心，没有觉察到需用草

---

[1] 《顾准自述》手稿，第272—273页。

帘子的预算表上多写了一个"0"，使预算数字比实际需要一下子多了10倍。顾准也没有察觉到这个错误，就把这个数字上报市委转省委，请河南省生产水稻的几个县赶制调运草帘子，结果可想而知：造成了积压与浪费。

其次，在顾准的主张下，动用了建筑部队的一个团，在是年冬季修筑了厂区的道路。这样一来，就大大触怒了一向因循守旧的在施工组织设计中负责施工运输的苏联"专家"。他认为他们负责设计的施工道路还没有最终定稿，顾准就不应"贸然筑路"。

对这件事，这位苏联专家一直耿耿于怀，在北京建工部里开会时候还大发雷霆。不过这次新任部长刘秀峰把他顶了回去，没有随便附和他来指责顾准。

至于"草帘子事件"，顾准确实负有领导责任，早在1954年冬季，他已在洛阳市委的会议上作了检查。至于在局内，因为调度室主任石某刚转业不久，才干这项工作，所以顾准绝不归责于他。相反，却是把失察的责任，由自己一个人"包了下来"。

这件事出了不久，万里调离建工部，任新组建的城市建设部部长。顾准是由万里安排在洛阳的，这时新的领导对顾准的个性不够了解，容易造成误解。

后来，刘秀峰部长来洛阳，宣布顾准调离洛阳工程局，调长春建筑公司一位副经理杨某来接替顾准的工作。在这次谈话时，刘秀峰部长对顾准说：

"你来洛阳，原来大概是打算有所作为的。"——这句半是嘲讽半是质问的话，对顾准刺激很大。

那时正值盛暑，顾准听了刘秀峰这番话时，眼前一阵漆黑，几乎栽倒。

回京之后，顾准痛定思痛，向建工部党组提出进入中共中央高级党校学习的要求，刘秀峰同意了他的请求。

这样，顾准便离开了呆了两年左右的建工部。

三

1955年9月，顾准正式进入中共中央高级党校，开始了他的学习生活。

中央党校原称马列学院，1955年7月20日，中共中央办公厅通知：中央决定马列学院自8月1日起改为中共中央直属高级党校（简称中央高级党校或高级党校），杨献珍任中央高级党校校长。

毛泽东于1943年题书的"实事求是"，从延安时期便作为中央党校的校训

顾准进党校学习的这段时间。正是被安子文称之为"中央党校的黄金时代"，可谓适得其时。

根据中央指示，中央党校的任务主要是轮训党的高级干部，设两种班次：研究班，招收省委正副书记、省长和中央机关副部长及与此相当的领导干部；普通班，招收地委书记、副书记、专员，中央和地方的司局厅级干部及与此相当的大厂矿厂长、党委书记一级领导干部，学习时间为一年。顾准被编入普通班。

顾准这一期，中央党校共招收学员890人，连同原有学员259人，全校共有学员1149人，达到中央党校前所未有的高峰，位于颐和园附近的大有庄新校舍也处在边施工、边教学的过程中。

当时党校的教学方针被称作"十六字"方针，即1953年8月，中央组织部作出的《关于加强党校工作的决定》中所指出的"党校的教学方针必须是学习理论，提高认识，联系实际，改造思想"。

1955年9月5日，顾准参加了中央高级党校举行更名后的第一个开学典礼，与到会的1700人一起，听取了杨献珍校长作的关于教学方针的重要讲话。

中央高级党校校长杨献珍同志在备课

杨献珍说："高级党校的十六字方针是根据《中央关于延安干部学校的决定》、毛泽东同志《整顿党的作风》、整风学习的经验及马列学院的教学经验制订的。这个方针既反对经验主义的学习方法，又反对教条主义的学习方法。""《中央关于延安干部学校的决定》的基本精神就是要坚决反对教条主义的教学方针，坚持理论联系实际的教学方针。这个决定要求学员在学校学习时学会运用马克思列宁主义的精神和方法去分析中国历史和当前具体问题，总结中国革命的经验（包括自己的工作经验），以使出校后能善于应用马克思列宁主义的精神和方法去分析问题，指导实践。"

　　杨献珍在讲话中还批判了各种反对这一教学方针的思想和言论。如有人主张"在校时学习理论，出校后联系实际"，有人认为学习马克思主义理论不能联系实际，据说那样会破坏"马克思列宁主义的严肃性"，还有人认为老干部不需要思想改造，等等。对这些模糊观念，杨献珍都作了详尽、必要的批评。

　　在关于教学计划的说明中，杨献珍指出，五门课中首先学习哲学，目的是为了首先解决学习的几个关键性问题：学习方法、思想方法和理论联系实际。"在学习唯物主义部分时，要注意用唯物主义的原理去检查自己思想方法中的主观性；在学习辩证法部分时，要注意用辩证法的原理去检查自己思想方法中的片面性、表面性；在学习历史唯物主义部分时，要注意用历史唯物主义思想去检查自己的群众观点、群众路线、个人崇拜思想和个人英雄主义思想等等。"他接着还就联共（布）党史（即苏联党史）、政治经济学、中共党史和党的建设这四门课也必须运用理论联系实际的方法去学习的问题作了说明。①

　　听了杨献珍的讲话，顾准深受启发，对他确立正确的学习方法、思想方法，起了推动作用。

　　同时，党校的学习环境，使顾准得风气之先，他广泛涉猎，独立思考，初步形成了自己的政治、经济、历史观点。特别是他通过细心钻研与观察，发现了中国政治上交织着正确与迷误的复杂过程，并对经济工作中出现的急躁冒进，已看出端倪。通过学习，顾准不盲从并勇于直陈己见，对社会主义市场经济理论、经济规律作了可贵的探索，同时，就"娜拉出走以后怎么办"这一尖锐问题，苦苦追索。

　　顾准进党校学习起初的始因，正如他自己所云："我这次进高级党校学习，原来还抱着1943年进延安中央党校同样的希望，想再经过一次整风，治好自己思想上的毛病。"②但是，一进入学校，并在杨献珍校长的启发下，他觉得："有机会系统地学习马克思列宁主义的理论也是好事，我也就安心随班

----

　　① 参见龚士其主编：《杨献珍传》，中共党史出版社1996年7月版，第169—185页。
　　② 《顾准自述》手稿，第276页。

听课。初进时还想继续我的数学学习，不久，就觉得学习数学和自然科学不是我应走的道路，从此全心全意地投入学校的课程中去了。"①

第一学期的主课是《哲学》和《政治经济学》的资本主义部分。其中《哲学》课程则分为三个单元：《唯物主义》，由杨献珍亲自主讲；《辩证法》，由孙定国主讲；《历史唯物主义》，由艾思奇主讲。

杨献珍是个老实巴交的中年人。他为讲课写了丰富的讲义。他在讲课前，首先要了解学员的经历和思想情况，做好解除疑惑的工作，端正学员对学习哲学的认识。他开讲《唯物主义》，主要是照本宣科，中间还要用"嗯""哼"来过渡，虽听来乏味，但内容是新鲜的，也有其特色。

杨献珍讲课的根据是列宁的《唯物论和经验批判论》；并引证了恩格斯的《费尔巴哈和德国古典哲学的终结》一书。他的课，给顾准留下较深的印象是，特别强调"如实地反映客观世界"，即"认识世界"。

杨献珍在讲授思维与存在的关系问题时，创造性地提出了一个"十分重要的命题：思维对存在的关系这个哲学的基本问题同时也是我们实际工作中的基本问题。他指出：承认存在是第一性的，思维是第二性的，只是问题的一个方面，另一个方面的问题，正如恩格斯的指出的，我们关于我们周围世界的思想对这个世界本身的关系是怎样的？我们的思维能不能认识现实世界？我们能不能在我们关于世界的表象和概念中正确地反映现实？唯物主义对这个问题的答复肯定的，就是说，我们能够在我们的关于现实世界的表象和概念中构成对现实的正确反映。"可见，唯物主义是肯定"思维是存在的反映"，以反映论来解决思维与存在的关系问题。根据这个基本原理，他强调，我们在实际工作中就必须从客观存在着的事实出发，从中引出规律，作为我们行动的向导。或者像列宁说的那样：必须严肃地和坚决地承认外部世界及其人的意识中的反映，作为一切认识的基础。

杨献珍有针对性的、富有创见的讲课，给学员的帮助很大。他的旁征博引、汪洋恣肆，反响很好，也为顾准自学马列原著起了表率作用。

在顾准的记忆中，孙定国讲授的《辩证法》，详细分析了斯大林著名的

---

① 《顾准自述》手稿，第276—277页。

四条论述，还融入了列宁的《论辩证法的札记》以至我国古代思想家的辩证法思想。"他能够把深奥的哲学讲得出神入化，生动活泼，深入浅出，让人听而难忘。"孙定国的女婿沈宁这样说。①

孙定国一家50年代在中央党校内

而艾思奇的《历史唯物主义》一课也讲得炉火纯青。艾思奇年纪轻，小身材，方脸盘，肤色苍白，活脱脱一个理性挂帅、日夜思考哲学问题的书生。他出道早、成名也早，他撰写的《大众哲学》早已成为"干部必读"的畅销书。

对于在党校的课程，顾准还追忆道：

　　《政治经济学》的资本主义部分由龚士其主讲，内容是《资本论》摘要。到那时为止，我还没有系统读完《资本论》，感谢他的

————————
　① 沈宁：《我的岳父孙定国》，《老照片》第97辑，山东画报出版社2014年10月版。

讲课，推动我通读了几遍《资本论》，这也是我系统读马恩著作的开始。政治经济学的社会主义部分由苏联专家主讲，开始时因《政治经济学教科书》译本尚未出版，印发讲义，讲义和《政治经济学教科书》第一版是完全一致的。听讲课时随时摘记了一些对讲课的疑问，后来有些成为写我的《试论》（按：即《试论社会主义制度下的商品生产和价值规律》一文）时的"原料"的一部分。

第一学期有联共党史这门功课，讲课的是苏联专家，教研室主任范若愚经常到课堂来照料。专家的讲稿大纲当然完全根据《联共党史简明教程》，也添加了一些毫不影响讲课大纲结构的史料。讲课完全按照讲稿照本宣科，专家绝不同意在讲课前先发讲稿。这一门功课才讲授完，苏共二十大的消息文件以至赫鲁晓夫的《秘密报告》就公布了。一年以后我谈起这件事，说这是一场讽刺。

还有一门分量较少的功课《世界通史》，由一个年轻的苏联专家讲课，从希腊罗马讲起，并没有突出世界近代史和现代史。奇怪的是，党校没有中国史这门功课，尤其感觉缺门的是中国近代现代史。

中共党史教研室主任是张心一，二十八个半布尔什维克之一。这门课所占时间极少，也没有印发讲义。《党的建设》教研室主任许邦仪，讲课内容用了大量联共教材，课程分量也不多。①

以上所述，就是顾准在中央党校第一学期所学课程的大致梗概。这一学习过程，大大提高了他分析问题、解决问题的能力，通过研读，也引起了顾准对貌似"真理"的东西，产生了疑问。

顾准在中共中央高级党校学习前后，国际国内政治风云变幻，发生了许多值得一提的大事：发展国民经济的第一个五年计划的正在实施之中、肃反运动、对"胡风集团"的批判、农业合作化高潮、资本主义工商业的社会主义改造、中共中央召开关于知识分子问题会议、反冒进以及国际共产主义运动史上的一件大事——苏共二十大的召开等等。党校的办学方针，是强调

---

① 《顾准自述》手稿，第278—279页。

"联系实际"，对这些发生在眼前的大事，顾准不能不有所思考，并产生许多值得研究的观点。

为了开拓学员的视野，杨献珍校长约请了邓子恢、罗瑞卿等中央领导来校作报告。并指定时间，让学员学习有关文件。

顾准回忆所及："党校也确实有一种学术空气。重视讲堂讲课，重视读懂经典著作，此外还请钱伟长讲过《原子物理学》的基础知识，王淦昌讲门捷列夫的《元素周期表》，安志文（当时的国家计委委员）讲尖端技术在工业生产中的应用。造成我极深印象的，还有放映美国电影《居里夫人》。……这一年，学校放映的美国电影究竟不多，放映苏联电影的次数则很多。……我在这一年学习中，除照杨献珍的要求，读了一些马恩列斯的著作而外，还读了一些西方史，读了些小说，例如《克里·萨姻金的一生》和自然科学的通俗书籍，包括大肆宣扬李森科学说，完全抹杀孟德尔、摩尔根学说的生物学通俗书籍在内。那时正值出版界大事翻译出版各门学科的苏联书籍的高峰，能够读到的都是中译苏联书籍。"①

顾准1956年在中共中央央党校学习期间所读过的恩格斯《反杜林论》

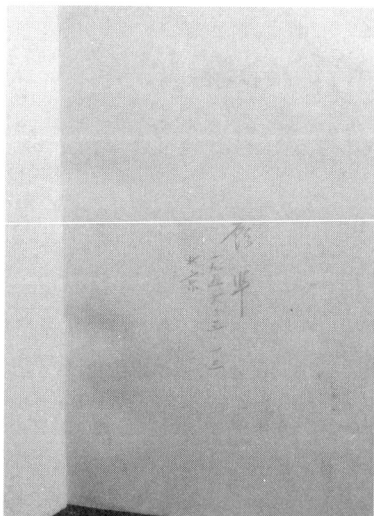

顾准所藏的恩格斯《反杜林论》上的红笔签名

① 《顾准自述》手稿，第280页。

说起顾准的爱读书，值得一提的是他阅读文学作品时，在《顾准党校日记》中留下了他浏览小说的生动记录。由是他受到文学艺术的陶冶，心灵受到净化。不过，顾准之浸润于优秀文学作品，乃是生活的需要与调剂，又是反复思考的难得的余暇。阅读之余，还发表了许多见解（不在受到专门训练的批评家之下）。比如：

顾准在1955年10月5日的日记中写道："在家读了巴尔扎克的《单身汉的家事》，昨天读了《密西西比河》的上半部。上半部实在精彩，下半部不想读了。又借了巴尔扎克的《崩溃》在此。准备限期读完它。如果说巴尔扎克写了法国贵族的挽歌，在我看来，左拉是高于巴尔扎克的，因为他不是面向贵族，而在艺术风格上更近于托尔斯泰。"1955年10月28日的日记又写道："前几天读一本《大地花开》，从达尔文进化论到土壤团粒组织，前后串连而且意气豪迈，这是得过'斯大林奖金'的好书。"

1955年12月5日顾准记下了："紧张的读书，引起了若干疲倦。星期六晚上，又不顾死活地读了《开拓极地的人们》，那是《阿里

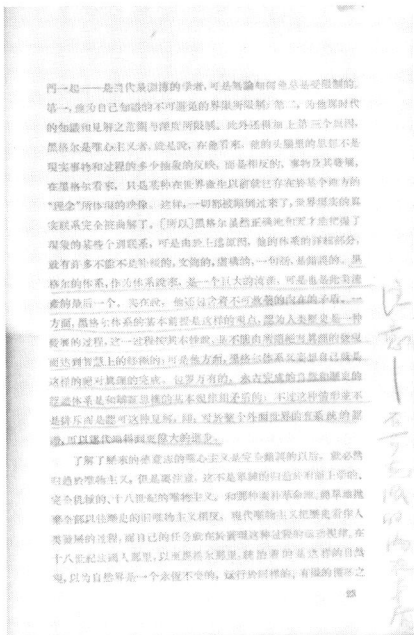

顾准在恩格斯《反杜林论》所作的批注

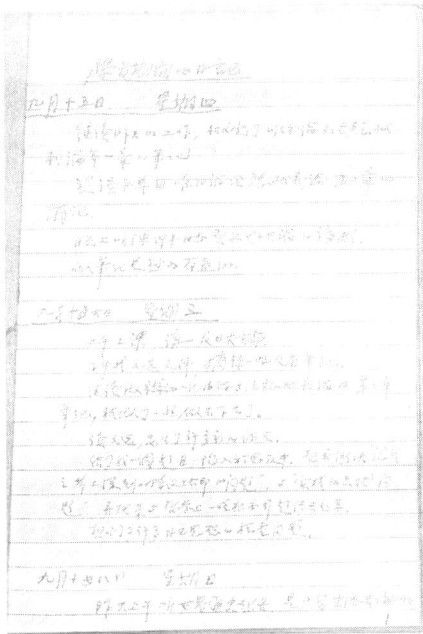

顾准50年代在中央党校学习时的日记

杰逃走了》的续篇，一直读到二点钟。"1956年1月16日顾准的日记有如下记载："每星期六，采秀（按：即顾准妻子汪璧）总准备一册小说，这次她准备的是《安徒生童话选集》。内容是真好，可以读来获得感伤情绪。真的，义之（即施义之，是顾准的妹夫，曾任国家公安部副部长）会感觉到我与1950年自然大不相同，并且也与1953年大不相同了。"

顾准读文学作品是深入其境的，如他说过："读《老古玩店》使我掉泪。"（1955年11月16日）这些作品，潜移默化之中，使顾准具备了"人间关怀"的最终意向。

四

顾准是一个勤于思考、不盲目随从的人，秉承"独立之精神、自由之思想"之信念，他强调："必须死心塌地钻研下去"——在他眼里，"不做长时间的科学的劳动，而以一两个无须证明的定义来构成整个体系的所谓科学工作是不值钱的，我们现在正在反对这种学风，我自己必须以此为深戒。"他接着又说："因为如果有机会做研究工作的话，必须死心塌地钻研下去，并且决心穷毕生之力来做这件事。这里不仅是理论的、历史的研究，而且必须以充分的时间与严肃态度来对待实际经济问题。要找一条路走，过去的路走过来了，应该这样走的，评价如何，只要俯仰无愧也就行了。一切问题的根本之点，在于以严肃的科学的态度对待实际，过去在这方面冒失，这倒是今后应该郑重记取的。"（1956年3月22日）①

同时，顾准还追求"思想的细密化"，他认为，"思想的细密化，过去实在不够。过去实在是才子式的乱闯乱碰，碰到对的，就干一阵，碰不对了，就倒一次霉。这危险做法不能再来了。"（1955年10月24日）②顾准的追

---

① 《顾准中央党校日记：1955年9月—1956年7月》手稿，第92页。
② 同上书，第15页。

求诚然可贵，然而在现实社会，随着思想禁锢日益扩大化，顾准的悲剧也终究不可避免。因为知识分子在以后的日子越来越难挨了。

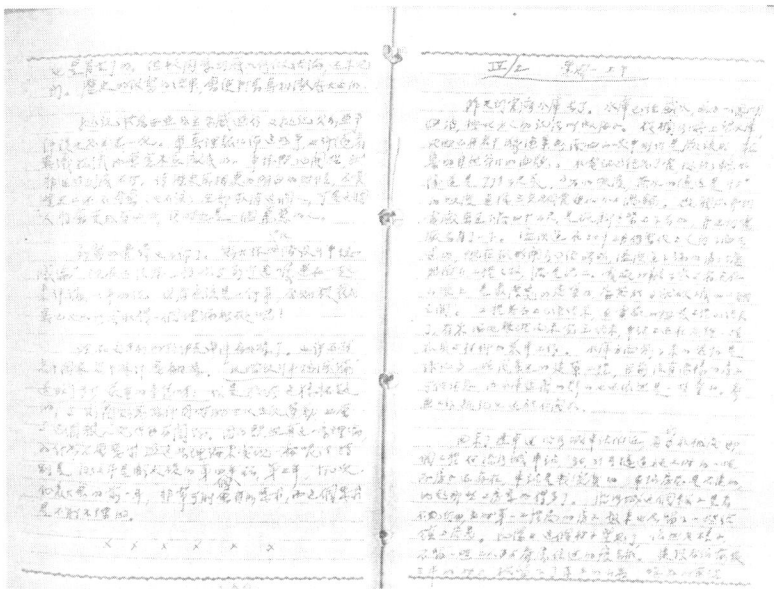

顾准1956年在中共中央央党校学习期间所记日记手迹

对自己的思想定位，顾准其实也是很清楚的，他在1955年11月25日日记中曾写道：

> 新的课程开始三天了，有两方面的感受：第一是政治经济学的学习，我原计划一定要读完《资本论》的，看来时间不多，有些困难，但一定要做好安排，一定要完成计划。特别关于再生产理论和地租论、货币论，要为我解决一批问题。这应做，连同《政治经济学批判》等书籍，大约有3000—5000页，其中小部分要做摘录。其次是苏共党史的学习，连同《共产党宣言》《列宁文选》第一卷的大部分，《斯大林全集》的一部分，以及其他许多材料，大约也有3000页以上的东西要读。时间是到明年四月上旬为止。这样干，颇有拼命主义之慨，但我想紧张一些，还是能完成任务的。

自1940年以来，长期间没有进行系统的学习了。而回忆1940年以前的学习，也实在可怜。整个资本主义发展史是不了解的，从培根以来的近代思想史是一片模糊，希腊罗马是毫无所知，这使读者缺乏重要的历史知识的基础。思想方法方面，既不知逻辑是什么，也不知道什么是唯物主义，什么是唯心主义。了解一些什么，是报章杂志之学加上直观、臆想，全部知识水平，其实是停留在Clerk（按：即普通办事员）的水平上。庸俗的白领子工人，事务所职员，只配实用主义哲学，而我的全部思想，把片言断语的马列主义知识拿掉，剩下来的不是这个又是什么呢？目前面对着系统的学习，开始使我看清楚自己的面貌，这倒实在十分有用的。

这样说来，目前的学习是过去从来不曾有过的，是一种全新的学习。

三年半来，气质是有些变化的，7月份以来的变化更多些。目前，只有极小成分的个人思想之念，实在已无足轻重。回顾这些思想历程，也许对气质的变化还是有若干用处的。想起那种事务所职员的庸俗气氛和高傲自大，甚至还有燕雀妄比鸿鹄的想法，看来也实在滑稽。①

顾准在这里似乎拿着锐利的解剖刀，深刻地剖析自己的思想、读书的经历以及反思过去，觉得"昨非今是"，实在令人敬佩。如此学识丰富的学者，能够冷静地看待自己的知识积累，而且是到毫不留情地责备，唯其具有这样刻意的磨炼，方能登上思想的巅峰！

顾准在他的自述中曾回忆起他的这段党校学习生活，他带着颇为"低调"的口吻说道："这一年的学习生活也有一点积极作用，它使我形成了'读史'的习惯。马恩著作的时代背景离当代较远，其中所引史实我是陌生的，我想初步弄清与这些史实有关的一般历史。离校前即读了一些历史书，1958年后更费了不少时间来读史，从西方史逐渐转向中国史，转向中国近代

---

① 《顾准中央党校日记：1955年9月—1956年7月》手稿，第27—29页。

史和现代史。"①

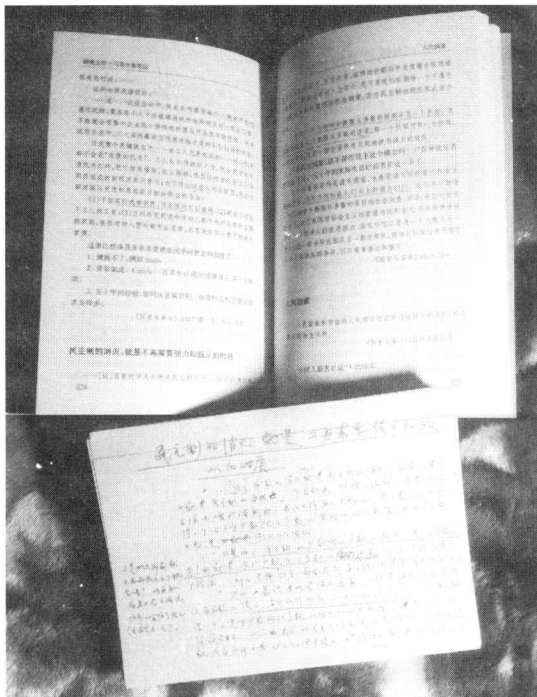

顾准笔记原件及排印本

在中央党校期间，顾准还读了不少中国历史方面的书籍，同样取得了新鲜灵活的见解。如1956年6月14日的日记就有如下的记录：

这几天又在读历史，高尔基的《克里姆·萨姆金的一生》当作历史读。《中国近代史资料选编》也同时进行粗读。

从中日战争起的中国近代史，很不忍读，常不免掩卷。那时的中国，就如一个木乃伊，长期埋在土里，一与空气（近代文明）接触，简直就是风化了。而自中日战争以后，刺激起来的百日维新、义和团、同盟会，以及其后扮演的袁氏称帝，督军团，护法（打倒

---

① 《顾准自述》手稿，第281页。

军阀的历史来源现在算是弄清楚一些了），也就已经把一个中国闹到实在不像话了。

拿中国历史与俄国历史来比，确实也有不同之处。俄国也有他的洋务运动，那已是彼得大帝时的事了，比中国要早一个半世纪。这一个半世纪，直到19世纪的80年代，俄国是没有完成她的思想革命运动的，直到二月革命，所以他们有那些光怪陆离的思潮。中国洋务运动到中日战争，时间不过30年，俄国洋务运动到1905年经过的时间很长。中国这30年中，没有什么光怪陆离的思潮，而中日战争以后生长的一代，只有康有为那一派，与大革命中的国民党右派，以后，孙中山鲁迅这一派，就直接走俄国革命之路了。五四运动中产生的一些旁门左道，只是旁门左道而已，值得提一下的只有胡适，可是，他在历史上所起的影响作用太小了。[①]

这里，顾准的"读史"，不仅表现了思想家的深刻，也映衬了他具有革命家的远见和胆略，如此读史，难能可贵，绝非教条主义者同日而语。

另外还应该提及的是，顾准的日记又有如下的记载："读守常（按：即李大钊）文集，当做'历史的丰碑'来读，也确是极好的东西。应该尊敬这位启蒙的共产党的创造人。从他的文章，可以读到一些西欧启蒙时代的东西。原来，文艺复兴时代把加特力教反掉以后，甚至荷马，也曾成为文艺发展的障碍。看来一件事，一个人，被公认为不可超越的之后，必将成为历史发展的障碍。"[②]从这些文字中，后人可以吸取的养分何其多矣，但愿过多的摘引不会影响阅读。

顾准的所作所为，不正印证了革命前辈李大钊所倡导的"铁肩担道义，妙手著文章"吗？

马克思的巨著《资本论》三卷，是顾准读书的重要内容。我们从顾准的1955年12月1日日记中可以得知，这天，他开始阅读马克思的《资本论》。他

---

① 《顾准中央党校日记：1955年9月—1956年7月》手稿，第135—126页。

② 同上书，第134页。

说："这一个星期，基本上是很紧张的。《资本论》第一篇读了，并做了大部分摘记……准备关于商品生产的发言，给我以熟习基本理论的很大推动力量。这些合在一起，对价值论的理会是深了一些，对我以前货币论的疑问获得了初步解决。认真解决货币论，还得读大量的东西，还应包括凯恩斯之类的著作在内。"其实，顾准对《资本论》并不陌生，早在20世纪30年代，他就有所接触。但是对此通读则是首次，他接着说："资本主义部分（按：指政治经济学）通共要在一个月内解决，而《资本论》就有3000页，这实在是一个困难。看来，《资本论》与《剩余价值学说史》只能在5个月中分开来解决。是否有解决的把握还未可知。"[①]

然而，顾准毕竟是一位有毅力的学者，任何难关都不在他的话下。就在当天，他就又读完了《资本论》的第四、五、六三章，他的读书已到了如痴如醉的境地："诚如方毅所说，真好呀！马克思对工业过程的技术经济过程的总括的研究，对各种经济形态，一直到古代社会的经济的分析，对资本家的憎恨与对工人阶级的爱，对铁的法则的科学的冷静的态度，渊博的知识，美丽的文笔（若不很细地读，还看不出文笔的美丽），真是使《资本论》成为政治宣言、科学著作与文艺作品，而由于他对第一卷曾经费那么多劳动，比之他生前来不及校正再写的第二卷、第三卷，更是精美绝伦。远的不谈，1949年以来的几年中，不好好地读这样的好书，在上海，在北京，在洛阳都是盲目积极，实在滑稽。"[②]顾准在同年12月5日星期一的日记还写下：

> 这几天，简直是拼命地读《资本论》，只星期六下午听了杨献珍同志传达关于工商业的改造。《资本论》已读到第一卷的第十七章，已到676页。很奇怪的是，怎么以前不读这样一部好书。
>
> 这样读，是读得粗了一些的。预定明天读至二十三章，后天准备讨论，就是要做一些摘记，集中在剩余价值方面，这也就可把许

---

① 《顾准中央党校日记：1955年9月—1956年7月》手稿，第29页。

② 同上书，第32—33页。

多问题做一个大致的综合了。星期四与星期五的下午就可以把第一卷结束，到星期天为止，还应该做一些必要的摘录……①

就这样，顾准手不释卷，花了短短数天，于12月8日晚上"把《资本论》第一卷读完了"，并"开始读第二卷。"他在这天的日记中写道："第一卷，自第二篇以下，读得极粗糙，虽然如此，若干重要的概念，即劳动力之作为商品，资本积累的法则，产业后备军等等，概念上更清楚了，同时对资本主义的血手，在人类历史上，曾经干下一些什么，也弄得清楚了一些。20年前，实在还不会读经济学，河上肇的东西只给了一些不完整的概念。以后，吹牛说要研究经济史，读了一些东西，那都是标准的报章杂志之学。系统的从头到尾的弄清一件事情，实在重要呀……第二卷与第三卷总共1800页，设法在月底前读了它。可能的话，还要对再生产理论与地租论做些摘记"②。

到了12月11日，顾准读《资本论》"第二卷已过去了一半还多，预定明天加后天两天可以读完。粗读是这样，问题是要加上再生产理论的研究"。③

顾准在12月13日的日记还就《资本论》的进一步研究提到议事日程，他罗列好几个题目："第二卷粗读完毕。第三篇关于扩大再生产部分做了简单摘记，写了一个一般的感想的笔记。应该把再生产理论与第二卷的积累法则联在一起再研究的。想想还是先赶第三卷。……十二月底前的任务是读完第三卷。"④

到了这年年底，顾准终于将《资本论》这部煌煌巨著通读完毕，马克思做到了"理论逻辑与历史逻辑的统一"⑤，这给顾准以巨大的力量，同样也为他以后撰写《试论社会主义商品经济与价值规律》一文提供了思想来源并积累了写作素材。与此同时，顾准与孙冶方等经济学家互有探讨。

---

① 《顾准中央党校日记：1955年9月—1956年7月》手稿，第33页。
② 同上书，第34—37页。
③ 同上书，第37页。
④ 同上书，第38—39页。
⑤ 同上书，第54页。

五

刘勰的《文心雕龙》称"神思"为："文之思也，其神远矣。故寂然凝虑，思接千载；悄然动容，视通万里；吟咏之间，吐纳珠玉之声；眉睫之前，卷舒风云之色；其思理之致乎。故思理为妙，神与物游……此盖驭文之首术，谋篇之大端。""此言思心之用，不限于身观"，顾准在五十年代在中央党校学习期间的所思所虑就进入了"思接千载，视通万里"的奇妙状态：思考专心致志，连接古今中外，自是动人心弦。

1955年至1956年的党校学习生活，使顾准成为一个怀有强烈"忧患意识"的思考者，关心国内国际大事的学者，在他的笔下，充溢着对时事的关注。

顾准身处书斋，心系神州，关注着祖国的政治、经济、文化等各方面的事业发展。他进校不久，就对当时的许多现实问题索绕于胸，难以释怀。

比如1955年10月20日在上课时间，顾准记下如下文字：

记录一些脑袋里涌起的问题：

A. 要研究并回忆1949年，二中全会以来，到总路线，到合作社运动的政策上的脉络，并把它与历史唯物主义对照印证起来。

B. 详细考虑一下这么几件事：一、统购统销，梁黄叫嚣；二、增产节约，工农联盟的一个方面的调整；三、合作化运动，工农联盟的最精细方面的措施；四、合作化运动中所决定的对"巩固团结中农的措施"，与对农业生产的增产与减产的影响；五、对农村中新投入的资金，与这些资金对农业生产资料购买力增长的作用，对工业生产的增长的作用；六、对五年计划的修改的影响——a. 一般工农业生产指数；b. 农具（拖拉机）基本建设的速度；c. 与农具相关的工业（例如石油）与交通运输的变化。

C. 自己的思想方法，似乎会抓主流，往往忽略（不是往往，而是习惯的、自觉的）矛盾的各个方面的具体分析。

D. 我们的五年计划，开始编制时的速度总是"增长率的渐减趋势"，主要原因就是对生产、技术、产品及其原料工具间的联系的知识不完备所致。

经济上的预见性，与规律掌握运用之不足；基本建设的勘察设计资料的年度太迟与储备资料之不足；技术人员与工人的不足。——除这些困难，还有什么？第二个以后的五年计划的增长速度如何？①

顾准在这里绝不是"杞人忧天"，须知经济建设是有客观规律的，不是几句空洞的政治口号所能替代的。

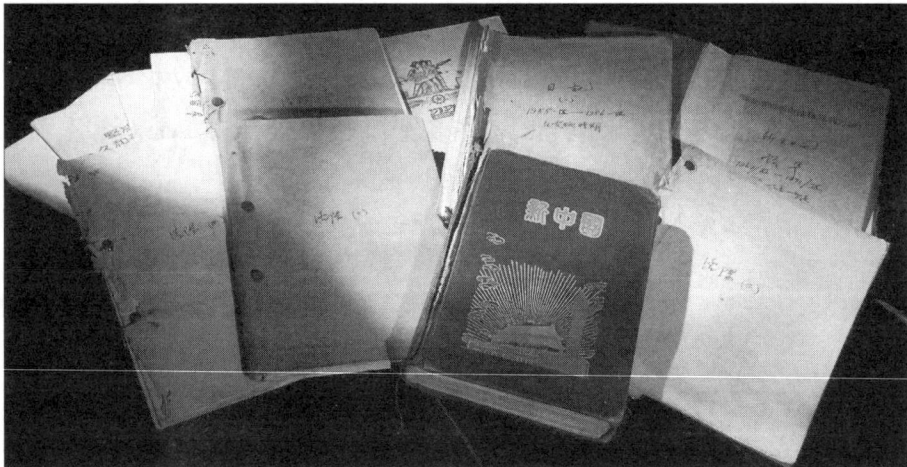

顾准日记

顾准对经济建设中的"速度"问题，一直十分关注，也作了非常周到的研究。有一天，他"中午睡不着，还是很兴奋地在考虑我们的进步速度问题。事情不仅在于农业方面合作社发展的步调大大加速一事，还有的是：

---

① 《顾准中央党校日记：1955年9月—1956年7月》手稿，第14页。

（一）今年丰收，则明年的财政是比较乐观的；（二）会有一部分技术与轻工业的输出；（三）大城市过剩生产力的加紧利用与工商界改造步调的加速；（四）预料得到基本建设的速度，特别是交通运输的速度会加快。特别使我神往的是上海人力物力的充分利用与上海人力的向西输出问题。公私合营加速了，在机械工业方面必然会发生新建厂的人力骨干之利用力量的问题的。交通运输方面的步调加速，预料也会更多的利用上海现有的人力。纵然我曾经被标为假马克思主义者，纵然我现在无缘参与这方面的工作，可是，无论如何这不能不令我神往"。①

说来真令人寒心，上述文字能出自一个"假马克思主义者"之手吗？从这里，可以看到，提倡政治民主、发扬党内民主确乎重要，我们再也不能只说不做，抑或多说少做；彻底告别"一言堂"，引来"群言堂"。这样，人民大众将会额首称庆。在这里，人们也能从中窥见顾准拳拳报国之心。他接着说，"到北京已经三年半了。过去两年至三年中看到基本建设与改造私营工商业及利用上海人力与技术的脱节，这终究是短期间的事情。同样，在两三年间，所见到的国民经济方面的总规划，有自下而上的重工业的技术规划的宏伟规模与执行中的坚毅意志，可是从政治政策方面充分发掘一切潜在能力，从而使生产发展的速度加速一事，看不清其间的脉络。……总而言之，中国的事情还是比预料的要快些。可以看得清楚，现在第一个五年计划已有了丰富的生产关系的内容，合作化与工商业改造步调的加紧又给它增添了新的内容，到第二个五年计划的中期，我们国家的面貌已经会有很大的变化，而到第三个五年计划，就会变成百花齐开的局面。伟大的中国的人力，终究会使中国获得难以置信的发展速度，困难只在于技术人才，而这一点兄弟国家会予我们以帮助，10年之内，大批新人也会补充这个空隙。可以预料，到第三个五年计划，我们的大学生将达100万人以上。那时资源方面的资料也会比现在积累得更多，我们在第二、第三个五年计划期间，发展速度决不会低于第一个五年计划的。"显然，此时处于想象当中的顾准还是颇为乐观的，故而他"星期日在家时与采秀讲到，现在比以前更为热爱这个国家了。个人

---

①　《顾准中央党校日记：1955年9月—1956年7月》手稿，第17—18页。

干些什么是十分不重要的事，肯定的说，总是有事情干的，再不然，埋头读书一事，在最近三五年也是必须干的一件事。国家的发展，与其面貌之将变得一天天难于辨认，这才是最大的事。"

天有不测风云，由于党的指导思想发生偏差，国内社会主义革命和建设事业并未如顾准预言那样健康发展，顾准本人的命运则更加坎坷不平，饱经磨难。

不过，顾准此时对中共的革新能力还是充满信心的，内心世界是真诚的，他认为："中国之避免教条主义毛病一定比苏联是要快些。原因是苏联走在前面，而我们年轻一代，经历的革命事变多，丰富我们的历史知识的过程是更短的。五四前后，中国人多么大胆勇敢地抛弃一个又一个的陈旧渣滓，在思想上接受新东西的本领又是多么热心，理论思考的能力，自从掀掉了孔家店这一座大山以后，又是多么汹涌澎湃地发展起来，这些都预示我们今后的路会走得更快的。"[①]

顾准对社会主义条件下生产力与生产关系的相适应问题以及国内工农业生产的状况，热衷于心，不忍释手。下面这篇日记，代表了党校时期顾准视野之开放阔大、远取近攻；分析的犀利透彻、千肠百转；结论的鲜明锐利、不捎假货，值得一读（虽然篇幅较长，这是1955年12月16日的日记）：

　　昨天听了十二月五日中央会议的传达。现在反保守主义已整个地提出来，过去反盲目冒进中曾反掉了一些积极性，也提出来了。八大的中心是反保守主义，这样速度问题就提到议程上来，过去许多很难解决的矛盾就会逐步解决了。

　　来想想这些矛盾：

　　（一）"大规模建设"与失业解决的遥遥无期。曾经想归咎于人口之多，可是，马尔萨斯理论不是错误的么？提倡节育，可是女人肚皮还是要大起来，而且即使是好像英国0.65％的年增加率，我们也受不了呀！怎么办呢？

①　《顾准中央党校日记：1955年9月—1956年7月》手稿，第88—89页。

（二）工业不发达，可是大量轻工业设备利用率不高，30万机电工人是"吃不饱，吃不了"。据说是因为习惯修配，技术不高，而目前进行的现代化的建设则对技术要求很高，则吃不下去云云。可是我们还是能够做几百千瓦以至一二千瓦的发电设备的呀，大批城市与农民，依然处在中世纪状态，大量机电工人则无事可做。……

（三）深山探宝，准备建立现代化工矿，可是交通不发达。交通要等总规划，总规划又要等摸清情况。于是大量人口失业要等建设展开被吸收的，又一齐搁浅在摸清情况这一点上面，于是一个狭隘范围内的规律：设计赶不上施工，变成全国范围的规律了。

（四）发展教育，结果中小学毕业生据说又嫌太多了。

归根到底，这是生产力与生产关系不适合，下面几个方面是值得考虑的：

一、广大的中国农村，自鸦片战争以来，连封建式的文景之治、乾嘉之治都享受不到，已经一百多年了。……全国解放以后，中国农村从封建统治下解放出来，应该发挥神话一般的力量，谁看不见这个力量，谁就不能引导中国向前进。毛主席对此提出了问题，这是极其正确的。

二、工业建设，必须使用现代技术，迎头赶上。但是，如果仅仅依靠输入的计划工作，输入的工业化方案，这还只是经济建设上的教条主义，这不是从中国土地上生长起来的东西。

……

三、说工业靠农业落后吃饭，我认为是不正确的。不错，若干需要现代技术，而建设又费时间的工业，延迟一些，是靠农业落后吃饭，但必须看到，不仅工业靠农业落后吃饭，同时也是工业深受农业不发达之苦。这就是现有设备与人力之不能获得充分利用。……这种现象，才真正说明了我们的计划，我们的建设是输入的，不是在中国土地上生长出来的东西。

四、另外，工业企业的经营与经济效率，现在讲究苏联标准，这没有什么不好，而且，确实在过去几年中已经获得了这方面的好处。……我们现在的社会平均劳动生产力是什么情况呢？是世界标准的高效率与中世纪标准的效率同时并存，并且还有多少人因其劳动得不到使用而被浪费着。这样，从底上发掘这些劳动潜在力量，首先使农业中的劳动效率发挥起来，然后充分使用各方面的人力，先使大家站到工作岗位上去，有若干个高标准在那里，把低的一步步提高起来，这样做，我们的国民收入，一下子就会提高很多。

……

× × × × × × ×

当然，这些都是马后炮，片断感觉到的，不能说是系统的思考，而且确实也不是系统的思考。

观察这个问题之被提起，被认识，也必须要有历史观点。

首先是时间的条件。……人到底是历史的动物。过去中国人民在历史上有巨大的创造，可是在现代经济建设中他们能够创造什么？怎样去创造？毕竟历史没有给过什么给我们，因此就必须要花一些时间去认识它，并且也只能在斗争中去认识它。

其次是，认识这些问题本来不能靠外国同志帮助我们，要靠我们自己去认识。恩格斯说得好，思维依存于客观事物，可是思维还不能不从已有的思维方向开始。这么大一个国家的工业化（作为整个经济建设的组成部分，重要开端）我们自己确无经验，不能不借镜他国。……

× × × × × × ×

传达只提示了方向，只是开端，具体的方案连提都没有提起呢，这是一个完整的方案的形成，有一年时间不算太长。可以肯定的是先不讲号召全国，在实际斗争中反保守主义，就是以制订方案一点而论，也还会经历极其复杂错综的斗争。

　　这一方案的制订，又是在实际斗争中制订的。现在好了，现在这个方案的制订，已经不是单纯的从几个要求，若干个现代化的大厂，西南大铁道，西北大铁道出发了。而是农村生产，地方工业，水利，交通建设，从下面翻上来。私营工商业的力量全部计算进去。上上下下要翻几个个儿的。也只有这样制订出来的计划，才是真的从中国土壤上生长的计划，不是外来的，不是自上而下灌注的。

×　　×　　×　　×　　×　　×　　×

　　一个月之前，听到外面斗争热闹的消息，还不免有怅惘之感。上星期日在家，还不免有寂寞之感。现在倒确是好。理解问题是要有历史观点的，没有牢骚。……我深信，不论在哪一个工作方面，我还不会白费。这将近四个月的学习，确实眼界开阔了，就一定要眼界开阔了，才能正确理解问题，将来也能好好处事对人。马克思站在智慧的高峰，他之批评蒲鲁东，并为蒲鲁东做结论，是多么冷静，深刻呀！想想马克思写信谢谢恩格斯寄十五镑给他，对蒲鲁东做这样的结论，真是高超的圣者。我们只是白领工人，只是一个普通的工作者，可是也得取法乎上，仅得乎下呀！[1]

正如顾准在这里所云，党校的学习没有虚度，他的确成熟多了。从这则日记中，顾准对马克思主义的坚定信仰、对社会主义祖国的繁荣、富强、民主、昌盛的向望，溢于言表，触目即是，可谓字字珠玑，精舍美玉，使人不忍释卷。

　　顾准的这些日记，表明他是集知识、见识、胆识于一身之人（记得有人说过知识是一个境界、见识是一个境界，两者之上的胆识又是一个境界[2]），

---

　　① 　罗银胜编：《顾准：民主与"终极目的"》，中国青年出版社1999年1月版，第110—115页。

　　② 　《朱学勤书话》，浙江人民出版社1997年7月版，第11页。

顾准给后人的感觉，无疑是在这三个境界之上的智者，用"超凡绝伦"来形容毫不为过。他对教条主义的批判，对计划经济的某些弊病的发现，对效率、失业、浪费等问题的认识，对农民问题、工业化问题、自力更生问题的见解以及计划的操作性等一系列问题，都异乎寻常地关注，虽然他自谓只是一个"白领工人"，而这些并不影响他的思想的夺目光彩。许多经他吐槽的问题，在几十年后的今天，仍有现实的启示意义。

仅仅隔了两日，1955年12月18日晚，顾准又对上述看法作了详尽的补充："细细想来，三个文件，六中全会，工商业改造，与最近关于工业方面的传达，确实将开辟一个新纪元。看来，较巨大的工程会有下面那几项：水利方面，三门峡、刘家峡、海河根治……农村的初步机械化……铁道与公路。在农村商品经济大大发展，机械力应用逐步推广的情况之下，不仅电与燃料需要紧迫，石油与燃煤、有色金属将会使柴达木、云南、贵州、滇西的铁路迅速通车，由于机械、零件、燃料必须运达农村，因此类似邯郸——大名……的路线，恐怕都会列入考虑之列。带基本性的建设本身与农村提供的商品粮食与作物的加多，都会要求建立一系列的中等工厂，与此类中等工厂所必要的机械。……要讨论这三个文件（按：毛泽东的《中国农村的社会主义高潮》的序言及按语，刘少奇的《关于资本主义工商业的社会主义改造问题》等），也曾想了一下，今后的十四天中准备研究一下，作成一个正式的发言提纲（按：现已遗失）。"

这里对顾准的时事意识不拟多作评价。但从他的日记中总给人一个感觉，难以消失。这就是建国之后，总好像对工农兵很重视，对像顾准这样的知识分子另眼相看（特别是看似"不务正业"）。其实，在顾准的内心，关心的不只是自身的业务工作，在他的思绪里，他觉得还应该四下张望，因而关心国内形势、国际形势，应该冷眼看一些东西。顾准确实做到了。

从下述这层意义上来讲，顾准的次子高梁认为自己的父亲也是"国家主义者"："学者有两条根本：一是方法，二是立场。方法就是实事求是，立场是为国家负责，为人民负责，为弱势群体负责。这点我和我父亲一样。"[1]

---

[1] 引自彭淑、苏希杰、张嘉衍：《父与子 两代人的家国》，《南方人物周刊》2011年第27期。

六

顾准在中央党校学习期间，对国际问题也十分重视，并作了可贵的探索。当时中央党校的领导为了开阔学员视野，敦请各方专家学者到校演讲，著名外交家乔冠华（1913—1983）也在聘请的名单之中。

1955年10月30日，这天是星期六，中共中央高级党校请来乔冠华同志作国际形势报告。顾准"听了乔冠华的报告，列举了两方实力对比的变化，和资本主义阵营内各类国家的动向"，觉得"很精辟"。顾准是一位善于思考的学者，他在听了乔冠华的讲座后，觉得颇为过瘾，颇为"兴奋"，乔的启发性谈话，让顾准当晚"十分兴奋，到2点多才睡着"①。

1956年1月11日，中共中央联络部副部长刘宁一（他也是顾准的老熟人）应邀来到党校作报告。顾准当天记载："今天听了刘宁一的报告，很有趣味，特别是关于南斯拉夫和尼赫鲁的部分。"当时，南斯拉夫在铁托领导下，较早进行了社会主义改革事业，特别是南斯拉夫"民主化、分散化、非官僚化"的社会主义自治制度，可能给顾准留下了较深的印象。

顾准主张全面准确地研究资本主义，他发现："自从世界进入原子时代以来，英德法这些国家也都在大量进行更新，以提高生产力，并为了兼顾军备，不惜减少工资，这也是一个新现象。新的技术革命能不能与发展生产力的竞争联合在一起，出现一个多少是新的时代？这对资本主义又将发生些什么影响？"（1955年3月22日）②因此，在顾准看来，"80年来，资本主义已经出现了多少新的现象呀！我们的问题是科学地论证这些新现象，而不是深闭固拒地不加理睬"。就在同一篇日记中，他还写道：

---

① 罗银胜：《才情人生乔冠华》，团结出版社2004年1月版，第226—227页。

② 《顾准中央党校日记：1955年9月—1956年7月》手稿，第91页。

现在的问题是美国经济往何处去？英德法诸国要努力提高他们的生产力，他们是还可以往前进的，因为战争的破坏，设备的更新，对外贸易的竞争可以使他们再往前走几步。美国则不趋向战争，经济上就不能维持，——最近民主党的发言人对此评美国政府对新情况是无准备的，就证实了这一点。

有没有可能，使美国在"援助落后地区"计划上，真的做一些"漂亮"的事？我以为是可能的。"争夺世界的领导权"要求美国跟苏联竞争，美国经济也迫切要求放血。……既然如此，教条主义地认为资本主义的利己本性不可能做到这一点是不对的。既然世界政治中反殖民主义的浪潮使过去的办法不复行得通（倒底这是一个人民世纪了），苏联的存在与慷慨，已在人心的争夺上引起如此重大的变化，退而求其次，用"援助开发"来保持并尽可能增加生产力的办法，将不可避免与军备竞赛（这是不可能停止的，只会有若干减弱）合在一起做。——当然，这样的做法，决不会减轻山姆大叔的骄劲，决不会消灭吉普女郎案件，决不会在竞赛中胜过我们。灭亡仍然是资本主义不可避免的命运，曲折会多，这些曲折的来源正是我们力量的成长，这些曲折在现象上将超出过去我们的论断。[1]

顾准看待上述问题是理性的，带着辩证法的观点。他认为，从"理论上说，凯恩斯学说产生于1929年的大恐慌，指明了资本主义不走这条路就别无出路，这一理论，至今以各种形式被加强、解释，在资产阶级国家内还富有生命力。"[2]顾准还曾考虑，"资本主义克服危机的生产力何在的问题"，其中是否存在"资本主义按比例生产一点，归结为价值规律的作用"等等[3]，这些问题的研究，在一定程度上是对当时理论禁区的突破。

对国际问题的研究，理论的禁区还不少，顾准自认："问题还应提得尖锐一些"，"对西欧来说，议会稳定的多数是否意味着对列宁主义的背弃，

---

① 《顾准中央党校日记：1955年9月—1956年7月》手稿，第94—95页。

② 同上书，第73页。

③ 同上书，第74页。

而变成走到列宁所再三批评的机会主义泥坑里去了？瓦尔加之以批评，是因为他指出了欧洲资本主义国家经济中，国家的作用加大了，取得议会的稳定的多数，是不是根据这一特点而作出的结论？或者是根据这一特点，同时也根据工人运动的统一这一自1935年七次代表大会以来即被提出的世界革命运动的战略而作出的结论？这一结论是否切合目前的实际状况？这一结论跟战争是可以避免的结论关联如何？这一结论跟例如波兰党的第一书记奥哈布在他的演讲中将革命与群众生活水平的提高，如此密接又如此平易地提出来有什么关系？对欧洲那些（不，还要加上美、日等国资本主义高度发展的国家）国家，在群众情绪，经济生活，未来展望，意识形态等方面来说，是不是富有吸引力的？不，还有一个根本问题，150年来资本主义的发展所造成的文化的普及，生活的提高，个人的觉醒，与资本主义经济经历了初期的残酷野蛮的统治，在民主政治，国家调节生活（这算不算社会民主党理论？）的长期发展，与两次大战的惨痛教训之后，目前的方针是不是一个吸引人心的方针？""马克思在1848年就指出了资本主义的必然灭亡与无产阶级的必然胜利，其根据之一就是资本主义的生产力不能再被容纳在其狭隘的经济关系之中。……可是1917年以后欧洲美洲正还在变化之中。其间，战后到1929年的恐慌是一个段落，1930年左右到二次大战又是一个段落，二次大战又是一个段落。……"[①]顾准提出的问题是深刻的。

世界是复杂的，资本主义也不是铁板一块。在顾准眼里，马克思主义经典理论不可能解决后人的一切问题，重要的是冷静观察，细致分析，按照实际寻求对策。这是一个真正的共产党人必须坚持的原则。

对此，高梁回忆道："当年父亲想得已经很深了，我们这些小孩哪里能懂？他偶尔冒出的观点中，有两点记忆鲜明：第一，辩证法是不是宇宙普适真理？他认为不是，只是部分适应。第二，中国历史与欧洲历史的区别。他指出，马克思在著作里说过，中国没有封建主义。这两样和我们的教科书不一样。

"80年代，我开始读他的原稿。以前我们受马列主义教育长大，对他写

---

① 《顾准中央党校日记：1955年9月—1956年7月》手稿，第108—110页。

的一切感到振聋发聩。这是我读后切实的感受。什么叫解放思想，这就叫解放思想。

"直到今天，我认为他在治学处事的态度上，仍是值得推崇的。还有他的哲学思考里——不要把马克思哲学思想作为不可移动的教条，我是同意的。这是我对我先父的态度。"

放眼全球，心怀中华；博览群书，苦读强记；实事求是，理论联系实际——这是50年代中期顾准的真实写照。

苏共二十大以后，顾准对个人崇拜的反对是激烈的，这从他的日记中得到印证（1956年2月23日）："长期以来，在个人崇拜气氛下亘传的结果，造成了一种偶像观念。犹忆曾读国际哲学会议的一个记录，西欧哲学家，包括社会民主党哲学家在内，评述我们为信仰主义者。去年听杨献珍同志报告，不是，是他讲哲学课时，再三地说要读经典著作，说经典著作靠得住，说过去我们读经，是读孔孟之作，而现在是读马恩列斯毛著作云云。这个比喻，听来很不入耳。列宁反对僵化，孔孟之书，几千年来在中国实在是随各家注释，许多学说以释经、经注的名义发表，这是一种畸形现象。欧洲中世纪黑暗时代的反动，是培根以来的许多大思想家与基督教斗争的大著，成为马列主义的先驱。我们辩证唯物主义者反对陈腐教条，但实际上则在提倡以读经态度来读马列主义著作。发展到《社会主义经济问题》阶段，则一切对当前经济的研究，都被'钦定'的大批规律所淹没，所谓理论工作就是这个规律那个规律如何应用，学风至于如此，再不改变，将与僧侣主义何异！""但是偶像主义对于懒汉来说，是十分适宜的。要获得对一个问题的系统了解——从历史的以至逻辑的，是要花力气的，而无条件遵循一种教条则是省事的。为什么封建主义总是表现为'经典主义'？因为文化不普及，知识是教会与僧侣的专利品。我们现在文化基础实在还是不深不厚的，因此偶像主义自然是有市场的。米高扬发言之所以被许多同志所反对，因为对他们来说，有一个偶像，使他们精神有所寄托，还是方便而廉价之故也。……如果承认人民群众是历史的主人，如果大大发挥集体领导的意义，如果对科学技术、历史科学采取尊重的态度，如果对知识分子的估价，也从阶级的观点去估量本阶级知识分子的作用，也从人类智慧的继承者角度去估量其价值，则事情总会一步一步向必然应该走去的方向。"①

顾准在这里用饱含激情的笔墨，为我们留下珍贵的文字。个中魅力，类似陈年佳酿，可以让你日久天长地慢慢品味，而丝毫不觉过时而变味。

问题到这里并未结束，顾准更进一步指出："个人崇拜这个问题好解决，法制问题不好解决。"（1956年3月29日）他谈了自己的想法：

> 帝俄与中国一样，是一个极端野蛮落后的国家，斯大林统治的三十年，是国家鼎盛发展的三十年。发展，不能归功于斯大林，但发展却助长了粗暴的统治，形成了一系列的生活方式与准则，这些方式与准则，提供了一个发展斯大林式统治的沃壤，思想上则是绝对主义代替了辩证法。可是无论如何绝对主义比辩证法来得廉价。现在绝对主义推翻了。这个绝对主义的推翻，对于西欧革命，无疑是取消了一大障碍，在中国呢？
>
> 又是十分激动的情绪。不要紧。跟过去一样会平静下去的。
>
> 需要多活几年呀！这个极端落后的中国已被唤醒了。眼看12年之内，第一个十五年规划完全实现了要变一个样子，应该设法再看一个十五年。
>
> 如果这一生能够看到苏格兰兵的裙子在南京路上晃，日本的坦克在北四川路上开；又能够亲自参加过抗日与解放战争的队伍；又能亲自看到在高涨的经济与文化建设中实现高度的文明，真正实现了人民群众对历史的决定作用，这一生也就不算虚度了！仅仅看到用野蛮办法在一个野蛮国家里实现文明，这还是多么不能满足呀！②

"言为心声"，这是顾准内心的思想的体现。这些日记犹如读史随笔，看似随意，却见匠心。这些日记，不同凡响，道出了简明而透彻的历史哲理，留下了充满人生道理的"警世通言"与"喻世明言"，使人们读来津津

---

① 《顾准中央党校日记：1955年9月—1956年7月》手稿，第67—70页。

② 同上书，第97—98页。

有味，一展卷就欲罢而不能。阅读《顾准党校日记》，让人感觉你站在一口富矿面前，值得你贪婪地发掘其中的财富。

还应该提及的是，顾准其时之所以敢于解放思想，冲破教条主义的束缚，与外部条件不无关系。1956年正是毛泽东提出"百花齐放，百家争鸣"的方针，也正是这年1月14日，周恩来给知识分子带来了第一股早春的暖风，这就是他的著名的报告——《关于知识分子问题的报告》……还有许多，这就是人们所说的"科学的春天到了！""艺术的黄金时代来了！"

每个周末，顾准都从党校回家团聚。这时，他留在上海的三个孩子和母亲都已迁来北京，一同居住在建工部宿舍。闲暇之时，顾准有时和孩子们一起打羽毛球，给他们讲科技故事；有时带孩子出去买本工具书、溜冰鞋等物；有时陪母亲上馆子去吃西餐，或约妹妹陈枫、妹夫施义之夫妇和弟弟陈吉士到家里相聚；有时与孙冶方、骆耕漠、陈易、赵清心、陈永清等战友，以及已故殷亚华老师的妻子等老友进行互访……日子过得丰富多彩。

第六章　在漫漠中看到的一缕光

加強住宿檢核，嚴格十節
伙，積累國家建設資金，
會計工作人員應該在
這方面充分發揮自己的
作用。

陸華
一九五〇年
十月十日

一

眼看就要到了1956年夏季了。这就意味着顾准的党校学生身份要有所变化了。

早在3月4日，顾准听说党校结业后，摆在他面前"三条路"供他选择："有一件事始终未记，就是马驰祥同志曾较正式的一次，与非正式的一次，谈到黄河水利委员会。我自己则正式告诉过学校一位同志说，愿参加本校工作。也许不久以后，可以表示愿到经济研究所去工作的愿望。看来现在就是这三条路。作为实际工作者，我是愿意到三门峡，或是刘家峡，并且从此以后就干下去，一直到长江水利与西南水系。但是过去四年的经历实在使我胆怯，觉得在学校或研究机构再干几年也好。两两相比，比较倾向于拿笔杆。大体是这样：如果有人提，我可以做实际工作。如果自己提，则提研究机关。并且决定不把这一问题作为困扰自己的题目。时间还有四个半月，应该好好读些书。"又过了一周，顾准在盘桓中更坚定了搞理论研究工作的信念，他在日记写道：

> 又过了一个假日。秀不在家，郁郁寡欢。
>
> 今天上午，德藩（按：即宋德藩，系顾准的外甥）自上海来，畅谈了半天。征求他的意见，他认为我还是到财经机关去好，否则的话，就搞理论工作，我也深以为然。这个期间，我一方面欢呼建设远景，一方面是自己对自己的前途犹豫不定，这一副面貌，实在不豁达，想来自己也好笑。此外，留洛阳当时的兴奋情绪——带领一批人马，做一个建设工程的领导工作，或者搞类似这类事情的想法还存在，同时却又十分气馁。一方面，是前途的恓恓惶惶的感觉，时常还引起沧洲饭店这一类耻辱的回忆，又加上一些比上比下之类的想法，不仅午夜梦回，昨天午睡时都为之惊醒。同时又常常不禁有勉度残年

的想法：这一生还能够干些什么，变得方向毫无。最好的年华已经逝去了，就是做理论工作，也已不再有那副勇气、冲动了。[①]

但是，事情并非遂顾准之愿。国家建工部起初不愿让顾准离开。据顾准在7月3日的日记中披露，当天上午，他奉召谒见建筑工程部副部长许世平。许世平说建筑工程部可以让顾准在财务会计、高等学校、研究机构中三者择一，不过后来又说要他到财务会计部门去。顾准则表示了坚决拒绝的态度。

顾准希望上级早日决定，因为再过二个半星期，党校就要不管了。许世平说，党校不管，我们部管。顾准最不愿听这几句话。许世平重复了几次。最后许世平说大家再考虑考虑，顾准离开时面色微变。

20世纪90年代披露的顾准的几封家书，透露了其时顾准的若干心灵轨迹。

大姨丈、大姊、六弟、三妹、大嫂，并请封：

大姨丈的信收到了，母亲回京以后，一切很好，说来还出乎我们意料之外。七弟从河南来信时，我们是十分担心的，至少以为母亲的眼睛要出毛病。回来后，十天来，母亲多休息一些（其实她是做不到完全休息的），结果一切正常，连眼睛也没有什么不正常现象，看来还能维护她的健康，请你们放心。

母亲阅怀儿女太过。在河南，七弟与七妹间正好因家事有些龃龉，这是爆发眼病的近因。而这一年多时间中，阅怀六弟的家事，其实是没有停止过的。希望六弟多来信，多安慰她，这对她的健康是有好处的。

棣妹来，知道七姊身体时常不太好。大姊有时很热心，不爱护自己的身体。现在已是快50的人了，还是多留神健康为好。这年头，多活几年，可望看许多事情呢。

我已从党校出来。建筑工程部要留我，我希望能够到经济研究

---

① 《顾准中央党校日记：1955年9月—1956年7月》手稿，第86页。

所去，已与建筑工程部说过两次，目前正成相持之局。我准备坚持下去。我跟两个年青（轻）朋友商量，（德潘是其中一个）跟棣妹商量过，问过我自己的孩子，一致同意走这条路。我这个人，傲上刚愎，不能做领导工作（用旧话来说，不是做官的材料），经过这几年，逐渐有了自知之明。最近三四年间读一些数理，但年龄已大，再要在自然科学与工程技术方面有所成就也是不可能的了，最多只能补充一些高中与大学的自然科学基本知识（这是需要的），将近30年的时间搞经济工作，还是做些经济研究工作为好。20年前过了一个时期书生生活，大时代中跟着革命与战争的大队伍走过几天路，这是时代的必要，是走得对的。过了这一段，回忆我的书生生活，恐怕也是对的。

这样坚持，是否有条件，我也考虑过，并且现在还在继续了解这个条件，看来，目前这样做还没有什么太大的问题。或者发展下去还能解决一些过去的不明不白的事，但我也不准备莽撞，请你们放心好了。

孩子们都很好。我现在正是在度暑期的家居生活，读书少，休息多，也跟孩子们玩。他们现在长大了，很好玩，对我是极大的安慰。借用胡适的话，也是"头上几缕白发，心情微近中年"了。

下面是采秀的话。我即此打住。

恭祝

健康

云　七月二十五日

上面这封信写好后搁了很久。因为母亲回来后，采秀已经有过信给你们，不忙发。这八九天中间，母亲身体很好，而且逐渐愈趋健康又跟以前一样了。她精神很好，并且似乎也愉快，那一场眼病，看来算是过去了。恐怕老人家就是精神痛快一些，还能保持相当长期的健康，可是以后不敢再走长路，也不敢让她过于激动了。

我自己在家里已耽了十几天了。工作问题还是未解决。建筑工程部以后不好再要干部，所以挽留，前后谈话已有四次之多。我是坚持要走，因此是相持不下，恐怕还要在家玩一个相当长的时期。我在学校里学经济学还有兴趣，现在在继续做这件事。纵然再有一年，我也是耽得下去的，而且说不定有一年时间，还能写成几篇论文。

六弟的信收到了。既然结论也做了，我还是奉劝六弟不必想离开上海。今年二月以来，各方面都讲究说道理，六弟的事是会适当解决的。在一个地方呆熟了，有许多好处，轻易更换，未必有利。也许六弟以为我对上海有所留恋，所以劝他，其实我不是也在坚持要离开建筑工程部吗？这样问，我自然无话可答，不过无论如何，六弟还是多考虑一下好。

不多说了。

云　八月三日①

这年盛夏，顾准从中央党校毕业，带着一大堆新买的书籍回到家里。汪璧和家人看到顾准的目光中流露出阵阵喜色，都十分高兴。夫妇俩合作做了不少菜肴，庆祝顾准的结业。顾准在烹调方面，特别擅长做苏、沪口味的鲜鱼，无论红烧、清蒸、制羹……肉质鲜嫩，味道香美，颜色悦人，最合汪璧的口味。

顾准回家后，一家人总是欢声笑语不绝，孩子们都爱与他一起共享天伦之乐。汪璧更是给了顾准许多做妻子的温暖。顾准经常为妻子的温柔体贴和善解人意而惬意。可是，顾准新近形成的许多思想，汪璧却似乎不能很好地理解，这可能与汪璧的学养、认识角度有关。汪璧不时流露出淡淡的忧虑和寂寞感，顾准却毫不在意，总是乐呵呵地用种种办法化解她心头的郁烦。顾准在日记中，写有两段充满感情的话语："采秀！采秀！你为什么要感觉寂寞？你不是告诉我马克思怎样引了笃伯格勒的话的吗？"（1955年12月16日）"采秀也是有些忧郁的，自然也引起我的忧郁。我跟她说有些寂寞之感，她说读书了就不寂寞了，这是对的。"（1955年12月13日）由于他们彼此以心灵去靠拢，通过谈心建立默契，夫妻感情倒愈加和谐了。

---

①　原载《华人文化世界》1998年第1期。

· 141 ·

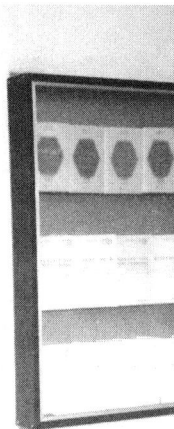

放置在中国社科院经济研究所大楼内的著名经济学家孙冶方的雕像

顾准乘着兴头，和妻子带着小米等几个孩子，去老朋友孙冶方家作了一回客，受到孙冶方和夫人洪克平的热情接待。孙冶方那时担任国家计委统计局副局长，他和顾准就经济工作的诸多重大题目，进行了敞开的、无保留的交流，彼此颇感投机契合。

顾准还去拜望了30年代上海"社联"的老熟人狄超白——中科院经济研究所党总支书记兼常务副所长。顾准十分希望调入该所当一名专职研究员；他觉得，经济研究对中国至关重要（这是中国学术界长期的薄弱环节），也很符合自己的兴趣。狄超白很欢迎顾准加入学术界，爽快地答应帮忙。

于是，顾准向建工部正式提出了调动请求。但是，建工部却不知何故不同意放人，要他回部里的财务部门。顾准百般无奈，便向在"八大"上已当选为政治局委员的陈毅，以及刚担任中央书记处候补书记的胡乔木，分别写去一封词语恳切的求援信，请求他们帮助。两封信寄出不久，顾准就被告知，建工部同意放行。然而，顾准却一直没有弄清楚，是他发出的哪一封信，发挥了如此迅速的作用。

就这样，顾准离开了建工部，来到了中国科学院经济研究所。

9月，顾准正式到中国科学院报到。那时，中国科学院的哲学社会科学部，是国内最高的社科研究机构，经济所便归属于学部。中科院的院长是著名学者郭沫若，新任党组书记兼副院长，就是顾准在救国会时期的老战友张劲夫（1914年生，早在30年代从事地下活动时，与顾准相识，"文革"后曾任国务委员）。他前不久刚从国务院地方工业部副部长到中国科学院走马上任。9月的一天，张劲夫在办公室热情地接待了顾准。张劲夫十分了解顾准的才干，想安排他担任经济所常务副所长（院

顾准生前工作过的单位

里正考虑调党外老学者黄惠龄来经济所当所长，由顾准取代狄超白主持日常工作；据说狄被怀疑有"历史变节"问题）。然而，顾准婉言谢绝了老战友的好意。据《顾准自述》回忆："他（按：指张劲夫）说，所以让我当副所长，是因为他想争取黄惠龄来当所长，但成否还未可知。他明确表示，所以考虑这样安排，是因为狄超白（按：1910—1977，当代经济学家，时任经济所所长）不称职（他的原意是狄没有经历过解放区工作的锻炼）：我再三推辞，内心里的推辞理由有三：（一）我自己当时处于'思想危机'中，我不愿把工作弄坏；（二）我怀着一大堆问题，急于'探索'，所以，到经济所是来当'和尚'的；（三）我还认为，我以前搞过实际经济工作，可是我的经济学学习却仅仅开始。……因为我推辞得坚决，他也同意了，就这样第一次进入经济所。"[1]

---

[1]　《顾准自述》手稿，第286—287页。

　　虽然张劲夫再三劝说，但见顾准坚持不肯担任领导，便尊重他的意愿，让他潜心进行学术研究。

　　张劲夫嘱咐后勤部门，在中关村新建的专家楼（又称高干公寓），为顾准配了一套高标准住宅。专家楼居住着中科院的著名科学家与所长级领导干部。顾准和两弹专家钱学森等为邻，住着一套有五六间房间的单元住宅。专家楼虽然没有上海的花园洋房气派，但也舒适优雅，特别是那间向阳的书房，顾准感到特别满意。当陈敏之从上海来北京探望时，顾准欣喜地告诉六弟，他对自己能静静地坐在书斋里研究学术，并有一个相对安定的外部环境，感到非常高兴。

　　经济所的领导狄超白对顾准的研究寄予很高期望，帮他完善了各种研究条件，并配备了一间专用办公室。起初，所里的专家都以好奇的目光看待自愿下台的顾准，与他就学术问题接触了几回，便说，此人虽然不是科班出身，但是智慧超群，学识渊博，特别是具有独到的观察分析能力，到整个学部比上一圈，堪称佼佼者，从此对他刮目相看。而顾准淡泊真诚的知识分子本色，刚正不阿的人品，更受到大家的普遍敬重。平日里一些年轻的研究人员，都爱去向顾准请教，听他聊天……

　　顾准的老战友林里夫此时也在经济所。他虽然恢复了党籍，却仍然背负着"政历问题"的沉重包袱，只能担任所刊《经济研究》的副主编和政治经济学研究组组长。他孩子多，工资不够用，便又到北京大学兼了专授《资本论》的教授。林里夫以极大的热忱欢迎顾准的到来，顾准对与老战友从此共事一处，也感到由衷的高兴。林里夫把自己用的一套英文版《资本论》，作为重逢之礼赠送给顾准，希望他研究有成。顾准十分喜欢这部可以发现中文版大量误译的英文版《资本论》。

　　在经济所，顾准听林里夫详述了1945年下半年从延安"保安处"勉强获释，又去东北等处兜了一大圈的坎坷经历。顾准对林里夫至今还被康生恶狠狠地视为"内奸嫌疑"，既惊讶又愤慨，对老友的不幸深表同情。他也向林里夫直言不讳地坦陈了自己近年间遭遇的冤屈与挫折，彼此颇有惺惺相惜之感。他们互相勉励，要以国家的大局为重，不计较个人得失，力争在学术研究上做出贡献……

顾准一开始在经济所只呆了不到两个月。起初他只做研究工作，而未担任任何行政职务。

这时，顾准闭门读书，并开始写作《试论我国社会主义制度下商品生产和价值规律》（以下简称《试论》）一文。到后期，顾准在狄超白的执意请求下，担任了财政研究组组长。未几，奉调任中国科学院综合考察委员会副主任。对此，称"顾准是我的老师和挚友"的吴敬琏（1930年生，著名经济学家）后来回忆道："顾准1956年和1962年两次进经济研究所。……顾准第一次来所，是在建筑工程部洛阳工程局和部财务司担任了几年行政领导工作以后，想退出实际工作，冷静地思考一些问题，就趁当时'充实文教战线'的机会，调到经济所做研究工作。初来的时候，担任我所在的财政组的组长，所以是我的直接领导。但他并不管组里的行政事务，从早到晚都钻在经济所图书馆的书库里读书。他留下的经济学文章是在那个时期写的（按：1962年顾准重返经济所也进行了不少会计、经济著述）。当时，他已经意识到计划经济体制全面建立以后有什么事情不对劲了，因此在《试论社会主义制度下的商品生产和价值规律》这篇论文里，提出了社会主义的生产也可以由市场规律自发调节的观点。他的这种观点在当时的中国经济学界是非常超前的。在粉碎'四人帮'以前，虽然曾经有一批经济学家提出过全民所有制经济内部各企业之间交换的产品也是商品（南冰、索真），或者社会主义经济是商品经济（卓炯）等突破性的观点，但是没有一个人达到了顾准那样的水平。甚至像孙冶方这样杰出的经济学家，虽然提出了'千规律、万规律，价值规律第一条'的口号。但他还是再三说明，自己所讲的'价值规律'是'第二号价值规律'，而不是听任价格自发涨落的市场经济。只有顾准鲜明地提出让价格的自发涨落，即真正的市场规律来调节生产。所以，顾准是中国经济学界提出在社会主义条件下实行市场经济的第一人。我当时研究的课题是企业改革。我的思想还停留在'利用价值规律''加强经济核算'的水平，所以，可以说对顾准的思想是完全不理解的。"[1]吴敬琏还回忆了一件与顾准有关的事情：

---

① 吴敬琏：《改革：我们正在过大关》，三联书店2004年3月版，第307—308页。

就在这期间，经济所里爆发了一场青年人和党支部领导之间关于"向科学进军"问题的争论。同时，当时经济所的一位领导人被怀疑有什么"历史变节问题"。于是，上面考虑更换经济所的领导，有意让顾准当副所长或代理所长。但是，当时将被取代的一位领导成员，恰好是顾准参加革命的直接领导。顾准觉得由他来取代老领导，不符合中国人做人的准则，便要求调离经济所。中国科学院领导上同意了顾准的要求，把他调到科学院所属综合考察委员会任副主任，主任则是由科学院副院长竺可桢兼任的。

吴敬琏上面谈到的经济所的争论以及顾准的去留问题，与笔者手头现有其他资料，在细节上可能有些出入。我想在这里一并披露于此。下面便是顾准自己所言：

经济所的争论我也听到过一些传闻，乌家培同志有一次到我房间里概略谈过所争论的问题的内容，我不想介入这一争论，没有表示态度。由于我自己在青年时代写过几本会计书，我内心是同情青年同志在研究工作上有所作为的要求的。由于我的"怕教授"的思想，我内心里也是同情设置学位学衔的。……

在经济所不到两个月时间中，曾参加过一两次所里召开的，有所外经济学家参加的座谈会。关于"双百政策"发表过意见。和巫宝三（按：1905—1999年，中国社会科学院经济研究所研究员，博士生导师，当时任经济所副所长）两人一起到机场去迎接两位罗马尼亚经济学家，在狄超白主持的接待他们的座谈会上询问了罗马尼亚经济生活中的几个问题，对于罗马尼亚模仿苏联，厚待工人远远超过农民的做法，表示出明显的惊讶态度，狄超白当时似乎因我这种态度感觉不安。

张劲夫要我到综合考察委员会，我是勉强同意的，因为觉得拒绝了一次工作，再拒绝就说不过去了。张劲夫的秘书在电话中传达张劲夫的意见时，曾说"综考会"相当于"学部"一级组织，似乎我几次拒绝当副所长是嫌地位低了，这当然是误会。1957年6月前在综考会工作时期，我再三要求兼任经济所研究员，张劲夫、郁文

（按：时任中科院副秘书长）也勉强满足了这一要求。[①]

事实确如顾准所说，早在顾准进经济所之前，1956年1月，中共中央召开了知识分子问题会议，号召全国人民"向现代科学进军"。同时后来召开的中共八大提出"双百方针"和要求"扩大民主"，从而迎来了知识分子的"早春天气"。所有这些，给顾准以及经济所的许多学者以很大信心。

顾准任经济所研究员后，一心想钻研经济理论，继续在党校已经开始的探索。他看到吴敬琏、乌家培和经济所其他青年知识分子，精神振奋，跃跃欲试，要为经济科学的发展和中华民族的振兴大干一场，内心是十分同情的。

可是，真正的春天的到来还欠火候，只使人们感到带有乍暖还寒的气息。开始是经济所青年研究人员"向科学进军"的行动受到压制。该所团支部拟定的"争取达到副博士水平"的规划，被经济所的一些负责人认为属于"资产阶级方向"而受到批判。吴敬琏作为党支部负责领导群众组织的干事，则被看作团支部负责人乌家培、梁文森的后台而受到打击。

吴敬琏先生（右）接受罗银胜采访时的合影（摄于2005年）

---

① 《顾准自述》手稿，第275页。

对于这些情况，顾准当时在思想上对吴敬琏、乌家培等人是视为同道的，只是在公开场合"没有用言辞来表达"①。然而，这并不意味着顾准明哲保身，可能他对不正常的党内斗争有些厌倦罢了。

二

"中国经济学界提出在社会主义条件下实行市场经济的第一人"，用这句话用来评价顾准，应该是恰如其分的。

顾准的《试论社会主义制度下的商品经济和价值规律》（以下简称《试论》）这篇文章，虽然发表于1957年《经济研究》第三期（当时该杂志为双月刊）。但早在1956年在中央高级党校和经济研究所，顾准就已经对社会主义条件下的商品货币关系和价值问题进行了研究。

触动顾准研究这一问题，是他受毛泽东《论十大关系》的启发以及对"斯大林模式"的深刻反思。

《论十大关系》是毛泽东1956年5月25日在中共中央政治局扩大会议上的讲话。这篇讲话，以苏联的经验为鉴戒，总结了我国的经验，提出了调动一切积极因素为社会主义建设道路进行初步的探索。他指出，十种关系，即十种矛盾。我们一定要努力把党内党外、国内国外的一切积极因素，直接的、间接的积极因素，全部调动起来，把我国建设成为一个强大的社会主义国家。这篇讲话在党内引起了很大反响。

所谓"斯大林模式"即苏联式的社会主义模式，它于20世纪20年代形成，最终确立于三四十年代。它的主要特征与弊端有以下几个方面：高度集权的以党代政领导体制；自上而下的干部委派制与终身制；以人治代法治、有法不依，长官意志盛行，民主制度遭到破坏；缺乏有效的人民监督体制；所有制形式过于整齐划一；部门管理体制过于集中；片面强调指令性计划经

---

① 《顾准自述》手稿，第287页。

济，排斥市场机制；以行政手段为主管理经济，政治斗争时常干扰经济生活；经济片面发展，国民经济的比例长期失调[①]。当然这一体制的形成，受到各种主客观因素的影响和制约，是历史的产物。对这些问题，当时包括苏联在内的许多社会主义国家都在逐步认识与着手调整。

毛泽东作了《论十大关系》后，在顾准看来："以当时我的思想状况而论，当我听到伟大领袖毛主席的声音时，我还是十分欢欣鼓舞的。"他接着回忆："1956年夏季学期将要结束时，主席作了《论十大关系》的报告，我不记得学校当局是否正式传达了，我只记得从同学那里抄了报告全文，并且再三学习了这一报告。就我记忆所及，主席在这一报告中指出了苏联农业的停滞，指出截至1954—1955年苏联粮食总产量甚至低于沙俄时代，指出我国在工农产品比价政策上不同于苏联之处，并就农轻重的关系作了辉煌的阐释。在学习主席这一报告之前，我在学习政治经济学的社会主义部分时曾多少涉猎过苏联农产品交售制度，农业劳动者报酬水平，拖拉机站和集体农庄的关系等的具体情况，两两对比，对于主席在报告中所作指示，深深感到其英明伟大。学校当局曾经宣传过，学习结束时，每个学员要交一篇学习心得，我就以《学习毛主席论十大关系报告的体会》为题，写了一两万字。"[②]顾准的这篇体会文章，阐述了国家在农产品收购中贯彻等价交换政策的必要性，探讨农产品收购中流入农村的购买力，怎样形成工业品的最大市场，以及它对工业发展的推动作用，由此来阐述毛泽东关于多发展一些轻工业，整个工业发展速度不会放慢，只会更快的意见。对于中国现行计划经济体制的反思，结合毛泽东的《论十大关系》，顾准在学习体会中，明确抨击计划经济体制，主张要以市场价格的涨落来调整生产和流通。他在文章中已表露出应把等价交换看做遵循价值规律这一客观办事的倾向，后来在写作《试论》时得以深化。

学员讨论会上，顾准的发言被一位厅局级干部直接打断：你不要再读下去了吧。

---

① 参见李忠杰等：《社会主义改革史》，春秋出版社1998年2月版，第90—99页。

② 《顾准自述》手稿，第284页。

《试论》的写作酝酿于前，动手则开始于1956年9月第一次来经济研究所前后，中间数易其稿。顾准说过：

> 写作《试论》的主观动机有二：第一是想把《体会》的主旨即价值规律的作用扩大到整个经济生活，而不局限于农产品收购；第二，反对×××（当时国家计委的副主任兼"金融物价局长"）当时倡导，不久还见于实行的生产资料降价措施。×××在当时的报刊上发表了不少文章，在我看来，他在理论上和实践上都不正确地站在阐释斯大林《苏联社会主义经济问题》一书的立场上，主席在《论十大关系》中的一系列指示，他都不甚理解，他的生产资料降价政策，在我国重工业产品还十分不足，应该大力提倡节用重工业所生产的原材料、增大设备使用率的时候，是违背"价值规律"的，也是不合时宜的。《试论》的写作前后经历约一年，直到综合考查委员会工作的后期才定稿，每一次改稿都扩大了论题的范围，更强调价值规律的作用。[①]

实际上，《试论》非但如此，在社会主义经济理论学界，首次积极倡导"市场经济"，更是对经典著作的某些突破。

顾准为了写好这篇《试论》，曾与密友孙冶方多次交谈，几十年过去了，演绎了一出"学林佳话"。

顾准与孙冶方的友谊开始于20世纪30年代，时值抗日战争爆发后的上海"孤岛"时期，他们担任了中共江苏省委文化工作委员会的负责人，领导新闻、出版、戏剧、文学等工作，并兼管一部分上层统战工作。他们并肩战斗，热情高涨，成为肝胆相照的战友。

20世纪40年代上半期，孙冶方、顾准虽然先后参加新四军，但所在根据地区域不同，没有机会见面。直到1945年11月顾准从延安中央党校学习结束，回到中共中央华中分局所在地淮安以后，才有机会与一直留在苏皖边区

---

① 《顾准自述》手稿，第284页。

的孙冶方共事。不久，两人又分手了。

回到华东解放区后，顾准同志任财委委员。这时财委中还有不少是顾准熟悉的同志，其中就有原来一起从事上海地下工作的孙冶方、徐雪寒等人，孙冶方还兼任苏皖边区政府货物管理局副局长。他们一见如故，热情相待，工作上互相支持，非常协调。

上海解放后，顾准转任上海人民政府党组成员、上海市财政局局长兼税务局局长、华东军政委员会财政部副部长（兼）、上海市财经委员会副主任（兼）等职。由于当时百废待兴，他们承担工作又相当繁重，一位忙于力争使上海财税工作做到支援全国解放（尔后是支援抗美援朝）和争取我国财政经济状况的根本好转；一位则积极组织领导华东的工业建设工作和高等财经教育的管理工作，几乎都是马不停蹄。但只要碰到一起，他们两位就似乎有说不完的话，对各自的工作充满了憧憬，又互相给予鼓励，会面是愉快的，气氛是热烈的。

1952年，顾准在"三反"运动中被错误撤职，1953年调至北京。孙冶方也于1954年离开上海，升任中央统计局副局长。

1956年上半年，就在顾准在中央党校学习期间，他认真通读了《资本论》，这时他与孙冶方过从甚密。有一天，顾准向孙冶方指出了马克思在《资本论》第二卷第七篇的下述一段引文："在资本主义生产方式废止以后，但社会化的生产维持下去，价值规律就仍然在这个意义上有支配作用；劳动时间的调节和社会劳动在不同各类生产间的分配，最后和这各种事项有关的簿记，会比以前任何时候变得更重要。"孙冶方和顾准通过见面和电话交谈，相互启发，碰撞出可贵的思想火花，先后发表了著名的《把计划和统计放在价值规律的基础上》和《试论》两篇文章。

因此可见，顾准对商品经济和价值规律的思索，先于孙冶方，因而被人推崇为"中国经济学界提出社会主义条件下实行市场经济的第一人"。赵人伟（经济学家，曾任中国社科院经济研究所所长）日后称，"在被称为第一个改革浪潮的1956年，我国经济学界出现了两篇最有代表性的经济理论文章，一篇是孙冶方（已故经济学家）的《把计划和统计放在价值规律的基础上》，另一篇是上面已提到的顾准的文章。众所周知，孙冶方撰写这篇文时，曾经得到过顾准的启发。可见，在这个改革浪潮中，顾准毫无疑问是站在中国经济学界的前沿的。"①

但是，事情并未到此结束。顾准与孙冶方的学林佳话，因顾准不幸于1974年12月早逝，这一主角，只能由劫后幸存的孙冶方"担纲主演"。

1982年9月，孙冶方抱病参加了中共十二大，并当选为中央顾问委员会委员。11月19日，《人民日报》发表了他在病床上写的最后一篇文章：《二十年翻两番不仅有政治保证而且有技术保证，兼论"基数大，速度低"不是规律》，受到了党中央和国务院的高度重视。1983年2月22日，孙冶方溘然长逝，死后备享哀荣。

孙冶方临终前在交代后事时，一再叮嘱他的两位学生，也是著名经济学家的吴敬琏和张卓元同志，让他们将来替他整理出版文集时，一定要把刊登在1956年第六期《经济研究》上的《把计划和统计放在价值规律的基础上》一文中的后记原文附上，不能遗漏。原来，他在后记中写了四段话，其中第二段是这样写的："还在今年初夏，吴绛枫（即顾准的笔名）同志就提出价值规律在社会主义经济中的作用问题，来同我研究，并且把马克思在《资本论》第二卷的那一段关于价值决定的引证指证给我看。我在那时虽然感觉到那是一个很重要的理论问题，可是因为即将出国去苏联考察统计工作而未能对这问题作深入学习。此外，那时在自己认识中，也没有意识到这一个理论性问题对统计工作有如此直接的联系。"

得知孙冶方临终嘱咐的这件事情，张劲夫同志曾以《关于顾准的一件重要史实》②为题发表文章。他深有感触地说："这一史实，说明两个问题：一是顾准曾向冶方提出过他的看法，这在50年代能提出这样重要的看法是很难得的；二是冶方对后来印文集（指《社会主义经济问题的若干理论问题》及其续集——引者注）时未附上这一后记感到有欠缺，在临终前当面叮嘱他的两位学生，尔后再整理出版文集时一定要补印上这一后记。冶方的严肃科学态度，在这样一件事上，也反映出他的高尚风格，是令人敬佩的。""价值

---

① 赵人伟：《从一些片断看顾准的学术生涯和感情世界》，见罗银胜编《顾准再思录》，福建教育出版社2010年10月版，第28页。

② 见1993年7月9日《文汇报》。

规律"在今天听来，是一个连中学生也耳熟能详的名词。然而在20世纪50年代这样受传统思想禁锢的时候，却有人敢为人先、勇于探索、冲破束缚，真正认识并已重视价值规律，的确是一桩惊世骇俗的事情，非常了不起，很伟大！

可是，这在当时理所当然会被视为"洪水猛兽"，无怪乎受到各方面的无情批判与指摘。这也就是后来被邓小平同志所说的"异端"，小平同志1984年在一次讲话中，针对中共中央制定的关于经济体制改革决定说过这样一段话："过去我们不可能写出这样的文章，没有前几年的实践不可能写出这样的文章。写出来，也很不容易通过，会被看作'异端'。"[1]而顾准、孙冶方当时提出在社会主义条件下重视价值规律、实行商品经济，实在具有"超前"意识。[2]

顾准完成这篇重要论文时，已经被调往中科院资源考察委员会担任领导工作。他在装订成册的完成稿上，端端正正署上笔名"吴绛枫"，郑重地交给林里夫，希望仍旧能在所刊《经济研究》上发表。

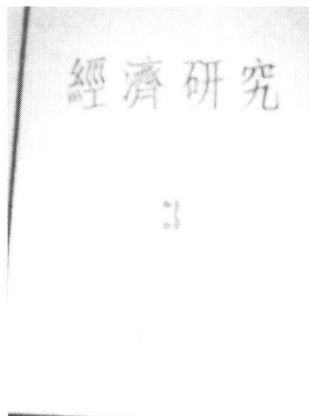

顾准倡导"市场经济"的《试论社会主义制度下的商品生产
和价值规律》发表在《经济研究》1957年第3期上

当时《经济研究》的负责人林里夫在回忆这件事时说，"我收下了顾准

①　邓小平：《在中央顾问委员会第三次全体会议上的讲话》，载《邓小平文选》第三卷，人民出版社1993年10月版，第91页。

②　详见罗银胜：《孙冶方与顾准的友情》，《纵横》2008年第10期。

这篇论文。不料稿子刚在所里传阅，就有人断然宣称此文宣传修正主义，绝对不能同意这一错误的观点。所里对如何处理顾准的文章颇费脑筋，是公开发表，还是封杀，或者内部批判？一时莫衷一是。我支持发表，并为顾准作了辩护。我说：现在，别的经济成分，集体、个体，都在搞经济核算，国营经济当然也应该搞经济核算，价值规律不可取消，价格涨落调节生产的问题也可以讨论。公开发表此文，对我国的经济工作有参考作用。兼任《经济研究》主编的狄超白，也认为讨论有利于改进工作，应该允许学术争鸣。他也支持公开发表此文。于是，由我出面，在编辑部签发了这篇还没有发表就引起很大争论的文章，全文刊载于《经济研究》1957年第3期上。"

《经济研究》第3期出版后，顾准新鲜而尖锐的观点，顿时引起经济学界人士的普遍关注，颇得振聋发聩之效。有些专家认为，应该对此文进行学术讨论，借此对经济理论做一次清理。可是，"反右"运动已经兴起，政治风云变幻莫测。对这篇与现行经济体制大唱反调的文章，没有领导敢说它是社会主义理论。数月之后，顾准即由于一系列"右派"言行，包括这一观点，被打成"反党右派"。一篇闪耀着真理光芒的奇文，与中国经济擦肩而过，无声无息地湮没在政治风暴卷起的尘土里。中国社会在此后数十年间，失去了对顾准的观点再一次介绍的任何可能。正如王元化所说：湮没了顾准的名字，只是他个人的遗憾。湮没了这一重要而精辟的改革思想，却是中国经济无可弥补的大损失！

三

顾准写作的《试论》得以重见天日，是在"文革"结束以后，重读这篇文章，仍然能够让人感受到其理论的闪光和逻辑的力量。

顾准在写作《试论》时，面临着两对矛盾必须克服。一对是马克思主义的经典理论原则与我国现实经济生活的实践之间的矛盾，一对是提出新的理论观点与现实政治生活的矛盾，这两对矛盾又常常交织在一起。如果当年我们的现实政治生活也能像现在一样严肃地认真地自由讨论，那么中国学术界幸矣，顾准及其顾准们都克服了后一对矛盾，才能顺利地解决前一对矛盾所提出的问题。

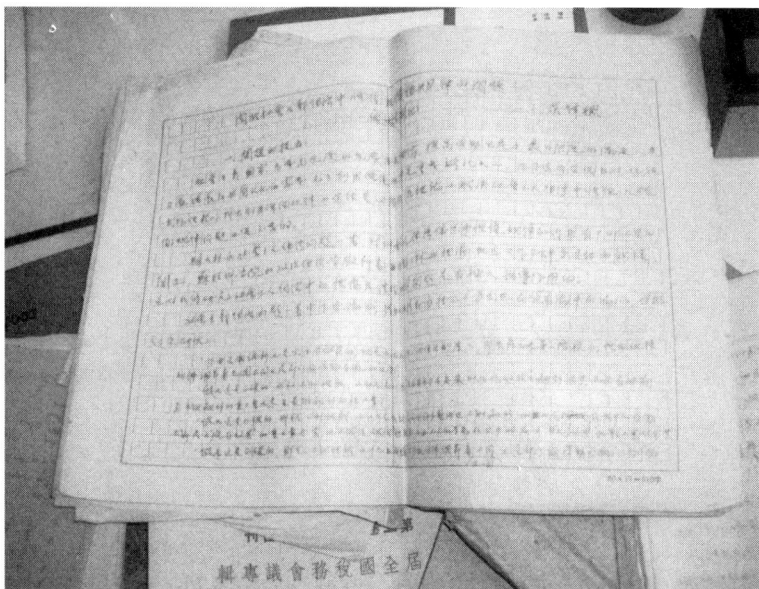

收入《顾准文集》中的《关于社会主义经济中价值及价值规律的问题》手稿

顾准在这篇文章中指出："目前社会主义之所以存在着商品生产，应该肯定，其原因是经济核算制度的存在，不是两种所有制并存的结果。"[①]得出这一结论后，顾准不得不花大量篇幅加以阐述。

首先，为了达到上述结论，必须突破若干经典的理论原则和流行的论点，其中最主要是马克思、恩格斯关于社会主义公有制下面不存在商品生产的理论原则和只有在社会主义两种所有制之间的交换，或者只有所有权作真正的转移时，才是商品生产的论点。骆耕漠撰写的《论社会主义商品生产的必要性和它的"消亡"过程》[②]一文认为，"只要实行按劳计酬与经济核算，

① 《建国以来社会主义商品生产和价值规律论文选》上册，上海人民出版社1979年2月版，第36页。

② 原载《经济研究》1956年第5期。

就必须利用货币来分配消费品，产品就必须计价，那就是商品生产与货币经济"。但是他又说："商品生产有建立在私有制基础之上的，也有建立在公有制基础之上的，但是他们必须将产品作真正的交换买卖，即将他们的所有权的转移，构成公有制下的商品生产的论点，也是斯大林《苏联社会主义经济问题》一书所持的观点。"上面所引述的骆耕漠的论点，顾准对前半部分持肯定态度，实际上是借骆氏之口阐明自己的观点，对后半部分，顾准则持否定态度。他明确地提出：

> 所有权概念是一个法律概念，法律关系只能是社会经济关系的反映，它本身不是什么经济关系（原注参阅马克思：《资本论》第1卷，人民出版社1953年版，第69—70页）。社会主义法制承认个人是他所获得的劳动报酬的所有权者，是按劳计酬这种经济关系的反映，承认集体农庄是它的生产资料和产品的所有权者，又是一种经济关系——劳动人民集体所有制的反映，两者就不属同一性。即就个人消费品而言，劳动者用货币工资购买消费品，在资本主义制度下，是劳动力再生产的一个过程；在社会主义制度下，是实现他们所应领受的社会生产品份额的办法，两者也根本不属同一性质。所以，引用法律关系来解释经济关系，是未必妥当的。①

顾准在这里所强调的无非是提醒人们，对交换所应注意和研究的，不应当把注意力放在某种产品的所有权从谁手里转移到另一个谁手里，而应当注意交换双方是根据什么原则，采用什么手段，在什么条件下进行交换，也就是应当把注意力放在经济关系上。

顾准也不同意当时流行的占统治地位的社会主义"两种所有制之间的交换是商品交换"，并由此推出"社会主义生产是商品生产"的观点和结论。

顾准对有些著作认为社会主义社会的价值，是被两种所有制之间的交换引起的；说什么作为商品的产品具有价值，不作为商品的产品就没有价值，

---

① 原载《经济研究》1956年第5期，第30—31页。

或只具有价值形式；这种在理论上逻辑上都不能自圆其说的观点，表示了自己不能同意，并且在《试论》一文中不无感慨地说：

> 马克思、恩格斯没有在他们的著作中提出过社会主义实行经济核算的必要，没有提到过产品的个别价值与社会价值之间的矛盾，因而指明社会主义产品将不转化为价值，这是不足为奇的。我们不能要求马克思主义的奠基人，把社会主义的一切问题都给我们解决得那么妥善，只要我们去引证现成的结论就行了。重要的是分析我们所生存于其中的社会主义的具体经济关系。[①]

顾准的上述观点，符合马克思主义的基本原则，一切严肃、认真的学者，应该同意顾准的观点，否则马克思主义就不可能发展。——"马克思主义是科学，它始终严格地以客观事实为根据。而实际生活总是在不停地变动中，这种变动的剧烈和深刻，近100多年来达到了前人难以想象的程度。因此，马克思主义必定随着时代、实践和科学的发展而发展，不可能一成不变。"——江泽民如是说。[②]

关于价值规律，顾准在《试论》一文中也有精辟的分析。顾准首先引证了马克思在《资本论》对价值规律的定义。然后强调："社会主义经济所以必须实行经济核算，从理论和历史经验上说，都只是因为价值规律制约着经济计划，经济计划必须运用价值规律，如果不是由经济核算来补充经济计划，计划经济运用价值规律有无法克服的困难。"[③]在当时的环境下，顾准只能这样说：

> ……经济核算制在二个方面帮助计划经济运用价值规律：

---

① 《建国以来社会主义商品生产和价值规律论文选》上册，上海人民出版社1979年2月版，第50页。

② 中共十五大政治报告，人民出版社1997年9月版，第14页。

③ 《建国以来社会主义商品生产和价值规律论文选》上册，上海人民出版社1979年2月版，第58—59页。

（一）经济核算制提供的，关于成本、价格、利润等资料，经济计划据以调节生产，使社会生产的经济效果是最大的；同时也帮助经济计划规定正确的国民收入分配方案，规定各生产企业与生产部同类间产品转移的合理价格。

（二）经济计划规定一个合理的限度（这个限度因各国社会经济发展水平的不同而有所差别），在此限度内，任令经济核算制发挥对生产、分配及产品转移的自动调节作用。所谓"自动"，就是不必事事规定在经济计划内，事事由经济领导机关决定，而是由生产企业之间，或生产企业与劳动者消费者之间，经过价格结构与工资率以外的劳动者报酬补充规定，自动进行产品的转移或劳动报酬的分配。

以上两种作用，都是价值规律的作用。不过在前一种作用中，计划经济借经济核算之助提供资料，使计划本身得以正确运用价值规律。这是价值规律通过计划起作用。后一种是价值规律在经济计划规定限度之内，而又是在计划本身之外，调节生产与流通。而只要经济核算制度不发展到否定计划的程度，以上两种作用，不妨归总起来，都称为价值规律通过经济计划调节全部经济生活。资本主义则是令价值规律作为自发的规律，通过竞争，自发地调节全部生产。这就是社会主义与资本主义的基本区别所在。[①]

从上述文字中，我们不难看出，顾准主张通过经济核算的手段来达到最大的经济效果。这与他的好友孙冶方提出的以最小的劳动消耗达到最大的经济效果，是不谋而合的，而这也是马克思价格决定的真谛所在。同时，我们又可以明显地感觉到顾准主张指导性计划与充分利用市场机制相结合的经济思想。只不过，所用的语言是适合那时的政治环境并且用更委婉的形式罢了。

[①] 《建国以来社会主义商品生产和价值规律论文选》上册，上海人民出版社1979年2月版，第59页。

顾准先生的藏书

　　今天，重读《试论》，我们应该感激像顾准那样一批经济学家，凭着马克思主义的科学良心和信念，敢于摆脱外来的和自己思想中的羁绊和束缚，冲破教条主义的框框，勇于进行探索。他们披荆斩棘，筚路蓝缕，是十分难能可贵的。

第七章 不寻常的"风土考"

加强信箱核转，严格印
收，积累回家建设资金，
会计工作负责认在
这方面充分发挥自己的
作用。

张毕
一五〇年
青十日

一

1956年11月左右，中国科学院副院长兼党组书记张劲夫，找顾准谈了一次话，宣布让他到中科院综合考察委员会任副主任。这下，顾准的工作范围又从社会科学跨及自然科学。

以党的"八大"为标志，1956年在共和国的历史上有着非凡的地位。从科学史的角度说，简直可以把1956年称为"科学年"。这一年的1月，中共中央召开知识分子问题工作会议，周恩来在报告中提出"向现代科学进军"；3月，集中各方面精英人物着手编制科学发展远景规划（十二年规划）；5月，毛泽东在最高国务会议上提出"百花齐放，百家争鸣"……

在1956年8月已基本完成编制十二年科学发展远景规划纲要（草案）。纲要中提出57项重要科技任务，其中的第一项（中国自然区划和经济区划），第三项（西藏高原和康滇横断山区的综合考察及其开发方案的研究），第四项（新疆、青海、甘肃、内蒙古地区的综合考察及其开发方案的研究），第五项（我国热带地区特种生物资源的综合研究和开发），第六项（我国重要河流水利资源的综合考察和综合利用的研究），具体落实下来，都是要由中国科学院综合考察委员会来组织协调，有些任务已显燃眉之急。

中国科学院于1956年1月1日成立了以竺可桢为主任的"综合考察工作委员会"，后于1957年6月正式成立"综合考察委员会"。当时院部在北海公园西边的文津街3号，综考会的办公机构就设在院部大楼内。在院机关中，综考会与刚刚成立半年的各个"学部"是平起平坐的局级单位，竺可桢以副院长兼综考会主任一职，但他是党外科学家，照常规，还必须要有一位党员高干来操持党政要务。

竺可桢已非当年的浙江大学校长，他没有用人之权。据《竺可桢日记》1956年10月8日："上午九点至院，约石湘君谈综合考察事，知院调何康来院,何本人不同意,愿在农垦部管理热带作物。"①由此可知,院中欲调何康来做副主任,竺可桢并不知情,是综考会办公室一位基层党员干部透露给他的。何康原是农业部热带作物司司长("文革"后曾任农业部部长),当时在农垦部工作。何康不愿意来,张劲夫决心再动员自己在抗战前夕救国会时期的老战友顾准来充任此职。

顾准的名字,第一次出现在竺可桢日记中,便是在1956年11月12日:"午后至院,和席泽宗谈,又和张〔劲夫〕副院长谈,为综合考察委员会事。据[云]顾准同志已到院,十四日可来办公,明日可以会见云。"

顾准正式就职时,在兴起不久的中关村科学城中,已盖好了三幢特级楼(13—15号楼),那里住着钱三强、钱学森、赵九章等一批顶尖的中国科学家。顾准的家,由此搬进了中关村的13号楼中。顾准的名字,也由此以极高的频率出现在竺可桢的日记中。最常出现的句子是"与顾主任谈综合考察委员会事",这多是指平日工作的常规碰头。

查竺可桢的日记所记,初期工作除了眼前必须处理的急务外,还有1957年的年度考察计划,更长远的是如何安排全面落实十二年规划中的各项任务。这里将有关日记内容列举几条:

1956年12月11日　星期二

晨九点至院。约水利部冯仲云及赵锋、顾主任谈黑龙江流域资源研究会事,决定于明年一月八日起开会,谈了议事日程以及存在问题。关于额尔古纳河探勘事,电力部要的是水文地质人才以及沿江的测量。此事交由顾主任去和地质部测量局谈,计有水库区域、矿藏、淹没损失、地质工程、坝址打钻、长白山新的地质队,哈尔滨设计院所提问题和地质填图。测绘局有库区航测、松辽运河航测、沿国境25公里磁测问题。李〔富春〕副总理最好能请其到会指示方针,因现在分工并不明确云。

---

① 本书引用的《竺可桢日记》,参见樊洪业《竺可桢日记里的顾准》,2004年12月2日《南方周末》。

1957年1月10日　星期四

晨六点起，上午未出，二点至院和朱济藩及顾准谈至三点。至军委会俱乐部，聂荣臻副总理听取黑龙江流域综合研究委员会报告。见到地质部宋应，水利部冯仲云，电力部王力和田忠院长，计委杨英杰，科学院张副院长、朱济藩、顾准及规划委员会武［衡］副秘书长、范长江同志。

1957年1月17日　星期四

下午二点半至院和顾准谈科学院规划中1、3、4、5、6项组织领导小组事，计委允出来参加，但一切要科学院负责，因此仍有许多困难。内定由杨英杰副主任为领导小组主席，顾要我也在小组内，我不允，因我在内，杨必推我主持，以院出面不便领导，所以不如由顾担任。

1957年1月18日　星期五

晨七点廿分起，八点半至院和顾准同志及武衡副秘书长谈如何完成科学规划第一小组任务：1.自然区划；2.西藏考察；3.新疆；4.华南；5.大流域；五个任务。先成立小组，以农业部（杨显东、张林池）、水利部、林业部、计委、高教部，及侯德封、黄秉维、李连捷和顾准等十人。领导小组以计委为主任。暂定廿四日开会讨论如何规定1957年计划。

上述表明，顾准此时多与部委级领导干部商议国家科学规划的大事，可见其承担任务的担子之重和参与领导的"层次"之高。

当时综合考察委员会（简称"综考会"，下同）主要负责自然资源的考察工作。主任竺可桢（1890—1974年）是我国著名的教育家，气象、地理学家、现代气象事业的创始人。他是浙江绍兴人，另名烈祖，字藕舫。1918年获美国哈佛大学气象学博士学位。回国后任中央研究院气象研究所所长、浙江大学校长等职。建国后除在科学院任职外，还担任中华全国科学技术协会副主席、全国人大常务委员。1962年6月加入中国共产党。与顾准共事时,他是以党外著名科学家的身份出现的。

竺可桢一生傲骨铮铮,不媚俗,不媚外,不媚权贵,这一性格与顾准颇为相似,故在综考会工作期间,两人亲密合作,配合默契,堪称党内外人士合作公事的典范。

竺可桢虽然曾出身"哈佛",是服膺"自由主义""民主主义"以及"科学救国"的科学家,大名鼎鼎的他,除了开拓气象学、地理学、科学史、自然资源综合考察等领域的科学成就、教育思想、人格伟岸之外,还有主政浙江大学期间,"文军长征"弦歌不辍以及"东南民主堡垒"的美称,曾有"费巩案""于子三案"的大风暴,从而使竺可桢赢得了"民主保姆"的佳誉。建国后,他并不止步于旧时代,而是学俄语、学马列毛,是一位当之无愧的新中国科学泰斗。

顾准在工作上对竺可桢是非常尊重的,并没有表现出某些党员傲视一切的流俗。作为前辈科学家,在紧张的院务工作之余,竺可桢想方设法挤出时间坚持科学研究,并亲自率队到野外直接进行自然考察,对这一点,顾准印象很深,并引为榜样。

综考会的设置,是应有关方面的要求,接受具体的考察任务。如顾准来到之前,已进行了黄河流域的水利、陕晋两省水土流失情况等方面的考察,提出了报告和具体意见。

参加综考会各项考察工作的科学工作者,由综考会和科学院各所及各高校联系,邀请他们的有关研究人员和教师参加。按照这个原则,它自己是没有直属研究机构的,唯一的例外是直属于它的有一个"土壤考察队",任务是进行华北各省的土壤测量,队长名叫熊毅,1960年以后合并到中国科学院南京土壤研究所去了。

顾准在综考会的工作时间约一年左右,除了领导"土壤队"之外,负责"进行工作中的考察队"还有不少,据他自述有如下几个:

甲、黄河中游水土保持考察队,队长由土壤研究所所长马溶之兼任,行政副队长为陈道明,任务是配合三门峡建筑水库,考察研究黄河中游严重水土流失的解决方案。

乙、新疆考察队，任务是配合新疆生产建设兵团的垦殖任务，考察新疆的农牧资源，并研究解决灌溉农田土壤的次生盐碱化的办法。队长李连捷，北京农大教授，行政副队长陈某，新疆干部，考察队基地设在乌鲁木齐。

丙、热带植物资源考察队，任务是配合华南垦殖，考察闽、粤、桂、川、黔、滇诸省的热带植物资源，由广州植物研究所负责。队长强某，名字忘了。这个考察队，1957年才开始工作。

综考会的新疆考察队，邀请苏联专家参加工作。又生物学地学部各所和苏联有关的研究项目，在野外工作中有苏方人员参加的，也归综考会办理，如刘崇乐（昆虫研究所）的紫胶研究，侯学煜（植物所）的植物区系研究等。当时生物学地学部各所一部分研究员，似乎有一种倾向，觉得和苏方合作可以扩大研究范围或提高研究题目的"身份"，我对这种倾向并不同情，尤其反对接待苏方人员中的铺张作风。1957年11月批判斗争我的大会上，侯学煜把我迎接苏方人员时不肯多买几束花（一束10元！）也在会上提出了批判，不过这是以后的事了。①

当时，综考会的机构极其简单，只设一个办公室，主任为简焯坡，顾准到后不久，就由郁文（中科院负责人事的副秘书长）把他调回植物所搞研究工作去了。只剩下两位副主任，均为女性，搞政治工作的两位也均为女干部。其他还有会计、总务、翻译人员。简焯坡离会前，要来了几位植物、土壤等学科的大学毕业生，其意图是让他们一面参加野外工作，一面留会做资料工作。

应该说，在如此机构，应当太太平平，大家相安无事了，但是事与愿违。

办公室主任简焯坡调回植物所做研究工作以后，留下两位副主任互不服气，闹无原则纠纷。顾准对此感到很不是滋味，他觉得，大家都是党员干部，

---

① 《顾准自述》手稿，第288—289页。

起码的政治觉悟总应该有的嘛。于是，便努力说服双方，结果成效不大。

其中一位有一次负气地向顾准提出，要求调动工作，顾准一时感到很为难，只好答复她："你跟干部局去谈谈。"后来，她也就不再提调动工作的事了。在顾准眼里，办公室是负责综考会政治工作的唯一机构，干部群众来自五湖四海，都要团结一致。

据顾准回忆，办公室里有一位工作人员"是干部子女，打扮得干干净净，工作却并不认真。有一次我问她的经历，她说她父亲去延安比较早，她是在延安保小上学的。我问问延安保小的情形，她在答复中有一句话很刺耳，至今我还不能忘掉，她说那时保小的老师跟同学们说：'你们是不同于普通孩子的孩子。'当时我对此话的印象，认为并不反映此人具有革命后代应该多担负革命责任的意思，而是反映了她的某种不正确的'先天优越感'的意识。政治水平、文化水平都不高，是干部家属。我曾和一位副主任谈起，×××并不适宜干办公室的工作。我还问，她既是干部家属，何以一定要在家里雇上保姆，自己出来工作。这位副主任回答我的话，我已不能具体记忆，大意是应该'安排'她的工作。（后来知道，1957年"反右"运动中，这两位同志都调离了综考会。）总之，这个办公室，在我当时的印象中，是脱离综考会的工作实践，脱离综考会的野外工作人员和内勤工作人员，办公室的同志有以功自居的思想，甚至还有'世袭优越'的思想。"[1]

此后不久，1957年5月间，《人民日报》连续刊载"党外人士帮助党整风"的言论，报上曾发表了中国人民大学教师葛佩琦在一次座谈会上的所谓"杀共产党人"发言，实际上是断章取义："不要不相信我们知识分子。搞得好，可以；不好，群众可以打倒你的，杀共产党人，推翻你们，这不能说不爱国，因为共产党不为人民服务。共产党亡了，人民不会亡。"葛佩琦这些话，当时被视为"疯狂反共"的言论，遭到痛击，还被错划为"右派"[2]。而顾准认为："葛佩琦的话值得我们警惕"，要办公室的工作人员谈一下。顾准的这一言论，后来也成为"右派"的"罪证"之一，这是后话。

---

[1] 《顾准自述》手稿，第426—427页。

[2] 参看戴煌《胡耀邦与平反冤案错案》，中国文联出版公司、新华出版社1998年5月版。

二

顾准担任综考会副主任后，便积极投入角色，勤奋工作。现存的《顾准自述》这样写道："我到会后，参考了苏联科学院生产力研究委员会的一些资料，考虑了建国以后我国自然资源考察工作的状况，觉得我国大部分自然资源考察工作已由国务院各部担当起来，最主要的例子，例如矿物资源的考察勘查由地质部负责，水力资源由水电部负责，而新的工矿地区的资源利用综合规划，也唯有国家计委和经委才抓得起来，所以，设想把综合考察委员会夸大到苏联科学院生产力研究委员会的规模是不现实的。它只能够根据国家要求，分担若干项目的综合考察工作，当时综考会的状况，也就是这样的，既然如此，综考会的工作机构无须扩大，有一个办公室也就够了。因为它的任务不过是组织考察队分项进行工作，考察报告应该送到委办机构去，学术上利用考察所得资料一事，参加考察的研究人员自己就会抓紧，综考会也就无须有自己的研究机构。竺可桢是同意这个意见的，党组分管综考会的副秘书长谢鑫鹤，原来以为我到职后要大肆扩大机构的，听到我说明我的意见后也表示同意。1957年8月前，综考会就是按照这个原则办的。我不主张有大机构，可是我在不到一年的综考会工作中还是比较认真负责的。我要学习许多新知识：地理、地质、植物、气象的等等。这些学科的哪一门我都不打算精通，可是起码我要知道一些常识。每一个考察队的行政工作都由综考会负责，解决这个问题倒还比较容易。可是要把每一项考察工作的内容、结果及其经济—政治的意义了解清楚，却决不是一件简单的事情。要做到这一点，野外工作比读书更重要。"[1]

好在综考会主任竺可桢是这方面的权威，他悉心指点顾准，顾准虚心学习，努力研修，并积极参与野外工作。1956年他刚到综考会时，该年度的野外工作已经结束了，为此他深为遗憾。只得参加翌年的项目，虽然工作条件

---

[1] 《顾准自述》手稿，第290—291页。

还不如北京这座大城市好。

1957年春节刚过不久，顾准随同竺可桢深入海南岛和雷州半岛考察1953年以来的橡胶垦殖的成果。华南垦殖，是第一个五年计划执行初期我国重点投资项目之一，其目的是尽一切可能的条件努力开垦荒地，发挥国营农场的示范作用。

海南岛与雷州半岛原来都不出产天然橡胶，竺可桢从一个地理学、气象学家的角度曾认为，这两个地区的自然条件一般并不适宜种植橡胶树，但他知道这一垦殖事业是我国政府应苏联要求而进行的（其实"一五"计划就是在苏联专家指导下编制的，其中许多项目由苏联援助），所以，同时参加考察的还有一位苏联90岁高龄的植物学家。

由于调查队在北纬22度的高州县城附近发现了三株橡胶树，垦殖局遂决定以此纬度线为种植橡胶的北界。参加调查的中国科学院人员，曾就防风、防寒、防止水土流失、实行"等高"开垦等问题提出多方面建议，但未被重视。1952年春节刚过，中央军委下令从华南地区抽调2万多官兵，组成林业工程第一师、第二师和一个独立团，奔赴海南、湛江和合浦的热带雨林中。设场、开垦及播种工作，走在了调查、勘察和设计的前面，投入人员也愈来愈多。1952年8月，苏联政府决定贷款1亿卢布帮助中国搞橡胶，斯大林高兴地对中国领导人说：你们在志愿军赴朝作战和发展橡胶生产这两件事上也是在援助苏联。

垦殖工作铺得大，铺得快，到了1953年初就暴露出了大毛病。雷州半岛和海南岛北部数10万亩土地上原有的大片灌木森林，在开垦后变成了沙荒地，几年来开垦的橡胶园有将近50万亩地被放弃。交出了一笔巨额学费之后，开始醒悟的领导们考虑今后怎么办。

1957年元宵节过后的2月16日，竺可桢、顾准率队南下广东，到海南岛和雷州半岛考察近年种植橡胶等热带特种经济作物的发展情况，然后在广州主持华南热带资源开发科学讨论会。会后又到武昌参加中国科学院武汉分院成立大会，3月19日回到北京。在这一个多月的时间里，竺、顾二人可以说是朝夕相处、形影不离的。因此，不仅竺可桢日记中记述的沿途行踪大致可以视同顾准，而且，竺可桢有关此次考察的工作报告也与顾准密切相关。

此次与竺可桢、顾准同时南下的，有苏联科学院森林研究所所长苏卡乔夫院士等7位苏联专家。中方人员有植物分类学家吴征镒、植物地理学家侯学煜和土壤学家李庆逵等，还有青年科研人员江爱良和彭加木等。抵达广东后，另有林学家郑万钧等人参与。全队共40余人，在海南岛及雷州半岛等地区前后工作20天，先到海南中部屯昌、保亭（通什）等地，再划分为森林土壤组、植物区系组和热带资源组，三个小组分头考察。竺可桢与顾准参加热带资源组，于2月22日从通什出发，途经海南岛西部及北部的儋县（那大）、澄迈（幅山）、东部及南部的崖县、陵水、万宁、乐会、琼东及文昌等各县及海口市，雷州半岛的徐闻、海康、遂溪、湛江，并经粤西的化县、茂名、信宜、罗定、云浮、高要等地。三组于3月9日在广州汇集。

竺可桢和顾准等人的沿途考察情况，在《竺可桢日记》中做了较为详细的记录，如3月4日在雷州半岛的徐闻："8：45乘车和江爱良、顾准二人及冯场长一行出发，赴友好农场未停即赴红星农场，由场长徐君陪同看胶园……有10万亩，可种橡胶3万亩，已种1.2万亩。在徐闻七个场有4个专门种胶，即南华、友好、红星和五一，其中以红星地点为最好……1955年寒流只冻伤3/10，而南华（冻伤）90%，五一95%，友好80%。11：20至友好农场……有地7万亩，植胶1万多亩，尚要种1万多亩。有职员600人，干部50人，技术人员5人而已。……三场内以橡胶为重点，唯据过去经验是否将来能出胶甚多是问题。二点至海鸥场，1952年种胶，因风大全部失败……四点又和冯场长、彭加木、应幼梅、顾准、江爱良看南华场，场中最佳胶为1952年种，直径8cm，但各区很少有叶子，而且在防护林之东北角者稍好，西北迅速变坏，一般说在此种橡胶希望是不大的。可以出胶，然出胶多少无把握。国家用如此大力推广，徐闻区似应放弃。"

除业务内容外，竺可桢在日记中还记有考察途中有谢姓司机患病，由顾准陪同司机去卫生院看病这样的细节。

考察结束后，全面的结论，反映在竺可桢以"人大常委"身份写给全国人大常委会的报告中[1]。报告认为，琼海地区只有某些具备了特殊条件的地方可以种植橡胶，提出的结论性建议有以下几条：

1.适宜于种橡胶树的地区，应该多种橡胶树和怕寒怕风的热带植物，少

---

① 《竺可桢全集》第3卷，上海科技教育出版社2004年7月版，第335—338页。

种别的生长条件不如此苛求的经济作物。

2.不适宜种橡胶树的地区，不要大规模种植。雷州半岛以及粤西地区目前一部分橡胶树生长不良，勉强维持着的胶园，应该考虑放弃。

3.橡胶树的北移是可能的，但是必须先在许多不同地理区进行试验研究。在试种成功、产胶量和经济价值确定以前，不宜于在较北地区大规模种植橡胶树。

4.华南地区，骤雨密集，在坡地上开垦而不采用等高条垦等防止水土流失的措施，就必然引起土地的严重破坏。现在除极少数农场已经采用等高条垦措施以外，各个单位对此还不够重视，以致在雷州半岛和海南岛上不但土壤冲刷所造成的砂地蚀谷处处可见，而且新的砂地蚀谷正在逐渐形成。因此，关于垦植工作，必须订出合理的具体规划，关于橡胶树的栽培、抚育、施肥等等方面也是一样。

此外，报告中提出了"保护自然"和"开发海南岛"的具体建议。

随后，4月29日，中国科学院召开本年第八次院务常务会议，听取竺可桢副院长关于雷琼地区热带植物资源的考察报告。[①]据中国科学院档案记载，顾准以综考会副主任的身份出席了只有院中高层人物参加的这次会议，会议决定将该报告呈报国务院。时任国务院副总理的邓子恢将此报告批转给有关单位，其缩写稿曾以《要开发自然必须了解自然》为题，刊于8月20日出版的《中国农垦》1957年第2期。

顾准参与了上述报告的撰述。竺可桢回到北京后，在3月20日的《日记》里，记有"午后开始看顾准同志所总结的考察队诸人意见，包括郑万钧、李庆逵、侯学煜等，吴征镒意见尚未寄来，待补入"。翌日又记："晨，着手改顾准同志所草至海南岛雷州半岛考察意见书。至中午12点改竣，约七八千字。"他向院务常务会议提交报告时，在报告的结尾处也特别说明此报告"大部采取自综合考察队若干同人书面和口头意见"。

顾准与竺可桢的合作，既是正副主任的合作，也是党员干部与党外科学家的合作。应该说，竺可桢和各学科的科学家从"学术"角度分析了雷琼地

---

① 《竺可桢全集》第3卷，上海科技教育出版社2004年7月版，第341—349页。

区大规模垦殖橡胶林的现状和应采取的应对措施，顾准则从"党政"角度支持了竺可桢的据实上报。考察报告中采用了郑万钧、李庆逵、侯学煜、吴征镒等专家的意见，顾准在这些分报告的基础上写出综合初稿，最后由竺老修改定稿。顾准是这篇报告成稿过程中的"二传手"。

顾准在《自述》中关于这段经历写道：

> 华南垦殖是第一个五年计划初期我国重点投资项目之一，竺可桢认为这两个地区的自然条件一般并不适宜于种胶，其实从政治观点说，中苏合作经营华南橡胶垦殖的协定，苏联政府已经片面毁约；这两个地区种胶除小块地区外，其他都是失败的，也已经有了事实证明；我方经营此项事业的巨大损失早已成为既成事实……这次参加考察，确实使我对赫鲁晓夫的苏联的大国沙文主义和不负责任态度，增加了一层认识。①

顾准认为自己从中央党校期间思考苏共二十大问题开始，已处在"思想危机"中。后来的进程表明，广东海南考察为他的"危机"之火添加了一把柴草，而随后赴黑龙江的考察则更是泼了一桶油。

在这次华南之行结束返京后，1957年5、6月间，郁文（原从中科院新疆分院调来）副秘书长要顾准到新疆去一次，了解并解决新疆考察队行政副队长陈某（汉族人）和中科院新疆分院（任务是培养维吾尔族科学人员，秘书长哈密提，维族人）之间的关系。解决的原则是要尽可能照顾少数民族。

顾准这次去新疆，参观了玛纳斯湖流域的军垦农场，到过石河子新城，在天山上的巩乃斯种羊场呆过几天。在乌鲁木齐的时候，为了接近哈密提，有几天不住在宾馆，住到了他的家里，两人促膝谈心，达成了谅解。顾准之行，终于解决了考察队与新疆分院的紧张关系。

紧接着的考察，就是中苏联合黑龙江考察活动——影响到顾准政治命运的"不幸"考察。

---

① 《顾准自述》手稿，第292页。

三

1957年7月，中科院综考会开始了中苏联合黑龙江考察，顾准参加了这一考察，其行程，如他自述为："（一）和冯景兰两人走哈尔滨——齐齐哈尔——黑河；（二）在黑河和走松花江、黑龙江水路的竺可桢等大队会合；（三）全队在黑河渡黑龙江到海兰泡和苏方人员会合，在"阿穆尔州"境内参观了几个地方；（四）在海兰泡乘"拉佐"号轮考察沿岸坝址，到伯力；（五）由伯力到共青城，回伯力后到海参崴；（六）由海参崴经双子城，在绥芬河进入我国境内；（七）经佳木斯、鹤岗，在伊春附近一个实验林区参观，然后回哈尔滨。这次考察中就发生了太平沟问题的争论。"[1]

与在南国种植橡胶相同，北疆的黑龙江流域考察，也是由苏联老大哥主动提出来要中国接受的。不幸的是，在很短的时间内，这两件事又都被正在滋长着"反苏"思想的顾准撞了个正着。

1957年7月，中苏双方考察人员乘"拉佐"号轮船航行在黑龙江上

---

① 　《顾准自述》手稿，第293页。

苏联早在20世纪40年代后期已经对黑龙江左岸地区的自然条件和自然资源做过初步考察，他们打算在左岸较大的支流上兴建一些水电站，也在考虑如何利用黑龙江干流水能资源问题。为了把上述工程纳入第七个五年计划，他们需要在1950年后期进行有关的勘测设计工作。如果在干流修建电站，因坝址条件和库区淹没等问题都与黑龙江右岸的中国有关，因此必须有中国方面参加。在苏方的建议之下，1956年5—6月间在北京举行过中苏合作考察的谈判会议，中方谈判组长是竺可桢。其时顾准尚未入此行列，是由张劲夫充任组员以为政治后盾的。

1957年7月6日，由竺可桢、顾准率领的中国考察队一行18人，与由苏联生产力委员会主席涅姆奇诺夫院士为首的苏联考察队（共有25人）会合于海兰泡，开始了为期三周的黑龙江流域联合考察。考察地包括黑龙江的中苏两国共同河段，在苏联境内有海兰泡、伯力、海参崴地区，在中国境内有佳木斯、鹤岗、哈尔滨地区。竺可桢与顾准自始至终都参与了考察全程，顾准只有7月初的头几天未与竺同路。顾准说他和冯景兰（地理学家，冯友兰之弟）"两人走哈尔滨——齐齐哈尔——黑河"，竺可桢日记中则说是"请冯景兰与顾准先坐铁路到黑河，以便安排日程"，打前站去了。其他时间，顾准的行踪，皆可视同于竺可桢。《顾准自述》中所说的行程路线，都可在竺可桢日记中落实到具体的某一天。

苏联《太平洋之星》报载中苏联合考察黑龙江的照片（1957年7月14日），
右起5—9人，依次为竺可桢、陈剑飞、顾准、涅克拉索夫、涅姆奇诺夫

对于这一考察的具体内容，暂且不表。先说一下黑龙江考察队的来龙去脉。根据现存资料，黑龙江考察队原本并不直属综合考察委员会。

这个队的队长由水电部副部长冯仲云（1908—1968，江苏武进人。1927年夏加入中国共产党，长期在东北领导革命斗争。建国后任松江省人民政府主席兼哈尔滨工业大学校长；北京图书馆馆长，水利部副部长兼华东水利学院院长，水利电力部副部长等职。"文革"中遭受迫害，不幸病逝，1977年11月中共中央为他彻底平反）兼任。他出任这项工作是由国务院指定的，因而他在工作上也直接对国务院负责。不过苏联方面的实际目的虽然是在漠河附近建设水电站，却把考察范围定为黑龙江流域资源综合考察，工作范围扩大到地质、水文、土壤、植物等方面。由于这些学科的研究人员主要在中科院，该队副队长由中国科学院林业土壤研究所所长朱济藩出任，考察队的办公室由水电部抽调人员组成，但设在中科院院部内。

时任中科院副院长的竺可桢（他分管自然科学）也兼管这个考察队的工作，可是它跟综考会的关系原来极不明确。顾准回忆说："我到综考会后，原不想插手这件事，该队办公室主任赵锋几次找我，说他的工作水电部、科学院双方都不管，不好搞，要求把他的办公室和综考会的办公室合起来，由我把该队的日常工作管起来。竺可桢支持赵锋的意见，我只好同意。办公室合并时，朱济藩已出发莫斯科参加该队'联合学术委员会'会议，商量该队1957年的工作计划了。朱出发前，关于1957年计划规模和内容向哪一个机构、哪一位负责人请示过，得到了怎样的指示，我不知道，事后也未追问，朱自莫斯科回来向竺可桢汇报所决定计划的内容，我也参加了。1957年黑龙江上的考察，就是根据莫斯科联合学术委员会商定的计划办的。"[①]

中苏友好合作，是20世纪50年代一个极其重要的政治问题，谁在这个问题上稍有闪失，谁就会大祸临头。在中苏联合考察中，顾准与苏联专家，因维护国家利益而据理力争，发生冲突。事隔多年，吴敬琏后来谈到："在黑龙江考察期间，几位苏方人员态度相当蛮横，凡是开发的好处都想留给苏方，而造成的损失却让中方承担。顾准看不惯这种大国沙文主义的作风，采

取针锋相对、据理力争的态度。考察组有的中方领导成员认为，对'老大哥'应当恭谨从命，就把顾准的有关言论记下来，报到北京去。正赶上'反右派'，由于顾准的这些言行违反了毛泽东提出的'六条政治标准'中的第六条：'有利于社会主义的国际团结'，他被打成'右派分子'。我那时也因为'严重右倾'挨批，所以不知道批判顾准的具体过程，只知道在科学院范围内印发了辑录他的'反党言行'的专题材料（他关于社会主义条件下价值规律作用的言论当然也被辑录进去了），开过好几次批判会，然后正式戴上'右派'帽子。他后来对我说：1957年那次当'右派'纯属'误会'，戴上'右派'帽子促使他重新思考，思想发生不少变化，对'左'的那一套开始有了认识，所以第二次在1964年因为批评对毛主席的个人迷信再次戴上'右派'帽子，倒不是误会了。"

吴敬琏对这件事的忆述细节阙如，好在《顾准自述》留下了弥足珍贵的资料，顾准谈到此事，口气依旧十分不平：

> 黑龙江考察队的苏方领队人是涅姆奇诺夫。正是这个人，考察途中给我的印象特别恶劣。他在考察途中，对我方领队人、科学院副院长、高龄科学家竺可桢极其傲慢。无论在正式的会谈中或非正式的会议中，他对竺可桢不时流露出一种老子教训儿子的口吻。其实，论年龄，他比竺还小几岁；论地位，竺是我国科学院副院长，他不过是苏联科学院主席团的成员，这种傲慢态度，绝不符合国际交往的起码的礼节要求。也不能以共产党员对待非党人士的优越感来解释这种不平常现象。我绝对不会相信，他在接待西方资本主义各国的学者时会摆出那副老子架子。其实他这种傲慢态度不仅对竺可桢如此，对我方其他考察团员也是如此。记得他在火车中曾利用一点时间，个别找我、吴传钧（地理研究所经济地理研究员）、王首礼谈话，也是用一种很难忍受的指导者口吻。我和他谈话时，在这种傲慢态度面前绝未表示出丝毫的恭顺之意，"反右"斗争中也有人把这当作右派罪行加以揭发，我认为不是我错了，而是揭发者错了。

诚如顾准所言，错误的不是他。他在黑龙江考察中，特别是在太平沟问题上，采取了维护中苏联合开发黑龙江资源计划中我方权益的立场，这是他对工作认真负责的结果。要是顾准像某些人一样，趋炎附势，吹溜恭顺，不就能避过劫难吗？不！顾准是一位深明大义、顶天立地的硬汉子，他是真正的如鲁迅所说的中国的脊梁。

顾准在他的《自述》中对此次考察的"交代"，重点是表露自己对苏联的态度，关节点是"太平沟"问题的争论。

太平沟，是黑龙江流经小兴安岭峡谷的南口，地形地质条件良好，可能装机容量为100万—270万千瓦。但若贮水水位过高，苏联一侧的平原就会被淹没，而那里是苏联在远东的一个重要农业基地。此外，还有因施工倒流量大而带来的技术上的困难。

顾准回忆说："当竺可桢十分含蓄地说到黑龙江上的太平沟是一个良好坝址时，我才敏感地意识到这是有关维护我方权益的重大问题，积极支持他的意见。请示聂总，并在取得聂总指示后，在考察工作的整个过程中，采取了遭到陈剑飞坚决反对、被诬为反苏的立场。……在太平沟问题上行动得很坚决……我对此并没有什么怀疑的，而且是我对之担负了政治责任的，我当然要毫不犹豫地为之而斗争。"在这个问题上，在竺的"含蓄"和顾的"敏感"之间，可能存在着沟通和理解上的落差。

竺可桢（右二）、顾准（右三）乘船考察黑龙江流域，摄于1957年7月

黑龙江考察，事涉中苏关系，政治背景复杂，大的方针、政策、原则皆出自中央。虽然竺可桢以副院长兼综考会主任的身份参与其事，但向中央的汇报请示并非直接经由他，他不是中央领导发出指示的第一受传者。从业务上说，太平沟选址问题，不是他熟悉的专业范围，也不可能贸然表示态度。顾准对太平沟问题的观点，也不是"空穴来风"。在《竺可桢日记》中有关竺、顾等人在北京时的讨论均有记载：

6月8日　星期六

北京下午二点开黑龙江调查队（综合队）会议，到冯仲云、唐季友、吴传钧、冯景兰、王守礼、顾准和杨宣仁。大家对于太平沟水库，认为应向苏方提出。唐季友（电力工业部工程师）对于开发额尔古纳河极为热忱。

6月28日　星期五　北京

晨六点起，八点半吴传钧来，同至中南海科学规划委员会，和范长江谈黑龙江综合考察事。因我不久出发至黑河和涅姆奇诺夫会面，同考察25天，协商1958—1959两年计划，曾提三点意见要聂副总理批示。今日聂副总理未来，到范长江、冯仲云……第二点关于唐季友所提要用较多力量来和苏联勘察水库。此点田忠局长也做了说明，综合小组无能为力，要由电力部作主。第三是关于勘察太平沟水电，李局长认为太平沟勘察水电比上流柴达木为适用，但苏联注意上游，范长江意这次会勘只是交换意见，不作任何决定。

由此可见，在太平沟建电站，主要是电力部方面的主张，而国务院科学规划委员会秘书长范长江转达聂副总理的指示是："这个问题可以以个人交换意见的方式提出，但不必作为我方的正式意见。"[①]

在当年的考察中，苏方负责人涅姆奇诺夫还想借机来北京，顾准和竺可

---

① 《竺可桢全集》第3卷，上海科技教育出版社2004年7月版，第383页。

桢两人以原先无此计划、北京未作接待准备为理由加以推辞，抵制了涅氏的无理要求。

在这次考察途中，顾准发现了中苏两国贸易不正常的现象，曾对同行人说过："中苏贸易我方不合算，应该发展对日贸易。"这一观点，现在看来，也是真知灼见，发展国际贸易，理应包括双边、多边贸易。

顾准和其他考察人员对下面几件事印象特别深，并且互相之间做了交谈。这些事情如顾准所云："一是我们经过的远东地区，向来是华侨众多的地方，但无论在城市还是乡村，我们竟未见到一个中国人；二是懂俄语的同志，曾听到一个当地的苏方汽车司机对莫斯科来的苏方考察团员说，当他还是小孩子的时候（大约是20世纪30年代），还和中国孩子在一起玩，后来中国人全都迁走了；三是有一个苏联马戏团，全是苏联籍中国人组成的（记得叫做'王友礼马戏团'），从别处来到当地演出，我方考察团员和这个马戏团的人员谈话时，这个马戏团的人见到中国人十分欢喜，十分激动地说，这些地方本来全是中国人的。"[1]很显然，在这些议论中，顾准并没有什么"反苏"言论。

如前述，早在这次考察之前，顾准去海南岛（1957年2至3月）的时候，通过考察知道了华南橡胶是我国"一五"计划中投资数额仅次于鞍钢的重点项目。而这一项目基本上是应苏方要求进行的，并订有协定，苏方对于这项垦殖投资理应承担巨大的义务。顾准敏锐地发现，由于海南徐闻一带宜于种胶的地区极少，到1956年为止，种胶工作停滞不进。这时恰逢国际关系有所缓和，苏联已不难从国际市场上采购橡胶，于是片面毁约，以致中方遭受重大损失。这一事实，给顾准的心灵投下了不小的阴影。

又一件事情的发生再次深深地刺痛了顾准。他从华南回京，又去新疆，耳闻北疆有些稀有金属矿，名义上是中苏合营，实际上全归苏方控制，而且在矿区还驻有苏军。顾准还发现在中苏合作方面存在诸多不合理之处：

其一，中苏汇率订得极不合理，以致中方的对苏贸易，特别是非贸易收支上吃亏极大。

---

① 《顾准自述》手稿，第434页。

其二，抗美援朝战争中苏方对中方"援助"军火，还全以"半价"付款。

其三，顾准早就知道苏联军队驻扎我国东北时曾大量拆迁日占时期的工业设备。他在苏联共青城一家造船厂和一家机械厂中注意到那里机床上的铭牌，果然看到大量机床上有日文标记。

诸如此类，加上在黑龙江考察时，亲身领受苏方的无理要求，顾准义愤填膺，为了维护祖国利益，挺身而出，与苏方人员发生了正面冲突。

另据顾准回忆："正在此次考察之前，北京举行过日本展览会，我去看过这个展览会。我对于展览会中展出的小型机械化农具很注意，当时曾经出现这样的想法：我国农业基本上是高度集约农业，地块小。苏联和美国那样大片耕地上的机械化农具对我国大部分地区是不适用的。日本农业和我国属于同一类型，他们的机械化农具似乎值得我们'取法'。回想不久以前在高级党校听主席《论十大关系》报告的传达，指出我国要向一切国家学习，觉得日本的工农业技术，应该可以借鉴。所以，我在对苏方行径表示不满的同时，曾说过'苏联工业中心远处万里之外，日本和中国不过一衣带水之隔，仅以运费而论，我们发展对日贸易也比苏贸易为有利'之类的话。"①

顾准的这些言论其实无可厚非，是从国家利益和实际情况出发，并且显示他独具慧眼，他的这些观点在黑龙江考察时与有关人员交谈过。不过，后来在揭发批判顾准的"右派罪行"时，又被人们翻出来，错误地指责为"亲日派"。这是另外的话题。

在赴黑考察过程中，围绕选择坝址的问题，顾准不仅与苏联专家争论，也与黑龙江省副省长陈剑飞发生了激烈的冲突。对此《竺可桢日记》虽然未记其详，但可见其端倪："和陈剑飞、顾准谈。顾对于太平沟坝址认为中方应提出提前勘测，陈则以为应从国内已有水力资源先开发，因苏方以泽雅河三角洲为远东农业基地，如太平沟筑高坝，则将淹没也。太平沟如筑25米坝，可以得100多万千瓦，如筑36米可得200万千瓦。以坝址论，为全流域最好。"（7月17日星期三晚伯力出发至海参崴）

---

① 《顾准自述》手稿，第435页。

竺可桢、顾准率领考察团的全程旅途是漫长的。一路上，没有考察和谈判任务时，大家除了观望沿途的景色外，便聚在一起聊天解闷。顾准生性健谈，是聊天的"主将"。他在信口开河中，又毫无顾忌地增加了许多'反苏'言论。他多次援引丰富的历史知识和政治见闻，以愤愤不平的口吻，指责苏联政府在处理两国国界线、边境领土、边境民房拆迁、贸易关系和货币汇率、华南垦殖项目等问题上，采取大国沙文主义的蛮横态度；苏联红军帮助我国赢得了抗日战争后，却在东北大量拆迁中国工厂的机器；苏联压低波兰出口苏联的煤炭价格，是任意欺负兄弟国家……正在轰轰烈烈进行的"反右"运动，是大家谈论的头等大事。顾准不满地认为，眼下的"反右"运动，是对他倡导的"民主社会主义""理想"的"当头一棒"；十分"希望风潮能够和平地平息下去"。他在聊天时，毫不设防地流露出对党中央把"大鸣大放"一下子改变为"反击右派分子"运动，感觉突然和抵触。他心直口快地评论说：党现在对"右派'进行反击是"历史的必然"，也是无可奈何……更要紧的是，他还无遮无拦地对众人说：现在，"老和尚要认一下错，也不可能了"。

顾准以"犯上"口吻所说的"老和尚"，指的是谁，不言而喻。然而事出有因。1957年5月初，当毛泽东还在大力鼓励群众"大鸣大放"时，曾幽默地说：现在大家对小和尚意见多，也可以对大和尚提意见嘛！于是，以批评"党天下"而闻名全国的《光明日报》总编辑储安平，6月1日便在《向毛主席和周总理提些意见》的著名发言稿中，尖锐地说道："最近大家对小和尚提了不少意见，但对老和尚没有人提意见。"顾准便是接着储安平的话，使用了这一提法。他这句"大不敬'的话，后来被上纲为"恶毒攻击毛主席"。其实，他不过是对最高领导人面对各方面的批评，不能出来承认错误，表示惋惜而已。

顾准在旅途中，不知道北京已经风声鹤唳。从事"阳谋"的专政机器正张开它的巨网，等待"出洞"的"毒蛇"，等待"上钩"的"浮鱼"。

顾准在旅途中无法想见，北京的斗争已经进行到什么地步。而顾准在20世纪30年代的老熟人、粮食部长章乃器，由于在文章中说：共产党员和非党人士之间应该"拆墙""填沟"；民族资产阶级的两面性中，积极的一面是主导的和发展的；有些社会主义企业和国家机关的工作效率反而不如现代化的资本主义企业……已被毛泽东亲自点名，称为"右派的老祖宗"。

竺可桢、顾准一行于8月初回到北京。那时，"反右"斗争已经开始。竺可桢后来得知"陈［剑飞］有信致院，报告顾准在黑龙江时语言不当之处"（见《日记》9月14日）。

究竟有什么"不当之处"？顾准在《自述》中称自己是"采取了维护中苏联合开发黑龙江资源计划中我方权益的立场，我主观上认为那是我对工作认真负责的结果"，这样的爱国行为，结果被陈剑飞反诬为"反苏"，当然罪不可赦。

黑龙江省领导对这项中苏联合考察计划非常重视，从地方发展的角度考虑，这也合常理。太平沟建坝选址问题，于中苏两国之间，于国内的中央与地方之间，都有利弊权衡问题。陈剑飞的全面观点如何，《日记》未详，《顾准自述》的文字则有情绪化的成分。竺可桢在后来议述前事时稍有披露："九点至院，和赵锋［综考会办公室主任］谈，知顾准主任在党内检讨，他的言论在党员中间是很特殊的。他的主观意识很深，在黑龙江考察时对报馆发表书面谈话和做总结报告，对于中游太平沟的水电站统特别强调，以后我指出了才改。"（8月20日星期二北京）

竺可桢说顾准"主观意识很深"，应是指他固执，过于坚持自己的意见。从前述背景看，顾准身为综考会副主任，实际上是中方考察队的党政负责人，用他自己的话说是"担负了政治责任的"。也可以做这样的理解：他自认为是在按照聂荣臻副总理的指示，"以个人交换意见的方式"为国家争权益。然而，中国政府对于这次考察的方针早有规定，只考察，只交换意见，不就实质性问题作出决定。因此，单纯从对外交往的角度而言，顾准的言行可能有些越格了。竺可桢说他"对报馆发表书面谈话和做总结报告，对于中游太平沟的水电站统特别强调，以后我指出了才改"，既表明顾准在考察队中占有着特殊的地位，也表明在政策问题上或有失准，还表明了顾准对竺老意见的尊重。

陈剑飞告发于前，后面就是"墙倒众人推""新账老账一起算"了。《日记》记载：

9月5日 星期四 北京

　　和谢［副］秘书长［鑫鹤］谈顾准事，知其于1935年入党，曾做过几本书，过去随潘序伦、徐永祚工作，解放时曾任上海财政部部长，计委副主任，税务司司长。在1952年"三反"时期走左倾路线，主张以没收方法来消灭资本主义，被批评撤职，至河南任工厂副厂长和中央建筑工程事，到去年来院时常批评党，说共产党做事如猴子种葡萄，种下后一下又拔起，对于撤职事不满意。赵锋云他在黑龙江流域考察时和陈剑飞闹意见。我也觉得自由主义太重，主观意识深，如对于先开发太平沟问题，要组织经济组问题，统是太片面了。

　　竺可桢不知顾准的光荣历史，记下了别人的不实之说，所说所记无从认定。竺在转述之后附上自己的一点看法"自由主义太重，主观意识深"。关于"经济组"问题，笔者于此做一推测。中央要把中苏合作考察黑龙江的工作只局限于科学考察上，而不涉及未来的经济合作，周恩来已有指示，不设立"经济组"，而《日记》所记似指顾准主张在中苏黑龙江资源综合考察队之下组织"经济组"。若果然如此，顾准的自由主义太重一些，但这一点与顾准"反苏"无关。此事亦只见于竺可桢的私人日记。竺可桢对顾准的批评，不过尔尔。

　　据《竺可桢日记》，9月16日"下午至院，和顾准主任谈"。这是竺、顾二人最后一次见面商谈工作。

第八章　心灵的放逐

加强住宿检核，严核卡折，积累回家建设资金，会计工作人员应该在远方充分发挥自己的作用。

启华

一九五〇年十二月十二日

一

1957年，是新中国历史上沉重的一页，其标志是"整风运动"和"反右派"。1957年4月27日，中共中央发出《关于整风运动的指示》，规定了整风运动的目的、内容、方针和方法。此后，全党整风运动即逐步展开。整风运动先在省市以上党政机关、大专院校、民主党派、新闻出版界、科学技术界、文艺界、卫生界中进行；以后逐步向工人、农民、军队等展开。

运动之初，广大党员和群众向各级领导机关和负责干部提出了大量的有益的批评与建议。但是，与此同时，也有极少数资产阶级右派分子乘机散布反对共产党领导和社会主义制度的言论。

为此，1957年6月8日，中共中央决定开展反击右派分子的斗争，《人民日报》当天发表了《这是为什么》社论。从此，在全国范围内开展了反右派斗争。对于右派分子的进攻予以反击是必要的。但是，由于中央对国内政治形势作出了不切实际的估计，又采取了"大鸣、大放、大字报、大辩论"的错误方法，不适当地在全国范围内开展了一场持续近一年的群众性运动，把大批革命知识分子、党员干部和爱国民主人士等错划为"右派分子"，造成了不幸的后果，并使党内的"左"倾错误和骄傲情

《人民日报》发表社论
《这是为什么？》

绪明显地发展起来。

对于这一事件的评价，邓小平同志曾有过评论，1980年3月19日，他同中央负责同志谈话时指出：

> 1957年反右派斗争还是要肯定的。三大改造完成以后，确实有一股势力、一股思潮是反社会主义的，是资产阶级性质的。反击这股思潮是必要的。……不反击，我们就不能前进。错误在于扩大化。①

下面，让我们深入一步，尝试进入顾准的心灵世界，探究一下1957年前后他的真实心态到底如何，据此，对他被错划为"右派"分子，内因后果，方可理解。

大风气之下，性情中人顾准怎能幸免，这里就来追述一下他当时的心路历程。他说：

> 首先是对苏态度的巨大变化。党校学习末期，在党建课的讲课过程中，询问教员许邦仪同志，斯大林对我国解放战争采取了什么态度，许邦仪说明了斯大林的"不准革命"的态度。1956年离校后不久，在建工部听到了苏共中央建议我国第二个五年计划期间多发展有色金属的开采，用不着以建设完整的工业体系为目标。不久，波兰事变中，从《参考资料》上看到了西方新闻记者报导，赫鲁晓夫在波兰党中央委员会开会期间飞临华沙，横加干涉，以及事后哥穆尔卡关于出口运苏波兰煤炭，被大量压价的控诉。匈牙利事变中，苏联第二次出兵……是完全必要的。但是苏联的第一次出兵，却是用武力干涉别国内政。所有这些，都使我看清了苏联大国沙文主义的丑恶面目，而且形成了一种"嫌恶"的感情。……〔回想往

---

① 邓小平：《对起草〈关于建国以来党的若干历史问题的决议〉的意见》，《邓小平文选》第二卷，人民出版社1994年10月版，第294页。

事］30年代初期我思想开始转变、走上革命道路的时候，苏联的影响，斯大林的影响，是极其重要的因素之一。当时宣传主席思想和主席伟大形象的书刊在国民党统治区是绝对不能出版的，斯诺的《西行漫记》（正确的译名应该是《红星照耀中国》）译成中文在上海出版已经是抗战期间的事情了。相反，描绘斯大林巨大形象的巴比塞（当时著名的法国作家）的《从一个人看一个新世界》，许多描写俄国十月革命、内战、建设的苏联小说却出版得不少，所以苏联和斯大林的形象，对于我多少是"圣洁"的。到1957年为止，对苏联的一切事物的看法当然现实多了。但是1956年这一年从"圣洁"到"嫌恶"这样巨大的变化，不免使我对革命产生了某种程度的"幻灭"之感……这是我延长了13年之久的"思想危机"的重要因素之一。……

　　1957年春的雷州、海南考察，使我对苏联赫鲁夫集团的丑恶面目有了切身的体会。华南垦殖的巨大投资，对于我们这个才从十多年战争进入建设的一穷二白的国家是得来不易的，"老大哥"怎么忍心片面毁约，使我方蒙受巨大损失？正因为如此，当竺可桢十分含蓄地说到黑龙江上的太平沟是一个良好坝址时，我才敏感地意识到这是有关维护我方权益的重大问题，积极支持他的意见，请示聂总（按：指聂荣臻元帅），并在取得聂总指示后，在考察工作的整个过程中，采取了遭到某人坚决反对、诬为反苏的立场。这里，看起来似乎存在着某种矛盾：我一方面对革命有"幻灭"之感，一方面在太平沟问题上行动得很坚决。其实，按我当时的心情是不矛盾的。我感到"幻灭"是总的比较抽象的问题，由此我决心要"进行探索"，而不是躺倒不干了。至于当面的实际问题，我对此并没有什么怀疑的，而且是我对之负担了政治责任的，我当然要毫不犹豫地为之而斗争。[1]

---

　　[1]　《顾准自述》手稿，第296—298页。

从顾准这些写于"文革"（1969年5月16日）中的文字可以看出，他对发生在十几年前对苏抗争仍不后悔，维护祖国主权之初衷毫无改变。还可以看出这是他20世纪30年代投身地下斗争，爱国救亡之行动的余绪。同时，也证实他之被打成"右派"分子，纯属不实之词。

其他值得玩味的地方诸多，例如，从顾准那一代在旧社会过来的党员知识分子，其思想和性格是在"红色的30年代"①形成的，无不带有理想主义、民主主义的浓重色彩，而在现实与理想之间的巨大鸿沟面前，难免会产生"探索"之念。民主、科学、自由的"五四"精神深深浸润了顾准这一代人，他们既自觉献身于民族解放事业、爱国救亡运动以及祖国的各项进步事业，又坚持和维护自己独立的人格价值。所以在50年代，顾准仍不失"思想自由"，保持"特立独行"。

顾准在1957年春夏之际的"整风"和"反右"斗争中，并没有参加"大鸣大放"，只是在考察途中或返京后在同事之间流露出对在"三反"中被撤职的不满，发过牢骚，或者对国内某些不正常做法有所议论。根本够不上向党猖狂进攻。相反，他倒是认为党内外人士一起"大鸣大放"，上下内外一齐来，会乱的，而中国现在的局势是从来未有的好局势，乱不得。②

当年4、5、6月在京期间，顾准从《内部参考》上了解到大学的大字报热闹非凡，众说不一，对林希翎、谭天荣等人的言论表露出某种程度的同情。他说，"至少认为这些年轻人有胆量，但是对'风潮'却是忧虑的，希望能够'和平'地平息下去。"③

8月，当黑龙江考察活动结束，在哈尔滨召开学术讨论会的时候，谢鑫鹤写信给赵锋，催促顾准尽早回京。当时，顾准心里就有点嘀咕，"为什么这封信不直接写给我"。其实，有人在北京向中科院党组汇报了顾准"反苏"的言行，并开始整理《党内右派分子顾准的右派言论》小册子，将他平时片言只语断章取义，搜罗起来，无限上纲，真是欲加之罪，何患无辞？

---

① 贾植芳语，据孙觉民：《蹲过敌我四次监狱的贾植芳》，《炎黄春秋》1998年第6期。

② 《顾准自述》手稿，第298页。

③ 《顾准自述》手稿，第302页。

这样，顾准陪竺可桢将黑龙江综合考察工作汇报完毕，回京没几天，经过几次小会后，便接到了"到会上去汇报一下在反右运动中的思想活动"的通知。四五次中小型会议开下来，顾准即被速战速决地定为"右派"，只是还没有正式戴帽。据顾准自述，"大致已进入9月，经过一两次中型的揭发会议，立即转入批判斗争我的右派罪行的大会。召开大会前，科学院党组分发了《党内右派分子顾准的右派言论》这本小册子，推测起来，调查搜集这些材料的工作，在小会开始时或开始前已在进行之中了"。①

10月1日下午，中科院在天安门旁边的中山公园中山纪念堂里，召开揭批顾准等"反党右派"分子大会。顾准像一只人人喊打的过街老鼠，在雄赳赳的口号声中被揪了出来。中科院1000多名革命群众出席了这次大会。中科院党组全体成员坐在主席台上。

面对1000余名同仇敌忾的革命群众，顾准却没有像某些人希望看到的那样，显得惊慌失措。他相当镇定，甚至可以说相当平静，步履充满自信，举止文质彬彬，一身整洁的中山装使他显得庄重而严肃。只是，他紧抿的唇边，分明带着几许嘲讽之意，近视镜片后面一双睿智的眼睛，以鄙视的目光审视着台上一幅幅气势威严的标语口号。

群众集会声讨右派

① 《顾准自述》手稿，第304—305页。

那时候，大批判还比较文明，主要就是发言批判，喊革命口号，但不动武。革命群众接二连三上台，狠狠揭批了顾准在思想上的"大是大非"问题。譬如，顾准初来中科院时曾说：我当官当不好，来庙里当个坐得住的和尚总行吧？这是他对在上海、洛阳两次受处分不服气的表现。顾准多次诬蔑党领导的政治运动，恶毒攻击毛主席解放后发动历次政治运动，必要性大可怀疑。顾准1950年在上海写的关于税收与思想整风的两本"黄皮书"，包含不少宣扬资产阶级思想的政治错误。顾准平日有大量"反苏"言行。他曾批评，苏联援华专家经常不顾中国的利益，将大量保密资料带回苏联去，并说，苏联在匈牙利事变中第一次出兵，完完全全是用武力干预他国内政。顾准来科学院后，发表的"反党"言论很是不少。他受南斯拉夫德热拉斯《新阶级》的影响，抓住社会生活中的个别阴暗面，认为社会主义某些方面还赶不上资本主义。他还说过，少数老干部虽然有战功，可是现在完全不工作，或者不称职，不妨发给原薪让其退休，而不要挡路，这其实是主张对少数老干部进行"赎买"。顾准自"反右"运动开始后，肆无忌惮地多次发表同情"右派"的言论。他对"右派"分子批评1955年肃反运动扩大化，要求思想自由，实行自由化等等表示同情与赞成。他对大右派分子章伯钧提出的"政协、人大、民主党派、人民团体，应该是政治上的四个设计院。……政治上的基本建设，要事先交给他们讨论……"

中科院的批判大军，虽然相对而言比较文明，可是也很善于抓问题的重点。一次批斗会上，革命群众狠狠揪住顾准在上海，曾以无比反动和疯狂的口吻叫嚣："三年当市长，五年当总理！"非要把他这个"罪恶滔天"的问题弄个水落石出。自从"顾准想取代周总理当总理"，这句既好记又易传的尖端材料被揭出后，就激起广大与会者内心极大的革命义愤。这可是关系到资产阶级野心家篡夺国家最高权力的大问题啊！顾准居然早就准备动手了！面对一阵紧似一阵的追问，顾准极力申辩，他绝对没有说过这句话，也绝对没有这样想过。可是，批判大军怎么也不肯相信一个"反党右派"的说明。革命群众用排炮一般的口号和如林的手臂，向顾准示威。无情的烈日照在顾准冒汗的头上，他与批判大军相持不下。批判者声称，坚决揪住顾准，就是死死不放！如果顾准被落实曾经说过这句要命的话，他的问题便要大大升级，很可能成为全国批判的典型。

那天的会议，由张劲夫主持。20余年前，张劲夫与顾准，在上海漫天黑暗中共同浴血奋战；20余年后，一对亲密的老战友竟然处于如此尴尬的场面。张劲夫心情十分难过，却爱莫能助，无可奈何。在这个万分紧要的时刻，张劲夫及时为顾准做了开脱。他坐在主席台上，朝着批斗大军使劲地摆手，大声说道："这一点，顾准已经说过并无其事，并无其事！"

张劲夫是中科院党组书记，又是原华东财委党组负责人之一，他以这样的双重身份，在关键时刻为顾准作出重要辟谣，无疑为顾准卸下了一个沉重的大包袱。会场内顿时安静了许多。顾准遂未被戴上"篡党夺权"的大帽子。

顾准在众目睽睽之下，连续经历了四五次大会。连不少部长级高级干部，社会名流，哲学、经济学、历史学名教授，也被请过来参加这场重大的阶级斗争，借以压住顾准"嚣张"的气焰，打掉他身上的威风。经过3个月面对面的斗争，革命群众终于彻底揭开顾准身上包裹着的"老党员""理论家""勤勤恳恳的领导干部"……那一层层迷惑人的"画皮"。顾准被宣布为中科院系最大的"反党反社会主义右派"分子。

在这样的批判会上，顾准只能听认"服罪"，不得"负隅顽抗"。后来，在"文革"中，顾准对此作了追述，他说：

批判我"罪行"的发言，就我记忆所及，大致可以分为五类：

一、批判我在上海工作时期所犯错误的，发言人有陈国栋、许涤新、秦柳方这三个人，都不涉及或不以民主评议问题为中心。院部一位姓刘的同志，大概到上海做了详细调查工作回来，严厉批判我在民主评议问题上对抗×××，批判我的"黄皮书"（所谓"黄皮书"，是指（一）我在1950年整风会议上的发言和结论；（二）我所写的《1950年上海税收工作》这两本小册子），批判我对1950年末中监会和中财部联合检查报告所作保留意见的声明等等。

二、批判我的"反苏"言论，主要发言人张明远（高岗的"五虎上将"之一，当时院部的办公厅主任），着重点在于我对华南垦殖投资和反苏毁约，东北拆迁机器、中苏货币比价，远东地区的领土和国界等等的言论。

三、批判我恶毒攻击毛主席和其他反党反社会主义右派言论，包括我对历次伟大政治运动的"诬蔑"，对葛佩琦、雷海宗的同情言论等等。我记得主要发言人是应幼梅，当时《科学通报》的编辑，曾参加过海南岛考察，是一位党员或候补党员。

四、从世界观上批判我丧失阶级立场，主要论据是我的"顾全大局论"不是站在无产阶级立场上所应持有的态度，发言人是侯外庐。

五、其他各种性质的发言。

批判大会上没有一次发言涉及不久以前的中苏黑龙江考察问题。我猜测，这是科学院党组考虑对苏关系后所采取的郑重态度的结果。奇怪的是，批判会上虽然不直接涉及这个问题，参加过黑龙江考察的一位苏联前州委书记却在事后问赵锋：顾某大概划为右派了吧。[①]

这样，顾准实际上被停止了在综考会的工作。11月份，批判他的大会结束。1958年2月4日的《中共中国科学院综合考察委员会支部关于开除右派分子顾准党籍的报告》称：

顾准，男，现年43岁，上海人。家庭出身：资产阶级，本人成分：职员，文化程度：大学。

1934年参加工作，1935年入党，曾在上海立信会计师事务所工作，后任武装自卫会上海分会副主席，上海职救党团书记，江苏省委职委书记，文委书记，江苏省江南东路特委宣传部长，苏北淮海区财经处副处长，华东分局财委副部长，上海财政局长，税务局长，中央建工部办公室主任，建工部洛阳建筑局副局长。现任中国科学院综合考察委员会副主任兼经济研究所研究员。

历史上的主要问题：1940年任江南路特委宣传部长兼澄锡虞

---

① 《顾准自述》手稿，第305—306页。

工委书记时，因不执行和歪曲党的政策，不尊重党的决议受撤职处分，1952年在上海市任财经委员会副主任兼税务局长时，由于严重的个人英雄主义，自以为是，目无组织，违反政府的方针政策，屡教不改受撤职处分，1954年在洛阳工程局任副局长时因积压建筑材料受警告处分。

主要错误言行：

（1）他诬蔑党和领导同志。说"历来都是几个聪明人加上一群王八蛋，抹杀了良心做人，领导说左就左，说右就右，毫无独立主见可言"。又说："党内常常弄不清是非，不公平不民主，老爷（指党的负责干部）说话没有错"。并诬蔑党的政策说："共产党好比猴子种萝卜，今天种明天拔"。

（2）诬蔑党领导历次政治运动有偏差。说："运动有偏差不是一般干部掌握不好，而是高级领导的偏差"。对他对在三反时受的处分不满，自称："下台干部"，把党组织对他处分教育说成"自己是被蛇咬过的，见了绳子都害怕"，说调科学院工作是"进和尚庙来的，不打算做官了"。

（3）认为社会上右派分子的言论代表他的一部分意见，认为（南开大学历史教授）雷海宗（说60多年来马克思主义没有发展）的言论是一针见血，说高级党校是老一套的斯大林主义，教条主义。在右派向党进攻时，他认为党无法办了，并说："现在即使大和尚（指毛主席）想出来认一下错以平民愤也办不到了。"

（4）散布修正主义毒素。他说："修正马克思主义与创造性运用马克思主义并无差别。"并说："为什么中央可能有制（创？）造性，一般人就不能有呢？"

（5）大量散布反苏言论。（在任中国科学院综合考察委员会副主任与苏联专家联合考察期间）说："苏中关系是父与子的关系，苏中贸易是不等价交换。"并利用职权对苏联同志采取敌对态度和行动。违背领导指示，支持中国工程师擅自以中方名义发表错误主张，反对苏方主张。当代表团内陈剑飞（黑龙江省副省长）同志批判了这种错误行为时，顾说："陈没有中国人的气味。"

对顾准的上述错误言行批判初期时，他的思想抵触很大，坚决不承认自己的资产阶级反动立场，写检讨时采取了步步为防的态度。直至最后才逐步认识到自己已堕落到资产阶级右派分子的泥坑里，并表示愿意悔改。

顾准堕落为右派分子并不是偶然的，他是旧职员出身。参加革命前懂得一点会计知识，但他自以为是带着知识资本到党内来的，显然这种入党动机是不纯的。自入党后他的极端狂妄的个人主义得不到发展时就对党不满，与党离心离德，与党更加对立，歪曲和诬蔑党的政策，恶毒地攻击党，进行反党活动。完全站在资产阶级右派分子的立场上。根据上述事实，支部决定党委同意开除顾准的党籍。

1958年4月下旬，综考会支部大会正式宣布：将顾准划为"右派"，并经上级组织批准，宣布将其开除出党。

顾准除被开除中共党籍外，还被撤销一切职务，监督劳动；工资同时取消（顾准为九级干部，每月工资250元），每月发给生活费40元。1962年，顾准被摘去"右派"帽子，1965年又再遭横逆。

顾准之被打成"右派"，与当时中央主管宣传、文教工作的最高领导康生脱不了干系，他起了决定性作用，据年逾九旬的顾树桢告诉笔者：当康生看到上报来的顾准的材料后，当众咬牙切齿地呵斥：

"顾准这种人不是右派，谁是右派？"

康生的这一表态，把顾准之被打成"右派"，就理所当然地成了铁板钉钉的组织决定了。在上海财政局期间做过顾准部下的顾树桢，后来听到这一消息，不禁为之扼腕！[1]

直到"文革"结束以后，顾准的这一冤案才被彻底推倒。戴煌的《胡耀邦与平反冤假错案》一书为我们提供了顾准等一大批人平反的经过，引述如下："中国社会科学院，过去是中国科学院哲学社会科学部，是中共中央和

---

[1]　2011年3月28日与凤凰卫视《顾准》专题片摄制组采访顾树桢先生。

毛泽东、周恩来关怀下建立起来的思想理论工作阵地。'文化大革命'中，林彪、'四人帮'们，却说这是'资产阶级专了无产阶级的政'。那个'理论权威'康生和陈伯达、姚文元以及王力、关锋、戚本禹、迟群等人，更肆意对广大哲学社会科学工作者和党政干部进行摧残和迫害。当时只有两千多人的哲学社会科学部，先后被立案审查的就有1042人，占全部人员的50%，有的人被迫害致死。1978年春天，中组部召开了'疑难案例座谈会'，同年夏天，由中组部牵头，在民族饭店召开了如何正确处理'右派'问题的五部（按：指中央统战部、中央组织部、中央宣传部、公安部、民政部）会议后，中国社科院就加紧了冤假错案和历史遗留问题的清理工作，相继平反纠正的大批著名学者和领导干部的冤假错案和问题是：杨献珍、张友渔、邵荃麟、杨述等同志的所谓'叛徒'案；孙冶方、刘大年同志的'反革命修正主义分子'；俞平伯、罗尔纲同志的'反动学术权威'；吕叔湘、丁声树、翁独健、钱钟书等同志的'资产阶级世界观未得到改造的知识分子'……徐懋庸、温济泽、林里夫、荣孟源、杨思仲、陈梦家、许良英、顾准、荒芜等同志的'右派分子'等等。被戴上多种帽子并在报纸上公开点明批判的杨献珍、杨述、孙冶方、侯外庐、邵荃麟、何其芳、黎澍、刘大年、陈冷、骆耕漠、罗尔纲、蔡美彪、林里夫、顾准等，所有被强加荒谬不实之词，全部予以推倒。"①

其实顾准的"右派"改正报告是由中国科学院出面行文的。二十世纪八十年代末期，笔者在中国社科院查阅档案时，了解了此事的过程。这份字号为"（79）科发党字0497号"的中国科学院文件《关于改正顾准右派问题的报告》称：

中央组织部：

根据中共中央一九七八年九月十七日中发（78）55号文件精神和一九五七年中共中央关于《划分右分子标准》的有关规定，我们

---

① 戴煌：《胡耀邦与平反冤假错案》，中国文联出版公司、新华出版社1998年5月版，第142—143页。

对顾准同志（一九七四年病故）的右派分子问题进行了复查。我们认为，顾准同志不应划为右派分子，现应予以改正，恢复名誉，恢复党籍，恢复原工资级制待遇。

可否，请予审批。

附件：一、关于顾准同志右派问题的复查报告（略）

二、关于顾准同志右派问题的复查改正结论（略）

随后，在胡耀邦同志的关心下，1979年5月7日中共中央组织部以"改批字57号"文，下发中共中国科学院党组："同意你们对顾准同志右派问题予以改正的意见，恢复其政治名誉，恢复党籍。"

此后，中共上海市委和国务院又分别对顾准在1952年"三反"中的错案予以彻底平反。具体内容如下——

中共上海市委关于顾准同志复查结论的批复

市纪律检查委员会：

沪纪（89）21号报告悉。

市委同意你们关于顾准同志的复查结论，撤销一九五二年二月二十九日市委负责同志在全市党员负责干部会议上代表市委宣布的撤销顾准同志市委财政经济委员会委员职务的决定，恢复顾准同志的政治名誉。

关于建议撤销一九五二年七月二日政务院撤销顾准本兼各职的批复问题，市委同意按规定报请国务院主管部门审批。

特此批复。

中共上海市委员会

一九八五年五月三十一日

中华人民共和国国务院关于撤销顾准同志行政处分的批复

上海市人民政府：

你市一九八五年七月十九日《关于建议撤销顾准同志行政处分的请示》收悉。经研究，同意撤销一九五二年四月十五日华东军政委员会报请政务院撤销顾准职务的请示和一九五二年七月二日政务院撤销顾准本兼各职的批复。

中华人民共和国国务院

一九八五年九月五日

从1957年8月起到1958年5月为止，顾准被迫杜门索居。

早在1956年，顾准开始到中共中央高级党校学习时，他的妻子汪璧就到上海把母亲和孩子们搬来北京，一家人得到团圆。而仅过了一年多时间，顾准在家索居，"享受"着难得并且短暂的"天伦之乐"。

在这几个月里，顾准除接受批判外，还偷闲在宿舍房前开了一小片土地种种蔬菜。其他时间，全部用来读书。

读书，能够使顾准受伤的心灵暂时得些许抚慰；思考，更能使他义无返顾，勇往直前。这期间，他"读了已出版的马恩列斯的著作；读了一批西方历史的书籍。报纸当然是每天都读的，其中有关反右、双反运动和经济问题的报导社论等，还摘抄了一些卡片。《莫斯科宣言》发表后，曾经详细加以学习……"[1]

1958年5月，顾准接到通知，下乡接受监督劳动。

二

顾准被错划为"右派"分子，被迫下乡监督劳动。最初几年，我国的政治、经济、社会生活发生了重要变故，顾准的命运与祖国的命运密切相连，

---

[1] 《顾准自述》手稿，第307页。

几度浮沉。

1957年，我国进入了开始全面建设社会主义的历史时期，党和国家的领导人着手探索适合中国情况的社会主义建设道路。1958年出现的"大跃进"运动和"人民公社化"运动以及后来的庐山会议，是探索道路上的一次次尝试，然而却存在着重大的失误。

顾准就是在这接二连三的运动中被令下乡监督劳动的。

1958年5月上旬，顾准来到河北省赞皇县接受劳动改造。

中国科学院包括自然科学和社会科学方面的许多研究所，其下放劳动的干部于1957年年底基本上已经下去了。1958年5月下乡的共20余人，绝大多数是各所的"右派分子"，由刘述之带队，来到赞皇。

赞皇县隶属河北省石家庄专区，地处河北元氏县和山西昔阳县之间的太行山东麓，穷乡僻壤，尚待开发。

顾准带着满腔委屈和悲愤，凛然正气地踏上了南下的道路，开始了坎坷的蹉跎岁月。

几十年过去了，我们回首反右派斗争，不难发现，这场斗争在历史上，还不仅是给顾准一家带来了灾难，也不仅是让几十万所谓的"右派分子"和他们的几百万家属受到了多少苦难，而是从此扭转了历史发展的趋向，从这里，就只能走到"以阶级斗争为纲"，而且愈演愈烈，最终滑到"文化大革命"这一可怕的深渊。邓小平也是把反右派斗争当作中国当代史的分水岭看的。他指出："1957年以前，毛泽东同志的领导是正确的，1957年反'右派'斗争以后，错误就越来越多了。"[1]

历史是无法以遗憾来弥补的。可悲的是，对右派的处理是具有相当随意性的。当年所划的右派分子究竟有多少，又有多少被劳动改造或监督劳动，至今没有准确的数字，只有一个可供推算的数字。李维汉在其回忆录中也说过："这场反右派斗争的后果，把一大批知识分子、爱国人士和党的干部错划为右派分子，使他们和家属长期遭受委曲和打击，不能为国家的社会主义

---

[1]　邓小平：《对起草〈关于建国以来党的若干历史问题的决议〉的意见》，《邓小平文选》第二卷，人民出版社1994年10月版，第294—295页。

建设事业发挥他们的聪明才智。这不仅是他们的不幸，也是国家、民族的不幸。据统计，全国共划出'右派分子'55万余人。其中，相当多的人是学有专长的知识分子和有经营管理经验的工商业者。全国55万被划为右派的人半数以上失去了公职，有相当多的人被送劳动教养或监督劳动，有些人流离失所，家破人亡。少数在原单位留用的，也大多用非所用。"①

李维汉的此番话相当客观，顾准的境遇大致如此。中科院对下放"右派"的政策比较文明。院党组对他们在农村的政治待遇，拟定了八字方针："一视同仁，有所不同。"所谓"一视同仁"，就是顾准等"右派"可以和本院下放干部一起参加政治学习，听一般的文件传达，并且不在农民中公布他们的身份。所谓"有所不同"，就是"右派"分子要接受本院下放干部的监督，老老实实劳动改造，彻底挖掉头脑里的"反动思想"。

顾准等人抵达赞皇时，正值县委召开各区、乡负责人会议，响应毛泽东发出的大跃进号召，在农村大办工业。顾准被安排旁听了各级负责人口号式的表决心发言。会后，他便与徐懋庸、李泽厚、李明、李光灿、王锐生、汪国训等人，组成一支既有"右派"也有下放干部（以哲学所为主）的劳动队，被送往野草湾劳动基地。

在野草湾，顾准开头修水库，不久便转入农田劳动。由于他解放后身体一直不好；进入解放区那九年，也只在延安开过几天荒，从没有长时间参加强体力劳动的经历，现在突然要他每天连续十几小时种田，确是一件十分吃力的事。最初两个月，顾准用短柄小锄头锄地时，由于腰部僵硬，不能像土生土长的农民一样蹲在地上劳作，只能被迫将双膝跪在泥里，一边锄地，一边以手支撑着爬行前进。不久，他的双膝破损，臂膀剧烈地红肿，手掌上也血肉模糊一片，不仅难以正常生活，也完全提不起笔来了。

那时，所有的"右派分子"集中居住在一间泥屋里，合睡一张大炕。屋子里不仅人多声杂，而且每到夜晚，跳蚤、虱子和小爬虫便从壁缝钻出来向人进攻。顾准从凌晨一直干到夜晚，劳累了一天却难以入眠，很快就瘦脱了形。他那又瘦又高的身材行走在田间垄头，活像一根随风摆动的芦柴棒。可

---

① 李维汉：《回忆与研究》下卷，中共党史资料出版社1986年4月版，第839页。

是，顾准事后却说："也只有在这种环境条件下，才有机会学习我国农村经济这一门功课。"他没有被肉体和精神的双重折磨打垮，反而在逆境中汲取了新的养料。中国农民勤劳耐苦、善良老实的性格，在农业生产中表现出的智慧，以及农产品的廉价，农村的极度贫困，都使顾准感慨甚多。劳改生涯使他的眼光变得更加犀利，情感更加深沉，性格也更加坚强了。

顾准与徐懋庸（1911—1977，原名茂荣，浙江上虞人，著名哲学家，历任延安鲁艺教授、武汉大学副校长、党委书记，中国科学院哲学所研究员等）在劳改期间互相扶持，关系十分融洽（徐懋庸先生的夫人王韦称，徐、顾是一对知交，患难兄弟）。但是，这两位知交的见解却往往大相径庭，以致在田头争论不休。据中国社科院文学所的楼肇明介绍，"文革"期间，他与顾准谈起徐懋庸的两则言论，顾准当即作出明快反应，犹如在野草湾与徐懋庸当面论辩时一般。其一，徐懋庸说，耗费巨资拍成彩色电影的大型歌舞史诗《东方红》，一点不像歌舞电影片，使用的是人海战术。顾准听后，抚掌大笑，表示完全赞同。其二，徐懋庸说，三国时期蜀国失败，一个重要原因，就是一代名宰相诸葛亮手下缺乏得力的文臣武将，他本人虽然鞠躬尽瘁，却独木难撑，待他一死，蜀汉就不可避免地崩溃了……顾准听后却嗤之以鼻，尖锐地反驳道："只要有人群，就会有人才，关键还在于领导者是否是伯乐。人才从来都不会缺乏的。汉武帝雄才大略，却是一不高兴就把大臣一个个拉出去砍头。但是，人才并未给皇帝杀光啊！哀叹没有人才的说法，任何时候都是不通之极！"顾、徐两人都是中国出名的人才。他们同处逆境，却发表出截然不同的人才观，都颇值得玩味。[①]

与管教人员形成鲜明对比，赞皇的农民对顾准他们还是相当友好的。对此，一起下放劳动的徐懋庸也有同感，他的夫人王韦在为他写的传记中曾说："1958年，他（按：指徐懋庸）被下放到河北赞皇劳动，感于农民群众的诚朴；隔山遥望，乃当年战斗过的太行山，灵感时至，诗兴泉涌。百余日间，作诗竟达百首之多。其中有两首七绝，诗曰：

---

① 楼肇明：《顾准二三事》，《炎黄春秋》1999年第4期。

（一）

书生垂老学为农，

五十斤挑兴特浓，

却觉归途空担重，

最难善始又能终。

（二）

夕阳光敛灶烟升，

队队归农笑语盈，

最羡沙滩驴打滚，

晚凉风里一身轻。

大体表达了他当时的意境。"①应该说，当时顾准与徐等人的心境相同，身遭打击，但未气馁，特别是勤于观察与思考，与老百姓打成一片，两人并无二致。

后来在20世纪80年代名气如日中天的哲学家李泽厚，与顾准是同事，其时因个人原因也被下放接受劳动改造，直到晚年他对顾准的印象还是很深。在一次访谈时，有人认为"他给中国指出了一条道路，但顾准和王元化指出了更好的道路"，借这个话题，李泽厚谈起了对顾准等人的直接观感，他说："我不知道他们指的是什么道路。王元化的书我是看的，他对我也不错，但他到底讲了什么我并不清楚。顾准是很不错的，他和陈寅恪的人格很了不起。不过陈的专业是中古史，真正看的人少；顾研究的是西方自由主义，并无独创。他们影响别人的主要还是人格，这是中国的道德主义传统。陈寅恪在他那代学人中是唯一一个没投降的，而且比较清醒。顾准下放时和我们在一起，人很理性很直爽。他是不幸的，连家人都不认同他，跟他划清了界限。"②

① 王韦：《徐懋庸》，载刘启林主编《当代中国社会科学名家》，社会科学文献出版社1989年6月版，第456页。

② 《顾准、陈寅恪和王元化》，见罗银胜辑《声音》，2010年6月25日《文汇读书周报》，原载《南方人物周刊》2010年第20期。

顾准来到千根村的时候，正是毛泽东在河南等地巡视，称赞"人民公社名字好"，据薄一波回忆："毛主席观察三省的消息，特别是8月13日的报纸发表关于'还是办人民公社好'谈话的消息后，全国各地迅速掀起了办人民公社的热潮。"① 人民公社化运动弊端丛生，其中一点就是分配制度的弊病，所谓"按需分配"，大办"公共食堂"，造成"干不干，都吃饭；干不干，都吃一样的饭"，平均主义泛滥。顾准在千根村时，就参与了公共食堂的工作。

1958年的"大跃进"，是以钢铁产量翻番为核心开展的。9月1日，中共中央号召全党全民为生产1070万吨钢而奋斗。与此同时，《人民日报》连续发表了《紧紧抓住钢铁生产》《立即行动起来完成把钢产量翻一番的伟大任务》两篇社论。提出："钢铁工业是整个工业的基础，是整个工业的纲，是整个工业的元帅"，要其他部门"停车让路，让钢铁元帅升帐"。于是在全国范围内开展了全民大炼钢铁的群众运动。②

一时间，成千上万的群众，不分男女老幼，各行各业一起上，都为"钢元帅升帐"让路。结果，建成土高炉百万余座，小土炉、小高炉遍地开花，田间街道到处摆开了"炼钢的战场"。结果，1070万吨这个指标名义上实现了，实际上合格的钢只有800万吨，其余都是效用极差的土钢。全民大炼钢铁运动，既不按照客观经济规律办事，又违背科学的态度和方法，一味盲目地大搞群众运动，造成人力、物力、财力的极大浪费。

当时，在这场大炼钢铁的群众运动中，顾准下放劳动的赞皇县在中国科学院冶金研究所的技术指导下，在该县胡家庄等地办起了小洋高炉的炼钢铁厂。

9月前后，根据中央的各级党委"第一书记都要亲自挂帅、亲临现场指挥"的要求，石家庄地委和赞皇县委又在顾准所在分队的土门村开始了大规模土法炼铁。事后，顾准为后人描述自己的亲身经历（写于1969年5月31日）："地处平原的石家庄专区宁晋县，调来了千人以上的劳动队伍在该村（按：即土门村）参加炼铁，下放劳动的干部，也有一部分集中到了该村。9月份，原

---

① 薄一波：《若干重大决策与事件的回顾》下卷，中共中央党校出版社1993年8月版，第740页。

② 参见陈果吉、崔建生主编：《共和国风云实录》，内蒙古人民出版社1997年1月版，第281—282页。

驻千根村的下放劳动人员全部调到土门参加土法炼铁，我也随同到了那里。劳动的项目，有挖地炉，拾焦炭（焦炭是汽车运来的，为此改修了公路），拉风箱，找耐火材料，加工耐火材料等等。我因为根本没认识到大炼钢铁的伟大政治意义，曾借机大发牢骚，诋毁土法炼钢为'得不偿失'"。[1]

顾准在穷乡僻壤接受监督劳动

不可否认，"毛泽东是我们的伟大领袖，他的历史功勋永远不会磨灭。但是，他晚年犯了'反右派'（扩大化）、'三面红旗'（按：括号内文字为引者所加，大炼钢铁只是一部分）、'文化大革命'三大错误，造成了灾难性的后果。"[2]顾准出于对国家、民族利益的考虑，对这些错误有所抵制，是完全正确的。事实证明，全民大炼钢铁运动严重冲击了轻工业，削弱了农业，打乱了国民经济的正常秩序，导致了国民经济比例的严重失调。

1958年国庆节，顾准又在土门参加了三秋劳动，约一个多月。之后，他随全部下放人员集中到赞皇县城总结学习。据顾准回忆："学习期间，我当了队部的伙食会计。回到北京，约在十二月初。"[3]顾准于启程前，收到了

---

① 《顾准自述》手稿，第311—312页。

② 张广友、韩钢记录整理：《万里谈农村改革是怎么搞起来的》，《百年潮》1998年第3期。

③ 《顾准自述》手稿，第391—392页。

妻子的来信。汪璧告诉他，她觉得继续住在中关村专家楼里不合适，已经与两个人的单位谈妥，退掉专家楼的高级住宅，搬到百万庄的建工部宿舍居住——新房子是按照汪璧的处级待遇分配的（汪璧时任《建工报》负责人，由于顾准在沪时不同意给她提级，她这时仍是正处级）。

12月间，顾准穿着一身破旧不堪的棉衣，乘火车回到北京。他下车后，好不容易才找到百万庄。自顾准被划成"右派"后，就从中关村综考会宿舍搬出，那时，百万庄一带还相当荒僻，颇像郊区的城镇，一条泥岸陡峭的小河从住宅区内穿过，行人走路十分不便。按照计划经济模式建造的好几十幢几乎一模一样的红砖多层宿舍楼，一幢连着一幢，仿佛一个迷宫。顾准扛着行李问来问去，终于摸到了位于子区16号3楼的新家。其时的顾准在孩子的眼里样子十分狼狈，他穿着一套破烂而肮脏的棉衣裤，一团烂棉花从裤裆旁边的大破洞里露出来，他的神色显得抑郁，和下放以前文质彬彬的形象，有了很大变化……

全家福，时在1958年。中排右起为顾准、顾准母亲、汪璧，后排左起为长子顾逸东、长女顾淑林，前排左起次子顾南九（高梁）、三子顾重之、次女顾秀林

顾准回家后，发现家里的居住条件已大大下降，继而又看到他的母亲变成了瘫子。原来，母亲为顾准劳改而心绪烦乱，秋季霜降，她在楼下攀摘自种丝瓜时摔坏了胯骨，落下了终身残废。顾准望着残疾的母亲，望着露出败落之象的家庭，不禁心情黯然。他痛苦地觉得，这一切都是他造成的，他倒台后，对家庭欠了很多债。对各方亲人欠了一大笔债的意识，再一次涌上他的心头，搅得他痛彻心扉，寝寐难安。然而，如今他连自己也保护不了，又有什么力量照顾亲人呢？这一心灵的重负，在以后许多年里一直强烈地折磨着顾准。

而顾准的同事仍然没有对他产生看法，如骆耕漠就像老朋友一样对待他，据顾准的次女顾秀林在《我记忆中的骆耕漠伯伯》中忆述：

在我们还很小的时候，我家和骆伯伯家，步行两分钟就能走到。由于父亲当了右派，我们家1958年秋天从中关村中科院综考会宿舍搬出，迁入百万庄子区建工部宿舍，骆伯伯家就住百万庄申区（国家计委宿舍）。我从中关村一小（当时叫保福寺小学）一年级转入展览馆路一小，恰巧同骆伯伯的女儿骆小红同班。我们马上成了好朋友。小红曾这样对人说："我们两人的爸爸是好朋友，我们也是好朋友。"这句50年前说过的话，和说这话的人的笑容，至今还在我眼前。现在想来，骆伯伯一点没有因我家正经历的翻天覆地的变故，而改变对自己战友的信任。要知道，我们搬家到百万庄后，在四年时间里，父亲并不在家，他在劳改。我奶奶叮嘱我们很多次，告诉别人你爸爸下放了，别说劳改！由于有小红的友谊，我父亲是大右派这件事，在学校里很久都没有人知道。

父亲结束劳改回家后，骆伯伯曾经在家中"宴"请过一次我的父母。我和小红都记得这件事，只是我对于细节一无所知。小红曾经对我这样说："以前请客是多吃菜，现在请客是多吃饭！"

我们上小学时，有一段时间是半日制，另外半天有很多时间是"学习小组"在一起做功课。我和小红虽然从没有分在一个组里，但我常常到她家里去玩。推门而入，推门而出，可我并不太向家长打招呼。在我自己的家里，母亲为了防备她预想中的可能随时来临的政治危险，在我们和父亲之间设定了一个很大的距离，她从不让我们去探询父亲到底在干什么，在思考什么，再加上父亲经常在家庭中缺席，所以，我们几乎和他生活在完全不同的世界里。在我自己的不完整的世界中，父母和我离得非常远；这样，当我踏入小朋友的家中时，她的父母仿佛也在很远的距离以外。所以，童年的我虽然经常在骆伯伯和唐阿姨家进进出出，但在我的心目中，好像只有小伙伴的存在。[1]

顾准在北京等待转点期间，努力调整自己的心态，以高涨的学习热情，克服内心的抑郁和烦闷，抓紧在家的机会，潜心研究中国社会的各种问题。据高梁介绍："那段时间，我只看到父亲书架上的书在不断增加，他把自己的零用钱都省下来买书了。他想深入研究中国面临的一些问题。有一次，父亲拉着我的手，带我去理发，他坐在理发店里，还认真地阅读厚厚的《资本论》。父亲在逆境中，始终保持着这份不可改变的热情，以追求真理为己任。我想，这正是他精神与性格中最难能可贵之处……"

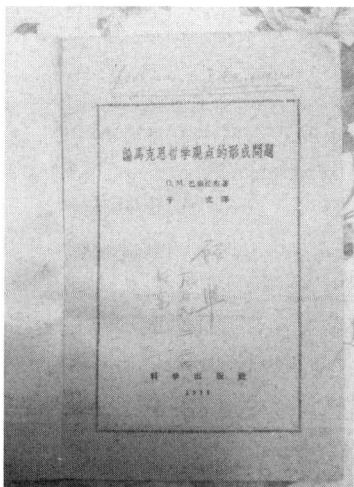

顾准1960年在清河饲养场读过的书籍

1959年3月，顾准又被遣送到河南省信阳专区的商城县劳改。

---

[1]　顾秀林：《我记忆中的骆耕漠伯伯》，2009年9月12日《文汇报》。

第九章　商城岁月

加陀征濟核称，嚴格节
约，積累國家建設資金，
會計工作負應該在
這方面充分發揮自己的
作用。

穆輝
一九六〇年
十二月十六日

一

从1959年3月到1960年1月，顾准等中国科学院部分"右派分子"被下放到河南省信阳专区商城县"监督劳动"，他亲眼目睹、亲身体验了"大跃进"带来的恶果；"左"字开口，"斗"字当头，生产下降；"饥饿——浮肿——死亡"，乃至饿殍枕藉，满目惨状。

顾准在写于1968年9月16日的历史交代中说："1959年3月—1960年1月，我在河南信阳专区商城县劳动改造。六月份以前，在县办国营农场劳动时，曾听到过几次县委会议的传达。县委批评上年有些公社评产过高，征购太多，还听到过这样的典型事例，有一个生产队报产很高，县委派人检查，生产队指着粮囤说，我们还存这么些粮食。检查人员检查粮囤时，发现表层是稻谷，底下是糠秕，这个生产队的负责人因此受到了严厉的批评……六月以后，转到铁佛寺水库劳动队劳动改造。这年夏季，商城大旱。七八两月，正是稻子拔节、秀穗、灌浆的关键季节，竟滴雨未下。塘水没了，河水干了，农民在河槽挖水塘车水灌田，这样的水塘也干了。在农民的艰苦劳动下，和县属各机关大力帮助解决提水工具的情形下，许多还有水源的稻田还是有收成，不过看起来，当年的总收成比常年产量低得多。九月份起，秋雨蒙蒙，旱象解除了，不过收成已成定局，无法改变了。九月份以后，就看得见灾荒的迹象。铁佛寺水库劳动队队员，几乎全部是本县劳动改造中的右派分子。在一起劳动的队员们，有家属来探访的，说到中秋以后，队里就没有粮食，'砍了大锅'（公共食堂停止伙食供应），让各家自己想办法。劳动队驻地的农民，埋怨估产太高，征购太多。十月以后，农民就靠自留地种菜出卖，上城里买一些熟食维持。进入冬季，灾象更为严重。一起劳动的队员，都得到家里死人的消息，许多人家，一家还不止死一个人。一月份（按：1960年），我们集中城里进行劳动总结，城里大街上，城外道途上到处看得到严重的灾荒景象，城里还见过县人民委员会公审为了要吃而杀死自己亲人的罪犯的布告。离开商城将近九年了，略一回忆，许多景象还如在目前。"

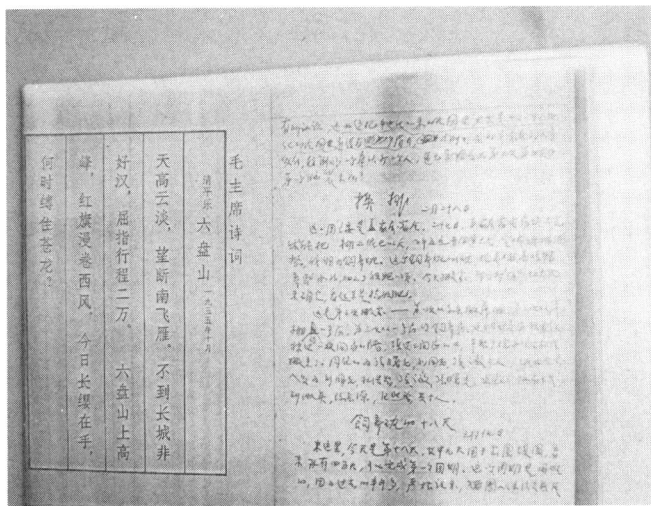

顾准的《商城日记》手迹

中国科学院带队到商城劳动的领队人是当时哲学所办公室主任李克征。这次下放该县的劳动人员也包括好几个所。一开始，顾准被编在综考会和土壤队的分队中，后来，李克征又重新编队，顾准去了另一分队。关于编队和人员，顾准回忆说："商城县属河南信阳专区，到达信阳后在那里逗留了几天。下放干部听信阳地委传达不久前中央某次重要会议精神（根据文化大革命读到的材料，推算年月，应是第二次郑州会议），队里有六个右派分子，不参加传达会议。李克征组织这六个人学习，讨论对本人右派罪行的认识和下乡劳动的态度，要我主持讨论，这六人后来都在铁佛寺水库劳动队，他们是：赵淑仁（女），心理所，1959年在商城摘掉右派帽子；李宝仁（女），心理所，当时上海卫生局长王聿先的姨妹；彭楚南（男），语言所，马来西亚归国华侨；权少珍（男），历史所；魏某（男），历史所，德文翻译。"[1]

顾准这一队人到达商城后，在待分配期间，听过县委负责人介绍商城

---

[1] 《顾准自述》手稿，第314页。

情况的报告。不几天，他们随同综考会、土壤队的下放干部，分配在距县城西五六里的西大畈，县属国营农场劳动，直到6月份转到铁佛寺水库劳动队为止。

在这一国营农场里，顾准参加了犁地、锄麦、送肥、施肥、收割油菜和小麦以及插秧等劳动，对某些公社和生产队虚报、多报产量，刮浮夸风已有所觉察。顾准推测，"第二次郑州会议以前，即1958年商城县的工作中，恐怕已经存在极其严重的问题了。"[1]这其实是上行下效的结果。顾准在写于1969年5月31日的《自述》告诉我们："1959年6月中旬，我们这个劳动队中的六个右派分子，集中到县委直接领导的铁佛寺水库劳动队去劳动。这是一个右派分子集中劳动的队伍，全队人数100余人，90%以上是商城本县的右派分子，另有河南省各机关下放商城劳动的右派分子10余人，以及科学院的六个右派。商城本县的右派分子，大多数来自区级干部（副区长、区秘书等）和小学教师，也有来自县人委各局的。劳动队的劳动任务是参加修筑铁佛寺水库的大坝，修筑大坝的主力是民工，人数不详，恐怕有好几千人。后来李克征告诉我，科学院下放劳动队伍到达商城时，县委即曾要求把六个右派分子集中到劳动队去。李克征根据院部出发时指示的原则，不同意县委的要求，拖了三个月。因为县委的坚持，当院部一位到商城巡视劳动队伍的同志到达后，经过商量，才应县委的要求，把这六个人转过去了的。劳动队队长沈万山，共产党员。除沈一人而外，全队自副队长以下，所有分队、小队队长，炊事人员、服务人员，全是从右派分子的队员中选任的，队员的70%以上参加大坝的修筑工程。10人左右组成自给性菜园的菜园组，10人左右（主要是妇女队员）参加一个缝纫洗补的服务组，四五个人搞理发和附设的洗澡房，六七个人在伙房，另有副队长两人，会计一人，医生一人。……劳动，在正常情况下每天八至十小时。八九月份以后，经常加班劳动，有时从清晨两三点起，有时晚上夜战。在这种情况下，一天劳动的时间，可以长达十五六小时。全队生活纪律很严格：全队右派相互间一律不得称同志；来往结伴，都要经过检查；非经请

---

[1] 《顾准自述》手稿，第315页。

假，绝对不得离队外出；节日一律不准假；除队里的伙食外，不得向外购买食物。我在这个劳动队劳动和生活了6个多月。这六个月，真正经历了一个严格的锻炼。到劳动队之初，我参加了几天修筑大坝的运料工作，以后一直在自给菜园。在此以前，我虽然经过赞皇和商城县农场两处八九个月的劳动锻炼，短途挑担还超不过60斤。在劳动队挑粪、挑菜、挑水，达到中等距离可挑一百斤以上，但是短期内右腿拐了。……在劳动队，我不仅担大粪，还穿上胶鞋下到粪窖去清底。我担起粪担子去拾粪，还学会用手捡大粪到粪担子里。在二月每天劳动长达十五六个小时的时候，白天在烈日下用湿手巾包头，可以坚持铁锹翻地或其他作业。夏秋间菜园要巡夜，轮到我巡夜时，晚上十二时起巡夜，第二天白天照常整天劳动。……正是在劳动队，我才把知识分子架子和官架子真正完全、彻底、干净地放下来了。"①

顾准的上述这些文字，尽管写于"文革"之中，有些用词反映了特定时代的政治色彩，但是，它如实地反映了在商城县委直属劳动队，除了可以自由地呼吸空气之外，没有什么人身自由，更谈不上人性抑或人道主义。这种情况，与劳动队队长沈万山是有直接关系的。

二

在繁重非人的劳动间隙，顾准利用一切可以利用的点滴时间，秉笔直书，记下日记（写作时间不固定，有时是清晨二三时，有时是白天浇粪休息时，有时是在晚上乃至深夜），翔实地记录了劳动队集体和个人的那一段属于中国人民永远也不能忘记的"痛史"。他还要写笔记（即思想改造笔记，是当时右派分子必须定期向管理干部递交的一种自我批判、自我检查的文字材料），完成后上交。

---

① 《顾准自述》手稿，第315—317页。

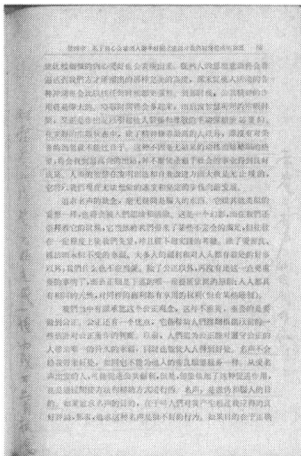

顾准藏书：《论财产》
（英）葛德文著，何清新
译。商务印书馆1959年初
版。精装，大32开本

此册为顾准藏书《论财
产》。在衬页上有顾准用红
色铅笔所写的签名

《论财产》书内有多处顾准
的看书标记

现存的《商城日记》（1959.10—1960.1）只是其中的一小部分。能够流传至今，绝对是珍贵的信史。顾准在日记中不加修饰地记下了他感受到的饥饿、浮肿、疾病、屈辱以及人性沦丧等实况，尽管如此，跟那时人民公社农民的处境相比，"劳动队是天堂"，读者自可去理解顾准此番话的深意。而更为可贵的是，作为一个智者，顾准在日记中还记下自己冷峻而透辟的思索和睿识。难怪李慎之要说：千千万万的中国人有过与顾准相似的经历。然而，许多人甚至不敢如实地感受，更少有人敢于秉笔直书，给历史留下一点记录。这是中国的耻辱，更是中国知识分子的耻辱。早在1959年在商城的日记里，顾准已经下定决心要下十年工夫，研究世界和中国的历史，弄明白人类的命运是怎么回事。这个计划当然因过于庞大而不能完成，然而我们还是有了现在的《顾准文集》，它使人们在人家问起20世纪下半期中国有没有独立的、创造性的思想家的时候，我们可以没有愧色地回答："我们有顾准。"[1]李慎之没有言过其实，顾准的《商城日记》同样雪洗了中国人的耻辱。

——————
[1] 李慎之：《智慧与良心的实录》，《顾准日记·序二》，经济日报出版社1997年9月版，第15页。

陈敏之先生写于1993年12月28日的《顾准文集·序》说过，"1957年至1974年这17年，顾准的大部分时间消耗在下放农村劳动改造上。知识分子犯了'思想错误'，下放农村劳动改造，据说能改造好。这实在是中国人的一大发明。这个发明的好处在于可以不要经过什么繁琐的法律程序，简便易行。劳动改造不算服刑，不落痕迹；谁'表现好'，可先脱帽，机动灵活；工作权利、工资待遇一律取消，使你和你的家属在实际生活中能够有所'体验'。顾准在劳动改造期间，似乎仍然不太安分，写下过一些东西。这些东西的内容究竟是什么，我未见过，不清楚。不过，我确实知道这些东西又惹下了祸，原因是文革前夕把这些东西毁了。为什么要毁掉，显然是为了毁灭'罪证'。这个罪名是难以申辩和推脱的。不过，有趣的是，我母亲也参与了这毁灭'罪证'的活动。对此，我母亲是有经验的。20世纪30年代，我母亲曾不止一次地干过这种活。有一次，为了烧毁文件，把一口大铁锅都烧裂了。想不到几十年以后还会又一次用上这种经验，帮助她的儿子毁掉'罪证'。这次，不能用'火烧法'了，且不说没有这样的厨灶和大铁锅，浓裂的烟味也容易引起邻居的注意和怀疑。因此只好改用'水浸法'，即把纸张放在水中浸透、揉烂，然后放进抽水马桶抽掉。母亲对我说，纸张太多，来不及沤烂，抽水马桶都堵塞了。结果，顾准和汪璧销毁'罪证'的罪名当然还是没有能逃脱。不过，我母亲大概因为革命群众看她不过是一个不足道的文盲老妇人，终于漏网了。顾准在劳动改造期间写下的一些东西全毁掉了，留下的只能是一片空白。"①

诚如陈老所说，顾准在劳动改造期间写下的一些东西大多毁掉了，但也有遗珠散落，前面引述的《顾准日记》，即是一例。这本日记自1997年由经济日报出版社出版以来，一时好评如潮。特别是《商城日记》，它好就好在真实，好在翔实地记录了一个时代的风貌，尽管篇幅只有一百多页，时间跨度近四个月。其实，《商城日记》的内容还是非常丰富的，充满了历史洞察力，读者自可找来细读。

---

① 见陈敏之、罗银胜编：《顾准文集》[增订珍藏本]，福建教育出版社2010年5月版，第4—5页。

披阅《商城日记》，人们可以感受到其中震憾心灵的巨大力量。正如上海剧作家沙叶新撰文所说："顾准正是本着'记录历史，使这个时期的真相能为后世所知'的这样一种'历史观察家'的精神，使他的日记不但真实地记录了共和国那段悲惨的社会史，也真实地记录了在被迫'改造'中的知识分子苦难的心灵史。使人读后心颤不已，泪流不止。"

对此，他感慨万分："……可他们本是一批堂堂正正的高级知识分子，是中国最权威的学术机构——中国科学院的学者啊！他们何以会变得如此呢？他们的理性呢？他们的良知呢？他们的自尊呢？他们的羞耻呢？原来这一切都在被顾准称之为'政治勒索'的'摘帽讹诈'前给击得粉碎了。为了争取早日'摘帽'，早日'回到革命队伍中来'，'劳动队'里的众生们，大都争先恐后地摇尾乞怜，声泪俱下地扮演忏悔，等而下之者则献媚、则告密、则窥探、则栽赃。连顾准这样耿直的思想家也怀疑自己'我是变得卑鄙了'，'甚至变得狡猾了'。这使人不得不惊叹思想改造制度的伟大，竟能使人扭曲到这种非人的地步！"[1]

为了民族的尊严，人的尊严，让我们永远记住这一血泪般的历史，从中吸取有益的教训。

由于《顾准日记》，又引起"洛阳纸贵"的现象，人们纷纷猜测"顾准之谜"，众说不一。作为顾准的弟弟陈敏之的说法，应当说具有相当的权威性，他说：

读《顾准日记》，似乎必须与当时的历史背景联系起来。顾准日记……写作的时间既有先后，具体历史背景迥异，因此写作的格调也各异其趣。例如，《商城日记》所记的时间是从1959年10月到1960年1月，恰好是强打精神欢庆建国十周年之后，也是饥饿与死亡在农村里处于高峰的时候，虽然报纸上讳莫如深，公开报道的极少，但生活在农村里的人，这些都是亲眼目睹的事实，因此你即使在白纸上写下黑字，谁也无法否定你说的是事实，这就是《商城日

---

[1] 沙叶新：《泪眼读顾准》，1997年12月3日《文汇报》第8版。

记》的格调，这样的格凋自然也是和顾准平时之为人是一致的，因此不会产生任何疑惑、不解；至于由于饥饿而激发起来的人性的被扭曲，做出各种形似卑劣、实际上令人心酸肠断的行为（包括顾准自己在内）日记中也有淋漓尽致的叙述和描绘。1962年我去北京，在顾准家里，在饭桌上曾经亲自听到他叙述在商城时偷吃胡萝卜的故事，当时听了实在感到喉咙梗塞、食物难以下咽。[①]

写到这里，我想换一个话题，就是《顾准日记》其实也是一份宝贵的"心灵私语"——写自己、自己写，写给自己看，因而如顾准一贯的风格。日记中充满了对时政的关切，对社会的关注。

先看顾准如何写自己，他形容说："精神折磨现在开始了。下午栽菜上粪时，思及生活像泥污，而精神上今天这个人，明天那个人来训一通，卑躬屈节，笑靥迎人已达极度，困苦嫌恶之感，痛烈之至！"（1959年11月23日）[②]他还记下自己气质的变异："我基本上学会了唾面自干，笑靥迎人的一套，渐渐也能习以为自然，这是我气质的变化。"（1959年11月10日）[③]

起初顾准还天真地认为："我倒得到了沈（万山）的表扬。沈说我'接上头'了。这其实是笑靥迎人政策的结果。我近来每见沈必招呼，他不瞅不睬我也招呼，这就合乎他的心意了。"（1959年12月8日）[④]然而，就在同一的日记中，他变得非常明智：

> 而所谓右派分子的摘帽了，无非是一种政治上的勒索。
> 北京宣布140余人，都是为了照顾政治影响，潘光旦、浦熙修之类都是。
> 对广大的右派分子，是绝不放心的。局势愈紧张，防范愈严。

---

① 陈敏之：《关于〈顾准日记〉编辑上的一点说明及其他》，1998年5月23日《文汇读书周报》。

② 陈敏之、丁东编：《顾准日记》，经济日报出版社1997年9月版，第25页。

③ 同上书，第15页。

④ 同上书，第39页。

所以，我的改造表现再好，不过求苟全性命而已。什么摘帽子，摘了帽子能如何改善环境，都是采秀①式的空想。

不见此间摘帽的人依然在劳动队不往外放吗？②

顾准拼命劳动，如他的手的变化最能说明问题："手的变化最大。现在已不再起泡，但这双手已完全不适宜于抚摸我的妻子跟孩子了。起茧皴裂，右手大指食指中指尤甚，手指甲都变了形了。"（1959年12月17日）③可是，直到顾准奉命离开劳动队那天，沈万山居然还"老实不客气地指示了，其内容是接上头接不上头，我对你们的教育如何如何等等。所说的话只有一点有内容的，就是从大处看党的成绩。这意思就是，说谎，饥饿，死亡都是小事，你们回去说话小心。"（1959年12月29日）④顾准看透了劳动队和此人的本质，大义凛然地说：

别了，劳动队这个Concentratation camp（集中营）。⑤

假如有那么一天，让我来审判你!⑥

1960年元月，顾准来到商城县城，进行回顾总结。他想到了社会责任感这个问题。他说："激动的中心问题是社会责任感，这差不多是一项崇高的感情……哀鸿遍野，我努力求饱，有些说不过去。……我要恢复我的精力，节用我回京的时间。我还要工作，我要保全自己。我还要战斗，而这个战斗不会是白费的，至少应该记下一个时代的历史，给后来者一个经验教训。"（1960年1月9日）⑦他还强调："确实，社会责任感是一种崇高的感情，这是区别家雀

---

① 采秀是顾准对其妻汪璧的昵称。

② 陈敏之、丁东编：《顾准日记》，经济日报出版社1997年9月版，第40页。

③ 陈敏之、顾南九编：《顾准日记》，中国青年出版社2002年1月版，第180页。

④ 陈敏之、丁东编：《顾准日记》，经济日报出版社1997年9月版，第76页。

⑤ 同上书，第76页。

⑥ 同上书，第77页。

⑦ 同上书，第102—104页。

与海燕的东西。"（1960年1月10日）①。同时，他曾写道："高尔基还区分了家雀与海燕，可是海燕是少数，如今的海燕又岂能对大批饿死的人充耳不闻？海燕又怎能是驯服的工具？"（1959年12月26日）②

顾准是一位热爱真理、尊重事实的思想家，是民族苦难的见证人。俄国作家萧斯塔科维奇说斯大林时代"畏惧是当时所有人的共同感受，我也摊上一份"。因而可以设想，"顾准是人不是神，可能也有畏惧，但他还是说出了真相。我忍不住想象顾准当时的情形：一个人在异乡，远离妻子儿女，饱尝思念之苦。寒冷，饥饿，写日记要借写思想改造笔记作掩护，写了又写，若被发现，则罪加一等。但如果不写，顾准将不复为顾准，良心不复是良心。"③然而，有良心的顾准，正因为洞察一切，而备受磨难。

顾准的《商城日记》对时事政治的评论，无隐而恣肆，充满忧患意识，因而今天看来，仍然具有很高的价值。比如：

顾准针砭当时的"反右倾"，他说："右倾机会主义是从外面来的，上面来的，所以问题特别大。从下面看，反右倾鼓干劲，声势浩大。其实正如战略投降所举实例，色厉内荏。我曾估计局面要变，前30天昏昏沉沉的，对此思考不周。清醒过来，考虑一下，局面非变不可。"（1959年11月1日）④又说："大会堂在开群英会，趁粮食还有，今冬大抓水利，这都是反右倾鼓干劲的必要与本钱。过此以后，又将如何？"（1959年11月4日）⑤

顾准在日记里多次抨击推行极"左"的斯大林主义：

> 1958年春所出现的情况，曾使毛害怕，因此企图Return To（回到）1957年。但如此做法，必然否定总路线与人民公社。二者兼顾，此路不通。加以外来的刺激，于是决定走Stalinism（斯大林主

---

① 陈敏之、丁东编：《顾准日记》，经济日报出版社1997年9月版，第105页。

② 同上书，第70页。

③ 张卫民：《苦难与良知的见证》，《博览群书》1997年第11期。

④ 陈敏之、丁东编：《顾准日记》，经济日报出版社1997年9月版，第11页。

⑤ 同上书，第13页。

义）的道路到底。而Stalinism在中国是有生命力的。①

按照苏联现阶段的提倡与反对的伦理观念而言，可为社会主义与共产主义重新定义。社会主义是在保证少数人有正常与富裕生活条件下集中国力作战时经济式的建设，偷盗小账是不可免的，共产主义是关怀多数人的生活，使生活水平的悬殊减少，并在社会道德方面恢复市民生活的正常秩序，消灭社会主义时代发展的畸形。

如此而已。

应该说老实话。那不过是社会主义的史前期而已。②

摘帽子，眼看是一场骗局。遍地哀鸿，人相食，灾害报丰收，打肿脸充胖子，大搞水利养猪以达劲可鼓不可泄的目的，右派分子如何能摘帽子，各令返回原阵地？……

若要真摘帽子，必待另一个历史问题的决议出来。这件事之来到，为日无多。世界形势，决不容Stalinism（斯大林主义）在中国复活。1959年4月，全国人大的气氛，宋庆龄的和平、进步、正义是正宗的。目前的妖魔邪气，何能持久？③

同时，顾准非常严肃地告诫人们：“还有一个大问题，中小型工业的农本主义极不明确，相反，无论大中小点的建设目的，都是大会堂式的现代化——拼命地刮削农村来进行建设，而建设本身便是建设目的。”“土包子而怀抱城市中心主义是极其可怕的，对农民真是天大的灾难！”“这个灾难实现的具体途径，是通过统计学来的。那个5500亿斤就是标本。”“城市中心主义的建设，与自上而下的指标式的统计学，再加上沈万山式的领导良心，结论，苛政猛于虎。”④

---

① 陈敏之、丁东编：《顾准日记》，经济日报出版社1997年9月版，第22页。

② 同上书，第37—38页。

③ 同上书，第57—58页。

④ 同上书，第127—128页。

这些与当时时代主流意识相悖的观点，是基于顾准立志"做一个历史观察家"的目的而提出，他期待着：

> 以坦率、开明、宽恕、人道主义、文明的方向来代替目前的说谎、专制、严刑峻法、无限制的斗争。[①]

顾准在日记中对国际形势与国内形势的互动与影响的阐述，更是鞭辟入理，入木三分。

三

1960年2月初，即农历春节前夕，顾准离开那可诅咒的商城劳动队，回到北京。在此之前的两年下乡劳动期间，顾准还是在中科院综考会领取生活费。此番返京后，院部决定，将他的关系从综考会调至管理局，到管理局所属的一个主要机关生产单位——清河饲养场去"帮助工作"。

顾准回到家里，与妻子、母亲和儿女们过了一个久违的春节，享受到难得的天伦之乐。短暂的时间稍纵即逝，大约在3月中旬，顾准就奉命来到饲养场。关于这个饲养场，顾准有这样的记忆："清河饲养场地处北京北郊的沙河、清河两镇之间，在当时的沙河公社（即中越友好公社）东小口大队（后改为东小口公社）区内。这个饲养场以养猪养鸭为主，初期借租了兰格庄、店儿口、单村、太平庄四个村的土地共1000余亩，原计划种小部分菜园，供给各所蔬菜；大田种粮，附设粉场做粉，以粉渣喂猪。另种一部分饲料作物，连同白薯蔓藤，也直接用一部分收获的粮食作猪饲料：这个饲养场在1959年下半年开始建场，着手修造粉场、食堂、仓库、宿舍、猪圈、马厩等房屋，至1960年夏季才完成修建任务。1960年农村'三反'运动后，各村陆

[①]　陈敏之、丁东编：《顾准日记》，经济日报出版社1997年9月版，第61页。

续要求收回原来出租的土地，饲养场耕地面积不断缩小。1961年，院部撤销管理局，在办公厅下设劳动生产办公室，由张明远负责。清河饲养场改取分散经营方式，分出一部给几个单位直接经营。1961年秋，'农村十二条'、'六十条'陆续颁布，各村更积极要求收回出租土地，饲养场勉强维持到1963年（？）即全部撤销，所有房屋设备一律无偿移交给东小口公社，不过那时候，我早已离开该场了。"[1]

顾准在这里提及的"农村六十条"，是20世纪60年代初毛泽东主持制定的《农村人民公社工作条例》的简称，旨在调整农村政策，纠正1958年以来大跃进、人民公社化的错误。毛泽东和党中央觉察到由于急于过渡，"共产风"等左的错误严重泛滥，对农业生产和农民生活造成了极为严重的影响，加重了整个国民经济的困难局势，所以"农村六十条"的"制定和试行，在一定程度上稳定了几亿农民的生产情绪，成为我国农村摆脱连续三年的严重灾祸，迈向60年代中期新发展的转折点"。[2]

同时，党及时总结经验教训，对各方面政策有所调整，政治局面出现了较为宽松的气象，顾准也于1961年秋被摘去"右派分子"帽子。

据顾准回忆，清河饲养场筹建时期的负责人大概是中科院管理局生产处钟某。1960年3月，顾准被管理局派到该场的同时，杨生材（曾参加过抗战时三五九旅南泥湾垦荒）出任场长。这样的安排，是为了让顾准协助杨生材的工作。

于是，中科院副秘书长谢鑫鹤和管理局副局长杨德普（从中央军委总后勤部调来的，曾经是陈谢兵团后勤负责人之一）都先后约见顾准，谈话之后，介绍与杨生材见面，交代任务。

顾准还记得："我在到场以后四五天，即主动要求去喂猪，并向杨建议，我是右派分子，不宜参予饲养场的领导，钟某在场期间的李景田（原海司科长，1958年下放。据闻清河饲养场结束后，在科学院房产处的修缮队工作），工作积极负责，熟悉农场全部情况，杨依靠他来领导全场工作更为适

---

[1] 《顾准自述》手稿，第322—323页。

[2] 薄一波：《若干重大决策与事件的回顾》下卷，中共中央党校出版社1993年6月版，第900页。

宜。大概杨也感到院部原决定实在是行不通的，所以采纳了我的建议。但是两三星期杨德普来场，知道我在喂猪，又亲自招呼不让我参加体力劳动。他同意李景田协助场长工作，不再坚持我担当这个责任，但既然不让我参加体力劳动，就使我成为这个场的闲散的'参谋'。1961年春，管理局撤销，成立由张明远负责的劳动生产办公室，萧炳琳来任场长（杨生材调去新疆工作）。这一年的三月至六月份，我在该场的菜园劳动了四个月。七月，又决定我任该场的计划员，不再参加体力劳动，到1961年11月摘掉右派帽子离开该场为止。"[①]

如此算来，顾准下放清河饲养场两年中，实际在清河15个月，其中参加体力劳动5个月，另外5个月他参与了河北商都牧场的工作，前后加起来，共20个月。

顾准到清河不久，就被派去商都合办牧场。此事的经过如顾准所述："1960年4月，杨德普到河北省张家口专区的商都县（现已划为内蒙古自治区），商定由管理局组织一个拖拉机站到该县的'十大顷'县营牧场（其实并不是完全全民所有制的国营牧场）开荒，以此作为和该县合办这个牧场的起点，至于合办牧场的具体条件，当时并未商定。杨回来后，派张凯（当时的生产处工作人员）组织并带领这个队伍，并要我参加这一工作。拖拉机是向几个有关系的公社（主要是沙河公社）临时商借，拖拉机手也是公社派的。管理局才买到的一台东方红54型也参加了。张凯带领拖拉机手经京包线转集二线运送拖拉机和机耕农具，我乘运送油料的汽车，经张家口径赴商都。在商都开荒播种约一个月，完成任务后，向公社借用的拖拉机由张凯带领返回北京，科学院自有的那一台东方红54，连同拖拉机手胡洪泽夫妇留在商都继续翻地'压青'，作次年翻种的准备。开荒完毕我也返京，杨德普要我去商都，和商都县人委有关各局与十大顷牧场联系一些合作中的具体问题，为此来回商都北京之间达三四次，结果因为县委要求的条件，涉及供应大量建筑器材和款项，管理局既无法满足，也认为这样高的条件无法合作，最后撤回拖拉机和人员。在来回商都北京之间，有一次，为了了解张

---

① 《顾准自述》手稿，第323页。

家口地委对于这一合作的态度，曾去找过1955—1956年中央高级党校的同学韩某（张家口的专员），他表示的态度是，地委对于这类合作既不支持，也不反对，这就是，采取放任态度。这次合办牧场的交涉，整个说来是很不正常的。我最后一次去商都，见县长赵琇，表明科学院方面准备撤销合作原议的时候，赵琇借口商都卖给科学院的十几匹马卖价未清（其实，科学院和商都两方来往账目，到此时大体可以互相抵消。这笔帐，直到1963年商都县委派人来京，双方才同意结清。为此，我还专门到劳动生产办公室去参与了结账的谈判。那次谈判，张明远、杨德普都在，由我起草给商都县委的信和账目单，经张、杨同意，交商都来人带回），要把科学院留在那里的一台拖拉机扣压起来，不许返还北京。赵琇在这次谈话中使用的言辞，完全不是共产党人说得出口的商人口吻，我据理力争无效，返回十大顷牧场，准备空身回来。到了半夜，县人委突然来电话通知，可以放这台拖拉机走，这才星夜开车，回到北京。……"[1]命运可能总喜欢播弄顾准，每到风口浪尖，总会看到顾准的身影，他坚持真理、擅长言辞，为维护正义，据理力争。

光阴荏苒，顾准就这样来回商都，时间不到半年。在他印象中，商都是一片塞北草原景色。顾准在逗留期间，不仅学到不少牧业知识，也曾设想过：在十大顷这样的地方，如果有足够的投资和机械设备，很可能建成农牧业合理混合经营的现代化农场。——即使顾准身处逆境（此时还未被摘去"右派帽子"），他想的不是个人得失，依然醉心祖国的经济建设。他甚至认为，"在那里[2]，无论种粮食、饲料和牧草，又无论是牧草的收割和庄稼的收成，机械是大有用武之地的"[3]，这不啻他研究中国国情，也是研究农业经济的肺腑之言。

纵观中国历史，在每一个转折点上，总有一批人、一批姑且可以称作"理想主义者"的人是最痛苦的，他们为家国前途担忧，为下一代担忧，为未来担忧，他们担忧自己的痛苦会成为永远难以化解的难题。顾准像历史上的仁人志士一样，是真正的"理想主义者"，活得很痛苦，也活得很有价值。

① 《顾准自述》手稿，第325—327页。
② 按：指商都的十大顷牧场。
③ 《顾准自述》手稿，第327页。

　　约莫1960年年末，顾准结束商都的工作，又回到清河饲养场。名义是"参谋"，虽说比较闲散，但他还是做了不少工作，并抓紧时间读书学习。

　　说起读书，顾准不是仅仅为了打发时间，而是为了"探索"，继续他在中央高级党校已显端倪的"探索"。经过数年政治风云变幻以及个人遭际无常，他说："我更加坚持要'探索'——不仅1957年，留下许多问题要'探索'，两年农村劳动的经历也提出一系列问题有待于'探索'。"①

　　虽然这种探索，对顾准说来，是孤独的，没有止境的，然而，他依旧乐此不疲，从不中断观察与研究。这种态度已早见顾准在河南商城写下的日记："继续这个态度，潜心研究十年。力争条件好转以有利于我的研究工作。这才是我的真正的努力方向。所以要争取经过经济研究所到北大或复旦去教书去。"②顾准的"探索"，是出于一位思想家的人间关怀——他要寻找社会主义革命成功以后，如何进行社会主义的经济建设、文化建设以及民主与法制建设等一系列重大问题——即"娜拉走后怎么办"的问题。

　　这不仅需要时间，也需要智慧，更可贵的是要有勇气——百折不挠、义无反顾的勇气。

　　从下面摘引顾准的原话，可知其"探索"之艰辛：

　　　　1960年，我在清河饲养场是闲散的"参谋"，我听不到任何党的决定的传达（1961年的"农村十二条"，我像村里农民一样，在会议上听一位同志念了一遍"十二条"本文），不参加任何集体学习，不参加任何运动（例如1960年秋冬的三反运动）。我十分关心政治，只能通过自己读报，知道大方向。

　　　　此外的时间我全部都用来读书了。1960—1961年两年，主要是读哲学和历史。哲学方面，康德、黑格尔、罗素、杜威都读了一些。历史，读了一些西方古代和中世纪史，也读了西方近代现代史和史料。③

---

①　陈敏之、丁东编：《顾准日记》，经济日报出版社1997年9月版，第332页。
②　同上书，第89页。
③　《顾准自述》手稿，第332页。

四

最后，想必读者也十分关心顾准被打成"右派"后直到1962年重返经济研究所，这四年期间他的个人生活、气质及其家庭生活的变故吧，让我们随着顾准的笔下一起追溯这段并不如烟的往事：

1958年第一次下乡劳动以前，家还住在中关村的高级宿舍里，生活方式还没有什么变化。1958年秋，母亲摔跤骨折，家里没有写信告诉我。回京前，知道家已搬离中关村，由汪璧向建工部申请了百万庄的建工部宿舍，到家后看母亲残废，家庭状况大变了。1958年至1959年冬春在家呆了三个月，但岳母病故于上海，汪璧到上海去料理岳母后事。因为岳母一向希望在汪璧处养老，1958年下乡前，我也曾计划送母亲到妹妹那里去，把岳母亲接来我家里，因母亲舍不得离开孩子而放弃了这个打算。现在岳母病故，汪璧终身抱憾。从此产生了我对家庭欠了债的感觉。又1958年母亲骨折住院的时候，大姊曾专门到北京帮助料理了几个月的家务，很感激她，不知怎样报答她。这又是一种欠了债的感觉。不过，不久又到商城劳动，家事也暂时放下来了。

商城一年，其中1959年7月至1960年1月这六个月，物质生活的艰困还超过解放区的灾荒年头，回到北京，好几个月吃得特别多。家庭生活主要依靠汪璧的工资，虽还不甚困难，然而我在家庭中的微妙处境，使我感觉到我是这个集体中贡献微小而消耗巨大的成员，家里自母亲以下，恐怕又都对我有一种奇特的观感，我的生活习惯变"野"了，脾气变古怪了等等。好在不久又到了清河饲养场，在那里的约二年时间中，我照例是假期不回，在场留守，非假期补假，在家也是闭门读书，一切不闻不问。1961年春节，大嫂杨履洁自上海来京，七弟陈吉士自山东来京，我在清河饲养场留守，家里通知了我，我也没有回家看望这两个久别了的亲人。

那几年，和孩子们的关系也很奇特。1960年，长女①17岁了，听我说话中谈起商城情况的某些阴暗面，很不以为然，跟我吵了一次。自此以后，我虽然仍然十分关心她们的健康和成长，在1960至1961年的困难时期，也尽量设法在不违反制度的条件下，从农场买些蔬菜之类的食品回去，希望有助于她们的营养，我跟她们也较多接近了。

家庭关系已然变化很多，1960年每月50元的生活费由我自己领取，这笔钱干脆归我一个人花，除伙食等生活开支而外，其余全部用来买书了。……②

顾准身份的巨大落差，惊世骇俗的言行以及苍凉伤感的处境，酿成了家庭不幸的后果。其实，内心痛楚的顾准不愿在家里过多流露情绪，他只自舐伤口、自咽苦水，他心中受到负债感和不安的双重煎熬，这是常人难以想象和领悟的。

好在顾准的儿女们在大劫之后，有了"迟到的理解"。20世纪五六十年代，他们一直受到传统的正统教育，不仅要与沦为右派的父亲"划清界限"，自身也背负黑锅，遭到社会的冷眼和歧视。

1984年2月，顾淑林在读了父亲的遗稿后，满怀深情地写道："1983年初到1984年初，我仔细阅读了这本通讯录（系当时尚未出版的《从理想主义到经验主义》手抄本）。流畅的行文，深邃的洞察力，中肯精辟的分析，使人折服。在这后面的是父亲对国家前途极度关切的责任感和探讨真理的热情、勇气，它是如此汹涌澎湃，深深地激荡着我的心。原有的父亲的形象，至此彻底地清晰高大起来。骨肉情感，对动乱年代和家庭变迁的痛苦回忆，成年以来对文中所及问题的思考，以及严酷的自我剖析，所有这一切，纠扰在一

---

①　按：即顾淑林，小名稆头。
②　《顾准自述》手稿，第333—334页。

起，多少个夜晚不能成寐。1965年底，父亲第二次'戴帽'，我被告知父母亲决定暂时'分手'。'这样可能对他（指父亲）的改造有好处。我们说好十年以后再见。'母亲这样对我说。那一年我23岁。从这以后，我们和父亲没有再见过面，在这以前，我和父亲相处的时间也十分有限。对我来说，从1961年底到1964年这一阶段算是接触最多了——每月一次的回家（我在念大学），其他的时间里，父亲要么在前方，要么在异地工作，要么在出差，要么在劳改。我们这些'右派'子女，从少年时代起就面对着许许多多的怀疑、冷眼和挫折，但忘我的学习工作劳动中，以自己的行动赢得了谅解和友谊。我们的信仰可谓真诚，这里面原因很多，有学校社会的，有家庭亲友的，有个人的。我无法在这里展开来——回顾。"[①]不愧为顾准的儿女，此番话充满深情，又不失理性。

然而，相对而言，在顾准遭受厄运后，家庭中除子女外，在政治上面临巨大的压力的是他的妻子汪璧，但她理解丈夫、支持丈夫，在她身上既有古代妇女传统的美德，又兼有现代革命女性的气质，她是一位十分善良、沉静、娴淑、朴实，只知奉献的女性。陈敏之曾以《汪璧——一位不应被遗忘的女性》为题，叙述了20世纪50年代从"三反"到"反右"期间，她的所作所为，甚为感人：

> 1952年的"三反"运动中，顾准以莫须有的罪名受到错误的撤职处分。
>
> "三反"撤职，对顾准和顾准家庭的命运都是一个重大的转折点。顾准被撤职，汪璧自然感到十分突然。曾经有好心人劝汪璧离婚，被婉言拒绝了，因为她对自己的丈夫有充分的理解和信任。
>
> 在我国，厄运有第一次，也就非常容易地会有第二次、第三次。1957年，相距"三反"不过五年，顾准又被错误地划为"右派分子"。顾准"三反"撤职，工资待遇未变。因此在经济上对家庭

---

① 顾淑林：《迟到的理解——〈从理想主义到经验主义〉读后附记》；转引自《顾准日记·附录》，经济日报出版社1997年9月版，第420—421页。

生活影响还不大。这一次情况就迥然不同，汪璧成了"右派分子"家属，不仅政治上要承受巨大压力，经济上的困窘也实在难以对付。丈夫在商城被监督劳动，经常挨饿，需要接济；五个孩子都在上学，而且都处在成长期，还有老母亲，一家七口的日常生活全靠汪璧一个人的收入来支撑，实在心力交瘁。①

尽管如此，汪璧还是顶住压力，熬过了难关。但是毋庸讳言，她的心情是压抑和忧郁的。

对于这种情况，顾准夫妇共同的朋友许毅（早在新四军时期，他们就熟悉，上海解放之初，一起进城参加接管，后来，许毅奉调中央财政部）看在眼里，急在心里，他也非常忧愁。在本书写作过程中，作者就此在财政部财政科学研究所采访了许毅先生。他告诉著者：

> 顾准确实是我们立信老校友的佼佼者，是一位杰出的人才，他的几起几落，令人垂泪，早在1956年，我看他与爱人汪璧在建工部心情不好，就找了财政部副部长吴波反映情况，推荐汪璧到商业财务司任副司长，经部党组研究作出了这一任命。我当时任建设银行总行行长。这样，汪璧的境遇有所改善，我也稍感欣慰。②

感谢众多诸如许毅先生仗义执言者，正是他们给处于窘迫之中的顾准夫妇带去了人间温暖！

---

① 陈敏之文章收录《顾准日记·附录》，第410页。
② 1998年2月16日采访记录。

第十章 在风暴前诞生的

加强经济核算，严核计
续，积累回家建设资金，
会计工作人负应该在
这方面充分发挥自己的
作用。

胡　业
一九五〇年
青十日

一

1961年秋天，中科院干部局廖处长（女）找顾准谈话，了解顾准1957年被划为"右派"的经过。顾准如实说明了太平沟坝址争议等有关问题。接着，干部局的唐副局长，又找顾准了解了他当年的工作情况和近来的思想状况。11月初，中科院办公厅的郝主任正式通知顾准，经院党组讨论，决定摘去他的"右派"帽子，但是按照有关规定，不予恢复党籍。

不久，院部就为顾准召开了约有四五十人参加的摘帽会议。在院部精心安排下，到会的大多数是院办公厅和院劳动生产办公室的人员；而顾准原单位综考会，只有两三个代表参加。组织上宣布了为顾准正式摘帽的决定，并肯定了顾准这几年"改造自新"的成绩。顾准作了即席发言。他对党给予的格外宽大表示衷心感激，并决心继续改造反动思想，努力做一个好公民。于是，摘帽会议圆满结束。

顾准摘去帽子，意味着他已经回到了人民内部（在新中国，习惯用语"人民"，在政治概念上专指以劳动人民为主体的社会成员，不同于以国籍划分的"国民"）。院部安排他在劳动生产办公室上班。该办主任张明远让顾准闲散了两个星期，便派他去清河饲养场和天津宁河县黄庄农场，协助进行会计与伙食工作。

"天街小雨润如酥，草色遥看近却无。最是一年春好处，绝胜烟柳满皇都。"在冰雪消融的解冻气氛中，人们的脸上都有了喜色。3月的一天，正当顾准从黄庄返回北京休假时，顾准的老战友、著名的经济学家孙冶方满脸笑吟吟，特来百万庄拜望。

顾准见到久违的老朋友，简直喜不自胜！

顾准20世纪60年代证件照

两人相见甚欢，感慨良多。

　　这时孙冶方早已调离国家计委和国家统计局，在中国科学院经济研究所担任所长。他已经在恶劣的大气候中为"价值规律"奋战了五年，这位1923年参加革命的老共产党人，曾大无畏地表示赞同彭德怀的观点。他坦诚地说过："一步登上共产主义的青天"，是违背经济发展规律的；认为所有制不断升级就能飞速奔向共产主义，那是唯意志论。他并多次在会议上大声疾呼："这些年来，许多工厂不讲成本，不讲价值规律，上缴利润很少，还有企业靠救济过日子。如此下去，怎么得了？我们应该大声疾呼：为社会主义创造利润！"①

一组孙冶方的照片

　　①　陈修良：《孙冶方革命生涯六十年》，知识出版社1984年版，第77页。

孙冶方这次登门探望顾准，便是要请顾准出山，重返经济研究所，参与对恢复时期经济工作的重大理论研究，为重提价值规律，调整经济政策出大力。老战友的关心信任与大力提携，使顾准心里暖流回荡。他欣然接受了孙冶方的邀请；回经济所也正是他心中最大的梦想。顾准和孙冶方促膝畅谈后高兴地觉得，他们对经济问题的看法仍然相当一致。他激动地向孙冶方表示，非常愿意助一臂之力。

经过孙冶方的四处奔走，1962年5月，已被摘去"右派分子"帽子的顾准，再度进入了中国科学院经济研究所任研究员。

孙冶方非常欢迎顾准的到来，将他安排在政治经济学研究室，为他提供了十分优越的科研条件，给他的任务是会计研究。几年后，顾准写自述时说：

我现在还清楚地记得，五月上旬那一天来所见孙冶方报到，谈话完毕后到政治经济学组，然后陈德全同志把我带到四楼31号，告诉我这是给我准备的单人办公室，把钥匙交给我的时候，我是多么高兴。来到经济所搞会计研究，并不完全合乎我的理想。可是这是经济所，是六年前我企求进来、已经进来，因为不想当所长而不得不离开的"和尚庙"或"神圣殿堂"，几经曲折，到底还是进来了。这里是研究工作的最好环境，它比我前四年抓时间读书的环境多么不同！这不过是第一天的感受。在这间办公室呆的时间愈长，这里的优越性愈为明显。政经组的同志热诚对待我，我在这间办公室里一天工作10小时以上，除了人民大学找来的一些会计书籍和期刊而外，我还埋头读了几本这里那里借来的、前所未见的经济、历史著作，译熊彼特的书（按：指《资本主义、社会主义和民主主义》一书），就是这最初的一两个月中动的念头。大约一年以后我的单人办公室取消了，和李泽中同志合在一间办公室里（根据文化大革命中从大字报上看到的材料，我猜测这是五反运动中批判孙冶方右倾情绪以后，孙冶方、邝日安为了改正他的过分优待我这个摘帽右派的措施），我对此完全不以为意，两个人合用一间办公室，仍然是多么安静优越的研究环境，我在这里还是每天工作十小时。[1]

知情人的回忆，印证了顾准的美好观感。据徐方说，"母亲与顾准伯伯相识于1962年。顾于1958年被下放到农村劳改，4年后摘掉'右派帽子'，再次来到经济所。当时经济所的办公地点在三里河经委大楼，管理得相当好，整洁而有序。母亲所在的办公室里有一张白色木制单人床，上面铺着雪白的床单，供研究人员午休用。顾准伯伯回到所里第一天上班，在后勤人员的陪同下，到各办公室转转，跟大家见见面。他走进母亲的办公室，环视了一下房间，高兴地往床上一躺，说：'哈，没想到我这个穷小子一跤跌到了青云里！'当别人介绍说'这位是张纯音同志'时，他说：'哦，你就是张纯音啊。告诉你，我还是坚持我那篇文章的观点！'母亲年轻好胜，回了一句：'我也坚持我那篇文章的观点'"。[2]

孙冶方是一位懂行的、知人善任的专家型领导，所以他为顾准提供看来优越的科研环境和工作环境，并不出于私人的感情，而是他懂得顾准的价值以及顾准思想的重要性。在当时乃至今天仍然是国内社会科学最高殿堂的经济所，顾准的心情是舒畅而愉悦的，对此，他十分感激孙冶方，毕竟这里与下放劳动的农村有着天壤之别。因此，有人在"义革"中也说顾准在经济所"心情舒畅"，事实上确亦如此。

顾准给自己提出的目标是："埋头工作，决心在会计研究上作出应有的贡献"，同时，"想利用这个环境来继续自己的探索，但是这是一个人进行

张纯音在办公室

----

[1]　据《顾准自述》手稿，第336页。

[2]　徐方：《母亲张纯音与顾准伯伯的交往》，《老照片》第九十五辑。

的探索，探索不成熟，不想去影响别人"，并要"在经济研究上作'刍荛之献'"。因此，顾准重返经济所的两年半时间中（1962—1965），并未局限于会计研究，还作了大量的经济研究。如顾准所述："初期，我花了一年时间，翻译了熊彼特的《资本主义、社会主义和民主主义》一书，又经济所的环境，决不是在农村劳动抓业余时间来读书时那种孤陋寡闻状态，这里可以读到外面无法买到的期刊《译丛》《动态》，可以读到学部的《外国学术资料》，可以读到哲学、历史、国际经济方面的各种期刊和资料，还可以读到外文期刊，还有机会参加各种学术活动——仅以政经组的学术讨论而论，在扩大思路方面的好处，就是闭门读书时期无法想望的。这样，在经济所，我恢复了和实际经济的接触，恢复了和经济学界的接触，尤其在后期，即1964年内，我又搞起经济研究，写了价格讨论会的两次发言稿，写了内部研究报告《粮价问题初探》等。"①

1961年春，经济所在北京西郊香山召开《社会主义经济论》审稿座谈会。张闻天、孙冶方等参加

———————

① 《顾准自述》手稿，第336页。

孙冶方主持经济所工作的一段时间内，所内的学术空气开始活跃起来，相互争鸣，敢言人未敢之言。就拿孙冶方本人来说，他的经济研究能够切中时弊，提出诸如"生产""流通""分配""利润""折旧"等一系列重大问题，他恳切地提出："社会主义经济最大的问题，就是只讲费用不讲效果，或只讲效果不讲费用。"孙冶方一再主张在学术讨论中应该"求异存同"，争论双方应该互相找差异，不断提高科学水平。

顾准与孙冶方对当时政治、经济形势与问题，看法非常一致，与下放到该所的"特约研究员"张闻天也有交往，因此，后来风云突变之时，有人阴谋将张闻天、孙冶方、顾准一起打成"反党联盟"，这是后话。

对于这段历史，顾准的学生吴敬琏的记忆中是这样的："1962年他被摘掉'右派帽子'之后，由于他的老友孙冶方的安排，回到经济研究所，分配在政治经济学组工作。这时顾准的思想已经变得很成熟。他后来说过，1952年在上海被免职时，思想还是相当正统的，只认为是被个别人挟嫌报复，并没有想到在制度上有什么问题。后来当了'右派'下放劳动，接触了农民，看到他们与城里官员过的天差地别的生活，联系到党内生活中出现的种种不正常的现象，才有了一个认真的反思，逐渐意识到政权、党成为执政党以后存在一个'娜拉出走以怎么样'的问题。""我那时自认为属于力求紧跟'毛主席的革命路线'，进行自我改造的知识分子，根本不理解他的想法。他那时主要搞自己的翻译，跟我们也不太往来。""据我观察，他和孙冶方是生死之交，孙冶方对他是非常尊重的。所以只要孙当所长，还能保护他。这段时间顾准主要的兴趣是读书，搞翻译。他翻译了好些书，比如熊彼特的《资本主义、社会主义和民主主义》这本书就是那时翻译的。不过这种状态只持续了一年多时间。1964年夏批判孙冶方一开始，首先就拿孙的老朋友开刀，一个是骆耕漠，一个就是顾准。拿他们开刀的目的，是想说明孙的朋友都是叛徒、修正主义分子。"[①]

吴敬琏先生此番话，真实反映了孙、顾两人的浓厚情义，在孙冶方的

---

① 吴敬琏：《改革：我们正在过大关》，三联书店2004年3月版，第309—310页。

支持下，顾准到经济所后，勃发了旺盛科研劲头，孙冶方甚而动员他带研究生，并且积极帮忙与商务印书馆联系，确定由他翻译美国经济学家约瑟夫·熊彼特的书。顾准通过翻译，不仅提高了外文水平，实际上也是他的"探索"工作的题中应有之义。他曾作过如下回顾：

> 当孙冶方帮助我和商务印书馆约好译熊彼特的书以后，我确是夜以继日地干——八月份在海拉尔休假的一个月，我也每天工作八小时以上。我的外文水平本来不够翻译这本书，译稿反复修改两三次，可是我硬着头皮干下去。我认为，译出一本书，通过翻译中的推敲，可以大大提高外文水平。我记得，《美国总会计师制度》和熊彼特书译稿都曾退回修改，修改中看到自己误译之处，"不胜汗颜"。但是，误译后再经修改，印象特别深刻，更加有助于外文水平的提高。顺便说说，在译了熊彼特书以后，1967—1968年译琼·罗宾逊和约翰·密尔，工作质量和速度确实大大提高了。至于译书以后，阅读外文的速度大大提高，当然更为明显。①

从我接触的材料发现，顾准翻译熊氏一书，并非一时心血来潮，用他自己的话说："1963年前我回避参加经济问题的讨论，并不是说我停止了在经济方面的'探索'，翻译熊彼特就是进行这项'探索'的主要途径。"②

在西方经济思想史上，熊彼特被人视为学识最为渊博、思想倾向最为复杂的人物，他是在马克思逝世那一年来到人间的，同年诞生的还有凯恩斯。在思想的深邃和著述的丰盛方面，熊彼特是凯恩斯所无法企及的。由顾准翻译的熊氏的《资本主义、社会主义和民主主义》自刊行到他逝世的8年中，共发行了13版，可算是他的著作中最畅销的一部。

---

① 《顾准自述》手稿，第338页。

② 同上书，第335页。

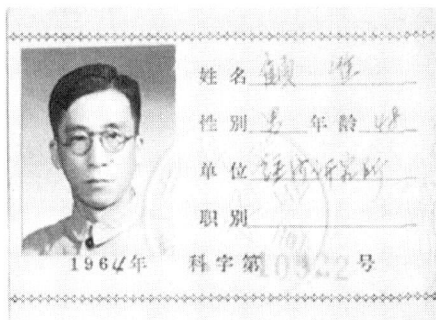

顾准的北京科学会堂出入证。顾准于1962年摘掉"右派帽子"，再次来到经济所，此枚证件颁发于1964年

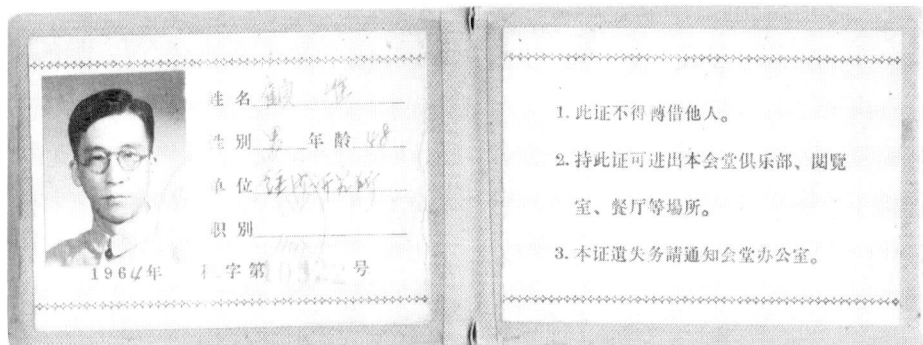

顾准的北京科学会堂出入证

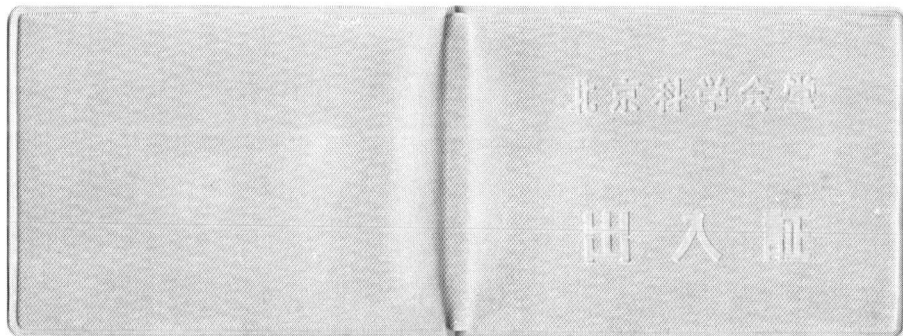

顾准的北京科学会堂出入证

熊彼特认为，资本主义将自动趋向社会化，不会永远活下去。因为资本主义本身将"不断地从内部革新经济结构，即不断破坏旧的、不断创造新的结构"，是一种"创造性的毁灭过程"。企业家的创新职能将使"经济进步日趋于非人身化和自动化"，于是，企业家终于活不下去，"自动地出现"社会主义。当然，对一个资产阶级学者来说，他所谓社会主义，只是由中央机构直接控制生产和分配的一种组织形式。

熊彼特的这一"创新理论"在西方也被人非议，在当时社会主义的中国，也不可能受到青睐。加上顾准译竣此书后，于1963年底交给商务印书馆，1965年即将付印之时，顾准被再次戴上"右派分子"帽子，就只好告吹。直到"文革"结束后，于1979年正式出版，此时，离顾准逝世已有五年。

顾准选择和翻译熊氏之书，不能不受到他思想之中有益成分的影响。对此，顾准本人毫不讳言，翻译以前，商务印书馆要求写出比较全面地介绍作者生平和学说的文章（介绍文章刊载在《动态》上），为此顾准读了熊彼特的几本著作。翻译一本书等于精读一本书，熊彼特的政治思想和经济思想都对他起了某种启发作用。此外，顾准本来对于现代资产阶级经济学很不熟悉，此书的翻译成了他学习这门课的入门课。

顾准通过译介熊彼特指出，中国现代化究竟需要怎样一种民主制度，国人亟待重新启蒙。追求直接民主和高调民主潜伏着不容低估的危险，严重时可导致大规模政治动乱。顾准实际上就是以理性拓展的历史眼光，对"文革"浩劫可能爆发，发出了预警。

下列顾准精心译出的以下文字："群集心理现象绝不限于拉丁市镇狭隘街道上骚动的暴民。"在群集影响下，"道德上的限制和文明的思想方法或感觉方法突然消失……使我们面对谁都知道、可是谁都不愿正视的各种令人毛骨悚然的事实"。各种组织和会议"都呈现出某些群集暴民的触目特色"；各种职业的人都可能"进入某种癫狂状态，企图在这种状态下引导他们走向理性论证，只能更加煽起他们的兽性"。"公民在政治事务上，还会屈服于超理性或非理性的成见和冲动……变得比平常更为非理性，更不负责任。在某些危急存亡时期，这对于他的国家也许是致命的。""浑水摸鱼的诸集团的机会愈多"，那些"对控制政治戏剧或在这场戏剧中对买空卖空有兴趣的人们"，就愈加能改变甚至"创造出人民的意志"。"'不可能愚弄所有的人民'这一格言是有真理的"，但是，"所有的人民在短期内是可以一步一步被'牵着鼻子'，走到他们真正不想要的某种状态中去"的①。

这活脱脱就是在描绘被"四人帮"等人愚弄的群众运动！然而，令人慨叹的是，顾准在孙冶方支持下，刚把译著送交商务印书馆，便被第二次打成"右派"，重新下放劳改。

在经济研究所的两年多期间，顾准除读书、翻译、进行会计研究之外，还积极参与所内外的学术活动。

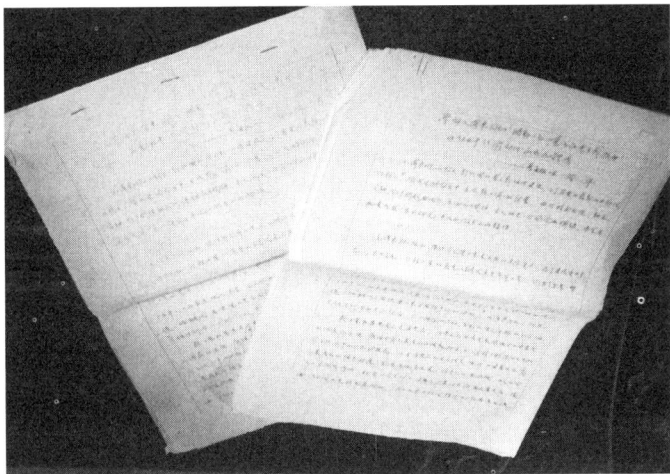

顾准在经济研究所写的读书报告

顾准曾坦率地流露过1962—1964在经济所时期的一部分"活思想"。他说过，1956年初进经济所时对于"神圣殿堂"的敬畏之念，并且还有"怕教授"的想法，1962年以后也在逐步减少。即使大部分时间埋头搞会计，他也以相当时间来积累文献知识和提高外文水平。就在这个过程中，他逐渐懂得，"教授们"唯一可以炫耀自己的也不过是这些东西，至于把这些东西作为工具，运用这些工具来解决当前的和当代的问题，那他们不过是"书

---

① 　熊彼特著、绛枫（顾准笔名）译：《资本主义、社会主义和民主主义》，商务印书馆1979年版，第321—331页。

生"。不要以为这是顾准的自负之言，以顾准学术素养和思想成果，足可以说这样的话。后来的事实也证明，在炼狱中诞生的《从理想主义到经验主义》，替中国一代知识分子挽回了面子。正如蔡翔所说："在那一代中间，我真正敬仰的是顾准，那个在个人的屈辱中作着伟大预言的先知。"[1]

重返经济所，顾准除了上述积累文献和提高外文水平等等，对现实社会生活还是十分关心，并由此激发了他参与经济学术争鸣的积极性。他对当时《工业七十条》《农业六十条》以及其他一切调整，是竭力拥护的。他说："在连续发表'九评'和'九评'以前的几篇文章以后，我甚至还认为，通过这几年的试验，我们在经济政策上也摒弃了照搬苏联那一套的教条主义的做法（或用如张闻天所说的'拿来主义'），在毛泽东思想指引下，独立走我们自己发展经济道路的具体表现。因此，我认为像以前那样的回避一切是自外于党，是错误的，应该积极作'刍荛之献'。这种想法，还曾写在1964年5月的学习毛主席著作的一篇发言稿中。"[2]

因此，顾准打消种种顾虑，对现行会计制度提出改革的建议。1963年夏季，会计研究暂告一个段落后，他就热心于其他各项学术活动。如他自己所述：

> 1963年夏北京经济学会的学术讨论会，我除了参加会计组的讨论，旁听企业管理组的讨论而外，也旁听过一二次政治经济学组的讨论。……该年夏秋，孙冶方的《折旧报告》，我积极响应过，写过一份书面意见。其实这份书面意见不过是"即兴之作"，写作时间不过花了一天。以后也曾按孙冶方的《折旧报告》，我积极响应了这次号召，第一次积极表现是政经组讨论这个报告时，我的极其激动的发言。[3]

顾准在政治经济学组讨论周扬报告的讨论会上的发言，大意是说要出现

---

① 蔡翔：《神圣回忆》，东方出版中心1998年4月版，第7页。
② 《顾准自述》手稿，第353—354页。
③ 同上书，第354—355页。

一个学术上群星灿烂的局面要有条件，像我们现在这样束手束脚，能够出现群星灿烂的局面吗？说得鞭辟入里。

还是在顾准重返经济所之前，1960年11月中旬，中央决定，让由于庐山会议而蒙冤罢官的张闻天到经济所当"特约研究员"。所谓"特约"云云，无非找个单位安排一下，但张闻天却认为只要能有事做就行。他在1961年1月20日写给毛泽东的信中说："中央已分配我到科学院经济研究所当一个特约研究员。我觉得这正合我的心愿。我现在一方面参加研究所方面一些经济问题的研究讨论，另一方面阅读一些有关文件与书籍，最近还想读一读《资本论》，然后

张闻天同志曾于20世纪60年代初期与顾准一起在经济所共过事

再准备出去做些调研工作。自知年老力衰，能力有限，思想方法上有问题，在这方面搞不出什么名堂来，但仍愿努力为之，无负于一个共产党员应负的责任。"[1]正是据以这种信念，张闻天以宽阔的胸怀、坚强的意志，不管环境如何变化仍能泰然处之。他乐于做一个潜心钻研的学者。张闻天先是参加由孙冶方主持编写社会主义政治经济学教科书的工作，并关注着我国社会主义经济建设。1962年他到南方三省一市作了两个多月的调查，同时认真阅读了列宁关于社会主义建设方面的著作，回京以后，撰写了题为《关于集市贸易等问题的一些意见》，送给党中央。

与顾准非常相似，张闻天有一个很好的读书习惯，就是开卷动笔。他的思考和感受，通过"读书笔记"记录了下来。有些就某一专题写成的文章，他也称之为"读书笔记"。1964年2月，他的一篇《议论社会主义商品货币关系和价值规律的新内容》经济论文以"读书笔记"的名义，交经

① 转引自程中原：《张闻天传》，当代中国出版社1993年7月版，第691页。

济所政经组座谈讨论，顾准与孙冶方、骆耕漠等人参加了座谈会。顾准认为，张闻天在该文中实际上是提出了"新价值规律"——积极倡导在社会主义社会中搞自由竞争。会后，顾准利用春节假期，赶写了一篇发言稿，对张闻天的观点进行补益，用顾准的话说，"在鼓吹市场经济方面比他（按：指张闻天）走得更远"。

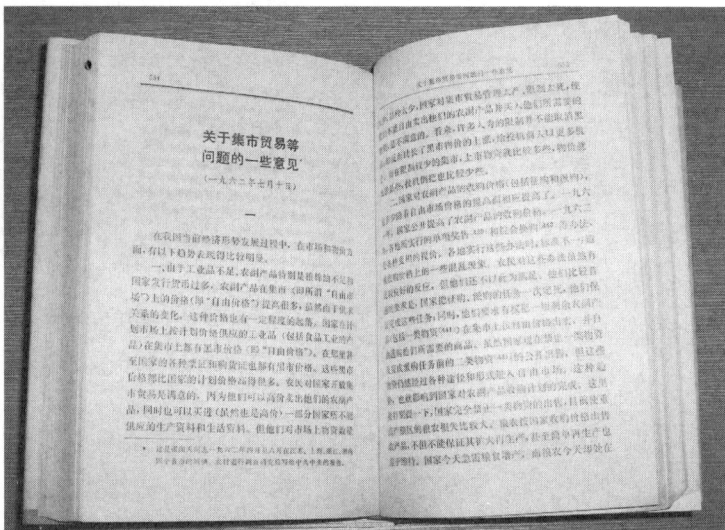

张闻天《关于集市贸易等问题的一些意见》已收入《张闻天选集》

在这次政经组的座谈会之前，顾准早在前一年，即1963年春节政经组在北海举行的聚餐会上，与张闻天结识。这次见面后，他们经常在一起就共同关心的问题侃侃而谈，在一系列重大的社会主义经济理论问题上，顾准与张闻天、孙冶方的观点十分相似。他几次参加了"读书笔记"的讨论会，三位杰出的理论家同一群经济所的研究人员相聚一堂，共同探讨社会主义经济规律。这堪称当代中国学术史上的一段佳话。

1964年5月，在政经组学习毛泽东著作的会议上，顾准读了一篇预先写好的发言稿《体会》，强调当前主要是反对教条主义而不是修正主义，并指出应当研究以至学习德、日、法、意诸资本主义国家迅速发展经济的经验。值得玩味的是，顾准在这份《体会》中将毛泽东提出的"农轻重"方针理解为

"和平主义的发展经济的方针"[1]。这篇发言稿，受到孙冶方的重视，并拿去作为参考。时过不久，在另一次会议，顾准对有人根据斯大林的《苏联社会主义经济问题》的理论观点来批评南斯拉夫是修正主义，颇不以为然。当即他便被诘难，孙冶方在会上为顾准辩护，告诫批评者："不要匆忙给人家戴上修正主义的帽子。"

孙冶方不仅对顾准十分同情关心，而且对其他同志也是如此，他在经济所从来不抓"阶级斗争"，从来不整任何同志，尽力保护那些受迫害的同志，坚决抵制了阶级斗争"扩大化"。孙冶方具有顾准同样的人格魅力，他与顾准是"生死之交"；他与张闻天的关系也十分密切，在经济所，他竭力从生活上、精神上给张闻天以温暖与照顾，在政治上坚持支持张闻天的正确意见，直到一起被诬为"张、孙、顾反革命集团"。

二

1964年5月，当时任全国物价委员会主任的薛暮桥（1904年生，笔名余霖，著名经济学家）给经济所送来三篇价格论文。顾准参加所内组织的论文讨论会，他在发言稿中，强调需求在价格决定中的重要性，主张实现市场经济，主张采用"资金税"来局部代替现行的工商税。

6月，顾准在另一次价格讨论会上，还主张提高粮食和煤炭的价格，降低人民币的对外汇率，理顺我国的物价体系。从当年6月起，顾准又花了两个月撰写《粮价问题初探》内部研究报告[2]。当时这些做法，是针对当时物价和经济工作的。

---

① 《顾准自述》手稿，第357页。

② 2002年1月由中国青年出版社出版的《顾准文稿》（陈敏之、顾南九编）收录了题为《粮价问题初探》的论文，福建教育出版社2010年5月出版的《顾准文集》[增订珍藏本]（陈敏之、罗银胜编）也收录了此文。

和余霖同志商榷价格政策中的几个问题

价格中的需求因素
消费品价格、基本生活必需品的供应保证和国家储量
农产品收购价格
生产资料价格
价格政策、生产计划和投资计划
价格、基准及三种盈利率的比较
什么是合理的基准？价格怎样才能符合价值
资金盈利率和企业的经济核算制

余霖同志在本刊陆续发表的三篇文章（《从经济核算来看我
们的价格政策》，1963年 17 期，《级差地租和我们的价格政策》，
1963年 19 期，《怎样正确计算各类产品的价值（根据哪一种盈
利率来规定各类产品的价格》，1964年第 3 期）中提出了价格
政策中许多重要的问题，不揣浅陋，提出几个问题和余霖同志
商榷。

顾准的文章

据当时物价部门工作的权威薛暮桥回顾：

"物价工作涉及各部门、各地区、各个不同行业以及国家、企业和职工之间、工人和农民之间、生产经营者和消费者之间方方面面的实际利益，因此，在确定具体的价格政策时，经常会出现不同意见，需要由全国物委来统筹协调。对于稳定与调整并重的物价政策，也有不同的认识。

"我对大家说，社会主义国家的各种商品价格，不能不考虑价值规律的作用。尊重价值规律，合理调整价格，才能有利于发展生产，扩大销售，形成合理的市场供求体系。

"物价调整中难度最大是解决农产品价格，主要是粮食价格的购销倒挂问题。粮食购销价格倒挂，除增加国家财政补贴外，在农村还引起很大矛盾。……根据这种情况，我建议，在1964年首先提高农村中返销粮的销售价格，提高到购销拉平……在提高农村中返销粮的销售价格后，由于城市粮食的销售价格没有提，又发生粮食城乡倒挂（粮食销售城市低于农村）的不合理现象。为此，我又建议，提高城市粮食的销售价格至购销拉平，把提价的收入作为粮价的补贴，加到工资中去，实际上是调整物价的同时，要对工资进行相应的调整，这又是一个新的课题。"[1]

这些追述性文字，大致体现了薛暮桥在20世纪60年代的物价思想，其中与顾准的观点有何联系，抑或有何分歧，在此摘录顾准当时的原始记录：

1964年5月，在经济所组织的讨论薛暮桥（余霖）的三篇价格论
文会议上的发言稿中，强调需求在价格决定中的重要性，鼓吹市场

---

[1] 《薛暮桥回忆录》，天津人民出版社1996年7月版，第697页。

经济、鼓吹用"资金税"来局部代替现行的工商税。

1964年6月，在另一次价格讨论会上，又鼓吹提高粮价煤价，降低人民币对外汇率。

1964年6—8月，写作《粮价问题初探》一文，并为孙冶方出谋划策，要他重视工农产品比价问题，建议成立粮价小组等。[①]

现在，根据陈敏之的回忆，顾准的上述文章留存下来了，情况是这样的："我（按：即陈敏之）在整理他（按：指顾准）的遗稿时，曾发现他撰写的关于价格问题的两篇未曾发表过的论文，一篇是粮价问题，可能是内部研究报告，孙冶方在世时，向我要去了；一篇是和余霖（薛暮桥）同志商讨价格问题。现在，时过境迁，价格问题的背景、条件和当年都已有了很大的变化、因此，都不收入本集（按：指贵州人民出版社出版的《顾准文集》）。"[②]

顾准后来在其自述对何以撰写《粮价问题初探》作了阐述，这里仅摘引一部分："推动我写作《初探》的直接原因是两次物价讨论会中．我把需求看作价格决定的主要原因。从这个一般命题出发，我认为宝中之宝的粮食价格偏低，不利于它的迅速增产。比较深远的原因是，农村劳动四年中，深深体会到农村种技术作物，一般比种粮食有利得多，粮价偏低，不利缩小工农劳动者报酬的差距，加快为农业现代化所必需的农业积累。还有一个原因，写作《初探》时已经成了潜意识中的东西……即1957年写作《试论》之前……对于苏联农业长期停滞的深刻印象。"[③]

顾准的《粮价问题初探》

---

① 《顾准自述》手稿，第358页。

② 陈敏之：《〈顾准文集〉序》；《顾准文集》，贵州人民出版社1994年9月版，第5页。

③ 《顾准自述》手稿，第359页。

顾准在《粮价问题初探》中的理论贡献，如今看来有如下四点：

第一，主张在提高粮价的同时，相应提高低工资者的工资，对高工资者的工资则不予调整，借以缩小高低工资的差距。

第二，针对薛暮桥提出的，遇有改变工农产品比价必要时，可以采用降低工业品价格，粮价及其他农产品价格保持不动的方法来达到这个目的的观点，顾准认为值得商榷。他强调："这种方法无助于缩小工农劳动者报酬的差距，反而会使高低工资职工的实际工资差距更加扩大。"他还认为，"降低工业品价格障碍多，过程慢，总要落在调整工农产品比价的必要性后面，难于赶得上去。又即使这种方法可以实行，也会降低工业增产的速度"[1]。

第三，顾准积极指出，为了实施提高粮价的措施，应当充分准备、稳妥操作，以防备整个经济体系中预料不到的变化。他预料："在实施粮食提价的短短一个时期（比如一年或两年）内，也许会要降低一些基本建设的投资。不过，过了这个过渡阶段以后，工农业可以平衡地发展，整个国民经济发展的速度将更加迅速。"[2]

第四，顾准认为，提高粮食价格，有助于促进农村和城市中的计划生育工作。

顾准在文中提出的这些观点，虽然"时过境迁"，但在当时，他能够注意物价因素对国民经济的拉动作用，仍然不失先进之见。

本书在撰写过程中，接触了不少材料。其中北京信息系统经济研究所所长何轶群在《交锋后的中国》的一段话，值得匡正："多年来，中国的经济理论，还不足以说明、解释和引导本国的经济实践。1979年以前，理论家们是不敢想、不敢说、不敢写。在经济方面有独到理论见解和建议的马寅初、张闻天、顾准、孙冶方等各位前辈，刚说几句，就被当头几棍子，再加上有形无形的锁链，黑色的帽子，而哑口无言了。"[3]何先生的这几句话，与事实不符多多。就拿他提及的马寅初来说，他在1957年全国人大代表会议上提出《新人口论》的书面发言，向党、向国家、向全国各地代表，全面阐述了他

---

① 《顾准自述》手稿，第359页。

② 同上书，第360页。

③ 何轶群：《交锋后的中国》，红旗出版社1998年5月版，第20页。

的关于解决我国人口问题的主张。孰料，此论一出，一场疾风骤雨便朝马寅初打来。到了1959年冬天，斗争进一步升级，康生在北京大学师生的批斗大会上，阴阳怪气地说："听说你们北大出了'新人口论'，也姓马，这是哪家的马啊？是马克思的马，还是马尔萨斯的马？我看是马尔萨斯的马！"一锤定音，从此，马寅初便由一个进步的民主战士、正直的经济学家变成了中国的"马尔萨斯主义者"。

尽管在那样的高压下，马寅初依然一如即往，刚直不阿，而对全国上下一片围剿文字，他既不气馁，也不苟同，他连续在《新观察》《北京大学学报》等杂志上发表了十多篇文章，应答如流，决不后退半步。他写道："我虽近80岁，明知寡不敌众，自当单枪匹马，出来应战，直至战死为止，决不向专以力压服不以理说服的那种批判者投降。"马寅初坚持真理的勇气令人感佩。

同样，顾准、张闻天、孙冶方虽饱经磨难，却没有停止思考，特别是顾准在1958年被错划为"右派分子"后，没有噤若寒蝉，相反，提出了更为杰出的学术创见，这是可昭日月的事实。

三

1962年5月，顾准应中国科学院经济研究所所长孙冶方的邀约，担任会计研究任务。到所不久，他即开始这项工作。

鉴于会计这一门学问，即使到了共产主义时代也用得着，而当时又面临着提高和改革的形势，顾准虽然脱离会计工作已届20年，然而他对会计理论和技术早已熟烂于心，驾轻就熟，一旦重新进行会计理论与实务的研究，他广泛涉猎中外会计文献，深入基层调查研究、开展学术研讨活动，取得了令人瞩目的成果。

顾准在短短两年中，结合多年来实际工作经验，理论联系实际，立志编著一部中国特色的社会主义会计学巨著，计划写7篇，后来只完成了《会计原理》《社会主义会计的几个理论问题》两书（顾准逝世后于20世纪80年代初正式出版），终因遭到政治上的第三次横逆和"文革"的冲击，而不得不中辍，成为令人遗憾的残篇。

来到经济研究所的最初几个月里，顾准首先与财政部会计制度司取得联系。因为这个司的班底，基本上还是1949年东北招聘团通过顾准招聘的安绍芸、杨纪琬等人员，所以彼此都比较熟悉。安绍芸（1900—1976）于1957年4月以党外人士身份被任命为第一任司长，他全身心扑在新中国的会计事业，1957年8月，积劳成疾，脑血栓致使半身瘫痪，离开了工作岗位。此时，会计司的日常工作由副司长杨纪琬主持。

在财政部，顾准受到了杨纪琬的热情接待。杨纪琬向他介绍了当时全国会计工作的基本概况、沿革变化。据杨纪琬后来回顾，50年代随着社会主义建设的起步，需要不断完善企业会计制度，拟定成本核算办法，等等。同时，会计工作还遇到来自两个方面的压力：一是来自传统习惯的影响，一是怎样对待向苏联学习。这些问题，都颇费周折。对此，顾准有了比较完整的认识。

《顾准自述》告诉我们："那两个月中，我还参加了财政部召开的，讨论谢某（忘了名字）力主'废借贷用收付'的学术讨论会，见到了正在北京写会计教材的上海经济所娄尔行、厦门大学葛家澍，以及中国人民大学会计教研室的赵玉珉等人，取得了和会计学界的联系。"

对于这段经历，当时任职上海社会科学院经济研究所，后来已是上海财经大学会计学博士生导师的娄尔行介绍说，20世纪60年代初，他应财政部邀请，参加了由部组织领导的《会计原理》教材编写四人小组，四人一同住入财政部招待所过集体生活，为时半年。

而顾准在中国科学院经济研究所工作的办公室与财政部招待所相距不远。这个时期，顾准与娄尔行曾多次相互走访。娄尔行在上海虽然也以会计研究为主要任务，但开展研究，颇多困难。所以他们两人的交谈，主要是就怎样开展会计研究交换了看法。

娄尔行还记得，从交谈中得知，顾准正对会计的若干基本问题，作系统性的研究。他举出了一些初步的构思，征询娄的看法。

　　1962年前后，有某银行职工谢氏在社会上大量分发其自费印发的"内部研究报告"，否定借贷记账法，建议财政部废除借贷法，改为采用他创造的"科学"记账法。为此，财政部召开了多次研讨会，听取谢某的口头说明，公开征集各方面的意见。教材编写四人小组成员也都参加了研讨会。于是便有了进一步接触顾准会计学术思想的机会。

　　顾准在会上与娄尔行相邻而坐，屡次向他递条子，提出会计学的一些基本问题。即使是朋友间提问的条子，他的措词也是写得生动、风趣而又尖锐的。我感到，他把握问题重点的能力较强。谈论得最多的是资金和资金运动，因为其时资金运动论在我国学术界占有优势地位。

　　在娄尔行的印象中，顾准的思维非常活跃，富有启发性。有一次在讨论资金时，他突然提出经常见于西方会计的资金来源与运用表，追究该表所列的资金，在概念上是否与资金运动中的资金概念相等；倘有区别，区别何在等问题。这张表，在我国当时的会计实践中，早已销声匿迹，一般实务工作者未必面临过这样的问题。而顾准津津乐道，兴致勃勃地与娄尔行探讨，足证他治会计学功力之厚实。

　　据娄尔行回忆，顾准对于资金的性质和含义，首先是从宏观经济角度出发加以考察的；然后进入微观经济领域，形成关于资金的概念。所以，他的思路和当时大多数会计学者之纯从微观经济出发不同。这不仅跟他当过财政部门的主管（纵然不久）有关，而更重要的是出于他治学态度的严肃认真。同时，他谈到资金，还频频联系"基金"加以探讨，探讨会计学何以需要两个概念并存，以及它们之间的异同等问题。总之，顾准对手上研究的问题，绝不轻易放过、草率下结论，一定要弄个水落石出而后已，说明他具备一个研究人员所应有的优秀素质。

　　娄尔行在这里回忆只是他们两人交往的一些片段，在此前后接触仍频。顾准后来去沪考察，又与娄尔行促膝交谈，互为启发，多有获益。

　　顾准还通过中国人民大学的赵玉珉教授，向他了解我国现行会计制度的原本，即苏联四五十年代的统一会计制度介绍过来的过程，它的理论根据，以及人大会计教研室当时对这些问题的看法；并通过他借阅了不少美国的会计文献。

在大量的阅读涉猎之余，顾准编译了《美国总会计师制度》一文，交《译丛》编辑部，这篇文章的发表，曾得到孙冶方的关照。

顾准的会计研究，是从掌握大量第一手材料，进行了大量调查走访来开始的。这时候，顾准打算深入基层考察会计工作的实际运作情况。他想到上海是自己比较熟悉的地方，师友众多，企业熟悉，到上海做这项工作，容易取得必要的帮助。所以他就在5、6月份间向所长孙冶方提出建议，到上海去一次。

孙冶方当即同意了顾准的这一建议，但孙冶方主张他先熟悉一下所内的环境和气氛，在所内呆上一段时间再走。这样，顾准于当年9月去了上海，其间还去海拉尔度了一个月的休假。

顾准的上海之行，从9月至12月，总共花了四个月。在此期间，他见到了他的老师潘序伦。其实早在一个月前，即1962年8月，潘序伦夫妇参加上海市委统战部组织的赴外地参观活动，来京住在前门饭店。他的女婿管锦康（现为天津财经学院教授）告诉了顾准这个消息，顾准专程去饭店看望潘序伦。同行者还有高云樵（国家工商行政管理局）、周信（上海市驻京办事处），都是当年立信补习学校的同学。这次见面，当是1952年分手后的首次晤面。

9月，顾准出差一到上海，便去潘序伦寓所拜访。顾准向老师开口要些会计书籍。潘序伦私心非常喜欢自己的学生，就推说：

"我现在根本什么书也用不着了。"

潘序伦说着就让顾准就他家中所存的书自己随便挑选。于是，顾准共挑了二三十本书，都是上海解放后两三年间他搞会计研究时置办的。后来，两人又多次会面，潘序伦积极支持顾准搞会计改革的研究工作。在上海，顾准还见到娄尔行等人，娄尔行后来回忆说："……先生趁他来上海调查研究之机，多次上潘兆申教授家中，或来我家进行三人间的讨论。这种讨论，事先不定主题，兴之所至，自由展开，既有争论，也有相互补充，各自不存戒心，没有顾虑，颇多启发，颇能得益。"[1]

据顾准自述，上海之行，孙冶方为他给上海市副市长曹荻秋和宋季文开

---

[1] 娄尔行：《怀念顾准同志》，《上海会计》1995年第6期。

了介绍信。调查的安排是由上海市财政局副局长顾树桢负责的，市财政局和统计局各派一个助手帮助他工作。顾准觉得，由于安排稳妥，"加上上海各厂会计人员都知道我这个人，调查工作中进行得比较顺利"。

四个月的上海调查研究工作，很快便告结束，顾准自认收获不小。他觉得从上海调查中可以发现，从现行会计制度的技术结构来说，证明苏联四五十年代这一套会计制度的根本用意，是服务于国家财政系统监督控制企业流动资金的要求，因而大大限制了企业会计本来可以发挥的多方面的作用，并在很大程度上不能满足企业经济管理和会计实践上的要求。他在调查中又获悉，"净产值"的计算，虽是统计系统的任务，但是离开会计账目，就无法把净产值计算出来，因此初步研究了企业内部统计系统和会计系统的工作关系。

上海之行的前后情况诚如顾准所言，还是比较顺利的。这次顾准还将母亲一起带到上海探亲，住在大姊家。返京后，他即写了一个简单的调查报告。此后因为赶译熊彼特的《资本主义、社会主义和民主主义》一书，他把会计研究暂时搁了下来。

这年年底，时任中共中央宣传部科学处处长的于光远，以讨论厦门大学教授葛家澍为高校文科教材委员会编写的会计教材的名义，召开了一次会计讨论会，前后历时约一周。

于光远在会前请人直接在电话中通知顾准出席。对于此事，顾准的记忆是："这一周，我全部时间参加了会议并住在编写文科教材的集中场所，即1955—1956年我住过的中央高级党校的学员楼里。于光远在这次讨论会中，鼓励活跃讨论的气氛。会后写成了报导，发表在《经济研究》和《会计》这两份期刊中。会上，他还发动到会人员写信给财政部的吴波，建议成立会计学会，并暗示陈云同志对会计研究十分关心，还公开告诉大家，这次讨论会的经过，他都随时迳直向陈云同志汇报。这次会议中，我和杨纪琬等人有激烈的争论，我坚决反对把企业会计仅仅限于为'资金会计'。不过那时我的论点还很模糊，也还没有从企业管理的实践上说明我的主张。"从此可见，会计在顾准等人眼里，不仅要考核资金运动的发展变化规律，而且要发挥其在经济管理中的作用，会计是一门科学，同样也是生产力，推动着社会的进步。

这样看来，在20世纪60年代初期，作为中共中央高层领导人之一的陈云同志理所当然十分看重会计研究和会计工作，他不仅从理财角度，更着眼于国家经济建设。顾准自忖，中宣部后来批准他撰写的《会计原理》列入经济所的重点科研项目，恐怕是陈云同志影响的结果。因为早在40年代延安时期，顾准就在陈云主持的西北财经办事处的会计训练班上任教，两人是熟悉的。陈云后来还曾想留顾准帮他搞会计工作。虽然由于各种原因，未成现实，但顾准内心对陈云一直是十分感念的。当然，于光远同志也功不可没。

顾准经过上海、东北调查，又参加过文科教材讨论会和北京市经济学会的会计组的讨论，观点已经初步形成了。他从获得的实施苏联会计制度的第一手资料（包括苏联专家马尤洛夫《会计核算原理》一书）中，感到从中国经济建设的实际出发，无论在理论上实践上都不能同意苏联这一套制度，于是就着手写《社会主义会计的几个理论问题》一书。

顾准的《社会主义会计的几个理论问题》（简称《理论问题》），先后有三稿，1982年公开出版的为第三稿。

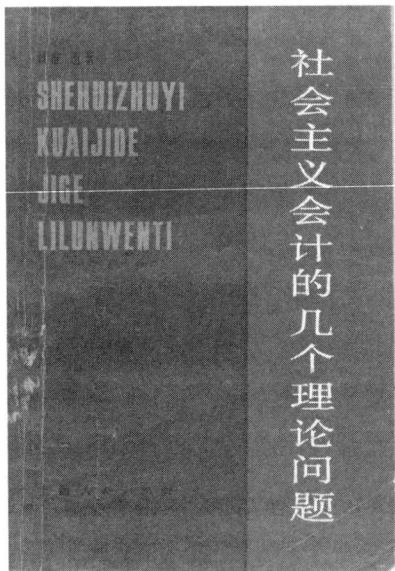

顾准《社会主义会计的几个理论问题》
（上海人民出版社1987年出版）封面

《理论问题》第一稿完成于1963年11月前后，二稿完成于年底。1963年至1964年岁尾年头，经济研究所在正副所长孙冶方、邝日安主持下，组织了一系列学术汇报会。其中讨论《理论问题》的会计讨论会，约请了北京市高等院校会计教师和首钢等财务会计部门的负责人参加。根据顾准本人的回顾，这次讨论是以第二稿为依据的。会上既有人热烈地表示赞成，也有人坚决反对。会后，他对第二稿大改，于1964年3、4月间写成了第三稿。经过他的请求，邝日安写信给财经出版社，请他们考虑出版此书。财经出版社对于出版该书大约既有所顾虑，又不愿使顾准觉得过分难堪，于是慨然免费为他打印了约200份，供他分发讨论。打印完成于1964年。

　　远在上海的娄尔行也收到了这本书。事后，他追忆道："1964年，先生写出了他对会计学的初步研究成果，命名为《社会主义会计的几个理论问题》，打字油印，厚厚一大册。承先生不弃，寄我一册要求提意见。'十年动乱'的岁月，不久开始，可惜很想仔细阅读的一厚册，我仅粗略翻阅一过。在那个时候，更不可能同他交换意见了。此稿于'文革'后，在1982年正式出版，这也是先生在其坎坷的人生历程中最后为会计理论界作出的宝贵贡献。"

　　现在问世的《理论问题》一书共有九章。其实，顾准在完成了第三稿后，又准备进一步修改。据遗稿所附修改计划，他拟将上述九章，修改为十一章。

　　1964年6月25日，顾准在经济所为《理论问题》的第三稿写了说明，内称：

　　　　本稿第二稿曾在一九六四年一月份中国科学院经济研究所学术汇报会议上讨论，会外也承机关和学校的许多同志提出过不少批评意见。第三稿内容，除小部分照第二稿未加改动外，大部分都改写了，章节次序也有很大变动。

　　　　第二稿中有不少观点看来是有问题，如：（一）会计和国民经济计算的关系，倾向于把两者等同起来，而不是既指明它们的联系，又指它们的区别；强调成本计算，而对成本科目及成本报表未加讨论；（二）什么叫做会计，前后论点自相矛盾；（三）关于科目矩阵的解释，意义含糊，目的不明；以及其他等等。这些错误和缺点，经同志们指出，第三稿写作时努力改正，但限于水平，错误缺点还多得很，仍望会计学界及经济学界指正。

　　　　本稿涉及许多争论问题。作者坦率提出这些问题的看法，或者进行争辩，无非是本学术问题百家争鸣的宗旨，表明个人意见，在讨论过程中，准备随时修正错误。有时候行文语气比较肯定，这在学术争论中很难避免，倘因此造成一种坚持己见的印象，这就确实不是作者的本意了。①

---

　　① 顾准：《社会主义会计的几个理论问题》，上海人民出版社1982年5月版，第1页。

顾准的《理论问题》一书，在写作过程中得到所内外专家学者的帮助批评，诸如骆耕漠、赵帛、赵玉珉、王德陞、阎达五、葛家澍、娄尔行、潘兆申、管锦康、殷宗郢、王鹤松、胡文镐、曹伯岩、乌家培、何振一、王庆龄等人。

可惜的是，天不假年，在接踵而至的"四清"和"十年动乱"中，顾准备遭摧残，因而所愿未遂，不能使今人读到其原所设想的定稿。尽管如此，他所遗留下来的《理论问题》第三稿，仍闪烁着他在会计学术领域里值得人们钦佩的才华。他的有独创性的见解，对探索真理一丝不苟的精神，都是值得后人珍视的。

顾准认为，《理论问题》一书的主旨如下所述：一是现行会计制度以国家财政系统监督控制企业的流动资金运用为中心，从而大大限制了企业会计发挥其多方面的作用。二是企业会计应是企业全部经济计算的中心，而就再生产过程的价值补偿方面而论，它不能不同时是经营基金循环的计算体系，和成本—利润计算体系。三是现在企业内的经济计算分归为计划、统计、财会三个系统计负责，这就使企业内没有单一的内部经济情况体系和经济计算体系，结果，机构臃肿，非生产人员增多，报表泛滥，工作效率低下，因此，应该大大发挥《工业七十条》规定的总会计师的作用，合并计划、统计、财会三个部门，组成总会计师的工作机构。其中计划一项，当然和生产指挥系统有重叠之处，但这种重叠，在"计划"工作归"计划部门"负责时一样存在，暂时无可避免，问题在于恰当处理。机构如此改组以后，企业的经济管理和经济计划可以收到一元化的好处。至于企业的远景发展规划，因与日常的经济管理、经济计算关系比较间接，不妨保持一个精干的计划部门来掌握，中小企业则根本无须设置这样的机构。这样做，凡年度计划各项指标的制订、计算和考核，就应归总会计师统一负责。四是会计这一工具，按其性质来说，本来能够完成这项工作的大部分，凡会计不能完成之处，用会计以外的统计资料来补充，这样做，比现在会计统计两个系统同时并存，并在理论上把会计从属于"国民经济计算"工具的统计，要妥当得多。以上诸点，便是顾准的《理论问题》一书的基本主张。

顾准在阐述这些主张时，既充分考虑会计技术的细节，也涉及一些经济理论问题。他要求将社会主义企业会计改革的立足点，放在"成本—利润"计算体系，这无疑是切中时弊的，而绝不是什么"利润挂帅""物质刺激"，但是顾准能够敏锐地作此主张，是要冒一定风险的。他指出："企业会计的科目体系，就其基本结构而言，综合了经营基金循环和成本利润计算两者，而这不适合企业经济核算制特点。企业会计要从经济效果的观点，尽可能对企业一切经济活动作出经济估价，要网罗一切有关的实物量和劳动时间在自己的体系之下，并发展成为一种极重要的经济管理工具，在这个意义上说，企业会计就是经济会计。但是企业会计同时也是财务会计，因为它负责管理日常的货币资金收支，而从经营基金循环和成本利润计算出发，也容易拟定精确的财务计划，作出精确的财务计算。"①

同时，顾准还强调："作为经济计算体系的会计，必定同时是作为经济管理工具的会计。因为会计计算的结果（会计报表）本身并不是目的，它不过为经济分析提供分析资料的工具，只有经济分析，才能检查经济计划执行的结果，才能对经营生产过程作出总结，才能找出改进工作的途径。"②经济越发展，会计越重要，顾准的一番苦心梦想，终于在改革开放的年代，得以实现。

顾准自1963年下半年起，在写作《理论问题》一书的同时，开始了《会计原理》的著述。原拟撰写七篇，由于卷入"张闻天—孙冶方反党联盟"事件而被迫中辍。

顾准的《会计原理》主要介绍了借贷复式记账，企业会计的账户体系、凭证、账簿体系等，并对这些内容作了深入浅出的阐述。同时对20世纪60年代初期我国会计界所

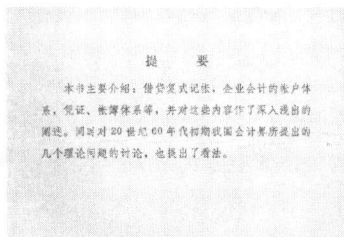

顾准《会计原理》（知识出版社1984年出版）封面

---

① 顾准：《社会主义会计的几个理论问题》，上海人民出版社1982年5月版，第7页。
② 同上书，第41—42页。

提出的几个理论问题的讨论，也提出了看法。

晚年潘序伦

　　潘序伦1983年10月以耄耋之年为该书作序，给予很高的评价，他说："这篇遗著虽属残卷，仍可独立成篇，编写方法也与众不同，以他一贯的严谨学风，运用马列主义观点，层层剖析，逐步深入，独创一格而不拘泥于习俗。例如：主张利息应列入成本，应从利润中支出；用数理矩阵方式，来说明复式簿记恒等原理；对借贷记账法和收付记账法问题，提出新的见解；又如对成本计算，应区分大中小企业，分别采用永续盘存制或实地盘存制，从实际出发，加以取舍；如此等等。许多有关会计理论和实务的问题，均具有独到的识见。"1984年该书以《新编立信会计丛书》的形式由知识出版社正式公开出版。

　　顾准在经济所进行的会计研究，及其上述两部书稿，可以称为姊妹篇，虽然均未终篇或最后定稿，但其理论价值不可忽视，至今依然闪烁着理论探索的可贵光芒。

第十一章　鳏病之身的烦俗事

加强住院检疫，严格工作，依积累回家建设资金，会计工作人员应该在这方面充分发挥自己的作用。

张　平

一九五〇年
青十日

一

大批判的暴风骤雨即将来临，而在此之前，人们稍微感觉到一丝平静。

1964年7月初，经济研究所安排顾准去青岛休养了一个月。在那里，他写作《粮价问题初探》花了半个月。另外半个月，通过青岛市政府负责人的介绍，到青岛啤酒厂、崂山汽水厂、青岛纺织管理局和一个国营棉纺织厂、一家制造皮鞋的手工业合作社了解会计工作，并参加了一次由青岛市财政局组织的讨论会。8月份返京回所。

那时候，全国正开展历时近四年的城乡社会主义教育运动（内容为清政治、清经济、清组织、清思想，故又称"四清"运动）。顾准身不由己地卷入了这些运动。

登长城。顾准1965年摄于青龙桥至八达岭的崎岖山路上

与此同时，哲学界在批判杨献珍的"合二而一"论，史学界在批判罗尔纲的李秀成研究等等，整个社会科学界都有所反应。

1963年10月26日上午，中国科学院哲学社会科学部在政协礼堂开会，郭沫若主持会议，周扬作了长篇报告，一直持续到下午。

周扬开宗明义地提出：学术上的反修与政治上的反修配合，建立战斗的马列主义的学术战线。社会主义与资本主义谁战胜谁的问题并没有解决，我们不仅需要强大的物质科学基础，也需要强大的思想建设、精神建设。学术不能不与政治配合，配合反修，配合社会主义建设，才能适应需要。他着重强调在各学科树立马列主义，打倒修正主义的重要性。

如果把"文化大革命"比作狂暴的腥风血雨，那么，1964年的"大批判"便是作为前奏的电闪雷鸣。经济学领域遭到雷击火焚的是孙冶方和他的"利润挂帅"。这一年，孙冶方被围攻、批判了39场。康生、陈伯达在幕后操纵着这一大规模的围剿，孙冶方从此被戴上"中国最大的修正主义"帽子。对此，顾准心里很清楚："我认为孙冶方在经济问题上发表的一系列意见并没有什么错误。我一向自承，如果我关于经济问题的见解是修正主义的，那我比孙冶方更为彻底。如果孙冶方因持有并发表这些意见，所以有罪，那我的罪更大于孙冶方，既然孙冶方是运动中的重点，我也跑不了。"[①]后来的事实证实了顾准的这一预见。

10月份，经康生批准，毛泽东的政治秘书兼中科院副院长陈伯达布置，由当时的中宣部和哲学社会科学部纠集了一个多达70人的"四清联合工作组"，开赴三里河，大张旗鼓地进驻经济研究所。"四清联合工作组"厉声宣布：立即揪出"张闻天、孙冶方、顾准反党集团"！顾准被称为该集团的"黑智囊"。而骆耕漠，既是张、孙、顾的支持者，又是"潘、杨集团"的漏网分子，也成为整肃重点，被免去政经组组长职务。"四清联合工作组"配合经济研究所的"党团骨干""积极分子"，用无休止的"车轮战"对付张闻天、孙冶方、顾准等人。

关山复任当时的工作组负责人，他经何建章通知，要求顾准停止写作，全部时间投入学习。10月29日和30日两天，关山复主持召开政经组扩大会议，无情地批判孙冶方的所谓"恶霸"态度，不准他"占领舆论阵地"——不准解释、不准答辩、不准"反扑"——一帮打手被动员来"打态度"，并揭发孙冶方的理论有两个来源：索仓里和吴绛枫（即顾准），会场上充斥着一片乱哄哄的叫骂……

据顾准回忆：

就在这次会议以后，我不再参加运动中的任何会议，连续两个

---

① 《顾准自述》手稿，第365—366页。

月，奉命写了两三份十分详尽的和孙冶方关系的交代材料。此次会议以后，我更进一步猜测，孙冶方的问题是任用我这个右派分子而引起的，我这个人，到哪里都要害人，这回又害了这个老朋友，觉得很对不起他。①

殊不知，孙冶方是陈伯达、康生之流钦定的罪人，何况欲加之罪，何患无辞。只是到了这步田地，顾准已脱不了与孙冶方的干系。

工作组积极罗列顾准、孙冶方、张闻天等人的材料，不仅已经写成的书要"批判"，明明还没有写成的书（论文、研究报告），明明是处于写作过程的初稿、修改稿、内部讨论稿，也给印出来作为"大毒草"批判。顾准的《试论社会主义制度下的商品生产和价值规律》《社会主义会计的几个理论问题》《粮价问题初探探》，也被列为"毒草"横遭批判。与此同时孙冶方后来收入《社会主义经济的若干理论问题》一书的大部分文章、张闻天的关于集市贸易等内部研究报告亦遭到同样的厄运。

现在，读者只要认真阅读这些文章，不仅从里面那些关于社会主义经济问题的真知灼见中受到教育和启发，而且像读历史深深感到当时是非颠倒的惨痛教训。

炙热的批判烈火，从"阶级斗争"火焰喷射器，急剧地喷射到张闻天、孙冶方、顾准、骆耕漠身上。这其实是未来全国思想学术界"阶级斗争"的实战演习。

然而，康生、陈伯达没有料到，他们面对的是一批有独立精神的思想者。曾有一段顾准对自己"坦白交代"的注释，令人叹为观止："有的同志把我说成是孙冶方的'启蒙者'，我觉得并不确切。因为孙搞经济学比我早得多，这种反动经济思想在他脑子里恐怕早已存在，无待我来启蒙，充其量我不过通过请教《资本论》那段引文对他起了'惊蛰'的作用。至于我自己，我完全清楚我的反动经济思想和我的反动世界观的关系，我绝不是如所内许多同志那样，不自觉地受了他的影响，受了他的蒙蔽不自觉地犯了错

---

① 《顾准自述》手稿，第366页。

误。孙顾二人，是分别在自己早已形成的世界观的基础上，共同酝酿了反动经济思想，这两个人的经济思想基本相同，然而大同小异，两个人彼此独立地想搞自己的'体系'，谁也不是谁的助手。所以我说，孙顾关系是'反革命思想联盟'。"①

顾准真不愧是"顾准"，写个坦白交代也这么咄咄逼人——你们甭说是我给孙冶方"启"了"蒙"，可也甭打算说我是孙的助手，我俩之间的"官司"哪里是尔等人物能够理解的？我也犯不着跟你们解释。既然你们非要给我俩套上一个"名头"不可，那么，就算"反革命思想联盟"。有道是"物以类聚、人以群分"，顾准与孙冶方"惺惺惜惺惺"！不过，语气是如此皮里阳秋，绵里藏针！

当然顾准、孙冶方及其文章的命运，不是一个人及其观点遭受磨难与挫折的问题，它反映了一个国家受到的磨难与挫折。后人应该牢记这些教训。其实，比较一下顾准与孙冶方的经济理论，还是相当有必要的。据顾准其时的同事赵人伟（"文革"后曾任中国社科院经济所所长）介绍：在被称为第一个改革浪潮的1956年，我国经济学界出现两篇最有代表性的经济理论文章，一篇是孙冶方的《把计划和统计放在价值规律的基础上》，另一篇是上面已提到的顾准的文章（按：即《试论》一文）。众所周知，孙冶方撰写这篇文章时，曾经得到过顾准的启发。可见，在这个改革浪潮中，顾准毫无疑问是站在中国经济学界的前沿的。20世纪60年代初期，在经历了"大跃进"所造成的各种经济问题的基础上，中国经济学界对社会主义经济问题进行了进一步的探索，实际上形成了两大派。当时的经济研究所内，两大派的区别是非常明显的。我们不妨称之为运转派和意识形态派。运转派以孙冶方为代表，强调社会主义经济要讲究效率，即要以最小的劳动消耗取得最大的经济效果，并要以此作为社会主义经济学的"红线"；还强调平均利润和生产价格，即不仅要考核活劳动的效益，而且要考核物化劳动，特别是固定资产投资的效益。意识形态派的代表人物在此从略。不过，从1964年经济研究

---

①　《顾准自述·1956—1964年的孙顾关系实质上是一种"反革命思想联盟"》，中国青年出版社2002年1月版，第367注1。

所的"四清"运动一直到"文化大革命"中对孙冶方的批判，基调就是要以"阶级斗争"这条"真红线"来代替"最小—最大"这条"假红线"和"真黑线"。可见，就经济研究所而言，阶级斗争为纲并不是从"文革"才开始，而是从1964年的"四清"就表现得非常突出。现在又要回到顾准。顾准当时刚摘掉"右派"帽子，处于没有资格参加上述问题争论的状态。然而，从他的经济思想体系来说，属于运转派是毫无疑问的，不妨称之为潜在的运转派。而且，问题还不止于此，在运转派中，孙冶方属于有计划的生产价格派，顾准则属于要让价格机制真正起作用的市场派。

在这里，如果把顾准的经济思想同孙冶方的经济思想作一点比较是颇有意思的。孙冶方和顾准对传统的计划经济体制均持批判态度，竭力主张经济体制改革，都是共同的。而且，由于他们不同的处境，在50年代末和60年代初这一段，在分析和解剖传统体制的弊病方面，孙冶方比顾准作的贡献要多一些。不过，在经济学的理论和方法方面，我认为顾准又有两点是超越孙冶方的。第一，在理论上孙冶方主张的是有计划的生产价格，而顾准是要让真正的价格，即市场机制来调节生产。这一点在他上述1957年所写的文章中已经表达得非常清楚。尽管当时在表述上仍然袭用苏联的经济核算之类的术语，但他提倡经济核算制的最高限度的做法，已经清楚地表达了他的思想。第二，在方法上，孙冶方用的是平均概念，生产价格就是以利润平均化为前提的，而顾准除了平均概念以外，还有边际概念。尽管我们未能见到他运用边际分析方法研究经济问题的论著，但他具有这方面的素养是可以肯定的。

屋漏偏逢连阴雨。这时，顾准的外甥宋德楠因组织"反动小团体"，又牵连到顾准。

宋德楠是顾准大姊陈秉真的次子，1959年考入清华大学水利系。顾准1960年春从商城回来时才见到他。1960至1962年，顾准因在京津郊区劳动改造，与他的接触也不多。1962年顾准重返经济所以后，宋德楠利用一些假日到舅舅家里，和家里孩子在一起，谈话中有时涉及政治问题和党史上的一些情况。除此之外，顾准与宋德楠没有什么过深的交往。但是，一场无情的风暴即将来临。

顾准20世纪60年代在北京百万庄的宿舍楼

　　著者曾经听陈敏之回忆："1965年的春天，有一天收到五嫂来信说，某日晚上突然来两个人把五哥带走了，带到哪里去，不知道。对此，我倒是真的吃了一惊。因为根据我的经验，这是一种非同寻常的手段，我没有想到在我们共和国也会发生这种不符合法律程序的行为（以后到了'文革'时期，就成了司空见惯的了），我完全能够感觉到问题的严重程度。然而我无法向五嫂说一句安慰的话，因为我同样一筹莫展，只能默默地等待。接着，警报又从我大姊那里传过来，她在清华读书的次子的学校里来了两个人，声称要家里把她儿子的来信全部交出来，大姊来和我商量，为了不要把顾准牵连进去，我出了一个不高明的主意，主张信不要交出去，结果，当然没有起什么作用。那么，大姊的儿子在学校究竟犯了哪一条，要如此大动干戈？原来，他和几个同学组织一个什么现代马列主义研究会的组织，这些年轻人真不知天高地厚，共和国虽然公开声明以马克思列宁主义作为立国的思想基础，但是哪里能随便研究的，自由结社更是触犯天条。这件事，传到康生那里，本来打算把张闻天、孙冶方、顾准串起来打成一个有组织的反革命集团，结果是空欢喜一场。经过严格的隔离审查，证实组织上与顾准毫无干系，但是思想上的影响却是摆脱不掉的。过了大约四个多月，五哥给我来信，说已经回到家里，在隔离期间，除了他的外甥交代的他都承认下来以外，他没有作过

1965年顾准与其弟陈敏之同游八达岭长城,在青龙桥下火车后,于此留影

任何交代,因为他对这个组织毫无所知,实在没有什么可交代的。对于难以容忍的逼供行为,他曾经以绝食抗议过;现在在等待处理,大概国庆节后可以作出决定。"

当时工作组对顾准的隔离审查,无须任何手续,就叫做"监护",从1965年2月中旬开始一直到6月下旬结束。监护期间,他一度曾动死念,欲效法法捷耶夫,但求死不得,欲活不能,工作组对他反复折磨,无情批斗。

当年6月下旬至9月中旬,是顾准家庭生活的最后80天。其间,他只能把1945年日本投降以后,从上海接到解放区、曾经在战争环境中辗转流徙、年近八旬的老母亲,送到太原的妹妹陈枫和妹夫施义之(后曾任公安部副部长)家里,让她有一个比较安宁的生活环境。又值妻子汪璧出差,他照料了孩子们的暑假生活。这是顾准最后与孩子们在一起的一个假期。

1965年9月17日,秦柳方代表经济所党组织找顾准谈话(孙冶方早于1964年冬天被撤销所长职务),宣布给他重新戴上"右派分子"帽子的决定,定为敌我矛盾,监督劳改。两天以后,离所去周口店劳动,直到1966年4月中旬。

早些年阅读马克思的《资本论》,曾在其中的注释中读到,"一个人不能以同一个罪行判处两次",不过那是资产阶级法律,无产阶级法律好像不是这样,不但可以将人的同一罪行判处两次,还可以因政治的需要在后面一次的判处中罪加一等。顾准在1965年所受到的遭遇,就是如此无情!

二

　　周口店，位于北京郊区房山县，是著名"北京猿人"及"山顶洞人"头盖骨以及石器等遗迹出土的地方。这一带丘陵连绵，岩衔青嶂，山林之间有平原与耕地。顾准被安置在此地的一个贫困农村劳改。同时与顾准一起下放，被监督劳动的还有孙冶方等人。

　　顾准在此前后共呆了7个月。1965年9月至1966年初，他的心情异常阴沉。虽然他的身体很差劲，但监管人员全然不顾。他们勒令顾准每天一早去割麦，直到日头落山也不能回来。

　　早几年，顾准在商城劳改时，已经严重损伤了身体，1962年再次进经济研究所以后，日夜伏案工作，体力透支严重，体质已大不如从前。

　　顾准顶着夏末的骄阳收割谷子，仅仅两天，他的下肢就开始肿胀，走路困难。他是老劳改犯，知道刚下来病了也无法休息，便咬紧牙关忍耐，强撑着割完谷子，经过几天场园劳动，转到五队菜园。连续的强体力劳动和巨大的精神压力，使他的病状日趋严重，以致全身都浮肿起来。

　　周口店也是经济研究所革命干部和群众参加农村"四清"的基地。这几个月埋头劳动，顾准和共同劳动的农民同志也很少交谈，和五队"四清"工作组的负责人杨仲玉、董辅礽更少接触。

　　然而，陷于孤独与凄苦之中的顾准，多想和众人说说话，消除内心的寒冷啊！可是，这个社会已经无情地抛弃了他。在阶级斗争日趋激烈的形势下，顾准就像一个烈性传染病人，几乎没有人敢沾他的边，他只能痛苦地离群独处。根据"四清"的保密规定，顾准绝不能向农民说明自己的身份。但是，他从不参加会议，只能在监督状态下劳动，就已经清楚地说明，他是被打入另册的"五类分子"。菜园的园头孙德才和老菜农陈旺，却颇具北方农民的豪爽与淳朴，他们眼见这个戴眼镜的知识分子罪犯和土生土长的农民一样，只知拼命干活，再累再脏也不吭一声，都以亲切的态度对待他，丝毫不计较他的特殊身份。

顾准硬挺了几个月后，病弱的身体渐渐适应了劳改生活。1965年岁末的后一个半月，情绪略有振作。他终于确信自己可以熬过灾难。于是，他便瞒着监管人员，又悄悄地恢复了对历史、经济等题目的研究。

顾准读书不倦，勤于思考。这是他留下的部分藏书

这时，头上戴着"中国最大的修正主义分子"帽子的孙冶方与"老牌修正主义分子"帽子的骆耕漠，也被送到周口店监督劳动。顾准和孙冶方、骆耕漠重逢于劳改地，心情的激动不言而喻。他们虽然在监管状态下很少得到说话的机会，但是，他们的心却相知相近。他们彼此用深沉的目光，默默地交换着问候与鼓励。这些都是由于学术理论研究而惹下了祸的高级知识分子，大家同病相怜，总是在暗中伺机互相关照。

周口店当时的地貌相当荒凉，冬天十分寒冷。年底前，顾准瞅了个机会，小声拜托一直关心着他的挚友骆耕漠，代他回家走一趟，看望看望妻子儿女，并请妻子汪璧找一些御寒用品。骆耕漠郑重地接受了老友的委托，回北京时不避嫌疑，以戴罪之身亲自前往百万庄，看望了汪璧等顾准家人，完成了顾准的嘱托。骆耕漠为这对患难夫妻互相转达的问候和关切之情，对顾准是极大的安慰与鼓励。

1966年，政治形势益发严峻了。1月18日，是阴历小年夜，顾准获准回家过春节。他戴着汪璧捎给他的遮耳棉帽，冒着风雪，艰难地独自行走在前往百万庄的路上。对于这次回家过年，顾准的内心充满矛盾。以他现在的"极右派"身份，与日益高涨、越来越"左"的革命气氛，实在不协调，两次戴上"右派"帽子的前途，也不可能再有什么光明……

小年夜下午，顾准回到了家里。对于那天的经过情况，他有一段追述：

> 到家在下午，汪璧还未回来，在家的孩子没有一个理我的。晚上，汪璧提出离婚，想到1957年以来我欠下这个家庭这么多债，以后不应该再害亲人，忍受感情上的牵合，痛快地同意了。第二天是阴历除夕，按照1962年以来的惯例，整天忙于做饭，做出节日的饭食，度过了四天的假日。阴历初五，到医院去检查身体，发现"心律不齐"。因为时间匆促，来不及确定它的原因和性质，只给我开了一个"暂不参加劳动"的证明。这样，假期结束回周口店的时候，带回了两个包袱：离婚和心脏病。①

汪璧提出与顾准离婚，实在是出于无奈，1965年冬她在给陈敏之的来信中说，她准备与顾准离婚，双方已商谈过并已取得协议，打算分别向各自的组织打报告（提出申请，没有经过法院或民政部门，实际并无法律效力）。不过，汪璧在信中还说，只要顾准有一天脱掉"右派帽子"，就可立即复婚。为了孩子和家庭，他们作出了这一万不得已的决定。据陈敏之介绍：

> 五哥和五嫂相伴三十多年，患难与共，两情深笃，经历了多少惊涛骇浪。五嫂不是出于万不得已，绝对不会提出这种看来绝情的措施。五嫂提出离婚前，曾写信向我征求意见。她说，离婚实在是百般无奈；如果五哥以后还能摘帽，十年以后和他复婚。我内心深

---

① 《顾准自述》手稿，第366页。

处虽然不赞成他们离婚，却复信表示了同意。我想，这样，他们孩子的处境也许可以好一些。现在回想实在后悔。如果我当时能拦住他们该有多好啊！那样，五哥、五嫂或许都能熬过十年浩劫了。

顾准的儿子则认为，母亲和父亲的感情一向很好，但是，母亲作为一个忠诚的共产党员，在如何对待父亲的政治问题上，内心处于极大的矛盾中。当时的社会，政治一边倒。和"反党"分子划清界限，是党的政治要求，母亲作为老党员确实很难做人。母亲性格内向，总带一点忧郁，和父亲不一样。父亲第二次打成"右派"，母亲精神压力一直很大，几乎天天忧心忡忡。说老实话，她虽然爱我父亲，却并不能理解他的深思熟虑。人生的路不能重走。人只有一个父亲，我们的父亲又是一个受尽磨难的好父亲……

第二天，即是中国人全家大团圆的年三十。顾准按照从黄庄农场回家后的惯例，一整天都在厨房里，忙忙碌碌地帮汪璧烧饭做菜。他强忍着内心破碎的痛楚，亲自掌勺，为家人做了一大桌节日菜肴。这是他们全家人最后一次团聚，也是他与汪璧三十年恩爱夫妻的告别聚会！汪璧只是一个劲地配合，任悲伤的泪水在心中流淌。子女们都被压抑的气氛笼罩住了。一家人以难言的痛苦，默默地吃着这一桌饭菜，度过了一个不平常的春节……

春节过后，大年初五，顾准便离家去周口店。对于自己父亲当时出门的情形，高梁至今记忆犹新：

"1966年春节，表面上看还是融洽和平的。春节过后，父亲离家去周口店。出门的时候，我弟弟、妹妹正在拌嘴。父亲回过头，大吼一声：还吵什么？你们没爹啦！"高梁说。

这真是悲惨得令人心碎的一幕！

这天顾准的内心终于失去控制与平衡，跌跌撞撞地前往医院看病。医生给他检查后，诊断他心律严重不齐，有突发性心脏病，开出"暂不参加劳动"的证明，要他卧床休息。

顾准和汪璧并没有办理法定的离婚手续。他们只是各自提出了离婚申请，却没有得到批复——不久，轰轰烈烈的"文革"爆发，天下一片大乱，此事被搁置了起来。可是，由于夫妻双方已经决定离婚，汪璧恳求顾准不要再损害这个风雨飘摇的家庭，顾准从此便不再回家去居住。为了保全可怜的家庭，不连累亲人，顾准自觉地离开了他一向称为"屋檐底下"、可以躲风避雨得到温暖的家庭，失去了他可以向之倾诉冤屈的妻子和无比疼爱的子女。从此以后，他便在风刀霜剑中，长期过着形影相吊的生活，直至悲惨地患病辞世。

顾准在风雪交加中，踉踉跄跄地返回劳改地。他自以为可以平静地度过这一段特殊时期，可是，他的心脏和神经却都不能听指挥。他始终无法摆脱内心锐利的哀痛。

顾准在此后写给陈敏之的信中，心酸地自嘲为"丧家之犬"，又自责为害人的"白虎精"。他一向不相信"迷信"的预兆，这次却反常地告诉六弟，在周口店，一个带玻璃镜子的刮胡子刀盒，竟突然被飞奔的马蹄踩碎了！他难过地说，这是他和汪璧"镜破"的谶语——从此以后，真的破镜难圆了。

离婚的重大打击，使顾准的精神不堪重负。他回到周口店不久，拿出患病的证明，坚决要求休息。"四清"工作组获知了他的情况，同意他在实在不能坚持劳动时，请假休息。在其后两三个月里，顾准一直无法从精神近乎崩溃的沟底爬上来。他前后请假休息了四五次，最长的十来天，短的也有两三天，这都是他心力交瘁，实在无法支持的时候。

"鲦，病，右"——顾准对自己眼下极其糟糕的状况概括了三个字。

顾准再一次考虑到生命的脆弱。他想到，自己的心脏病在劳改时，不知哪一天就会使黯淡的生命骤然停止，便强撑病体，利用病假在炕上握笔，欲写两篇自己感到满意的文稿遗存在人间。他选择了《试论社会主义制度下的商品生产和价值规律》与《粮价问题初探》，两篇专门阐述市场经济体制的文稿，准备加工深化，写得更加全面深刻，更加淋漓尽致。他为此以抱病之躯，艰难地拟定了两份详细的改写提纲，强迫自己进行研究。理论研究与写作工作，使他重又振作起来。然而，这两篇文稿的大幅度改写，顾准却并没有具体进行。这是由于他的病体难以维系，他的心脏病后来被确诊为非器质性病变，近期没有大的危险。而随着"文革"浩劫的步步发展，顾准越来越觉得，中国的问题，仅靠经济改革绝不能彻底解决。对中国的未来，需要从更宏大的背景考虑问题，包括制度改革和文化重建。因此，当顾准1972年重新握笔时，他的思想已经大大升华，他已经站在"无产阶级夺取政权以后中国应该怎么办？"这个高度，全方位提出和研究问题，从而遨游在浩淼的人类文明史大海之中，这两篇经济方面的重要文稿，便再也没有去碰它们一碰。

顾准虽已和妻子汪璧分开，但是，他的心里无时不在思念着妻子和儿女。他通过陈敏之，与汪璧秘密进行书信联系，表达他对家人的问候和关心。陈敏之多次代顾准与汪璧及时传递信息，转达彼此间终究无法割断的那份关心。这个秘密的通话渠道，一直保持到顾准被押回北京看管为止。

春节过后，顾准回到周口店劳动，地点还是在菜园。这时菜园的劳动无非是积肥和翻肥，一起劳动的还有孙冶方、陈瑞铭（"文革"后曾任经济所副所长）共三人。顾准与孙冶方有过促膝谈心的机会，详情至今杳然。但这里可以提供一个情节，就是赵人伟追述过的："还在'文革'之初，顾准同孙冶方都在一个劳动队劳动；顾自豪地对孙说我手上没有血。意思是'我虽然挨过那么多的整，但我没有整别人'。这一情景，是顾准逝世以后若干年，孙冶方出狱以后亲口对我们说的。我认为，顾准在这一点上是值得自豪的。他挨整，但并不想通过整人来取得补偿。"

1966年4月，顾准被调到房山大韩继工地，从事建筑业劳动。被送来监督劳动的还有孙冶方、骆耕漠。他们在工地上与经济所的江明（高岗的外甥，曾与李鹏等人一起留苏）、李云、陈瑞铭等人一起推小车、打夯、安装玻璃，油漆门窗。劳动后期，还做了大量的土方工程。

大韩继相当贫困，只有一大片干打垒的土屋，两条窄窄的土路，几棵在北风中摇曳的老槐树。顾准埋头于农村的基建劳动，借以忘却心中时时泛起的锐痛。由于他是个做任何事情都十分投入的人，每天晚饭后总要主动去工地上，专门检查明天用的砂石等物备齐了没有。顾准因为曾有过在上海、洛阳等地搞过建设工程的实际经验，所以，对当时正在建设中的工程，常常给农民们提一些合理化建议。他还是那样被人视作不守安分，不避嫌疑，不顾别人会有什么看法。他完全置自己的特殊身份于不顾，因为他认为这是他自己应尽的责任。

"四清"工作队的人恶狠狠地咒骂他：一个"反党右派"，怎么还指手画脚！他却充耳不闻，我行我素地设计合理化方案，一心一意想帮农民把住房造得好一点。

在我写作本书的过程中，有幸得到了当年与顾准一起在大韩继村"监督劳动"的陈瑞铭的指点，他告诉我：

不具慧眼，难识真佛。要说跟顾准的接触与交往，笔者比一般局外人士要多得多。我不仅在政治经济学研究室、息县干校与他共处多年，而且还于1966年将近一年的期间里，在房山县大韩继村建筑工地上与他一道被监督劳动过。其时我们经常交流思想、谈古论今。偶尔也开开玩笑，苦中作乐一番。是年，他51岁，我30岁，可称得上"忘年交"。他是性情中人：口无遮拦、爱发议论、锋芒毕露、喜怒常形于色，生气时也会骂娘。与这样的人相处，不累，还挺有意思。说实在的，当年虽说我很佩服他：会计专家、英语精通、学贯中西、敢讲真话等等，但没有达到眼下学术界对他评价的高度：卓越的思想家、预言家、中国改革开放的启蒙者与理论先驱等等。综观顾准的方方面面，以上评价恰如其分，绝无溢美之词。大凡要较全面准确地认清与评价历史上的一位卓越人物，往往需要在他身后若干年或甚至相当长的一个历史时期，这兴许是一条客观规律吧。正所谓：草色遥看近却无。

当年，他是"极右分子"，我是"现行反革命分子"，其时，我还不到而立之年，怎么就摊上了这么可怕的罪名？说起来是"水土不服"，时机不巧所致。

我在1960年秋，从莫斯科大学经济系毕业归国，分配在经济所工作。1961年夏，被下放到河北省昌黎县人委财委从事协助管理集市贸易的工作。农村集市自61年初开放以后，对促进生产，改善人民生活起到很好的作用。到了1962年4、5月份，传来关于集市要重新关闭的小道消息。我写了一篇《昌黎农村集市贸易调查报告》，寄回所里。里头讲了一些在当时的主流意识形态看来是修正主义，至少是"右倾"的观点，诸如：农村自由市场利多弊少，不可时开、时关；对集市应"统其大纲、无为而治"；长途贩运不应算违法，只要对生产有利的就是合理的；农业生产应以经济杠杆为主，思想教育为辅；农村一次次整风不能解决干部民主作风问题，关键是规章制度，不可一个人说了算，应搞包产到户作权宜之计等等。9月份，所长孙冶方给我回了封亲笔信，说《调查报告》很好，已在中央内部刊物《财经通讯》发表，受到首都各界重视，请继续调研，及时上报，供中央决策参考云云。我有些小虚荣心，将此信给不少人看过。到了1964年10月，康生派了一个庞大工作组到经济所搞"四清"。当工作组向我要孙冶方的这封信时，我把它烧掉了。我刚回国不久，实在不知道政治运动中"反戈一击有功"之类的新道德标准，还自认为这是古之"君子"、国际上之"汉子"的行为。这是"水土不服"所致。为什么说"时机不巧"呢？后来得知，1961年1月份召开的中央"七千人大会"上，毛泽东被迫作了些检讨，中央一线工作的刘少奇把陈云请出来主持恢复经济的工作，推行了一系列实事求是的经济政策，经济很快有所好转。这期间，彭德怀提出"平反"的申诉，又出了小说"刘志丹事件"。毛泽东开始反击，在1962年8月的中央北戴河会议上，以及9月召开的八届九中全会上重提阶级斗争为纲，强调"从现在起，阶级斗争必须年年讲、月月讲、天天讲"。正在这节骨眼上，孙冶方说我的《报告》受到首都各界重视，要我继续上报。这不是蓄意地组织人马与毛泽东唱对台戏吗？我将这么重要的"罪证"付之一炬，很可能惹怒了"四清"工作组、上面的牵线人康生之流。于是我被打成了"现行反革命分子"，罪名是"运动中烧毁重要罪证"。这样，我日后就经常需要与顾准这类"分子"为伍了。

回想起来，大韩继的被监督劳动的环境还是比较宽松的，顾准有相当多的时间在自己单独居住的小窝棚里看书、写东西。有一次，我踱进了他的蜗居，问道："在搞会计呢吧？这活对右派合适。"他从小板凳上站了起来，收拾好钢笔，说："嗨，会计，那只是我安身立命、混口饭吃的工具。我的真正兴趣在于博览群书，海阔天空，古今中外地玄想。""都想些什么了？""那就一言难尽了。就这么总而言之、言而总之跟阁下说吧，年轻时我是坚定的一元论者，为它不怕杀头。这些年我却转到多元主义上去了。"在1966年"一元论""多元论"这类词是十分新奇的、超前的，在经济学界发表的文章里从未出现过。那时谈"利润"都被视为"修正主义"哩。连经济杠杆为主都是不能提的。我在大学里学习过"西欧哲学史"等课程，大概能领会顾准意何所指（但对它的全部内涵、深度和广度实非其时我的知识水平所能猜度），于是也就自以为是地与他议论起来了。我说："其实，'一元''多元'各有利弊。像苏联、中国这类民主传统极少的国家，太'多元'了可能不行吧。斯大林打败希特勒，毛主席推翻国民党，不都是靠'一元主义'才成功的吗？"他说："的确，打仗，推翻旧政权，集中统一的'一元主义'具有优势。但取得政权以后，面临的任务不同了，是发展经济、提高科技、文化水平，不走多元化的道路就走不远了。如果再搞高度集中的政治经济体制、搞斯大林主义，到头来要干不过资本主义。这样吧，我正在拼命地写，到时候我万一有个三长两短，把东西留给你保存。眼下，它暂为'异端邪说'，也许几十年以后，人们会发现我的'一家之言'有些道理。"我连忙说："谢了，谢了。我余生只想拜骆耕漠为师，做一部《资本论》的活字典，吃口安稳饭。稿子你自己留着吧。"

顾准的这些文稿极有可能在66年底大韩继村红卫兵揪斗他的前后给毁掉了……

三

离婚，对顾准和汪璧来说，都是一件痛苦的抉择。它意味着，顾准失去爱妻，失去子女，失去家庭这个唯一可以让他得到避风、得到温暖的所在。

他成了一个有家不能归、孑然一身的孤独的"寡人"。正当顾准幻想夫妻琴瑟同好、家庭团圆之时，一场令全民族为之瞠目结舌、带来巨大灾难的"十年浩劫"，将此梦想完全击碎！

"五一六"通知

1966年8月，以阶级斗争、反修防修为纲的"文革十六条"正式公布。顾准读完"十六条"后，知道这次运动的重点是整"党内走资本主义道路的当权派"，同时打击"地、富、反、坏、右"，深感更大的政治风暴即将降临到自己身上，时刻做好了被揪回经济所去批斗的准备。

顾准下放劳动时，他的"右派"的真实身份并没有公开，包括附近农民也不知道，只晓得"四清"工作队下农村。不料，因为经济研究所的某些人，向大韩继的红卫兵介绍了顾准的"罪行"，于是他们率先动手了。一场灾难不可避免地降临到他的身上。

陈敏之后来接到顾准的一封信，他追述道：

在一封信中，他（按：指顾准）告诉我，红卫兵将他一顿痛打之后，还把他打翻在地，在地上拖，弄得满头满脸全是血污。为了不致酿成人命，经济所只得把他们全部调回北京城里。从此，通信中断，音讯隔绝。一直到他生命终结，再没有能和他的妻子、孩子，还有母亲见一面，生死两茫茫。[①]

大韩继的青年农民，不甘落后，迅速组成了红卫兵。他们根据"十六条"和《人民日报》社论的号召："不能那么文质彬彬"，"把所谓资产阶级的'专家''学者'……打得落花流水"，仿效北京的红卫兵，对顾准进行了一次极其残酷的武斗。顾准的同事李云回忆说，红卫兵先把顾准、江明、李云三个"右派""右倾分子"一起剃了阴阳头。9月1日，正是夏季的毒日头。红卫兵又把顾准单独抓来，拳腿交加地当众毒打了一顿，打得他满头满身都是伤。然而，他们却还觉得不过痛，又抓起一块长方形的建筑砖头，狠狠地朝顾准的脑门中央砸去，"砰"的一声，他的脑门顿时血流如注……

当红卫兵终于折磨够了，顾准已经奄奄一息。他挣扎着，好不容易才站起身来。他用手把头上流淌下来的鲜血抹了一把，而后，仰脸朝天，"呵呵"一阵冷笑，滴着大串的鲜血，踉踉跄跄地向前走去……

苍天有眼目睹中华民族如此惨烈的一幕！

而这一幕竟然会发生在全国解放后第17年！这也正是顾准要问一句"娜拉走后怎样？"——"革命胜利以后怎样？"的直接动因之一。

倘若要问当年殴打顾准的青年，为什么如此残忍？他们必定会说，顾准是头上戴着几顶帽子的坏人。可是，帽子底下是什么事实？他们却从来没有看见，也从来没有想要知道。至于手段如此恐怖，以极"左"路线强制推行脱离实际的政治理想时，残忍恐怖与"革命"口号始终为伴，早已为大家所接受。

顾准挨打之前，大韩继附近一个大队的红卫兵，已经将一个地主活活打死。经济研究所的革命组织唯恐他们这里也酿成人命，9月1日当天，便把顾准、李云、江明等人全部拉回北京。当这些牛鬼蛇神到达经济所时，监管干部勒令顾准：

"不准回家！"

---

① 　陈敏之；《顾准的最后十年》，《东方》1997年第2期。

顾准本来就是有家不能回的"孤家寡人"，便拖着伤痛流血的身体，独自蛰居所内的一间陋室，整天接受革命群众的审查与批斗。从此以后，顾准与经济所以外的社会断绝了联系，与陈敏之的通信也被迫中断——这，意味着顾准失去了与汪璧的最后一点联系。那时，正是各地红卫兵"大串联"的高潮，"文革"的烈火熊熊燃烧……

这时他早以从革命功臣成了"革命罪人"。如果读者不嫌啰嗦，这里摘引的《顾准自述》比较详细地叙述当时的情形：

　　1966年9月回所的第一天，靳汉生同志告诉我"不准回家"。我和汪璧已经离婚，本来已经没有家，也没有想回去。1967年4月，接到三儿顾南九和崔红军两人自四川来信，引起了强烈的思家之念。又因为（一）写揭发材料所需参考文件尚存家里；（二）去周口店时所带行李比较简单，还有衣物留在"家"里；（三）要补充衣服，要取布票；（四）1965年6月以后积存一些钱，根据离婚协议要交结汪璧。所以写信给江璧要布票，并说明如布票不见寄到，我就要回去一次。到期布票未见寄来，5月的一个星期六傍晚我就回去了。到家，汪璧未回，五儿顾重之正在熬粥，一见我就问：布票给你寄去了，为什么还要来？不一会儿，二儿顾逸东回来，也是同样的态度，不过他还告诉我"姐姐"（长女顾淑林）是力学所造反派的头头，三儿顾南九、四女顾秀林两人一起去了四川这两条消息。我把一个存折给顾逸东，他拒不接受。不一会儿，汪璧回来，一进门就严词责问我："你害人害得还不够，还要来害人？"非要我马上离开不可。我原想等长女回家见见她再走，汪璧火气愈来愈大，看她因重装假牙，满口无牙，面容极度憔悴，实在不忍，拿了所要的文件，连已经从箱子里拿出来的两双鞋也忘了拿，就这么又匆匆离开了这个家。事后，汪璧寄来二十尺布票，两双鞋，作本地包裹，都寄办公室转我。

　　可是，我的衣物还在那里，也还有几本书。1967年11月，我写信给汪璧，说星期天清晨去取衣物，并说明我借所里板车去推。

信去后一两天，杨长福同志告诉我，汪璧有信给所里革命组织，要我在星期天晨七时去拿东西。到时去家，东西都放在三层楼道家门口楼梯旁边，大门紧闭，声息全无。我一个人扛不动箱子，呼唤出来一个人帮我扛下去上车，竟也毫不搭理。楼下有邻家老人走过，帮我扛了下来。离去时我把一张存单、几斤粮票从大门缝里塞了进去。这一回我刺激很深，事后枕上有过泪痕。不过事情还没有完，一个月后，寄来了二儿子以下四个孩子和我断绝父子父女关系的文据。1968年4月，把我的户口和粮食关系转来所里。从此以后，就连每月他们寄粮票的字迹也看不见。我想念他们，在"恩断义绝，一致于此"的情激之念平静下来时，想想我确实不该再去"害人"，所以有时还写封信告诉他们我的学习和生活状况，至于他们的状况，我竟全不知道。①

这真是一幕人间悲剧、惨剧，它对双方都是异常痛苦的，此乃时代和历史的酿造，而绝不仅仅是个人的选择。有人推测，这或许是"顾准精神"在父子双方身上的反应，这有一定道理。

因为顾准和他的妻子是同时代的人，志同道合是不言而喻的。他们这一对夫妻，对自己的子女是如何教育和培养，几乎是可想而知的。事实确是如此，他们对子女要求在革命性和知识素养两个方面都要出类拔萃，在意志力和钻研精神方面都要杰出，他们不让一点旧社会的灰尘去沾染他们心爱的子女，他们认为子女是自己献给党和国家的宝贵财富。他们不知道也许就是这种精神种下了日后家庭悲剧的种子。因而，顾准的子女从小把自己看成是属于革命的、属于党的，这也不足为怪。而顾准被戴上"右派分子"帽子以后，他们的日子也不好过，要接受同事、同学、亲友、家人、组织的批判、教育，要划清界限，这样才是觉悟高、表现好。那个时代，受政治因素而使同事、同学、亲友相互隔阂乃至反目成仇，不算什么新闻。因之而造成的家庭不和、父子不睦，甚至妻离子散的也时有所闻。顾准一家人只不过是这许

---

① 《顾准自述》手稿，第380—382页。

许多多家庭的缩影。

达帆①在题为《也谈顾准和他的儿女们》一文中写道：

> 中年以上的人都会记得，国家主席刘少奇的女儿也写过揭发其父母的大字报。顾准的儿女们在这时候能做什么，会做什么？我想我们都是可以理解的。
>
> 顾准这时候确实是一无所有了：名誉、地位、财产、家庭、妻子、子女……一切的一切，都完了，只剩下孑然一身。当然他还活着，但是这个躯壳里活着的是一颗追求真理的心。对于这样一个强人要打倒他，一个魔鬼是不够的。于是"癌"和"左"两大恶魔联合起来，扼杀了他的生命。1974年，他得了肺癌，而且迅速蔓延；可是这个时候，他的儿女却表现出特有的坚定，对自己认定的方向决不回头。他们内心忍住了将要父母双亡的悲痛，那种固执、那种执著、那种永不回头的精神在他们同代人中间也是突出的。我们今天从远距离来观察他们的时候，可以发现，这和顾准的性格是多么相似！这是不是顾准精神的翻版？！不过方向相反了，这与其说是一个家庭的悲剧，不如说是一个时代的悲剧，是一个时代的大悲剧！②

"十年动乱"结束，顾准的儿女们终于理解了父亲，父亲在他们的心目中重新恢复了高大的形象。虽然，这只是"迟到的理解"，但又有谁能够分担他们内心绵长的愧恨、悲哀和痛苦，他们心灵的创口或许永远不会愈合。但愿，顾准在天之灵，能够宽宥他们；但愿，社会各界能够理能同情他们——他们也是从"狗崽子"的日子中走过来的。

9月10日左右，顾准身上的重伤尚未痊愈，经济所便召开群众大会批斗顾准。造反派把满身血痂和紫痕的顾准拖进斗争会场，对他"反对毛主席和反对党的重大罪行"，进行无情揭露，严厉批判。顾准由于以往一系列问题，

---

① 即宋德藩，顾准的外甥。

② 《也谈顾准和他的儿女们》，见陈敏之、丁东编：《顾准寻思录》，作家出版社1998年9月版，第396—397页。

以及新近查抄出的一套他写有批评性批语的《毛选》，被认定犯了"文革"中最严重的"恶攻罪"（特指恶毒攻击毛主席的罪行），被称为十恶不赦的反革命分子。造反派的"革命口号"喊得震天响：

"文化大革命万岁！"

"誓死保卫毛主席！"

"誓死保卫以江青同志为首的'中央文革'！"

"横扫一切牛鬼蛇神！"

顾准知道，中国历史上最黑暗的时期来到了。他不准备"以鸡蛋碰石头"，他要保全自己，以使自己能存活于这个人类最黑暗也最特殊的历史时期，继续做一个历史观察家和思考者。顾准在斗争会上"老老实实"地一一承认造反派揭发或诬陷的所有罪行，承认自己是个"十恶不赦的反动分子"，并表示将努力改造，力争"回到毛主席的革命路线上来"。此后，一个批斗会便连着另一个批斗会，顾准必须不断地低头认罪和检查。

顾准似乎"瓦全"于人世。然而，他却是一块蒙垢之美玉。他的内心，不可遏制地时时激发起对专制主义、集权主义的痛恨，特别是，这种专制主义和集权主义竟然使用着革命的名义！数年后，当顾准能够拿起笔时，他一针见血地深刻指出："……革命的专政，粉碎一切反革命的抵抗，革命的恐怖就是人道主义等等。……到这次文化大革命，依然还是有力的鼓动口号。""今天人们以烈士的名义，把革命的理想主义转变为保守的反动的专制主义的时候，我坚决走上彻底经验主义、多元主义的立场，要为反对这种专制主义而奋斗到底！"①

---

① 《顾准文集》，贵州人民出版社1994年9月版，第372、424页。

第十二章　从京城到息县

一

　　顾准从房山回到经济所以后，开始了一种新的生活——他对此"很不习惯"——整天斗杀争闹、乌烟瘴气，原来祥和安静、堂而皇之的学术殿堂，仿佛一夜间变成人斗人的战场，真是匪夷所思。顾准感到十分陌生，因为这里充斥着打骂之声、卑鄙之事。每个人在这里都要亲自尝一尝这一场"革命"的滋味。

　　顾准的心情十分杂乱，又静不下心来读书。这对一个酷爱读书，善于思考的人，是一件十分痛苦的事情。仅仅十天，经济所造反派就召开斗争顾准的会议，在会上，他们纷纷谴责他所谓"反对毛主席和反党的罪行"，并责令他每星期交一份思想汇报。

　　自此以后，直到1967年5月为止，顾准在挨斗的间歇，在经济所院内或上街去阅读铺天盖地的大字报"努力了解这次运动的意义"——顾准自述他对"文革"的感想："所见的无非是'罢官'，年底前后，逐渐了解运动的重点是以刘少奇为首的司令部……20年来，两条路线斗争的实质，在我脑中愈来愈形成一个明确、系统的观念，运动的性质，也逐渐地有所了解了。另一方面，由于我对社会主义社会中自下而上的群众运动毫无思想准备，我的世界观和我当时的处境，又决定我在群众运动中持有严重的保守情绪，对于运动初期出现的许多现象是很不理解的，抵触的。""我对运动取消极态度，对自己的罪行采抗拒态度。"他愤怒地说："我不能想象孙冶方是反革命修正主义分子，不能想象刘少奇是叛徒、内奸、工贼，不能想象，长期以来党内存在着以刘少奇为首的资产阶级司令部这个地下独立王国，不能想象经济所内存在着一个张孙反革命集团，是刘少奇这个地下独立王国在经济所的代理人，不能想象这个反革命集团干了大量见不得人的里通外国的罪恶勾当。"

　　那一阶段，顾准在各个历史时期共事或认识的共产党人，绝大多数都已被"打倒""炮轰"……其罪名不仅是现实中的"走资派"，更有不少人，一瞬间就变成了历史上的"叛徒""特务""内奸""假党员""异己分子"……而顾准的态度则是：

> 我所采取的态度只能是：我既是监督劳动中的右派分子，无论运动发展状况如何，无论哪一派掌权，我都随时准备接受群众的批判斗争。我从来没有想到要"跳出来"介入运动。但是，每天的劳动量既如是之少，剩下的时间如是之多，九月下旬起，我又恢复了我的读书生活。①

外面文斗加武斗，浊浪滔天，顾准却会"闲庭漫步"，逍遥自在吗？——不，他以冷馒头度日，蜗居斗室，开始了忧愤的研究计划——探究中国的历史，过去、现在和将来，中国发展到今天如此田地，与"娜拉出走以后怎么办"的问题，正等待他毫不留情地解剖，他睥睨权势，不怕高压，他将寻求自己的答案。下面是顾准留下的一张书单：

> 从1966年9月起，到1968年8月监管开始为止，我（一）把书架上从前读过的历史书从头复读一遍，又读了乾隆"御批"通鉴；（二）系统地读了马恩全集20余卷，《资本论》三卷，其他一些马恩著作，以及手头所有的和马恩有关其他作家的著作；在以上两项工作中，摘抄了两三千张卡片。（三）系统地读资产阶级经济学；（四）因为要了解他们说的究竟是什么，需要补充数学知识，费四五个月时间，复习代数，读微积分，读线性代数，最后一项只开了一个头；（五）过去有过经验，翻译是精读的好方法。于是在读了一批资产阶级经济学著作以后，着手翻译乔安·罗滨逊②的《经济论文集》第二卷，和约翰·密尔的《政治经济学原理——以及它在社会哲学上的若干应用》。前者已全文译完，后者译了第一卷的3/4。两者合计，已成译

---

① 《顾准自述》手稿，第373页。
② 原文如此，即琼·罗宾逊（Joan Robinson）。

稿约40万字。1968年8月监督开始搁笔。[①]

由这张书单，可以窥见顾准对"无产阶级文化大革命"是不感兴趣的，只是运动要找到他，使他受迫害。他博览群书而非食古不化，他的目光远大而视野开阔；学有所得、精益求精，由此对某些问题的看法益发清晰。这里补充一句，由顾准翻译的琼·罗宾逊夫人的《经济论文集》一书，在他逝世后，于1984年由商务印书馆出版。琼·罗宾逊夫人的著作，是由巫宝三先生推荐的。巫宝三经常向顾准推荐一些新的经济学著作和文章。在当时，凯恩斯主义受到二战以来最严厉的挑战，主流经济学遇到了第二次危机。以哈耶克为代表的新自由主义正崭露头角，顾准过去并不知道罗宾逊夫人在经济学流派中的地位，跟巫宝三讨论了之后，了解到她那篇《经济学的第二次革命》意义之所在，并随后翻译了罗宾逊夫人的《经济论文集》。罗宾逊夫人是左翼凯恩斯主义学者，时称"新剑桥学派"，她的学说与哈耶克的新自由主义、萨缪尔森为代表的美国凯恩斯主义为当时鼎足而立的一大学派，对于那个时候的中国学者来说，她的思想似乎更容易接受。

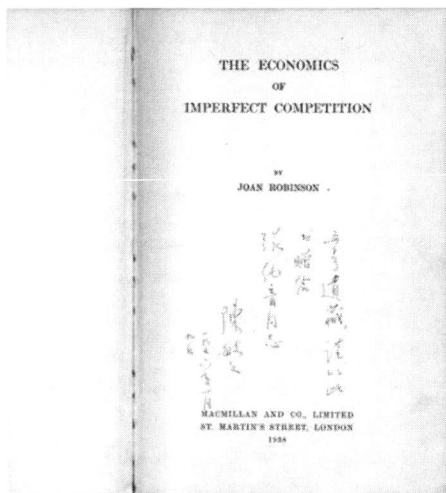

顾准遗藏：罗宾逊夫人著《非完美竞争经济学》（英文版TheEconomicsOfImperfectCompetition），后来由陈敏之转赠张纯音

① 《顾准自述》手稿，第374—375页。

　　走笔至此，读者不要以为造反派会对顾准"网开一面"特殊关照一下。由于他的思想汇报只写上三言两语，被视作"完全不接触思想"，造反派头头动辄批斗他，说他态度不端正，"写思想汇报敷衍了事"，接着来顿"喷气式"的游斗。

　　但是，顾准对外调等材料写作态度极为认真，实事求是，因此也要遭到责难。张纯音清楚地记得："顾老是个硬汉，在强权面前从不屈服。'文革'中他给前来外调的人和给本所的人前后写了几十万字的交代揭发材料。在这些材料中，每句话都是实事求是的，从不为了讨好某人或夹杂个人恩怨而任意写些不负责任的话。'文革'初期，有几个红卫兵到所里来，要顾老写一份材料说明上海某人过去曾和国民党有瓜葛。顾老说，从来不知道这件事。当时红卫兵打了他一个耳光。他干脆把脸送过去，让红卫兵一连串打了十几个耳光；红卫兵见顾老怒目相视，也就打不下去了。以后顾老交给他们的材料仍坚持写不知道这件事。"①

　　遭受相同待遇的还有他的老友孙冶方、骆耕漠等人。有篇文章这样写道：孙冶方病了。造反派头头看完病假条，搓成一团，塞进裤袋，然后将一块七八斤重的小黑板挂在孙冶方脖子上，递给他一面破锣和一根小木棒。"牛鬼蛇神"中第一名便是孙冶方，跟在后面的是张闻天和骆耕漠、顾准、巫宝三等十几位老共产党人和正直的经济学家。每次都从三里河"游"到天安门广场，然后列队"示众"。"批斗"和"苦役"，在孙冶

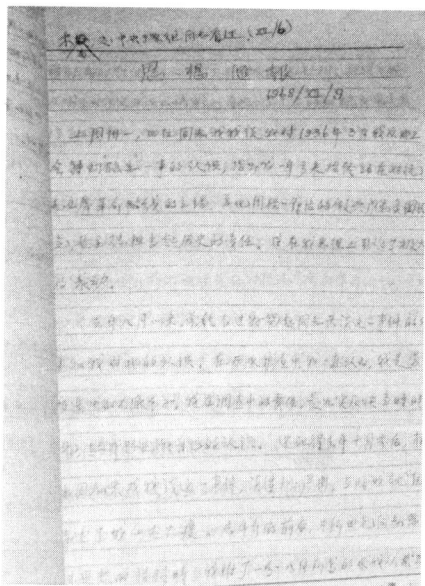

"十年浩劫"中，顾准被迫写下思想汇报，但实事求是，秉直而书

――――――――

　　① 张纯音：《我所认识的顾老——给陈敏之的信》，见陈敏之、丁东编：《顾准寻思录》，作家出版社1998年9月版，第339页。

方看来也得到一种锻炼。"锻炼"的空隙，他就与几位难友探讨理论问题，相互勉励。①

孙冶方知遇顾准，后来也成为其罪名之一

顾准和孙冶方是极好的朋友，"文革"初期，他们两位都被打成"黑帮"，造反派"勒令"他们打扫经济所办公楼的过道和公共厕所。他们每天去得特别早，那时楼里还没有来人，他们就趁这个机会边干活，边交换思想，讨论对"文革"的看法——纵使环境如此恶劣，他们仍然坚持思考，弦歌不辍，敢为历史作证。王元化说得好："我认为坚贞敢言之士和羸弱怯懦之辈到处都有。像顾准这样的人不会是孤立现象。"②

虽然"文革"大混乱中的公共厕所臭气熏天，却是两位学者颇愿驻足久呆的地方——他们在这里讨论犯禁的问题才能遮人耳目。有时，个子高的顾准弯腰劳动累了，便走出厕所，拿起一把滴水的拖把，在造反派面前摇来摇

---

① 张扬：《"中国利别尔曼"的理论之祸——著名经济学家孙冶方蒙难记》；见石翔主编《文化的沼泽》，吉林人民出版社1994年9月版，第249页。

② 王元化主编《新启蒙》丛刊第2辑《编后》，湖南人民出版社1989年4月版，第83页。

去，公然开个玩笑，气得造反派直骂他"顽固不化"。

顾准和孙冶方的"厕所讨论"并未能持久。这一阶段的共同劳改生活过后，他们两人便再也没有倾心交谈的机会了。他们只能在各种各样的批斗会上相逢，以轻微的点头举手，或短暂的凝视，传递关心和思念。然而，他们都知道，哪怕隔着万重山，他们的心也是紧紧相连的，他们负重的脊梁、不屈的头颅，始终朝着同一方向。

1968年4月4日夜，孙冶方因思想"犯罪"，被戴上手铐正式逮捕，在秦城监狱单人牢房坐牢长达7年零5天。孙冶方关押以后，顾准很想念他，经常与别人谈起他。

有一次，张纯音忧虑地对顾准说："孙冶方被关了这么多年，真担心他在精神上会垮了。听说有的人被长期单独监禁，最后变疯了。"

顾准坚定地说："不会的，我很了解他。他是个有思想的人，有思想的人是不会发疯的！"

顾准接着又深情地说道："孙冶方如果被放出来，他第一个要见的，一定是我啊！"遗憾的是当孙冶方被释放时，顾准已离开尘世好几个月，真是人间至憾！

顾准于1974年隆冬临终之前，更是十分想念老友孙冶方。他异常动情地对弟子吴敬琏说："现在别人说他是'苏修特务'，我深知孙冶方的为人，他决不会当汉奸。所以只要不被折磨死，他总有一天会出来。只可惜我见不到他了。你见到他，一定要代我致意！"吴敬琏接受采访时说，顾准垂危之际，十分艰难地从嘴里吐出这几句话时，目光中传递的至诚至深之情，使他永世难忘。

孙冶方夫人洪克平回忆说：孙冶方于1975年春天出狱后，急于打听几位朋友的现状，首先着重问起顾准的下落。当他获知顾准刚在数月前溘然而逝，泪水不禁夺眶而出，为自己竟未能早几个月获得自由，痛失了与顾准重逢的机会，深感遗憾，唏嘘不已。他获知顾准的骨灰抛洒在三里河路一条凄凉的小河里，每天清晨都独自去河边散步，含着眼泪望着流淌的河水，默默地祭奠。孙冶方在狱中，曾利用写交代的纸，撰写了一篇坚持并发展原有观点的3万字著作，交给监狱当局，此后反复背诵"腹稿"达85次，希望一旦出狱，可以与顾准等老友进一步畅谈交流。而顾准也几乎在同一时期，在北京的蜗居中，奋笔撰写了惊世骇俗的两部著作《希腊城邦制度》《从理想主义到经验主义》。可惜，顾准身患癌症，天不假年。顾准与孙冶方，这两位保持了数十年非凡友谊的杰出学者，竟无缘在历经浩劫之后，把彼此对历史的观察见解再作一次深刻交流。这真是中国思想界无可弥补的大损失！

对此，据陈敏之介绍：1975年5月间，孙冶方刚刚出狱，便写信给自己，希望了解顾准生前的研究成果。他在信中写道："我极想知道你五哥在和我分别后七年中的理论研究的情况，他对理论问题和形势问题的一些想法。听说他的一些学习笔记保存在你处。你来时，希望将其中重要者带来给我看看。回想1967年前后，我和你五哥相处在一起劳动时，对革命，我们都是乐观主义者，但我因为有病，对个人的身体是悲观主义者，我总觉得我是活不了几年了，颇以不能把自己的一点研究心得写出来而深为憾事。你五哥则颇以自己年轻力壮而非常乐观。不料他竟先我离开了这个世界。我估计，他的写作计划恐怕没有实现，但笔记一定不少。我很希望知道他这几年的思想发展情况。"孙冶方看过顾准的大部分遗稿后，对老友的思想发展十分欣赏与认同，也对老友生前历尽磨难，却又取得了不少重要的研究成果，内心深感欣慰。

人们不禁要问：是什么力量支持顾准在极其恶劣的条件下勇往直前，坚持对历史轨迹和人类未来进行无畏的探索？在林彪、"四人帮"法西斯专政的淫威下，一般老百姓议论尚且有身陷囹圄乃至惨遭杀身之祸的危险，顾准是一个戴过两次"右派帽子"的"反革命分子"，由他来探讨"娜拉出走以后怎样"，即无产阶级专政建立以后的政治经济发展问题，是冒着多么大的风险，需要怎么样的勇气啊！而且当时顾准的生活环境是十分艰难的，缺乏研究和写作的起码条件。然而顾准却能够在儆世中自醒，在自醒中警世。

据赵人伟忆述："文革"结束后，1982年，获得中国杰出经济学家殊荣的孙冶方，曾以无比怀念之情，对弟子们回忆，"文革"初期，他曾与亡友顾准如何一起住牛棚，一起劳改……他至今仍牢牢记得，顾准在分手前特别对他说的两句话："反正我是受了这么多罪，再也不要连累你了。""我的手上没有血。"顾准至此也要说清楚，他的一双手是干净的，没有自己人的血！

试问：倘若大家的手都是干净的，给中华民族带来万劫不复的灾难的"文革"能够轰轰烈烈地搞起来吗？

以动员群众开始的"文化大革命"很快把群众鼓动起来了，群众中对于各类问题在看法的分歧，演进成派别对立。当时各派群众为了表示组织的纯洁，不断把被对方指摘的人保起来，抛出去，唇枪舌战，无休无止，一片混乱。

林彪、"四人帮"为了趁机铲除异己，独霸大权，从1967年开始，又开始清理阶级队伍运动。所谓"清理阶级队伍"，就是利用军管和进驻工宣队这种方式，采取内查外调的手法，把"文革"中以各种名义、各种办法揪出的所谓"地、富、反、坏、右"、特务、叛徒、走资派、"漏网右派"、"修正主义者"、"国民党残渣余孽"、反动学术权威等等来一次大清查，以便抓住把柄，反复迫害。

据顾准本人回忆："1967年3、4月起，外调逐渐增多。67—68年冬春达到高潮，最多时一天接待过三四起。外调内容，属于1940年前上海地下党工作时期的约占一半，1940年以后也不少。……我自己，羞于说我的经历，有那一二次，我也想说说我的'故事'，他们连听都不想听。如果我说《沙家浜》（按：'文革'时红极一时的样板戏之一）的县委书记是我们一起搞起来的老战友，他们也许还会嘲笑我这个右派想攀附烈士、英雄的英名来给自己梳妆打扮哩！——既如此，我也就乐于把记忆深深埋葬起来不去触动。现在，每天有人来调查，不回忆不行，有时简直是生活在回忆的世界里了。……我对外调人员用'老实交代'的辞句来询问过去的历史，就会发生强烈的反感。……有一点是我始终坚持的：凡是我知道的事，我本着对党对同志负责的态度，必须实事求是地加以陈述。"[1]

即便如此，顾准还常常被外调人员呵斥，由于有时回答"不知道"，竟被认为态度恶劣，动辄发火喝令顾准"滚回去"，外调的谈话常使外调人员一无所获，但后果却是严重的。因而他常常会因此而挨打。曾经身临其境的

---

[1] 《顾准自述》手稿，第375—377页。

经济所的同事赵人伟后来追诉道：

> 在"文革"期间，我们经常看到一些外调人员向顾准调他以往
> 同事们的历史问题，他一直坚持实事求是，不说假话。尽管有时因
> 不能迎合某种需要而挨打，但他决不通过胡乱咬人来求得个人处境
> 的暂时改善。①

顾准就是这样一位具有高尚的道德情操的伟人，即使挨打批斗，他也情愿不说假话，他的顶天立地、铮铮铁骨的形象，永远留在他的战友心中。

顾准写于"文革"时期的思想汇报

"十年动乱"把经济所折腾得遍体鳞伤，奄奄一息，无谓的派仗浪费了许多人的宝贵光阴，无情的批斗检查摧残着知识分子的身心。

"文革"开始之初，顾准虽然身处逆境，但还是认真地积极地对待这场运动，以为这次"触及每个人灵魂的伟大革命将使中国的社会主义建设一举步入康庄大道"。可是，后来的事实使他明白了根本不是那么回事。他眼光敏锐，冷静观察，发现所谓"形势大好、不是小好"的群众性大混战，已使

---

① 赵人伟：《从一些片断看顾准的学术生涯和感情世界》；《改革》1998年第2期。

祖国满目疮痍，从而对"文化大革命"的内容和形式，都发生深深的质疑。

1968年8月，顾准被集中监管，被要求"灵魂深处闹革命"。"认真学习毛主席著作"。同时经济所监管办公室责令监管对象每天（后来改为每周）都要写出书面交代材料。在这段时间里，顾准还利用假日，阅读了大量中国近代史资料，对今后作中西历史的通盘比较，又打下了基础。

1969年1月，在工宣队领导下，经济所全体人员，移往学部，"深入开展"运动。不久，加强对包括顾准在内的监督的迫害力度，不许他们乱说乱动，只能"低头认罪"。约莫半年光景，顾准的精力只好花在写历史交代上，共写成27篇，约20万字。

顾准在"文革"大黑暗中，除了没完没了的体力劳动，就是写交代和外调材料，加上三天两头挨斗陪斗，苦不堪言。然而，顾准却在受尽折磨的境况，干了一件令众人叹服，使造反派吃惊的事情。那就是"文革"初期，红卫兵勒令每个"牛鬼蛇神"写一份罪行交代，贴在布告牌上。别的"牛鬼蛇神"都写得很认真。而顾准却拿着毛笔，在一张白纸上写了两个大大的黑字——"读史"——便贴了上去。大家问顾准这是什么意思？他说，最近什么事也没有做，只是读了一些史书，只能这样交代。

事后，顾准对张纯音说，那时他看到红卫兵到处造反、抄家、打人，认为是一个非常的历史时期，他冷眼旁观这一切，直当是在读史，他要看看中国向何处去。在当时极其狂乱的社会环境中，顾准这样做，确实需要很大的胆量。他以此告诫人们，要以清醒的态度观察历史走向。

张纯音说，从这件事，我们可以看出，顾准从"文革"一开始，头脑就很清醒，一直在理性地思考问题。他比我们所有的人都站得高，看得远。

一张白纸上，只写了两个大大的黑字："读史"！顾准贴好这张彪炳后世的"大字报"，并未立即离去，却像参展的画家，一直守候在自己的作品旁，泰然望着逐渐围拢的众人。他是想捍卫"读史"这两个字，让它多保留一些时候。

顾准把"读史"两个字赫然张贴在大墙上，就是要用他浸透苦难的血肉之躯，向着刀枪无畏地挺身，告诫人们和他一起深读细读历史这部大书，透过眼前非常历史时期的浓重黑暗，看到前方的路。诚如鲁迅所说：真正的勇士，"他屹立着，洞见一切已改和现有的废墟和荒坟，记得一切深广和久远的痛苦，正视一切重叠淤积的凝血，深知一切已死，方生，将生和未生。"

二

1967年4月，顾准的儿子高梁去四川大串联。他与一位年长的烈士子弟崔红军（解放初期曾在顾准家生活过一段时间，自称是顾准的干儿子）邂逅。崔红军拉着高梁的手，对他悄悄说了几句犯禁的心里话：

"其实，中国不少右派都是有思想的人。你父亲就是个很有思想的人啊……"

高梁深受震动，也勾起了对父亲的无尽思念。……便和崔红军一起，给顾准各写了一封问候的信，从四川寄往经济所。

顾准之子高梁

然而，父亲收到他的来信后，勾起了对家人的强烈思念。一个月后，借故回到家中——于是便发生这样一幕——

"……汪璧回来，一进门就严词责问我：'你害人害得还不够，还要来害人？'"非要我马上离开不可，……不过事情还没有完。一个月后（1967年

12月），寄来了二儿以下四个孩子和我断绝父子父女关系的文据。1968年4月，（他们）把我的户口和粮食关系转来所里，从此以后，就连每月他们寄粮食的字迹也看不见了……"

"恩断义绝，一致于此"，顾准在自述中字字千钧。

"大姐顾淑林当时不在北京，没有加入签名。"事隔多年，顾逸东提起这件事，全身颤抖，泣不成声。他最终请求世人，要责怪就责怪他一人，因为他是长子。但这件事一定是四人一起商议的结果。

"1965年秋天，母亲曾经很难过地对我说，你们都大了，要学会独立谋生……我后来一再回想，母亲那时已经想要去死，她实在是没有一条好路可以走啊！"高梁强抑内心的痛楚诉说道。

1968年4月8日，被宣布开除党籍、灭掉心头一线希望的汪璧，在孩子们走后，吞服大量"来沙尔"消毒水。桌上留下她颤抖的笔迹：帮助反革命分子销毁材料罪该万死。

据说剧毒发作，她倒地的模样极其悲惨。当天傍晚，"敲不开门，从邻居家的窗户爬进自己家"，第一个目睹者，正是高梁。

高梁痛悔道："我们是中国最大的不孝之子！"

不堪世事的磨难、一直忍辱负重的汪璧被迫自尽！起初，这一噩耗对顾准一直瞒着，大约过一年半以后，顾准才知道。还是远在上海的陈敏之隐隐约约地得知了这消息，但他受羁于狱，无法与哥哥通信。

关于此事，陈敏之饱含热泪地写道："我第一次听到这传闻，还是在漕河泾原'少教所'隔离期间，我不相信这是真的，但是我无法深究，直到1969年9月回到家里，我妻子告诉这是确实的，然而我仍然觉得难以置信。1967年11月，我曾有机会去北京，便专程去探望过她，那时她看来十分疲惫和憔悴，但是，我怎么能想到仅仅半年以后，绝望到作出这种选择？老母亲走了，去了太原；丈夫虽然同一个城市，却是咫尺天涯；孩子们都给文革的巨潮卷走了，身边没有一个亲人能给她这颗孤独无告、破碎的、流淌着血的心一点安慰，否则，也许这场悲剧是可以避免的，他曾这样设想过。"[1]

---

[1]　陈敏之：《顾准的最后十年》，《东方》1996年第2期。

　　而此时，还蒙在鼓里的顾准虽然十分想念"离婚"的妻子，却也身不由己，1969年6月16日他在不知汪璧已故的情况下，还以自责的心情写下了对妻子的真切之情：

　　回顾1934年和汪璧结婚以来，无论在上海地下工作时期，在解放区时期，在全国解放以后，她都在承担起做母亲的全部重担之下，坚持了革命工作的岗位。早期，即1940年以前，我抛弃比较优裕的社会职业转入地下，或离开上海到抗日根据地，她从未扯过后腿。全国解放以后的短期上海工作时期，她绝没有因为我工作地位较高而在个人生活或家庭生活方面有过什么额外的要求。不但如此，1940年以前也好，1949年至1952年也好，我尽我们所能照顾了我的家庭成员，我对她的家庭成员却疏忽到了极点。我没有见过岳父，直到1962年去沪调查以前，汪璧的四姨一直在上海，她对汪璧早年上学出过很大力气，我却一直没有去见过她和四姨夫。1949年以后，汪璧内心里无时能忘迎养岳母，我对此没有采取任何有效措施，1959年岳母故世上海，汪璧终身抱憾。1940年我去苏南，汪璧留沪，依靠她的工资维持我的母亲和弟妹。1943年汪璧解放区回上海，长女生下来不久，我去延安，她们在上海的生活，我当然无法照顾。……至于1957年我划为右派以后，全部家庭生活当然都由汪璧负责。正是我这方面的亲戚，评论汪璧时说，她是把一切都贡献给我了。在革命斗争的洪流中，这些都不过是琐屑小事，当我自以为我牺牲一切贡献给革命的时候，我对汪璧这些自我牺牲的行为，内心里也没有感觉过什么不安。……我现在对汪璧除了感激几十年来她的恩情而外，也感激十几年来尤其最近几年来她对我的挽救和帮助。倘使今后我还有机会厕身于人民的行列，贡献我的余生为人民做一点有益的工作，我也希望在我的余生中有机会照料汪璧的生活——她身体本来不好，1957年以来由于我是右派分子，又担负起来了过重的负担。1967年5月所见的她憔悴容貌，略一回忆，还如在目前！①

----

　　① 《顾准自述》手稿，第383—385页。

不幸的是，顾准所云竟成谶语，他的夫妻白首偕老互敬互爱的愿望，竟成泡影！

1969年11月，经济所奉林彪第一号令，全部下放河南省息县五七干校前夕，顾准曾两次向组织提出书面申请，要求面见汪璧一次。此时，他已有一种不祥的预感，觉得他的妻已不在了，因此，他又向组织保证："无论她死了，疯了，病重了，都一不影响下去；二不影响改造"，因此，直到11月7日，他才得知这实在瞒不下的噩耗。11月14日临行前，大雨如注，顾准在东来顺晚餐，食而无味，心情沉重，他在日记中写道："还君明珠双泪垂"①，此情此景，令人心酸。

然而，顾准对汪璧的死期、死况、遗言，仍然一概不知。他在1969年11月12日的日记中有如下一段话：

> 闻噩耗，既觉意外，也不觉意外，意外的是她爱孩子，为什么给孩子留下一个"母自杀"的家庭环境。不觉意外的是，1965年秋，她已写过遗嘱，1967年5月，她看来已经实在支持不住了。……我此时只想知道她死时情况，……吃了几口饭，悲从中来，脸伏在饭盒上失声大哭。但是我还是抑制住，努力把饭吃完。我要活下去……②

妻子是再也见不到了，去干校前，顾准提出想见一下孩子，组织上同意了，但是由于各种原因，未能如愿。

虽然顾准千方百计想抑制住难以抑制的哀痛，可是他的心碎了，他太爱他的妻子了。由下可证："1944年在延安，我为父亲服丧。这一回我不服丧，因为我为秀服丧是终身的。《长恨歌》说：'此恨绵绵无尽期'，那是空话。但是马克思把他父亲的小像，镶嵌在胸饰中，带进了地下。我至少还要活20年，35年的记忆，至少在我心里还要活20年。"③顾准没有死，活下

---

① 《顾准日记》，经济日报出版社1997年9月版，第159、133页。
② 同上书，第160页。
③ 同上书，第161页。

去了，但是在罪恶的癌魔和"左"魔双双施虐下，他只活到1974年。从此之后，无论处于何种环境，顾准都在怀念着爱妻。时时流露出凄怆的心情。1970年10月15日的日记他还写道："悼念亡妻，无法自已。1964年前半生经历，处处与秀有关，此生所有一切欢乐场面，都是秀给的。这几天，梦中有时出现这样一两个欢乐镜头，醒来悟秀已离人间……"为此常常泪沾枕头，梦牵心望，不能释怀。

三

五七干校是"无产阶级文化大革命"的产物。从1968年10月以后，大城市的各种机关单位便开始创办五七干校，将职工分批送去劳动改造。1969年林彪的"一号通令"成了驱赶人们离开城市的最后通牒。由于"文革"而减少或中止业务工作的许多单位，纷纷在全国各地开办五七干校。仅中央、国务院所属部门在河南、湖北、江西、安徽等18个省区，便创办"五七"干校106所，共约10万多名干部。其中，中国科学院哲学社会科学部，全部下放河南省。

将学有专长的人都统统赶到农村，不务正业，以劳动生产、劳动改造为宗旨，这是林彪、"四人帮"的一大发明。王洪文曾经说过："不听话的统统把他们送到五七干校去劳动"，而林彪一伙的用意，也正是用五七干校这种形式来排斥异己，进行打击报复，残酷迫害。

1969年11月16日是出发的日子，目的地是河南息县。顾准等大批人马下放。在火车站热闹喧嚣之中，遮不住人们从他那扇心灵的窗户里透出来的忧思。

从此天高地远，世事茫茫。

息县属于河南省信阳市。"大跃进"时期，河南放卫星，信阳地区又是河南省卫星放得最多的地区，中国第一个人民公社就出现在这里的遂平县。由于"共产风"的肆虐，饿莩枕藉。这就是著名的"信阳事件"。

"文革"时期，中科院哲学社会科学学部位于河南息县东岳的五七干校示意图

　　干校所在一无所有，连住的房子也要自己去盖，大家只好先住在边上的一个棉花仓库里。不过，苦中取乐，劳改队里的人分属各个时期和同一时期不同性质的"反革命分子"。像骆耕漠、杨坚白、顾准等几十人。顾准是劳改队里的一名老劳改犯，又和吴敬琏同属一个排，便经常在一起。

　　干校的物质生活是艰苦的，还要在精神上遭受折磨。顾准从1969年至1972年，在干校生活了三个年头，这是非人生活的三年，曾同顾准一起下放劳动的吴敬琏说："1969年在河南息县的时候，他已经痰中带血，除了参加劳动外，还得应付没完没了的'交代'和'批斗'，有了一点时间，他就抓紧读书，认真思考问题。……在明港时，不断有外调人员武斗逼供，要顾准作伪证诬陷一位与他有过个人嫌隙的老同志，虽然饱受皮肉之苦，他仍然严辞拒绝这种无理要求。事后顾准对我讲述他的遭遇时，谈笑自若，丝毫不以为然。我也还清楚地记得在一次无端指摘他'偷奸耍猾'的'地头批判会'上，他冒着雨点般袭来的拳头高昂头颅喊着'我就是不服'时的神态。"[1]

　　顾准与经济所下放干部是11月16日上车成行的，于翌日清晨3点半到达河南驻马店，经汝南、平舆、新蔡、仓信等地，于下午2点到息县东岳的干校基

　　① 吴敬琏：《中国需要这样的思想家》，见罗银胜编《顾准再思录》，福建教育出版社2010年10月版，第20—22页。

地。接着，他们就在未来的一个多月内，运砖、卸车、修路、运砂、垫土、打夯、搭工棚，据顾准日记记载，与他一起劳动的还有张曙光、杨长福、吴敬琏。其间还穿插了参加任务讨论会、表决心大会、清队（清查"五一六"分子）动员会以及传达总理报告会，还要不停写检查交代……

在干校期间，顾准始终是思想上的强者，即使写写交代，"改造表现"好一点，至少是想少连累家属，他没有低下他高傲的头。他在1971年的日记中写道："出处为何，不抱幻想，所不能忘记的，还是追求真理"，因而他发誓："我决定不做魏连殳，那是一个自暴自弃的人。"所以"去他妈的自满情绪"可能是他的真实心迹。

吴敬琏也是1969年与顾准一起下放干校，才对顾准有了深入的了解，并从此成为莫逆之交。据吴敬琏接受采访告知，1971年初，河南息县"五七"干校，刚被打成"反革命分子"的吴敬琏与顾准同在难中。那时的顾准56岁，刚刚经历了家庭破碎的人间惨剧，但他并没有心灰意冷，反而立志要为中华民族和全人类的未来做一个"用鲜血与墨水的笔杆子"。吴敬琏从顾准那里获得很大的教益，这对他日后的政治倾向、学术观点、治学方法以及为人处世都发生了极大的影响。当时，顾准正以一个戴过两次"右派帽子"的反革命的身份，在劳改队从事体力劳动。顾准把身受的侮辱和损害视为身外之事，在劳动之余仍然一意不乱地阅读学习。而吴敬琏则因"怀疑康生"获罪，被定为"暂不戴帽子的五一六反革命分子"打入劳改队，他在顾准的启发和帮助下，开始恢复和提高英语阅读能力，并博览群书。在休息的时候，他们广泛讨论"文革"的发生，品评古今，虽然两人常常争论得面红耳赤，却因为能够互相启发而感到无比欣慰[1]。

吴敬琏想起了多年前去世的顾准，正是与顾准的交往，才使自己大彻大悟，从一个笃信苏式计划经济的教条主义者，逐步转变为现代市场经济在中国的播种者和捍卫者。

当时41岁的吴敬琏深深地折服于顾准的铮铮傲骨和深邃思想，两人朝夕相处，很快成为生死至交。在顾准的影响下，吴敬琏读名著、学英语、然

---

① 根据吴敬琏先生于1989年7月4日在国务院经济研究中心接受采访记录整理。

后两人学思相长，层层深入地破解那个困惑他们多年的共同问题：为什么千百万人满怀理想、奋斗牺牲，播撒的是龙种，得到的却是"四人帮"的封建法西斯专政这个"跳蚤"？

在东岳的经济所五七干校旧址

1967年以后"文化大革命"的斗争现实，使许多身在干校的年轻人开始对"文革"的真实意图产生了怀疑，对"中央文革小组"的那几个人更觉得他们心怀叵测。而顾准总是说，这不只是那几个人的问题。对于中国为什么在20世纪都已经过去了一半的时候还会发生"文化大革命"这样的怪事，需要放到整个历史发展的背景中去观察。

运动慢慢消停了。然而，在这样的时代悲剧中，每一个人都扮演了什么样的角色？难道就能无愧于心？难道就没有责任吗？

在那苦难的日子里，顾准始终特立独行。即使在干校，他还敢穿早年上海绅士的西装背心，背带西装裤，戴一副玳瑁眼镜。他对吴敬琏说：劳改队里的有些人是"左派反革命"，咱们是"右派反革命"，不跟他们来往，于是两个人大读其书。

两人经常在一起读书，谈感想，慢慢地成了无话不谈的莫逆之交。吴敬琏非常珍惜和顾准一起读书讨论的日子里，他从中深受教益。他说："已经很长时间没有参与这种能够启发人思想的自由讨论了。这种机会居然在被打成反革命的情况下得到，真是一种奇缘。"

本书著者陪同吴敬琏先生（中）寻访当年的五七干校

就这样，顾准和吴敬琏等志同道合者从希腊史入手，一面看，一面议论。除了希腊史，他们也看一点中国史的书。当时，已经传出关于"《十批》不是好文章"和"评法批儒"的"最高指示"。为了自己来判断是非和探索"文革"领导人深层的思想，他们读了郭沫若的《十批判书》以及《荀子》《韩非子》等书。对于为宣扬施行专制统治可以不择手段的韩非自不必说，像被尊为圣人的荀况也公然主张"才行反时者杀无赦"，实在使人吃惊。从这里，看到了所谓"儒表法里"的专制主义在中国政治思想中多么源远流长。这样，对于探索希腊城邦民主制的源头和兴趣也就更大了。他们在相互探讨中意识到，过去苏联的历史唯物主义和历史书籍总是说，希腊、罗马的原始共产主义社会的公社民主制是直接继承来的，似乎公有制度总是与民主制度相联系，共产主义社会不外是原始共产主义社会的复归。但是这种说法，是同在原始社会与古代民主政体之间中间隔着王政时代和寡头专制的历史事实不符的。既然希腊城邦民主制不是一种从原始公社直接演化来的，它是从哪里产生的呢？为了求解，顾准与吴敬琏反复讨论，进行"思想试验"来证实或是否定有关这个问题的各种假说。后来他根据希腊的小亚细亚殖民地的民主制的形成先于本土的事实和这些殖民地的社会结构与英国的北美殖民地很有类似之处得到启发，提出了这样一种假说：当初小亚细亚殖民地的希腊人多半为逃债，或者被放逐到那里去的。他们的原有的等级从属关系的羁绊已经被切断了，面对着强大的异族势力，他们只能以独立平等的成员的身份组成共同体。城邦民主制就是在这种情况下发展起来的政治制度。然后，母邦再把殖民地的制度移植过去。顾准很欣赏这种解释。

其实，干校期间与顾准盘桓求教的年轻人不在少数，除了上述吴敬琏之外，还有赵人伟、周叔莲、张纯音、林青松、张曙光、张卓元、陈瑞铭，甚至是随他们一起下放的子女，如张纯音的徐方（小名"咪咪"）、骆耕漠的几个女儿，还有宋晓梧[①]等等。赵人伟曾忆述道：他与顾准"1971—1974年，即干校后期和返京初期。这一段接触较多，较深。当时我主要是从两个方面向他学习，即学英语和学经济学。由于他教得好，又乐于教人，所以当时向他请教的人很多，除吴敬琏最为突出以外，还有周叔莲、张纯音、林青松、张曙光等。在我同顾准的交往中，这一段是最为重要的。可以说，这一段的向他求教，为我在1978年以后赶上改革开放的步伐打下了重要的基础，也是我今天能够写这篇文章的重要基础。"[②]

对于知识分子来说，在那种情况下，以其得天独厚的知识学养，通过交流，让思想不再枯竭，让思维不再艰涩，真是件幸福的事。

又比如张纯音与顾准就有近距离的接触，给顾准很多帮助。陈敏之1975

---

①　曾任国务院振兴东北办副主任。

②　赵人伟：《从一些片断看顾准的学术生涯和感情世界》，见罗银胜编《顾准再思录》，福建教育出版社2010年10月版，第27页。

年3月4日在顾准故去不久撰文这样记述："五哥生前就曾告诉过我：1969年11月经济所从北京搬去河南息县时，他正是刚刚获悉五嫂（汪璧）去世已经一年多，稽头拒绝和五哥会见，不仅是精神上受到最严重打击的时候，也是生活上最艰苦的时候。就是在这种情况下，纯音同志和他的女儿咪咪给予五哥最难得的关心和照顾……"①

徐方则记得，"刚下干校时，政治气氛左得出奇。顾准伯伯是监管对象，经常挨斗，处境极为恶劣。而母亲却冒着受牵连的危险，继续暗中与他来往。……干校初期伙食特别差。母亲考虑到顾伯伯身体不好，一定需要营养补充。而我们下来之前料到干校生活会很艰苦，带了不少奶粉、肉罐头等食品。于是母亲想到给顾伯伯送去一些。当时做这样的事是非常危险的，一旦被抓住，扣上一顶与监管对象勾勾搭搭的帽子。在那个'阶级斗争一抓就灵'的年代，轻则大小会点名批判，重则隔离审查，失去人身自由。于是母亲想让我去送，一个十几岁的孩子不会像大人那么惹眼。我那时已经懂事，对顾伯伯的种种遭遇深感同情，很愿意做这件事。记得我每次送的时候都紧张得要死，心都快从嗓子眼儿里蹦出来了，感觉像是地下党在做接头工作。刚下干校不久，顾伯伯来向母亲借布票。当时买布除了要花钱，还得用布票。可伯伯自己平时积攒的布票有限，还差一些。他在当天的日记中写道：'借张纯音布票2尺，买维尼纶混纺布30尺……用大量素白维尼纶混纺布，枕套被里都是。这次整理起来的被服，大体可以用到我长辞人世之日。服丧从白，自古礼也……'原来顾伯伯很想悼念亡妻汪璧。可在那个极左、高压的政治环境下，他既不可能穿孝服，也不可能戴黑纱，于是想到多买一些白布，做成白色被套、枕套，以这种方式来寄托哀思。母亲曾跟我提到这样一件事：1971年林彪事件发生后，先以中央文件的形式向党内高级干部传达，然后是党内普通干部，最后到一般群众。但对'牛鬼蛇神'还是保密。一天，母亲要将一只箱子送到火车站托运。她自己弄不了，请所里派人帮忙，结果派来的人恰好是顾伯伯。他拉着一辆架子车，把箱子放在车上。一路上他们在边走边聊，母亲趁此机会把林彪事件跟他讲了。他说：'我对党内派

① 陈敏之：《送别——在顾准身边的最后一个月》，《天涯》1997年4期。

系斗争的来龙去脉很清楚，早就料到会有这一天。' " ①

　　值得一提的是，吴敬琏、赵人伟等先生在与著者交谈中，不时流露出对顾准赍志而殁而所带来的无比痛惜，他曾经设想天以假年，顾准如果活在改革开放的今天，当有所作为，而且必将大有作为。

四

　　现已问世的《顾准日记》，第二部分即是《息县日记》，真实地记录了顾准从1969年10月至1971年9月从"北京——东岳——明港"的经历，主要的内容是学部干校的生活实录，从中已闪烁出后来顾准在与其弟陈敏之通信中所阐述的那些独立思索与见解。这些日记，不仅是顾准思想形成的心灵轨迹与政治文化背景，而且是特定的荒诞时代的真实反映，一个民族遭受的"痛史"。

当年顾准在息县五七干校的住所

---

① 　徐方：《母亲张纯音与顾准伯伯的交往》，《老照片》第九十五辑。

这份日记仅是顾准苦难生活的一个片断，中间有对劳动改造的记录，又有对共和国命运的忧思。有一种舆论，对《息县日记》存有反诘，认为观照出"两个顾准"（林贤治），又谓是"伪日记"（沙叶新），这些都是值得商榷的。顾准就是顾准，世上只有一个顾准，日记中某些假话、空话，只是为了有效地保存自己，须知那时是没有人身自由的，你得随时应付不知道什么时候降临到你头上的突然袭击，所以读"息县日记"恐怕要注意到这点。

令人感兴趣的是在这份日记中，顾准决意告别会计学。早年，顾准是以会计学研究知名于上海滩，年纪轻轻就是一位会计教授。在干校劳动时（其实已是他的晚年），他认为会计学固然重要，会计事业是永恒（即使到共产主义社会也不能取消经济核算），但它毕竟处于从属地位。在顾准眼里，紧迫的问题是社会和现实问题——"娜拉出走以后怎么办"——社会主义建设的道路如何走。

顾准在1971年7月17日的日记中写道："会计一道，不想再碰。20年前旧业，也不想再操了。"为什么呢？在同年2月21日的日记中可以找到理由："回忆1968年8月前读书二年，1968年12月起释卷，迄今也已两年半左右了。一旦摘帽，方毅那里信是要写的（按：顾准准备致函方毅，是想建议国家设立总会计局），关于会计、管理的文章则不准备写了，因为实际状况的变化，据报纸上所登载的不过十之一二，其他情况一概不知道，全面的论述并无根据。而且今后我究竟在哪一方面有所效力，尚不确定。会计、管理固然是一个方面，倘若着手，会占去我全部精力，1963—1964一年间全力以赴，成就有限。现在想想那几章'会计学'草稿，实在一无是处。要做这方面的工作，还确实要有一个班子，要进行深入的调查研究，而且要准备长期搞下去，并不是'浅尝辄止'所能解决的，这样，陷下去容易，拔出来就难了。"所以，顾准打算先从事法国革命史的研究："也把前些时候写的几张有关资本主义发展的卡片拿出来重读了一下，其中关于法兰西大革命的再估价部分，上次写着写着就搁下笔来的，想起来要对这个问题真的能够有所认识，还必须把中世纪以来的法国史，尤其是16—18世纪的法国史弄得有个眉目，才能形成初步意见。人寿几何，能够两个拳头打两个人，甚至妄图长出第三只第四只手、第二个脑袋么？"

这样，尽管条件十分艰苦，顾准仍在不倦地思索。

当时，学部干校参照部队编制，有连、排、班等，不时召开全连大会，内容空洞，无非整人、学习有关文件。他们的居住条件也是恶劣的，多次搬家，从《息县日记》中可以得知，到1971年2月18日第三次搬家还是住饲养房，与顾准"同住的为张曙光、刘国光、张之毅三人。班里全部人员为刘国光、杜浩智、张之毅、张曙光、巫宝三、孙宗琇、刘淑英、陈长源、汪熙曾，共十人。"①到了新地方，又开始繁重的饲养班劳动，请看顾准一篇《饲养班的十八天》日记：

　　来这里，今天是第18天，其中九天用于出圈填圈，看来再有四五天，可以完成第一个周期。这一个周期是困难的，因为过去的半年多，严格说来，猪圈从未彻底清理过。一月三十一日及二月一日，王贵震、杜浩智等五人，和我带的吴敬琏、曾延伟等五人，花15个工，"彻底"地整理一次猪圈，其实是不彻底的，最主要的猪坑上没有掘地三尺，而且小圈底下的肥坑也没有彻底整清楚，即便是"院子"里，也没有挖彻底。这第一个周期所以困难，还因为现在是运肥到堆肥场，而这个饲养场地内坑坑洼洼太多，所以，清圈填圈是和挖水圩子、填路一同进行的。水圩子计划得到大家的热心赞成，巫宝三以67高龄，尽力挖土，拖拉机来，用开沟犁把水圩子的轮廓开了出来。张曙光这个大力士，是清圈、填圈、铺路的主力，来后18天，我用其中一半时间搞清圈填留有关的工作，张曙光实际参加的时间要少得多，但是他完成的工作是远远超过我的。这18天，尤其是最近十天，每天累得晚饭后只有躺下的一法，然而目睹久已设想过的"挖填"工程进展场地内可以整理得有头有绪，而且将变为一个小小的并非可以自由参观的饲养场，心里是十分高兴的。②

① 陈敏之、丁东编：《顾准日记》，经济日报出版社1997年9月版，第240页。
② 同上书，第240—241页。

但是，就在顾准等人"兴高采烈"地庆幸猪圈落成，将动手搞猪食地坪之时，突然接到"搬到明港的一所营房集中搞运动"的指示，工程只得半途而废。顾准想得好："当然，从远景来说，也并不突然，因为一种政治安定和全力搞建设的局面已经出现，像现在这种状况不可能长期继续下去。"①

顾准是4月上旬到达明港的，名为"明港集训"，实为"强弩之末"，干校快要走到尽头了。他在3月底4月初的日记中对学部干校一年半左右的历史作了如下小结，足资存史："1969年，我连（按：指经济所）首先到达东岳，到此次搬家搬完——估计不会早于4月17日——前后历时一年又5个月。其间，经济、文学两所先离北京，第二批是自然科学史室。如经济、语言所及民族所在1970年3、4月；5月，考古、近代史下乡；8月，其他各所及学部机关如数南来。所以哲学、历史、外文等后来各所，在乡时间不过8个月，比经济、文学两所少九个月。经济、文学两所下乡最久，建房规格是经济所做出来的样子，砖窑是经济所第一个动手，脱坯也是经济所第一个动手，但是，1970—1971年冬春，经济所已经任务不足，颇显松劲。而中心点庞大的建筑群，则是后到各所奋战的成果。……这一年半，建校的方针是经济建校，突出炼人，其间每次战役结束，都举办讲用会，评比则全未举行过。炼人效果如何，可以'谁来谁变'四字概括。……干校是'学校'，是不与农民混居的学校，日常生活，在住与行方面比较城市已经艰苦很多，伙食之不能降低到当地农民水平是必然的。然而十年消长，也是见时易势移，人力难挽。分析其原因，可以列举下乡人员老了，城市生活方式固定化了，看农村贫困20年来并无根本变化，等等，而瞻望未来，则全国农村都发生大寨式的变化，前途犹多困难。"②

林彪、"四人帮"搞五七干校，就是变相使知识分子失业，就是埋葬科学技术文化，埋葬民族的文明进步。顾准所在河南农村的荒野、茅屋、土房……使他忧心如焚，农村的贫困牵挂他的心，但是出路何在？

---

① 陈敏之、丁东编：《顾准日记》，经济日报出版社1997年9月版，第214页。
② 同上书，第244—247页。

2005年7月，本书著者与陈敏之先生（中）在顾准当年居住过
的息县五七干校明港军营合影

1971年4月，干校搬到东岳以后，对顾准之类"劳改分子"的管制实际上
松动了一点，顾准就以"读书为主"，辅以"思想汇报"（因"董辅礽宣布
监管对象要每周汇报思想"）①。

这些汇报无非是"认罪服罪问题"，交差了事。在《息县日记》，我们
可以通过大量的记载，发现一位勤奋学习、不倦思索的智者形象，当他得知
在京的书籍与卡片有可能没收，他斩钉截铁地说：

我决心在五七干校一面劳动，一面继续观察思考和研究，北京
藏书，大体已经利用过，通过这些书籍，我眼界开阔到上下古今，
今后有赖于这些书籍的，不过是引证史实，引证百家，不致有文词
上的错误而已。大体their meaning had been caught already（意
思已经领略了），即使这些书全部丧失，我也写得出东西来了。手
稿，比之要写的东西，幼稚肤浅，可以采用者少。卡片不外抄摘

① 陈敏之、丁东编：《顾准日记》，经济日报出版社1997年9月版，第270页。

与感想，有，当然好，丧失了与丧失书籍手稿结果一样。一个人，用全生命写出来的东西，并非无聊文人的无病呻吟，那应该是铭刻在脑袋中，融化在血液里的东西。我所写的，没有书籍、卡片也可写，丧失它们，又何所惧。（1970年1月1日）[1]

正如顾准所云，五七干校"并不是可以写作的环境"，但他通过努力，争取到阅读与思考的权利，军宣队也拿他无可奈何。囿于条件所限，他能够读到书是有限的："手头可读的书少，今后一个长时期还不知干什么好。"（1971年9月2日）[2]但是顾准始终在如饥似渴地搜寻书籍来读，1971年6月9日的日记这样写道："七日休息，未去小卖部，巫（巫宝三）得《天演论》。下午，见巫读此书，疑为由京寄来，后闻购自小卖部，甚悔未去。初见此书，似受电触。曾读李锐书，知昌济先生曾以欲得大树擎天，与夫三军可以夺帅，匹夫不可以夺志教人，亦如主席少时，极重立志，《天演论》要旨以人力胜天，今见是书新版，度必有原因，极想一读，前日今天，粗读一过，颇多感触。读后所得，约之为'天行健，君子以自强不息'之一语。赫氏此书，虽以达尔文物竞天择开其端，又以人力治国，与天竞胜之例演其义，其间评述诸教祖与哲学名家之人生哲学，归根到底，无非强调人定胜天一语，而于政治则为舍己为群，一又利己即利人之说，持其论，可以破民主个人主义，而归于集体英雄主义，此集体英雄主义锋芒所向。并非人事，特为自然。循是推论，则凡违此义者，都与人类本身之目的不合，而为人类之异己分子，阶级斗争不可废，且永不可废，根据悉在此。"[3]

由一本书的出版、阅读，推及形势的演变，实在为顾准所擅长，只有顾准才能够体味其中的奥秘。同年6月20日，顾准又记道："连日读书甚勤，《反杜林论》也结束，《唯物主义和经验批判主义》也已将告结束"[4]。这些书，他早就读过，此番再读，想必又有新的收获。

① 陈敏之、丁东编：《顾准日记》，经济日报出版社1997年9月版，第174页。

② 同上书，第282页。

③ 同上书，第264页。

④ 陈敏之、顾南九编：《顾准日记》，中国青年出版社2002年1月版，第390页。

在顾准的思索范围内，包括外交、财政、建设科贸经济发展速度，国际形势等等，特别是对苏联模式的批判，可谓真知卓识。1971年8月2日，顾准以《十年来的苏联经济》为题记下了他的思考："他们的经济是有发展的，但是，这依然是备战经济体制下的发展，而且是一种极其笨拙的、悉索敝赋的以供军备的那种发展，一句话Stalinism（斯大林主义）的经济体制，对于他们已经积重难返，成了不治之症了。"义说："正因为如此，所以，他们的经济体制本质上是一种浪费与窒息的制度，经济发展所获得的新增收入，用在军费与基本工业扩展上的比例很大，用于增加消费基金的数额，永远跟不上工资的增加。"他还认为："我想，在看得见的将来，这个看来都难受的体制，还是会歪歪斜斜地向前走"，但是，会有一种力量"来推翻这个令人窒息的制度"①，沧桑巨变，20年后的苏联解体，证实了顾准的预言。

"位卑未敢忘忧国"，顾准就是这样一位思想家，他在日记中写道："我现在更不关心我的处理问题。二周前写了一份思想汇报，决心超出'利用对象'的水平，力求继续革命。然而出处为何，不抱幻想，所不能忘记的，还是追求真理。倘然还能活二十年，最大希望，不过是广泛涉猎古今哲理，旅行祖国各地，看看山河如何重新安排，经济如何建设，作刍荛之献而已。Huxley（赫胥黎）说，'所遇善，固将宝而维之，所遇不善，亦无懂焉'，以之对付过去，以之对付未来。"②

顾准对国内"文革"和国际共产主义运动的众多变化，并不无动于衷，他关心着人类的命运和祖国建设的未来。吴敬琏说得好："在这个冷峻孤傲的外观下面，有着一颗充满爱心和柔情的内心世界。人们也许以为，顾准之所以能够这样无所顾忌地探求真理，是因为他在经历了种种人世沧桑之后，已经变得超然物外，对于人世间的喜怒哀乐都无动于心。我想，这个判断也是不符合实际的。顾准从来认为，'力求在一个没有希望的世界上寻求自己灵魂的安宁'，'不是禄蠢，就去出家'，'愤世嫉俗，只好自称老衲'，都不足为训。顾准精神是入世的，正像他自己所说，他的宗旨在于'为人类

---

①　陈敏之、丁东编：《顾准日记》，经济日报出版社1997年9月版，第274—275页。

②　同上。

服务'，为了中华民族和全人类的未来，他立志做一个'用鲜血做墨水的笔杆子'。顾准的确实现了这一诺言，用自己的鲜血写下了掷地有声的篇章，至死方休。"①

咪咪（徐方，张纯音之女）短暂回国，在北京治病，我去看望她，这是我们俩久别重逢。她系名门之后，她的外婆程俊英是民国才女，与庐隐、王世瑛、陈定秀并称五四"四公子"。咪咪的外公是我国著名的心理学家。咪咪少女时代随母亲下放干校，与思想家顾准先生熟稔，成为忘年交

顾准身处逆境，头脑清醒，冷眼旁观，不但本人喜爱读书思索，十分关心青年人，鼓励他们不要受"读书无用论"的误导。听徐方说过："顾伯伯特别关心年轻人，热心帮助年轻人成长。记得70年下干校时，社会上正盛行'读书无用论'。有一次顾伯伯对我说：'你千万别相信这一套。一个民族如果不读书，是决定要灭亡的，可我深信中华民族一定不会灭亡，终有一天这个社会迫切需要有知识的人去建设，到那时谁有本事谁上，如果你没有本事，那就可悲了。'他还说：'你应该像小孩子捡石子那样为自己搜集知识财富。'正是听了他的这番教诲，我才开始下决心学习。……可以说他的

---

① 吴敬琏：《何处寻求大智慧》，三联书店1997年3月版，第382页。

那些教诲对我选择人生的道路起了决定性的作用。"像这样的事情，在干校中，顾准还做了不少。

徐方年少时

顾准的五七干校劳改生活，直到1972年夏天才结束。这是由于在周恩来总理干预下，整个学部从河南息县明港回到北京。

第十三章　在辽远的城邦中寻找理性

加強往儕核祿,嚴核節
俭,積累囬家建設資金,
會計工作負應該在
這方面充分發揮自已旳
作用.

程單

一九五〇年
十二月十二日

一

正如一位法国作家所说:"生活是由最不相干、最出乎意料、最自相矛盾、最胡拼乱凑的事情组合而成的;它是一连串残忍、专横、支离破碎、毫无连贯、逻辑混乱而又矛盾百出的灾难。"这段话用来形容发生在我国的无产阶级"文化大革命",不为过分。

堪慰人意的是,1972年顾准随经济所人员一起返京后,所处环境稍许有些改善。据骆耕漠回忆,别人都在忙于打派仗,顾不上他们这些"牛鬼蛇神",所以对顾准等人的看管已经不是那么严了。从这时候起,顾准开始了他那雄心勃勃、涵盖中外的庞大研究计划。他争分夺秒,想要彻底研究东西方的历史,从整个世界历史发生的角度来审视近百年来在中国发展的这一切。

顾准系统地阅读,反复地思考,"在造神运动席卷全国的时候,他是最早清醒地反对个人迷信的人,在'凡是'思想风靡思想界的时候,他是最早冲破教条主义的人。仅就这一点来说,他就比我以及和我一样的人,整整超前了十年。在那时代,谁也没有像他那样对马克思主义著作读得那样认真,思考得那样深。谁也没

1974年10月顾准在中科院哲学社会科学学部大院

有像他那样无拘无束地反省自己的信念，提出大胆的质疑。"①王元化的这番话写于1989年，这是一个恰如其分的评价，随着时间的推移，更加证明了这一点。

回京以后，顾准有家不能回，家人都作鸟散，插队的插队，运动的运动，当官的当官。他住在京城建国门内5号中科院哲学社会科学部大院的8号楼，相当于目前中国社会科学院报告厅的位置。

8号楼是一座U字形两层的筒子楼，过去是招待所。顾准的住室在8号楼二层西侧最南端，离张纯音家非常近，出门沿过道往北走，经过几个房门往东一拐就是张家。毗邻八号楼的七号楼，是一座一字型两层的筒子楼，当时也用来安置从干校回来的"无家可归者"。钱钟书先生与夫人杨绛就住在七号楼一层。他们家的后窗正对着张家的前窗，夏天的时候他们常打开后窗通风。张纯音的儿子是智障者，不懂事，有时在家里拉开喉咙放声高歌。每当这时，钱先生家的后窗很快就会关上，可他们从来不提意见。一次徐方在大院里碰到钱钟书先生，他操着带有无锡口音的普通话，半开玩笑地说："令弟的歌喉不错啊！"……

顾准起初与李学曾同住一屋，后又与江明住在一起，再后来就与李云一家住在一起。曾与顾准一起下放干校的文学研究所的楼肇明先生记得，"顾准先生从干校回京后的一段时间里，住到了哲学社会科学学部的大院来了。他和同所同事李云先生和他的小女儿一屋而居。这间房子位于当时的7号楼拐角处，旁边就是一间公厕。他和李云父女共同拥有约25平方米的空间，书架权作隔栅，搬不搬开书架，都是一家子人。"

顾、李是同龄人，李云的小女儿平雅小姐那会儿刚上小学。楼肇明在干校期间学会了一手挑选西瓜的绝招，"望、闻、问、切"，一挑一个准，沙甜沙甜的。其与平雅的友谊，连同与李云老先生的友谊，就是从他给平雅挑选西瓜的过程中建立起来的。在楼肇明的印象中，"顾准不苟言笑，唯一的例外，就是经常与平雅小丫头开开玩笑（现在想来，这些玩笑其实包含着与磨难孤女的意志品格相关，理解人生存的艰难，应该从童年

① 王元化：《清园论学集》，上海古籍出版社1994年12月版，第509页。

就开始）。可以这么说吧，顾准唯有与平雅面对时，他那平时紧锁的眉头，才偶一舒展。我去拜访李云，多半是下围棋。李云是位棋迷，棋艺不差，棋德也高，不论对方水平如何，来者不拒。与友人手谈，以遣永昼。顾准的棋艺就差强人意了。他多半偶而为之。李云下他的棋，他埋头看书译书，我记得不错的话，他那时好像在翻译当时看起来并无希望出版的凯恩斯的著作。顾准也偶而与我对弈一二局，不过他的棋艺棋德，我实在不敢恭维。尤其在复盘时，他往往指指点点，说三道四，对我的漏着、昏着特别敏锐，我虽然赢了棋，却终是遭到他不留情面地指斥训诲一番。他明明白白下输棋，却像一位十足的赢家。在他凌厉的指斥声中，我不说什么，心里窝火，不久也就释然了"。

楼肇明认为，与顾准对弈，他不是好的棋友。一般的交往中，顾准也与众不同。他曾向其借过一回《圣经》，但只许借阅两个星期。应该说，圣经是世界上印量最大的书籍了，但当时的中国大陆却非常罕见，顾准宝贝自己的书也无可非议，结果还没有到应该归还的日期，就一再催还，楼肇明一气之下，不到10天就完璧归赵了事。不过，较之下棋、借书所引起的不愉快，乃至令人哭笑不得的尴尬，向他请教某些疑难，就愉快得多，他堪称是一位和盘托出，决不藏着掖着的良师和诤友。楼肇明先生的回忆是：

现在我能够记得只有两条了，而且都是与一位与他一样同是"右"字号的著名人物（徐懋庸先生）的言论有关。徐、顾两人成名甚早，性格中狷介和狂傲，可谓旗鼓相当，在伯仲之间。也许正因为此，我用激将的办法替代向他讨教。我转述了徐氏在私下讲的一些言论，问顾准的看法。我说徐懋庸说，电影歌舞史诗《东方红》不像是歌舞片，用的是"人海战术"。谁知顾准眉开眼笑地表示赞同，这颇出我的意料。不过，他爱抬杠的脾气（也许不是），却在另一番言论中表现了出来。徐懋庸认为三国时期蜀汉失败的原因之一，在于诸葛亮独力难支，手下匮乏得力干部，事必躬亲，鞠躬尽瘁的后果是，蜀汉王国也就随着他死亡而溃灭了。我想徐氏的这个言论，虽非独创，却平允公正。谁知，顾准听了却不以为然，几乎是嗤之以鼻了。他斩钉截铁地说："只要有人群，就会有人才，关键还在领导者是否是位伯乐。人才是从来都不会缺乏的。汉武帝雄才大略，一不高兴就将大臣们一个个地拉出去砍头，但人才并未给他杀光。哀叹没有人才的说法，任何时候都是不通之极。"无论从当时年轻的我，还是现在又多了一番阅历和史识的我，令我心折的并非是顾准如何主张，而是他的坦诚和对自己主张的执著。1994年，《顾准文集》面世，在知识界震动不小，作为中国知识分子的人格光辉，名之为"顾准的人格精神"，我想大约是指特立独行，不曲学阿世而说的罢。[①]

如前述这时对顾准的批斗基本停止，他可以利用时间自学。说起自学，顾准在8号楼对赵人伟说："我虽然在抗战以前写过会计学的书，但抗战期间和解放战争期间主要从事实际工作，真正搞学问是在1952年'三反'运动中被罢官以后，特别是1957年被划成右派以后。"他的英语数学等都是自学的。他还说，抗战以前，他的英语达到可以粗读英文报纸的程度。可见，顾准学术生涯的一个重要特点是自学成才，他一直到死，还是勤奋自学。

可是，顾准由于长期的煎熬、迫害、营养不良，身体每况愈下。正如吴敬琏所说：顾准"1972年回到北京后，病况加剧，可是他却索性以北京图书馆为家，争分夺秒地查找资料，做卡片，写笔记，成就了《希腊城邦制度》等数十万言的论著。显然，只有对人民怀着炽烈的爱心的人，才能像顾准那样如同一支行将燃尽的蜡烛，以自身的毁灭为代价，力求给世界以更多的一点光和热"。[②]这样，顾准拖着痰中带血的病体天天跑北京图书馆，收集资料，回来挑灯夜战，加紧把在干校酝酿成熟的关于希腊城邦制度的著作写出来。

---

① 楼肇明：《面影和命运—顾准先生二三事》，《炎黄春秋》1999年第4期。
② 吴敬琏：《何处寻求大智慧》，三联书店1997年3月版，第380页。

1972年，顾准从干校回京不久，在中山公园留影

现存的《顾准日记》中的《北京日记》起始于1972年10月13日，完于1974年10月17日，两年时间，记载着他读书的轨迹。他读了《经验与自然》《自然宗教对话录》（休谟）《哲学原理》（笛卡尔）《论自由》（穆勒）《总参谋部》《日本历史——国史批判》《文明论概略》（福泽渝吉）《中国近代文论选》《奥地利简史》《人类理解论》（洛克）《纯粹理性批判》（康德）《逻辑原理》（布拉德莱）《青铜时代》《十批判书》（郭沫若）《论语》《左传》《国语》《诗经》《西亚、印度和克里特上古史》《甲骨文研究》（郭沫若）《殷周青铜铭文研究》《西周金文字大系》《计量经济学》《中庸》《大学》《孟子》《战国策》《史记》《文物》杂志《考古》杂志、《国外科技动态》杂志、《西汉文学选》《盐铁论》《明代粮长制度》《汉书》《企业论》（凡勃伦）、《古代法》《荀子》《经济动力学》《周易》《诸子考索》（罗根泽）《希腊史》《政治学》（亚里士多德）《历史研究》（汤因比）《伊利亚特》《古代东方史》《奥德赛》《自然辩证法》《戊戌以来三十年政治史》《基督教的建立》《汉唐佛教思想》（任继愈）《西方哲学史》（罗素）《红楼梦辩》（俞平伯）等等。以上书单只是顾准阅读的一部分，仅此可见他之勤奋好学，涉猎之广，令人叹服。其间，还翻译了大量外文文献，并与弟弟陈敏之秘密通讯（后结集为《从理想主义到经验主义》一书）。

从《顾准日记》我们可知，1974年2月12日起，顾准开始撰写希腊史笔记，即《希腊城邦制度》一书，他去世后，1982年由中国社会科学出版社出版，并收入《顾准文集》。整个写作过程，大概持续了三个月。它虽然是一份读书笔记，却在历史研究中取得了为人称道的成就，笔记共分六章，顾准原拟写竣后再修订，但未及完稿，便不幸病逝。

顾准生前部分藏书

顾准在《希腊城邦制度》中，对人们看来已有定论的学术领域中，另辟蹊径，对古代希腊和古代中国作了比较研究，提出了引起史学界重视的独到见解。

比如，顾准以冷峻的笔墨，深刻地分析了城邦制度与"东方专制主义"的区别。他通过严密的分析指出：希腊城邦制度，其性质与"东方专制主义"（黑格尔语）截然不同，也就是我们古代的专政主义政体与希腊民主制度的截然区别。虽然有人可能不能接受，但是"感情当然不能代替历史事实"。

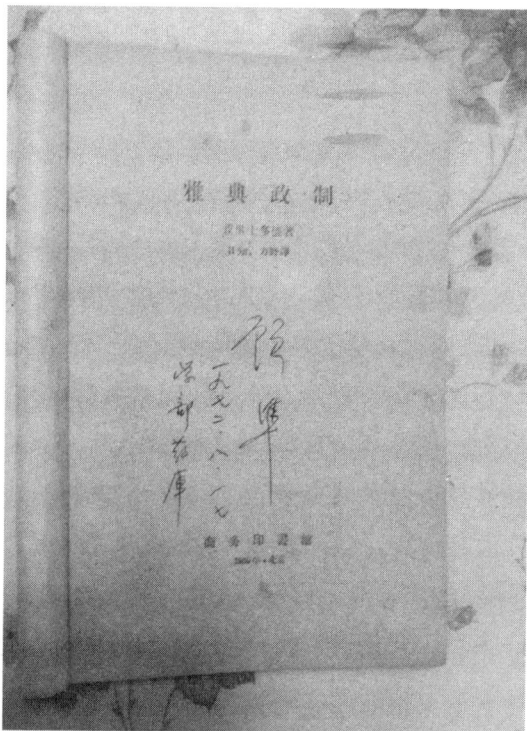

顾准藏书：亚里士多德的《希腊政制》，顾准写作《希腊城邦制度》对此多有参考

现代西方文明因袭古代希腊文明的传统，这已为举世公认，早在干校期间，顾准便立志研究希腊史，没有经过多年的积累，1974年他是写不出《希腊城邦制度》这样的著作的。而他所作的一切绝非发思古之幽情，而是服务于自己立下的下列目的：

第一，为了彻底读懂马克思主义，真正理解马克思主义的本义；

第二，弄清楚西方文明的渊源；

第三，全面比较中西文明的基础上探索人类社会发展的轨迹。

那么，究竟是一种什么力量驱使顾准沉潜下来，默默地从事这一艰难费力的研究与探索呢？与之相处达十年之久的吴敬琏对这一时期的顾准有一定的了解，他认为："我想，一个人只有这样伟大的人格，只有这样的对民族、对人民高度的责任感和为人类争取更美好的未来的使命感，才有可能在那十分险恶的政治环境和极其艰苦的生活条件下，孜孜不倦，勇敢地进行只有后代学人才能认识其价值，甚至完全有可能永远湮没无闻的历史探索。他的学术成就，也正是这种精神的产物。例如，他写作《希腊城邦制度》，就完全不是'发思古之幽情'的结果，而是为了回答'娜拉出走以后怎样'的问题。早在干校的时候，为探索为什么播下了革命理想主义的种子却得到了林彪、'四人帮'法西斯主义专政的结果的问题，追溯文化史和法权史的根源，遇到了东西民族的历史殊途是怎样开端、怎样形成的问题。为了解答这个问题，顾准真是做到了王国维所说的'衣带渐宽终不悔，为伊消得人憔悴'。那时，顾准曾反复和我讨论希腊城邦制度的起源问题。他提出了一个又一个假说，又一个一个地推翻，最后才形成一套可以自圆其说的解释。为此，顾准付出了巨大的精力，在有限的书籍中摘取有用的材料细心地把它们连缀在一起，形成一个体系。……终于写出这部连西欧史专家也对它的科学价值赞叹不已的巨著。"

与顾准曾经有过同样遭遇（错划为"右派"分子）的原中国社会科学院副院长李慎之也曾说过这样一段话："他（按：指顾准）曾经是一个极其热忱甚至狂热的理想主义者，但是50年代以后，个人的遭遇，国家的命运，不可能不使他要努力弄懂民主是怎么一回事。当他意识到民主起源于古希腊与罗马的城邦国家以后，就下决心要用十年时间，先研究西方的历史，后研究中国的历史，进而在比较研究的基础上对人类的未来进行探索。……他为了弄清楚希腊城邦制度，从地理到历史，从人种到字源……一点一滴地搜罗材料，排比材料，分析材料，打破了许多中国人仅仅凭中国自己的历史对外国所作的想当然的了解，他终于弄清楚了只有希腊那样的地理、历史、文化条件才能产生在古代是孤例的民主制度。"①

顾准《希腊城邦制》1982年出版后，曾引起学术界、思想界的关注，还作为代表作收入《二十世纪中国学术要籍大辞典》（中共中央党校出版社出版）。顾准在本书中论述了古代希腊城邦制度的形成、演变、确立和多样化的过程。顾准在书中揭示了希腊国家的本质是一个阶级的国家，其宪法结构是贵族政治，这种贵族政治并不是一两个杰出的贵族的"人治"，而是合议制的"法治"。顾准钩沉稽古，发现在公元前七世纪，希腊文明再次从小亚细亚移回本土，实现的是僭主政治，发生了多次征服战争，出现了许多著名的城邦。如西息温、麦加拉、科林斯、斯巴达、特萨利亚和后来成为希腊文明中心的雅典。从公元前七世纪到公元前六世纪末，是希腊城邦政治制度的形成过程。

与此同时，顾准在对资本主义制度为什么最先出现在英国这一问题所作

① 李慎之：《点燃自己照破黑暗的人——读〈顾准文集〉并纪念顾准八十冥寿》，《改革》1995年第5期。

的独特研究，充分表达了其进步史观。在他的研究中，列举了大量的客观历史条件，在《资本的原始积累和资本主义发展》一文中充分注意了某些特殊的、偶然因素的重要作用，他说道：

> 我这样絮絮叨叨地讲历史，无非想说明：在英国产生出资本主义来，是多种因素共同作用的结果。单独一个因素都不能达到这种结果。商业本位国家，荷兰有过，产业革命未发生于荷兰。文艺复兴以来的各种科学技术成就，是许多欧洲国家的共同遗产，而产业革命只发生于英国一国。强大的王权，法国和英国一样早，产业革命却未发生于法国（固然，法国大革命是一个因素，不过路易十五时代的科尔贝主义，即国家出资办国营手工工场，也是发展产业革命来的）。航海、商业、殖民的扩大所造成的市场扩大，是欧洲诸国的共同利益，唯有英国才促成了产业革命。[1]

因此，顾准认为，"产业革命是多种必要因素共同作用的结果"，在英国就是如此。所以带有宿命主义色彩的目的论史观将人丧失创造性，而顾准则强调历史的发展的复杂过程，说明历史只是逐渐演变的过程。

在否定了目的论史观后，顾准明确主张："地上不可能建立天国，天国是彻底的幻想；矛盾永远存在。所以，没有什么终极目的，有的，只是进步"[2]——这就是顾准的进步论史观。

顾准在自己进行历史研究的同时，还热情地鼓励弟弟陈敏之学习历史，只有这样，才能真正懂得马克思主义。对此，陈敏之有比较详尽的介绍："1972年初冬，我取得当时干校组织上同意，借探亲假的名义去了北京，除探望老母亲外，也想趁便探寻五哥的下落，我觉得无论在道义上、感情上，这都是我不容推辞的责任。说来也巧，五哥恰好也在这年夏天从河南息县回到北京，因此，没有费多少周折就找到他并晤见了。在晤见之前，我先看到

---

① 《顾准文集》，贵州人民出版社1994年9月版，第225页。
② 同上书，第270页。

了一封他给孩子们的信。信很短，大意是，祖母是否健在，很想念。附去照片六张，是刚回北京时照的，哪一位要照片，可以给他。我现在还没有力量照顾你们，附去省下来的油票一张，表示一点心意。下面前贴的是一张从他自己的口头省下来的当时能用的油票。读信，看着照片，我怎么也难以抑制涌动的泪水。这使我联想60年代初，他拼命笔耕（指翻译熊彼特、罗宾逊夫人的两部经济学著作。这两本书一直到死后，才由商务印书馆于80年代先后出版），企望以此来使家庭经济多少能得到一些改善。当我想到笔耕所蕴含的是一个父亲对自己的家庭'赎罪'心理和一张小小的油票中包容的是一腔舐犊之情，我怎样也难以抑制自己心灵的震颤。"

陈敏之继续说，"离别十年，劫后重逢，当然是高兴的，但是彼此都很少述说过去。曾经设法让五哥和在三妹处的母亲见一面，未能如愿，直到他两年后离开尘世也未获实现。成了无法补偿的终身遗恨。他当然也非常惦念自己的孩子，想见见他们，在我去京之前，他已作了努力，都归无效。因此，话题也绝少再提及这些令人凄怆的事。倒是当我诉说在漕河泾期间，除了'红宝书'和《毛选》外，再也读不到其他书籍，浪费时间，表示极大的惋惜，希望读一点中国历史时，引起了他的兴趣。他劝我应当选读一点西方历史，他说，中国人对自己国家朝代的更迭、嬗变总是知道一些梗概的，但是你如果不懂西方历史，也就很难真正懂得马克思主义。这一点，当时我并不真正理解，直到我多少读了一点西方史以后，才真正有所体会。身为中国人，如果对自己老祖宗的历史茫然无知，当然是一种不可饶恕的羞辱；谈历史，言必称希腊、罗马，对于这种洋教条，固然也应批判；但是，作为一个中国的马克思主义者，如果对于由此产生马克思主义的西方历史以及影响及于现代西方国家的希腊文明传统一无所知，他确实也很难真正懂得马克思主义。就像外国如果不懂得孔、老、墨、庄、荀、韩等等，也就不可能真正懂得中华文明及其传统一样。目前的问题是多少懂得一点西方历史和希腊文明的人太少，而不是太多。举一个最浅显的例子。我过去读《共产党宣言》，对于其中提到了市民阶级，究竟是何所指，市民阶级是怎么产生的，它对近现代资本主义和议会政治的产生和发展起过什么样的作用等等，可以说完全无知，因而只能生吞活剥的囫囵吞下去，一直到读过一些西方历史以后，才有真正的了解，我相信不少人会有些同感。"

查核顾准日记中的《北京日记》部分，可知陈敏之是1972年11月28日抵京的，他与顾准共盘桓了约10天左右，共同讨论许多都关心的问题，顾准钻研历史的精神深深感染了弟弟。

以此为契机，便开始1973年到1974年两年间，他们兄弟俩不间断的通信。这些通信，不是天南海北或家庭琐事的闲聊，而是对一些彼此都感兴趣的历史的或现实的问题的认真的讨论，其中不少是陈敏之提出向顾准请教问题。这些通信中附有许多顾准的"笔记"，被陈敏之精心保存下来，现都已收入《从理想主义到经验主义》一书。

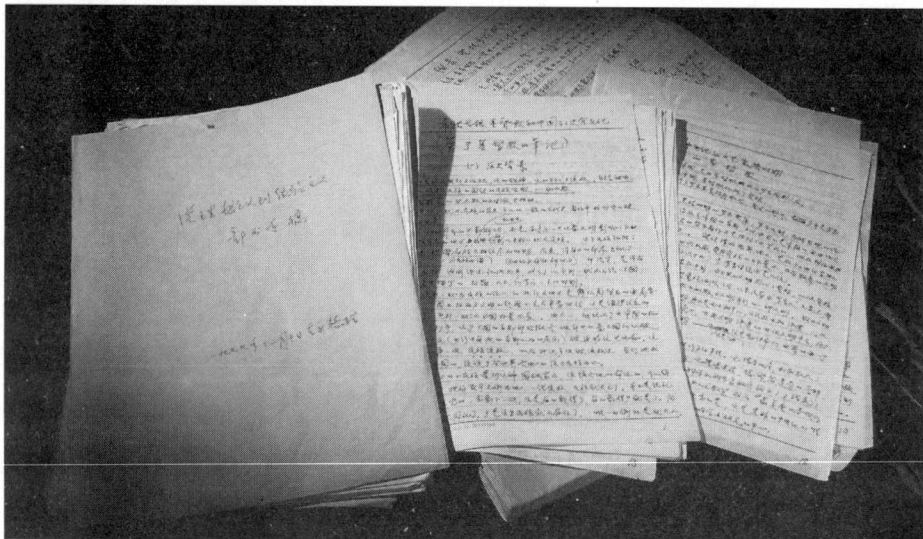

顾准《理想主义到经验主义》部分手稿，原为与陈敏之的通信

从这些笔记中，可以发现顾准是一位具有"中国的脊梁"的"思想家"，正如吴敬琏所说："顾准是一座巍然屹立、高耸入云的山峰。不管是在天赋的聪明才智方面，还是在道德文章方面，我们都不一定能接近于他所达到的境界。"的确，对于一个立志服务于祖国和人类的人来说，当他发现西方文明中确实有许多为我国固有的文明所阙如的长处和优点时，凭着社会良知，他是无法不予欢呼或加以拒绝的。为了自己国家、民族的振兴和腾

飞，汲取其他文明中的所有优点和长处，应当是无可非议的，那种虚妄的民族自大在这里不应当有立足之地。

顾准在反复的思考、探究中，充满了激情，体现了一个学者的良知和立志为人类的决心。对于顾准这一特点，人们都非常叹服，举著名文学家陈丹晨的例子说，他曾是顾准的部下，他对顾准在"文革"中的反思有着极高的评价。他认为："顾准有智慧，而且非常有勇气，对历史与现状的超前思考，特别令人敬佩。当时文化人还很少有人能达到顾准这样的境界。他居然在那样孤独的环境之下，在那种连基本生存都已成为问题的境遇之下，能够如此冷静地、眼界如此开阔地思考问题，而且思想是那样深邃，思考和研究的问题又是那样的深刻，这在我们国家来说是很少的。……他讲到：'感情是生命的表现，有感情的东西，怎么样也不是干瘪的。而一切奉命文学，则不论其中有无惊人之语，有无独创的新意，它总是干瘪的'。顾准的话，实在至理名言。我觉得，对于我们之中的很多人来说，几十年所从事的无非是一种奉命文学，写文章也好，做事情也好，都是在遵循着别人的旨意，谈不上什么感情问题；因为感情已经被挤掉了，榨干了，即使是写出什么东西来，又能有什么新意呢？顾准在谈到感情问题时，谈到学术问题时，都是从人的本体这个角度出发去考虑的。我由此而特别想到他当时所处的环境。他作为一个人的七情六欲都已被扼杀了，却在强调感情问题。这种感情在顾准身上体现为他对中国乃至人类命运的高度历史责任感，以及一个学者的良心。从他的遗著中可以感受他写作的激情，如果没有这份激情，他所有留下来的东西都是不可想象的。"①

在"文革"后期，不论是在干校，还是回到北京，顾准总是常关心年轻学者甚至孩子们，帮助他们成长，从思想上和业务上（包括外文等）关心他们，他喜欢结交朋友，喜欢交谈。因而使与他交往的青年人得益匪浅，不少后来成为知名的经济学家，为祖国的改革开放出力。

曾经亲受馨欬的张纯音女士对此感受特别深，她饱含热泪地说道：

① 参见丁东：《顾准生前友好访谈录》，《顾准寻思录》，作家出版社1998年9月版，第372—373页。

　　"顾老平时不畏强权，对任何一级领导都敢于提出不同意见，从不考虑得失。与此同时，对一般同志，特别是对年轻人却十分热忱，尽力提携。1972年从干校回北京后，他一方面埋头读书和翻译，同时也常常跟年轻人一起交流学术思想，还亲自动手帮助他们修改译文，从不吝惜时间。一次赵人伟同志要顾老帮助看看译文，那天他本来要去北京图书馆看书的，为了帮助年轻人，从早到晚给赵人伟连续讲了七个小时的翻译技巧。他甚至对中小学生也爱护备至，常在晚饭后给他们讲一些有意思的历史故事。讲一些有意义的历史故事。顾老常说：'我的眼睛总是向前看的'。确实，平时和他相处，总是听他讲工作计划，有什么打算或对当前国内外政治经济形势作出分析等。他很少讲自己过去的不幸遭遇或光荣历史。"——我至今还清楚地记得20世纪80年代我赴京搜集材料时，张纯音已不幸身罹癌症，在积水潭医院的病榻上，她强忍着病魔带来的巨大痛苦，向我讲述顾准的往事。

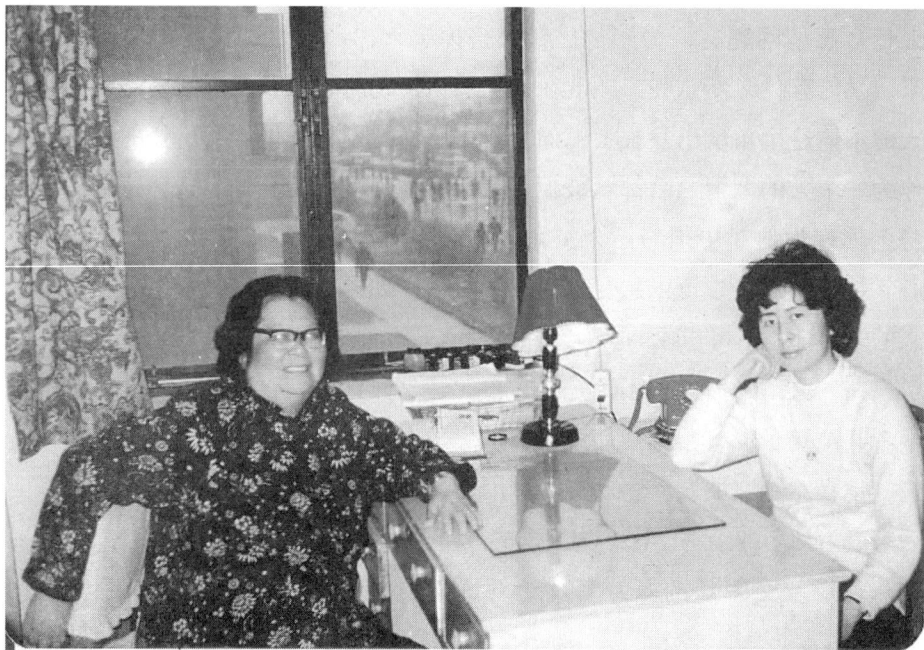

张纯音和她的女儿徐方

　　张纯音的女儿徐方当时年纪还很小，她回忆说，顾准常与她母亲张纯音谈他的一些思想，他对很多事物的看法。张纯音对顾准的精辟见解赞叹不已，称顾准为"天才的思想家"——每天都能"分泌"出精彩的思想。在咪咪（徐方）的记忆中，有时妈妈不同意顾准的某些观点，于是两人争执不休，面红耳赤。但这只是学术之争，丝毫不会影响他们之间的友情，相反更加互相信任。

　　赵人伟记得在干校后期，顾准在同他聊天中居然对"颗粒还家"的问题进行了边际分析。他说，颗粒还家的精神无疑是好的，表现了中华民族勤俭持家的优良传统，不过从经济的操作上来讲，还有一个限度的问题。如果一位农家老妇上地捡麦穗，每天能捡回十斤八斤麦子当然很好，但到后来如果每天只能捡回一斤麦子，而她每天的消耗也要一斤麦子时，就到了一个边界。赵人伟问他，如果这位老妇不上地捡麦子在家里闲坐每天也要消耗六两麦子，应该怎么办？他说，在这种情况下，她至少每天要捡回四两麦子才值得这么做。

　　赵人伟认为，考虑到顾准在当代西方经济学和高等数学方面的素养，特别是在导数和微分方面的素养，如有机会他是可以对经济问题进行边际分析的。如果他的生命可以延长到孙冶方出狱以后，那么，他们两人的合作也许会超过50年代。例如，孙冶方的"最小—最大"是无法量化的，他的利润最大化或所谓的利润挂帅也没有量化过。如果顾准能在方法上助孙冶方一臂之力，那么，他们两个人的合作必然会创造出新的生产力来[①]。

　　一直与顾准保持交往的吴敬琏，这时已被顾准所深深吸引，后来，他深情地说："顾准对我发生了非常重要的影响，甚至可以说导致了人生道路的重大转折。我后来的政治倾向、学术观点，治学态度以及为人处世无不浸润着他的教益。"[②]

　　吴敬琏身上浓得化不开的"顾准情结"，真使人感佩。2005年3月24日在北京举行的首届中国经济学奖颁奖典礼上，吴敬琏与薛暮桥、马洪等四人被

---

①　详见赵人伟：《从一些片段看顾准的学术和感情世界》，《改革》1998年第2期。
②　引自王彬：《吴敬琏：细雨濛濛思顾准》，1995年10月23日《经济日报》。

授予首届中国经济学杰出贡献奖，每人获得30万元奖金。这一奖项是由中国宏观经济学会和中国经济体制改革研究会共同发起设立的，旨在奖励在经济理论、政策及研究方法等领域做出杰出贡献的中国学者。首届中国经济学奖侧重于评选1978年12月党的十一届三中全会以来，把经济学原理与中国实际相结合，在国家发展与改革开放政策制定中做出杰出贡献的经济学家。

在人民大会堂举行的颁奖典礼上，吴敬琏发表了题为《经济学道路不平坦》的致辞，他说："中国经济学的成长道路是不平坦的。它先天不足，后天失调。但是，即使在'左'毒横流、经济科学处境最差的岁月，有科学良知和公民责任感的经济学家也没有放弃自己的努力。在今天这个日子里，我特别要向两位杰出的经济学家表达敬意。一位是经济研究所的老所长孙冶方。是他，在极其恶劣的大环境中，顶着极大的政治压力，付出了巨大的个人牺牲，竭尽全力在经济所营造了一个能够研究和讨论经济学的小环境，使我们得以开始对中国改革道路进行最初的探索。另外一位是指出中国改革的市场化方向的第一人——顾准。我个人要特别感谢他，因为他不但在学术上给予了我重要的指点，而且可以说，他改变了我的人生道路。"①

在前面，我们已经知道，在"十年动乱"的年代，吴敬琏和许多年轻人一样，将自己的宝贵光阴浪费在无谓的"运动"中，而且学术研究也往往在各种层出不穷的时令政策、口号中打转转，对事物缺乏自己的独立思考。到了干校特别是返京后，在顾准的启发和帮助下，吴敬琏渐渐明白，知识分子要用自己的智慧和学问为国家服务，而不是仅凭几句漂亮的口号。尽管吴敬琏和顾准常常为某个问题争论得面红耳赤，却因为能够彼此相互启发、相互补充而感到欣慰。在举目无亲的困境下，顾准与吴敬琏等人品古论今，相濡以沫，结成了忘年之交。

那段时间，在徐方的印象中，是她母亲张纯音与顾准交往最多的阶段，几乎每天都与他长谈。她说，"伯伯白天去北京图书馆收集资料、写读书笔记，晚上跟母亲谈他的思想、他的写作计划、以及他对各种问题的看法。他说很喜欢这样的谈天，等于梳理思想。母亲常对他的一些精辟见解赞叹不已，称他是天才的思想家，每天都能'分泌'出精彩的思想。对他学问的评

---

① 原载2005年3月25日《文汇报》。

价：一是博，二是深。有时母亲不同意他的某些观点，于是两人争执不休，面红耳赤。甚至为某个字的读音也要辨清孰是孰非。不过，这些都只是学术之争，丝毫不会影响他们之间的友情。"①

在年少的徐方看来，其时的顾准完全沉浸在学问当中，已经达到忘我的地步。他每天大量阅读，写读书笔记。每周读的书能开出一个长长的单子。顾准很注意跟上时代，站在学术最前沿。之所以能做到这一点，须提及当时经济所图书馆长宗井滔先生。宗井滔过去在中央研究院（经济所前身）就搞图书管理，懂好几国外文。他是个有心人，"文革"期间，其他单位图书馆大多陷于瘫痪，他却敢于动用外汇，一直坚持购进国外最新图书、期刊，当中只断过一两年。顾准最后两年读的书当中，历史学文献大部分来自北图；而经济学文献则大部分来自经济所图书馆。宗井滔不断地进书，顾准不断地读书，这种情景在"文革"期间极为罕见。可以这样说，顾准当年能够及时了解并吸收20世纪六七十年代西方经济学，宗井滔功不可没。

当时与顾准讨论问题的主要对象是巫宝三先生。巫宝三是哈佛经济学博士，师从著名教授柏拉克、熊彼特等。他知识渊博、学贯中西。1957年在"反右"运动中挨整，差点儿划成"右派"，他的代理所长职务也丢了。顾准对巫先生评价非常高，认为他很了解西方经济学流派，有真学问。当时经济所的人大多认为巫宝三从不谈经济思想，可顾准却跟吴敬琏说："巫先生实际上一直跟踪着世界经济学的演变，对现代经济学的源流十分清楚。只是由于政治原因变得很谨慎，绝口不谈西方经济学，而只谈中国古代经济思想史，如管子什么的。"

顾准真是一位古道热肠，充满爱心的人，他的人格力量将永远感染后人。

二

由于笔者接触到的史料的局限，下面我们打算撷取1972年从干校返京后

---

① 徐方：《母亲张纯音与顾准伯伯的交往》，《老照片》第九十五辑。

的几组生活场景。而这里又不能不联系到顾准感情世界及其巨大的创伤。我认为，赵人伟的下述议论很能说明问题，他认为顾准的感情世界中的最大悲剧在于他在感情上的付出同他获得的感情上的回报的极度不平衡，或极度不对称。对于这种失衡的或不对称的感情，可以列出一个单子来：

2005/06/30

赵人伟（左）、陈敏之（中）和著者在一起

1. 顾准热爱自己的母亲。然而，在生命的最后几年，他同他母亲在地理位置上只有一街之隔，但至死不得相见，留下了终身无法弥补的遗憾。当时，他母亲住在长安街南侧的公安部大院，他自己则先住建国门内的学部大院，后住协和医院，均在东长安街的北侧。这种一街之隔而老死不得往来的局面，在柏林墙已经倒塌、连海峡两岸的交流都在日益加强的今天，也许是一件难以想象的怪事，但对于当年的顾准母子来说，那是一种严酷的现实。

2. 顾准热爱自己的妻子。汪璧先是他的战友，后来又成为他的爱妻，他们之间的感情非同一般。然而，1968年4月当汪璧被迫害至死以后，他不但没有获得同妻子的遗体见面告别的机会，而且连妻子的死讯也对他隐瞒了很长的时间。他们在革命的烈火中结合起来的感情却在另一场莫名其妙的烈火中遭到了无情的撕裂。以这样一种无情的撕裂来对待一种真诚的结合，怎能不令人感到此恨绵绵呢？！

3. 顾准热爱自己的子女。但是，他不能不接受子女们同他这个两次戴上"右派分子"帽子的父亲"划清界限"的现实。尽管如此，他对子女们的一往深情却从未中断过。他曾经明确地告诉赵人伟，他翻译上述著作的经济动机就是要为子女们准备一点上学时的培养费用。有一次，赵人伟到学部大院8号楼去看他，见他卧床不起，就问他为什么大白天还躺在床上，是不是得了什么病。他回答说，他得知女儿已回到北京，想同女儿见一面但不能如愿，一时心中不悦以致起不了床。赵人伟虽然说了几句安慰的话，但也无法解除他心中之痛。在家庭关系中，如果说父母对子女的感情具有更多自然因素的话，那么，子女对父母的感情应该具有较多的社会因素。但是，在那个年代里，顾准同其子女的家庭关系中社会规范对自然秩序的校正是逆向进行的：不但筷子没有被拉长，反而被折断了。应该说：这种"逆向校正"的行为不仅是反社会的，而且是反自然的。显然，这既非顾准之过，亦非他的子女之过，他们都是受害者。

4. 顾准热爱自己的祖国和哺育他成长的这块土地。他是在中华民族到了最危险的时候投身于民族救亡运动和革命事业的。没有一种献身精神，是不可能作出这种"以天下为己任"的壮举的；而没有对祖国和民族的热恋，也不可能有这种献身精神。甚至在个人处境极其恶劣的情况下，他对于祖国建设的哪怕是一点微小的进展都表示出由衷的喜悦。然而，他得到的回报是什么呢？撤职罢官，两顶"右派帽子"，常年累月的劳动改造，三番五次的批斗，无穷无尽的交代与检讨。

5. 顾准也热爱自己的生命。在他生命的最后几年，他经常咳血，并有低烧，但无论是学部的医务室还是协和医院都没有确诊，一直把这些症状当作气管炎来治疗。当最终确诊为肺癌以后，已到了晚期。他深知住进协和医院已面临着"前门进，后门出"的命运。这时，他除了表现出一贯的坚强以外，仍然向挚友流露出对自己的生命之恋。他说过："在干校时，连邵心洁的爷爷到了80多岁也不想死，难道我不到六十就心甘情愿地去死吗？"是的，他追求真理的庞大计划还刚刚开始，怎舍得就此了结呢？

那么，顾准是怎么对待他感情世界中的这种悲剧的呢？用他自己的话来说，就是"哀而不怨"。"哀"是一种事实，"不怨"是一种态度。就"哀"的程度来说，上面说的家喻户晓的爱情悲剧中的"哀"都无法同顾准所经历过的"哀"相比。如果说，像梁祝这样的哀史，用一支小提琴协奏曲就足以表达的话，那么，顾准的哀史，没有整个交响乐团的万管齐鸣和万弦齐拨是无法加以表达的。他的"不怨"至少有两层含义：

第一，不计较个人恩怨，例如，他对其子女一直采取"宽恕"的态度。第二，不沉浸在悲痛之中，而是着眼于未来，类似于我们通常所说的化悲痛为力量、向前看的意思。我认为，他的这种态度，不仅是如上所说具有高尚道德修养的表现，而且也是他个人品格中兼有激情和冷静（理性）这两种互补的特性的反映。早在20世纪60年代初期他就经常勉励我们说："经济学家应该具有诗人的激情和数学家的冷静。"他也正是一直以这两种精神来自勉的。试想，如果没有激情，他能够啃着个冷馒头在北京图书馆蹲上一天去探索历史和未来吗？如果没有冷静和理性，他能够控制得住自己极度失衡的感情世界，以避免一场以牙还牙的疯狂发泄吗？

精神矍铄的骆耕漠，心中难以割舍的是顾准

顾准对妻子、孩子的爱，是刻骨铭心的爱、是无怨无悔的爱，能够得到这种世界上最纯洁的爱是多么幸福呀。可是，时代却造成爱与被爱的分割、隔膜，乃至反目！

顾准时刻怀念亡妻汪璧，有时在梦中想到她，醒来常常热泪了枕被。就举顾准买台灯的一件事吧。

据骆耕漠回忆："1972年5月，我们就回到北京。下干校时，很多人都将房子退掉了，而回来的人很多，包括军宣队、工宣队，房子已不够住了。没有住房的人只能到亲戚家借住。我也没了房子，住在我弟弟家。顾准和江明在干校时就住在一起，他们又是不能住到外面去的人，到了学部，仍住在一起。那个房间有个小套间，顾准住在里面。顾准整天就是看书。当时正认真地看《圣经》，当然是作为学者在研究。并且，我看他还给商务印书馆翻译《龙巴特》。他比较困难，想挣点稿费。他经济拮据，却买了一个双灯罩的台灯。江明问他为什么买这种台灯，还很贵。他不说话。后来才明白，是为了纪念他的妻子汪璧。一个座台两盏灯，仿佛她就坐在对面。"骆老还谈起了他们相处的另一件事情，足见顾准对亡妻的感情弥深：那时他刚补发了工资，家里人分散四处还没有回到北京。他请顾准到莫斯科餐厅吃饭。回来时太阳落山了，他说，我们走条近路回去吧。其实路也不近。走到一座楼前，他眼睛望着楼上一个窗户，默默地停了好长时间。我才知道，他是特意到汪璧住过的地方凭吊，汪璧是在这里自杀的。骆耕漠知道他们夫妇俩感情很好……

现在回过头来看，顾准一家的悲剧，很难怪罪于哪一个人，这是时代的悲剧，是一个时代的真实写照。曾跟随顾准较长时间的徐方也说："顾伯伯同样也很爱自己的孩子，每当提起他的孩子时，总是激动。有一次他如数家珍地谈起几个孩子的学习，哪个考取了科大，哪个进了清华，哪个连续多少年都被评为三好生……最后，他自豪地说，请允许我不谦虚地说一句：我的孩子是'叫花子吃老鸭——只只好'……"

但是，谁也无法弥补顾准的心病。

现任职于中国青年出版社的龙冬，他是一位优秀的编辑，同时也是很不错的作家，我在他为时不长的交谈中，深受启发。龙冬早在20世纪70年代初，还是一位七八岁的小孩，在他幼小的心灵中，留下了对顾准的印象，弥足珍贵：

"我其实是认得顾准先生的。可是直到去年年底，我在《文汇读书周报》（1992年12月5日第2版）上读到陈敏之先生的长文《从诗到散文——〈从理想主义到经验主义〉出版追记》，才对顾先生清楚了一些。也难怪，当初我还很小，也就是七八岁。

"70年代初，我随刚从河南五七干校返京的父亲住在中国科学院哲学社会科学部大院。我们住7号楼，8号楼是经济所，也有住家。一天，我去机关食堂打饭，见到8号楼里走出一个瘦高个。他戴眼镜，穿吊带裤，头上有些微白，属于年纪比较大，可又显不出老来的那种人。

"这个人不大爱笑，总是很沉默的样子。他走路也慢，如同散步。我之所以对他印象深，就是因为他似乎一年到头的大部分时间都穿吊带裤，而且上身不加外套，这就更显眼了！那个年代，在学部大院，穿吊带裤的人，只有这么一位！一次，也是在去打饭的路上，我走在他旁边看他，他就与我搭上了话。

"我问他，'你为什么老是穿这种裤子？'

"'怎么不能穿？'他的眼镜片亮了亮。

"'小孩儿才穿这种裤子。'因为我更小的时候总穿吊带裤，所以这么说。

"他就讲小孩子能穿大人也一样能穿，只要自己觉得舒服；但大人不适合开裆裤，两者根本意思不同。我又说，大人只有资本家才穿，好人是不穿的！他听到这话好像是被吓住了一刹，然后说，不一定穿这种裤子的都是坏人。但这话和后来的几句似乎不全是说给我听的。

"还有一次，我拿一只大碗去学部院外东头的一家小小的副食店买甜面酱，这家店铺今天还在。回来的路上，我一边走一边舔碗里的面酱吃。穿吊带裤的那人正好去打醋，他说你这么吃不就把一碗酱都弄脏了嘛。我说你管不着，而且还把新学来的一句话说给他听，'管天管地还管拉屎放屁吗？'

"他说他比我大很多，当然可以管。我马上就问，'你多大？几岁了？'

"'你不能问几岁了，你应该问我几十岁了！'他生气地说，把'十'字念得很重。然后，他又说，'像你这样，我可以问你几岁了。如果你过了10岁，又不满20岁，我要问你十几岁了，如果你过了20岁不满50岁，我要问

你20几岁30几岁40几岁了。人家过了50岁，你就要问几十岁，懂了没有？'

"那天，他教导我一番后，还硬要我喊他'爷爷'，而且我居然被他用什么办法说动了，喊了他一声，他异常兴奋。回家我跟父亲一说，父亲紧跟着也教导了我一番，说什么比父亲大一些的要叫伯伯，小一些的只能叫叔叔。他虽然比我父亲大八岁，叫爷爷是过分了，而且他不是不知道我父亲。从这往后，我一见他，老远就大喊他'叔叔'，想用这办法气他。有几回我还突然推开他住的那间小屋的房门，一连串大叫'叔叔'，每次都吓他一大跳。他总是一个人，身边没有别的人，挺孤单。我常见他在一些书里翻找什么，很紧张受怕的样子。不知过了多久，我突然想起很长日子没见到穿吊带裤的人了。后来才知道他死了。不管怎么说，当时心里还是有些小小的忧伤。那年我才9岁。

"我还记得，顾准常常是独来独往，有些高傲的怪样子。他除了穿吊带裤这种在当时显得很特别的形象以外，就是脑袋上时时戴一项白布帽，如同圣徒。那帽子其实非常随便，正是那个年代我们称之为'解放帽'、'制服帽'的白衬里。他那么戴着，别人看来，也有着与工农相结合，改造自身'小资产阶级'习性的感觉。

"大概是1973年吧，一个天气暖热的黄昏，西天留着不多的残红。在学部大院主楼（1号楼）与历史所2号楼中间的防空洞工地上，我见到顾准独自散步穿行于砂堆之间。他倒背着双手，低着头，走一走又停一停，早已空寂的防空洞工地上支立着许多面砂土筛子。他突然快步走近，捡起地上的一把铁锹，一下一下拼命地往周围的几面筛子上扬砂土，几圈下来，他显然累得很了，就丢了铁锹回他的住处去了。天热的时候，顾准有时去学部大院东墙外不远的一家小副食店买甜面酱，可能用碗端回去拌面条吃。这是我在1972年的印象。现在，这家小店还在，不过已经重新包装过，改成了一家公司的什么场所。我家现住在离小店仅300米的胡同里，每见小店，就容易想起顾准，那也是我们经常相遇的地方。

"这几天想想，顾准这个人已经渐渐被许多人熟悉了，而我记下如此简单的东西，会不会给往后为顾准先生写传的朋友一点点参考呢？这样一位在漫漫长夜中勇敢地执著地探索寻求光明的人，不该有一部'事功'与'情感'很好地结合起来的传记吗？顾准离开人世已有20余年了。世界有了这么大的变化，中国也与往昔大不相同。顾准这个'人'，还依然可以充当今天一切精神工作者的理想同希望，唤起我们的责任。"

感谢龙冬先生，他为我们提供了顾准晚年的几组生活镜头，十分珍贵，耐人寻味。

这期间，身体已经很不好的顾准，可只要所里这些中青年研究人员前来求教，他总是热心相助。而这些周围的同事也非常关心他的身体，想方设法改善他的生活。

顾准为了节省时间，从不自己做饭，而是去食堂打饭来吃。每到吃饭时间，他就拿个很大的白色搪瓷缸子，径直朝食堂走去。学部食堂的大锅饭营养倒是够了，可味道实在不敢恭维。张纯音有时烧了比较可口的菜，如红烧排骨什么的，就会分出一些让女儿给顾准端过去。即便如此，她还是对他的健康忧心忡忡。一次，她跟老友骆耕漠说："老顾身体这么虚弱，却整天埋头读书，缺少活动，咱们得想点儿办法才好。"从那以后，骆耕漠、江明，还有张纯音，时不时会拉顾准去附近的小饭馆儿吃饭，并借机陪他逛逛街，每次他都感到非常高兴。

赵人伟曾经撰文回顾了与顾准这一时期与教他学英语有关的两件事。

第一件事：赵人伟当时对顾准为什么会对美国经济学家鲍尔丁所写的《作为道德学的经济学》一文赞叹不已，存有疑惑。大约在1973年，顾准手握载有鲍尔丁这篇文章的美国《经济评论》对赵人伟说："鲍尔丁的这篇文章写得太好了，你要学习英文和经济学，可以试着翻译成中文。"于是，赵人伟接过原版杂志，他试着啃了几个星期也没有把这篇翻周全，勉强译了几段拿给顾准看，他看了之后说："程度还是不够。"

后来曾有机会听赵人伟先生讲，有一

赵人伟发表在《改革》杂志上的怀念顾准文章

天他把翻译好的论文交给顾准。本来那天顾准是要去北京图书馆查资料的，可为了帮赵人伟改翻译稿，他放弃了去北图，边批改边讲解，整整花了7个小时，用红笔在稿纸的四周改得密密麻麻的。不但修改译文的措辞，还详细解释为什么用这个词而不用那个词，其内涵是什么，讲得非常透彻。如："mechanism"这个词要翻译成"机制"而不是"机构"，因为它指的是机体的运作方式①。

其实，顾准那段时间身体已经很不好了，可只要所里这些中青年研究人员前来求教，他总是热心相助。

对此，张纯音也有同感。这时张纯音也在试着翻译顾准布置给她的文章，她的感受同赵人伟类似，甚至风趣地说道："我的英文水平过去是可以直接看懂好莱坞原版电影的，可老顾给我的论文却怎么也读不懂。我几乎把文章中的每一个英文单词都查过词典，但也无法理解文章的意思。可见不是英语水平问题，而是经济学水平问题，我们对西方当代经济学实在太隔膜了。"因此，经济所的年轻人对顾准能看懂这一类"天书"都很佩服，但由于自己看不懂，所以也无法理解他为什么如此激赏。

8号楼二层东侧有一个电视房，里面摆放着一台14寸黑白电视机。每天晚上7点，有人负责打开机柜给大家放电视。这时全楼几乎所有的男女老少都聚集到那里，享受这一点点有限的娱乐，整个楼一下子变得异常寂静。顾准和张纯音从来不去看电视，他们正好利用在这难得的宁静来探讨各种问题。②

第二件事：赵人伟发现，顾准在读了德国作家台奥多尔·施笃姆的短篇小说《茵梦湖》之后，竟然怆然泪下。据他回忆：事情的经过是这样的，"为了学习英语我当时借来一本英文版的《茵梦湖》来读，并带着书向顾准请教其中的英文问题。当请教完毕以后，他说：'你把书留下让我看几天。'过一些日子当我去取这本书时，他居然对我说：'我是边看边流泪看完这本书的。'我当时对他如此动情不得其解。因为，《茵梦湖》的故事情节很简单，描写德国的一对青年男女莱茵哈特和伊利莎白之间自

---

① 2013年3月17日采访记录。

② 徐方：《母亲张纯音与顾准伯伯的交往》，《老照片》第九十五辑。

幼具有青梅竹马式的感情而互相热恋，但因女方家长的阻扰而未能成婚，女方则由母亲作主嫁给了一个拥有大量遗产（包括茵梦湖在内的庄园）的贵族青年，造成男女双方的终身遗憾。男主人莱茵哈特则终身不娶，直到老年，仍以钻研学问作为终身的寄托。其实，这样的爱情悲剧无论在外国还是在中国可以说是比比皆是，从罗密欧与朱丽叶，到梁山伯与祝英台，几乎家喻户晓；但为什么顾准要对《茵梦湖》如此动情呢？赵人伟后来回想起来，看来是《茵梦湖》中的主人公莱茵哈特在老年时的处境使他触景生情而怆然泪下。当他把书还给赵人伟时对书中的主人公连声说道："真是哀而不怨、哀而不怨呀！"

从这件事看出，顾准不仅关心年轻人的成长，自己本身也是一个有血有肉的人，是一个充满着爱心的人，是一个讲道德的人，是一个富有人情味的人。由此，赵人伟为我们分析了顾准的道德情操与感情世界。他写道：

由于我当时水平和知识的局限，没有同顾准讨论过道德问题。不过从他如此赞赏鲍尔丁的上述文章可以看出，他很早就关注经济人和道德人及其关系的研究。事过20多年，我又从经济研究所图书馆借出上述鲍尔丁的文章来读。鲍尔丁一开始就风趣地说，亚当·斯密强烈地要求自己既成为亚当，又成为斯密（亚当，即ADam，在《圣经》中是人类的始祖；斯密，即Smith其英文含义是工匠）。我想，鲍尔丁在此是"借名发挥"，要求人们既成为经济人，又成为道德人。其实，任何经济社会都离不开如何处理经济人和道德人的关系问题。这个问题一直吸引着经济学家的注意力。我还在青年时代就听陈岱孙教授讲这个问题，据说他直到晚年还在研究这个问题，并且颇有新的收获。比陈岱孙要晚一辈的经济学家如厉以宁、茅于轼等也在研究这个问题，甚至更为年轻的经济学家如汪丁丁、杨春学等也在关注这个问题。人们发现，没有市场调节作基础是不行的，但在市场失灵的场合，没有政府的干预和道德的调节（鲍尔丁称之为"共同价值"）也是不行的。如上所述，顾准属于我国市场改革的先驱，他肯定经济人的行为应该是毫无疑问的。

然而，对于一个经济社会的运转离不开道德准绳这一点，我想顾准也应属于先知先觉的行列。可惜由于条件的限制，未能留下多少文字的东西。①

顾准的患难之交陈易，是顾准在最后岁月联系较多的老战友。一次偶然的机会，他与顾准重逢，共同盘桓，他是1974年从下放劳动的地方回到北京的。他家的房子是在北京站的东北边，原来是一个大院子，那时候扫地出门，只留下前面的两间门房。

一天陈易上街，在裱褙胡同碰到了顾准。顾准急忙说，自己就住在对面的学部。

由于住得近，顾准隔两三天就到陈易那里去。陈易曾经到他那去过一次。他跟陈易说：

"你最好不要到我这儿来，我是死老虎，右派分子，名份已定了。而你还没有结案，免得他们再找你的岔子，学部也是是非之地。"所以陈易只到他那去过一次。他则经常来。他来了，就一起做做饭，喝喝酒，聊聊天，有时晚上一起到日坛公园去散步，俩人常常海阔天空地聊。聊天的内容也就是国内的政治形势，有时也谈谈国际问题。他们从不谈彼此的家庭情况，不使他伤心。

那段时光留给陈易印象最深的是，顾准对当时的政治形势倒是很乐观的。他说："我看这个形势维持不下去，你的罪名也成立不了（因为我议论过毛主席跟江青、林彪，被说成是反革命）我看以后顶多对老头子的事麻烦一点，你最好不要再找麻烦了。"

他们两人到日坛公园去，一边走一边聊天，因为陈易嗓门大，他总是走马路中间，而不走人行道，因为人行道边上都是大使馆，警卫很多，他主要怕给陈易再添麻烦。

陈易还记得，顾准那时每天都到北京图书馆去看书，用功很勤，主要研究希腊问题，做了很多卡片，都是用英文写的。在与他交往的这段时期当中，陈易觉得他这个人很冷静，看问题不冲动，思想很精辟。他讲话逻辑性

---

① 赵人伟：《从一些片断着顾准的学术生涯和感情世界》，《改革》1998年第2期。

很强。他在待人方面是很诚恳的。

由此可见，顾准关心他人胜于关心自己，又比如已经公开发表的《顾准日记》中的《北京日记》（1972.10—1974.10）中只简单记下了一些阅读书目及来往人名之类，而缄口不提与其六弟陈敏之的通信交往，从而也在保护弟弟。所有这些，有人认为，这可能与顾准受到基督教某些教义的影响有关。

三

1972年，顾准回京后，不顾身染重病，拟订一个宏大的研究计划，首先完成了《希腊城邦制度》这部笔记。然后，在此期间（1973—1974年），他应在沪的弟弟陈敏之的要求，就政治、经济、文化、历史、哲学等广泛问题通信讨论。这些信件，后来被陈敏之精心保存下来，并编成《从理想主义到经验主义》一书，于1986年先在香港由三联书店出版，后编入贵州人民出版社出版的《顾准文集》。就是这些书信，引来无数读者包括知识界、文化界人士由衷的敬佩。

陈敏之在为《从理想主义到经验主义》一书所作的序言说："这本集子是作者（按：指顾准）和我1973年至1974年两年间在通信中进行学术讨论，作者应我的要求写下的笔记形式的学术论文。1966年底作者从房山监督劳动回到北京以后，我和他的通信中断了。1967年至11月起我自己也失去了自由，以后几年间，生死两茫茫。1972年10月，我被允许去北京探望住在我妹妹那里已多年不见的老母。其实，我还有一个不便明说，或许可说是更重要的目的，就是打听作者（他是我的五哥）的下落。这时，我已经知道他孑然一身，真正成了'寡人'（1965年以后他在写给我的信中，曾自嘲地自称为'丧家之犬'）。……接近10月底的一天，我和妻子突然去看时，他头上戴了一顶从旧帽子上拆下来的白布衬里作为帽子，样子有些滑稽，正在炉边读书。一个大房间四个人，相互用书架间隔，每一个人有一小块领地。室内悄然无声。劫后余生的会见，免不了激动、欣慰和辛酸。从此以后，两地之间的通讯，一直到他去世为止，没有间隔过，其热烈的程度简单就像一对热恋中的恋人。似乎有一种默契，彼此收到信以后，都毫无耽搁地立即作复。有些笔记，就是信函，不过内容是学术讨论，有些笔记，一两万字或甚至更长，几天之内就寄来了。《马镫和封建主义》的译文及评注，我记得来信告我是'五一'（1973年）花了一天完成的。笔记，冒了一点风险幸而保存了下来；信则全部毁掉了。"陈敏之接着还说："1972年至1974年，正是我国当代历史上黑暗的年代，历史正在滑坡，一时还望不见谷底。人民群众只能在私下为国家的命运忧心忡忡。然而，作者却以冷峻的眼光、诚实的态度对当代历史作着新的探索。'历史的探索，对于立志为人类服务的人来说，从来都是服务于改革当前现实和规划未来方向的'（顾准语），这就是作者进行历史探索和写作这些笔记的主旨。"

1974年，顾准与其弟陈敏之（右）在北京中科院经济研究所院内

因为这是一份笔记或称通信集，既然可以结集出版，就需要为之题一个书名。《从理想主义到经验主义》，是陈敏之提出、在同时提出的五六个书名中经过反复推敲、斟酌最后选定的。在此之前，陈敏之曾想采用《娜拉出走以后》为书名，经征求王元化同志，他也认为《从理想主义到经验主义》好，他认为，这个比较严肃的书名符合书的内容，不会产生误解，就这样定下来了。

陈敏之（右二）与夫人林樱初（右一）、著者夫妇在一起

这个书名实际上也概括了顾准一生思想的演变过程。正如陈敏之所说："从理想主义到经验主义，大体体现了本书各篇蕴含着的主要精神和思想，我认为：大体也体现了它概括和如实地描绘了作者一生走过来的路。其实，也不光是一个人是如此。"如同顾准所言，所有和他同时代的人，都经过了"30—40年代的战争与革命，某种远大的理想——超过抗日的理想，以及由于这种理想而引起的狂热，宗教式的狂热"的洗礼，并经历了50年代"一天等于20年、遍地皆诗写不赢"的那种突飞猛进式的革命浪漫主义以及号称"大革命"的十年浩劫。所不同的是，顾准认为："我也痛苦地感到，人如果从这种想象力出发，固然可以完成历史的却不能解决'娜拉出走以后怎样'的问题。"而"'娜拉出走以后怎样'，只能经验主义地解决"。所谓"娜拉出走以后怎样"只是社会主义革命成功以后，建设道路如何走的问题。因而，对此顾准早在近30年前，就提醒我们："不过，我们也不要以为

我们的问题全已解决。清醒地看到问题所在，知道我们已经解决了什么，哪些没有解决，哪些走过了头，实事求是，而不是教条主义地对待客观实际，我们国家不久就会在经济上雄飞世界。"①

为了对这个问题作进一步的探索，顾准从哲学思想方面作了论述，他在《一切判断都得归纳，归纳所得的结论都是相对的》一文中指出：

> 当我对哲学问题和现实问题继续进行一些探索的时候，我发现，理想主义并不是基督教和黑格尔的专利品。倡导"知识就是力量"的培根，亦即被恩格斯痛骂的归纳法的大师，是近代实验科学的先知，至少，在他的书中，他说，他倡导实验科学，是为了关怀人，关怀人的幸福。这个效果，我们看见了。我想，应该承认，他的效果，并不亚于马克思主义在历史上的功绩。
>
> 我还发现，当我愈来愈走向经验主义的时候，我面对的是，把理想主义庸俗化了的教条主义。我面对它所需的勇气，说得再少，也不亚于我年轻时候走上革命道路所需的勇气。这样，我曾经有过的，失却信仰的思想危机也就过去了。
>
> ……
>
> 而且，历史的经验也昭告我们，每当大革命时期，飘扬的旗帜是不可少的。所以，理想主义虽然不科学，它的出现，它起作用，却是科学的。
>
> ……从历史经验来说，民主是不断和进步相联系着的。以过去推未来，我猜测，我相信，事情极大可能还是如此。②

在顾准看来，为了革命，为了破坏旧世界，必须有狂飙式的理想主义，但胜利以后必须实现多元主义、经验主义，发扬民主自由，反对专制独裁。

因此，顾准昭示人们："我自己也是这样相信过来的。然而，今天当人们

---

① 《顾准文集》，贵州人民出版社1994年9月版，第247、405、330页。

② 同上书，第405—406页。

以烈士的名义，把革命的理想主义转变为保守的反动的专制主义的时候，我坚决走上彻底经验主义、多元主义的立场，要为反对专制主义而奋斗到底！"

顾准以自己的亲身经历，阐述了他的这一思想演变，他说过："我对斯巴达体系怀有复杂矛盾的感情。平等主义、斗争精神，民主集体主义，我亲自经历过这样的生活，我深深体会，这是艰难环境下打倒压迫者的革命运动的不可缺少的。但是，斯巴达本身的历史表明，借寡头政体、严酷纪律来长期维持的这种平等主义、尚武精神和集体主义，其结果必然是形式主义和伪善，是堂皇的外观和腐败的内容，是金玉其外而败絮其中……"在这篇《僭主政治与民主》一文中，顾准更进一步深刻而尖锐地认为："马克思当然不满意雅典存在着奴隶这件事，更不满意他所处的时代，资本主义狂飙突进时代的全权政治的空气，所以他的共产主义以'克服劳动者从他自己所生产出来的产品中异化成为非人'为其根本条件，这是不待说的。值得注意的是，怎样实现克服？他完全不想取法斯巴达。他的无产阶级专政取法于1794年法国的国民公会，他主张，在物质生产还不丰裕的时候，不可以实施平等主义。他认为。这种平等主义是僧院共产主义。"顾准接着指出："要克服异化而又反对僧院共产主义、斯巴达平等主义，这是非常非常高的理想，是一种只能在人类世世代代的斗争中无穷尽的试验与反覆中逐步接近的理想。马克思的学生未必有几个人能够懂得这一点。于是，1918年李卜克内西在柏林建立的坚决的共产主义团体称为"斯巴达团'。我对这位崇高的人是尊敬的，可惜他不理解马克思。列宁写《国家与革命》的时候，则干脆把《法兰西内战》中所设计描绘的一套政制称之为中央集中的政制，于是，我们从往昔的雅典的灵光中，掉到沙俄的现实世界上来了……"[1]话说得可能有的尖利，但的确是事实。

顾准是一位伟大的理想主义者，不然，他不会以忧国忧民之心，以其胆识、智慧和严肃的科学态度，向彻底经验主义转变过来。他在《从理想主义到经验主义》所强调的法权主义、重商主义、科学精神、民主主义、多元主义，都是在充实和丰富马克思的理论。

早在1989年，王元化在为顾准的《从理想主义到经验主义》所作的序

---

① 《顾准文集》，贵州人民出版社1994年9月版，第256—258页。

言中指出：我要说这是近年来我所读到的一本最后的著作，作者才气横溢，见解深邃，知识渊博，令人为之折服。许多问题一经作者提出，你就再也无法摆脱掉。它们促使你思考，促使你去反省并检验由于习惯惰性一直扎根在你头脑深处的既定看法。这些天我正编集自己的书稿，由于作者这本书的启示，我对自己一向从来怀疑的某些观点发生了动摇，以至要考虑把这些章节删去或改写。这本书就具有这样强大的思想力量。

王元化先生一提起顾准，就滔滔不绝

接着王元化勾勒了他对《从理想主义到经验主义》一书最感兴趣的六个方面内容：

这就是作者对希腊文明和中国史官文化的比较研究；对中世纪骑士文明起着怎样作用的探讨；对宗教给予社会与文化的影响的剖析；对奴隶制与亚细亚生产方式的阐发；对黑格尔思想的批判与对经验主义的再认识；对先秦学术的概述等等。

这几方面内容实际上构成了本书的特色。王元化分析了顾准取得这一成就的原因。他认为：顾准的文章"显示了真知灼见，令人赞佩。作者的论述，明快酣畅，笔锋犀利，如快刀破竹。许多纠缠不清的问题，经他一点，立即豁然开朗，变得明白易晓。我觉得，这不仅由于禀赋聪颖，好学深思，更由于作者命运多蹇，历经坎坷，以及他在艰苦条件下追求真理的勇敢精神。这使他的思考不囿于书本。不墨守成规，而渗透着对革命对人类命运的沉思，处处显示了疾虚妄求真理的独立精神。他对于从1917年到1967年半世纪的历史，包括理论的得失，革命的挫折，新问题，都作了认真的思索，这些经过他深思熟虑概括出来的经验教训，成为他的理论思考的背景，从而使他这本书成为一部综合实际独具卓识的著作。"

顾准的学生、现为中国社会科学院经济研究所研究员的张曙光说得好："读文集比读专著好，文集是作者思想精华的荟萃，专著虽不乏真知灼见，但大多被兑了白水，像被稀释的醇酒。"他对《顾准文集》非常推崇，"顾准不是就事论事，而是以一个高瞻远瞩的了望者姿态，在20年前讲出了我们现在有些人未必理解或接受的东西。这些闪耀着思想光芒的问题在今天看来，现实意义仍然很大。"①

的确，顾准的这本书文字凝练晓畅，笔锋犀利，激荡人心，读来爱不释手。国家文化部前部长王蒙原先对顾准并不熟悉，他读了《从理想主义到经验主义》一书，颇有感触。他在一次谈话中说道：我算不上学术界的行家，不懂一些规矩。我的特点是什么事都关心，什么事都要说。我要说是我们一代人的，用鲜血和眼泪经历过的事情，不是学问本身。我原本也不知道顾准，是看到《读书》杂志和王元化写的文章才知道的。《顾准文集》中有关欧洲史、经济学部分我浅浅地看了一遍，但《顾准文集》里面的《从理想主义到经验主义》我看得实在是入迷。我觉

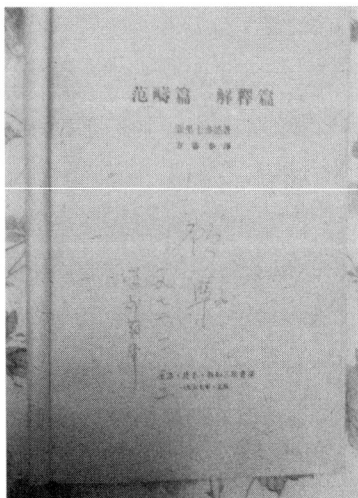

顾准在藏书上的签名

---

① 原载1995年7月15日《中华读书报》。

得人生，特别是知识界永远有这么一个矛盾，有这么一个悖论，台湾人叫"吊诡"：一方面是理想主义、浪漫主义，如作者的弟弟写序所说从诗到散文，诗是浪漫的，是绝对的，是终极；另一方面是经验、是行为、是实践。是相对的。从理想主义到经验主义，我以为正是这样一个概括，是顾准最自觉地而且是最早地论述这一过程。但这个过程对我来说是活生生的，是充满血泪、疯狂、热情、失望，充满一个痛苦过程。""顾准个人本身的故事，你就会觉得很有意思。你可以把他理解成一个英雄、一个志士、一个烈士。就是刚才大家说的，举起肋骨点燃光明。他是一个理想主义者。他本身有个绝对东西，但他说真理是相对的，不是绝对的，真理是真实的，谁也不能够垄断。但他仍需为真理，要为自己已经认识的真理去追求。……耐人深思的是，顾准那种对经验主义和相对主义的执著，一个人对造神和终极目标的抵抗，也可以做出表现出气壮山河的境地，我觉得这本身就是经验，就是一个提倡相对的、经验的悲壮执著。[①]"

　　著名学者李慎之读了《顾准文集》，称顾准为"点燃自己照破黑暗的人"。他指出："《顾准文集》中特别引人入胜的部分是1973—1974年间他给他的胞弟陈敏之以通信形式写的20来篇笔记。真要感谢敏之先生，使顾准在那个'被彻底孤立'的年月里还能有一个对话者，因而给我们留下这10多万字的精金美玉般的文章。""因为不是专著，这些文章当然就少了一点论证的系统性与严密性；然而也唯其如此，题材就比较广泛，写法也比较活泼。大家都知道，读书最大的乐趣就在于体验一个伟大的心灵是如何工作的。读这些笔记，这种感觉特别鲜明亲切。""顾准在这些笔记中涉及的问题真是十分广泛，不但有他专门下了工夫的希腊文明，还有把希腊文明与中国文明的比较，有日耳曼骑士文化对希腊——罗马文化和犹太教——基督教文化的影响，有宗教与哲学的关系，等等，往往着墨不多，即已一语破的。后生晚辈尝鼎一脔，倘能继轨接武，光大其说，必能卓然成家，这是我敢于肯定的。""《顾准文集》所收的最后一篇文章《辩证法与神学》最明显地透露了顾准的思想所达到的深度，不妨借用他摘引的狄慈根的话：'他连天上的逻辑程序都要寻求，连一切

---

　　①　1995年10月25日中国社科院经济所《顾准文集》研讨会发言实录。

知识的最后问题都要谋求解决。'正因为如此，在我所知道的马克思主义哲学家中，只有顾准注意到狄慈根把辨证法看作'革命的无产阶级的神学'却从来没有受到马克思、恩格斯、列宁的批评；而且只有顾准从马克思所强调的'历史的和逻辑的一致'中看到了作为其底蕴的'神'、'道'或'逻各斯'，也只有顾准看到'人是世界的主体、神性寓于人性之中，这个世界是一元地被决定的，真理是不可分的，（这些观念）于革命的理想主义确实是不可少的'。对于古今中外的大智慧人来说，思想的探索达到这种程度，就已经可以算是参透天人之际而究竟涅槃了。但是顾准却不肯停留在这样的境地；因为如他所论证的，对所谓普遍的客观规律的绝对肯定会导致极其危险的后果。"[1]李慎之对这一为人类理想奋斗到底的顾准，充满敬意，其实顾准所论证的最好参照系不就是已经过去了的十年"文革"吗？

李锐在王元化推荐给他《顾准文集》后，竟夜连读，发出感叹："受难使人思考，思考使人受难"。他说：

李锐先生对顾准评价很高

1959年以后，我也在难中，也在思考。顾准写《从理想主义到经验主义》时，我正独处秦城囚室，八年中的最后两三年，也让读《资本论》、读《马恩全集》等书了。我对一些问题，例如我党历史上的一些是非得失，一些人物的功罪，反反复复地思考；对马克思的剩余价值学说、《哥达纲领批判》等，发生一些怀疑，也有心得。但是顾准的思考深得多，广得多，也更有成果。有关许多根本问题，于我来说，他是先知先觉。这自然同他系统地研究过经济学有关，他首先是一个真正的经济学家。

---

① 李慎之：《点燃自己照破黑暗》，《改革》1995年第5期。

关于马克思的剩余价值学说，商品经济和价值论等，像他思考得这么深、这么透的人，当年大概是极少的。八十年代，孙冶方是我的对门邻居，我们很谈得来，他五十年代即倡导尊重价值规律，是很重要的贡献。现在才知道，这方面他是受顾准的启发，顾准比他更厉害。单说这一点，顾准这样的人就太难得了。顾准晚年的思考，不局限于经济，而是涉及政治、历史、哲学、文化等广泛的领域，着眼于中国和人类命运的根本性问题。他一直在思考"娜拉走后怎样"、"无产阶级夺取政权后怎么办"、"中国的现代化民主化为何命运多舛"，等等根本问题，苦苦思索，寻求答案。所以他不是一般的经济学家，而是了不起的思想家。他不只是对自己负责的，而是对中国的历史和人类的历史负责的思想家。人们呵，这种历史的责任感多么可贵！

元化说顾准的思想超前了10年。不止同一般学者相比，顾准的思想大大超前；同善于思考的学者相比，顾准的思想也是超前的。不久前，我见到一位曾积极投身于改革开放事业的老同志，他也极口称赞顾准是一位了不起的思想家。

顾准读的书很多。……他的知识面很广，很全面，这是他成为了不起的思想家的重要条件之一。另一个重要条件是他的理论勇气，实事求是的勇气。他对一切现成的、权威的、被人们认为是天经地义的东西都不盲从，对马、恩、列、斯、毛都不盲从。他从现实，从历史，从前人已经达到的思想出发，对权威肯定无疑的东西，都放胆重新思考。顾准思考围绕的中心是如何克服专制、实现民主和发掘科学精神。他身处"四人帮"封建法西斯专政环境之中，写出这些心得，需要多大的勇气，这是一种布鲁诺甘赴大刑的崇高精神。[①]

人们对顾准这位独立不倚地在暗夜里追求真理并且取得了相当成就的思

---

① 李锐：《一刻也不能没有理论思维》，见李锐著《李锐反"左"文选》，中央编译出版社1998年11月版，第385—386页。

想先驱，表达了极大的敬意。他们认为，顾准不仅取得了骄人的理论成果，而且他的求真之道（即他所谓"笨工夫"）也是值得推崇的，这就不是光凭聪明和敏感就可以实现的。

四

顾准的《从理想主义到经验主义》一书内容精彩，要言不烦，涉及面广，限于篇幅，这里只能尝鼎一脔。全书的核心实际上是"娜拉走后怎样"，即革命胜利后怎样真正实现理想的目标。顾准以其清醒的历史意识和宽广的视野，摆脱了时代的桎梏，而他拥有的真诚的现实关怀，则具有了思考究竟的意志以及与思想禁烟抗争的巨大勇气。顾准是一位真正的革命家和爱国主义战士，面对革命胜利后种种酷烈而迷茫的现实，他所关注的最终问题是革命成功后的建设之路应当怎样走，用现在的语言说，如何建设中国特色的社会主义。因而，顾准在1973年4月20日的《直接民主与"议会清谈馆"》的笔记中写道：

> 我赞美革命风暴。问题还在于"娜拉走后怎样"？大革命要求铁的纪律，大革命涤荡污泥浊水，不过，新秩序一旦确立，那个革命集团势必要一分为二，"党外有党，党内有派，历来如此"。这时候怎样办呢？按逻辑推论，任何时候，都要一分为二，你总不能用'我吃掉你'来解决啊。用"吃掉你"解决以后，还是会"一分为二"，不断演变下去，势必要像蜻蜓一样把自己吃掉。既然总是要一分为二，干脆采用华盛顿的办法不好吗？——比如说，我设想，不久后若能解决目前"政令不一"的现象，《文汇报》还该办下去，让它形成并代表一个派别。有一个通气孔，有一个吹毛求疵的监督者，总比龚自珍所说的"万马齐喑究可哀"要好一些吧。
>
> 至于弊病，哪一种制度都有，十全十美的制度是没有的。这个人

世间永远不会绝对完善，我们所能做的，永远不过是"两利相权取其重，两害相权取其轻"，还有，弊害不怕公开骂，骂骂总会好些。[①]

顾准的出路提出来了，关键是是否可行？顾准还发现：1917—1967年，整整50年。历史永远在提出新问题。这50年提出了以下的这些问题：1. 革命取得胜利的途径找到了，胜利了，可是，"娜拉走后怎样"？2. 1789年、1870年、1917年，这一股潮流，走了它自己的路，可是还有另一股潮流，两股潮流在交叉吗？怎样交叉的？它们的成果可以比较吗？前景如何？3. 1789年、1870年、1917年，设定了一个终极目的。要不要思考一下这个终极目的？"[②]

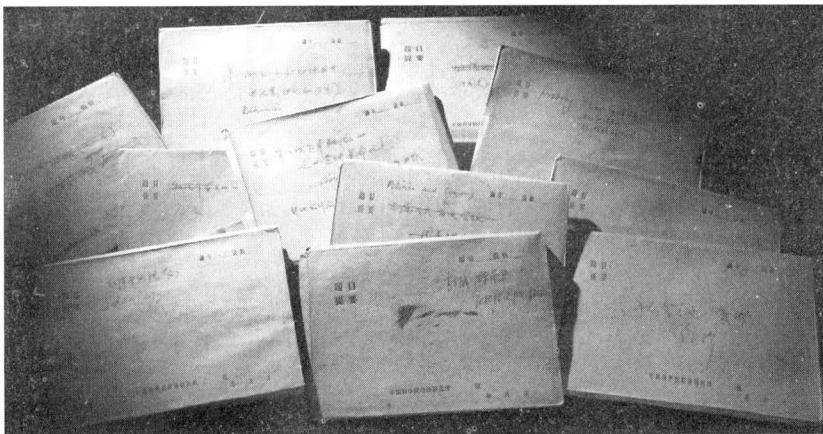

顾准的读书卡片

真是字字重千钧，这些问题的提出，没有一定的胆识和勇气，是不可能的，而顾准却做到了，这就是他苦苦思索的焦点。问题还不仅在这里，顾准之"娜拉"，绝非易卜生戏剧之"娜拉"，它包含着更为深刻的内含：17世纪以来，有两股革命潮流，一是英国革命和美国革命，这两次革命导向典型的资本主义。一是1789年和1870年的法国革命，它们在法国本身，导致了两个帝国和

---

① 《顾准文集》，贵州人民出版社1994年9月版，第363—364页。
② 同上书，第372页。

五个共和国。然而它们同时展示出消灭资本主义、走向社会主义的趋向。这种趋向，按两次革命本身来说，是不可能成为现实的。马克思在哲学、政治经济学上辛勤努力地证明这种趋向可以成为现实，以及如何成为现实……

顾准的思考并没有到此停步，正如朱学勤指出的："他总结近代西方两股潮流，产生两种风格各异的政治传统；一是英、美式的经验主义，'一寸一寸前进'，'螺旋上升'，沉着事功；一是以法国为代表的欧陆理想主义，动辄革命，狂飙突起。后者有浓厚的英雄崇拜，鄙视前者的'议会清谈''没有领袖''庸人气息十足。'顾准的这一总结，与美国学者E．希尔斯1981年《论传统》一书的类似总结十分吻合。希尔斯几乎是穷一生之精力，占据大量原始文献爬梳整理出来的两条脉络，顾准举重若轻，三言两语即已道破，而且提前了整整七年。"①

顾准的真知灼见，表现在他的关注和思考具有整体性和根本性。他始终紧扣"娜拉出走以后怎样"的问题，这是一个当代国际共产主义运动的重大问题，也是"当代中国问题之结"，政治问题、社会问题、经济问题、文化问题都集结于此。中国的现状，还没有达到不谈主义、只研究问题，可以由若干专门家处理事情的地步。顾准的思想在当代中国的重要性，还在于他是革命队伍中人，他所参与的那场革命解决了"娜拉出走"，即夺取政权的问题，但紧接着出现了当初的革命目标是达到了、近了还是远了的问题。解决中国的现实问题必须面对在现实中起支配作用的传统，这个传统是革命传统，而不是其他……顾准是革命传统中人，他从传统出不困于传统，他珍视自己的理想又能批判地分析这种理想，他的思考直追马克思的最初设想，而且进入马克思所处的西方政治文化传统再溯源于古希腊的民主政治，与此同时，还旁及中国传统和近现代西方哲学，这比仅仅致力于输入外来学理或皓首穷经于中国传统典籍，确实要高明得多。顾准的思考具有整体性和根本性，贯穿了《从理想主义到经验主义》一书的整个过程。

顾准下述几段话，对我们理解他如何深入探索，如何洞察一切、不拘陈

① 朱学勤：《地狱里的思考——谈顾准思想手记》，《风声、雨声、读书声》，三联书店1994年9月版，第307页。

见，确有帮助：

　　100多年的历史，证明两股潮流在交叉。1917年的革命无疑对资本主义形成一股强大的冲击力，没有这种冲击，西方的资本主义不见得会从帝国主义的道路上退回来，不见得会在其内部产生一股民主福利国家的潮流，至少，这股潮流不会强大到目前那种正在缓慢地改变资本主义面貌的程度。奇怪的是，冲击了西方资本主义的这股潮流，本身也在演变，而且正像毛主席所指出的那样，事情正在向它的反面转化过去。

　　我不相信，它真能转化到它的反面。看来，互相激荡的两股力量，都在推动历史的进步；两股力量，正在互相渗透，渗透的结果，都促使它们向前进。没有激荡，没有渗透，进步就不可想象了。

　　这就可以谈谈终极目的了。1789年、1917年，这股力量所以强有力，一方面因为它抓住了时代的问题，一方面是因为它设定终极目的。而终极目的，则是基督教的传统：基督教的宗教部分，相信耶稣基督降生后1000年，基督要复活，地上要建立起千年的王国——一句话，要在地上建立天国。基督教的哲学部分，设定了一个"至善"的目标。共产主义是这种"至善"的实现。要使运动强大有力，这种终极目的是需要的，所以，当伯恩斯坦回到康德，即回到经验主义，说"运动就是一切，终极目的是无所谓的"时候，他破坏了这面飘扬的旗帜，理所当然地要成为修正主义。可是，这些发生在"娜拉出走以前"。娜拉出走了，1917年革命胜利了，列宁跟他那时代的青年人说，你们将亲身而见共产主义。当时的青年，现在恐怕已经死掉不少了，还活着的人，目睹的是苏联军舰游弋全球，目睹的是他们的生活水平还赶不上捷克，目睹的是萨哈罗夫的抗议和受迫害。而究竟什么叫做共产主义，迄今的定义，与马克思亲自拟定的定义"每个人的自由发展是一切人的自由发展的条件"（见《共产党宣言》）愈来愈分歧，愈来愈不一致，也愈来愈难理解。也没有多少人考虑过这个问题，也许考虑过这个问题的人，都可以有自己不同的答案。我的答案则是：即使以现在的状况而论，苏联和中国的普通人比过去好得多了——假如真有共产主义的话，他们现在比几十年前离共产主义近得多了。也许，让1000年前的人活过来看现在的世界，他们会说，这就是共产主义。不过每一代人都不会满意他们的处境，都在力求向上、向上、还向上，因此每一代人都有他们的问题（按辩证法说叫做矛盾）。至善是一个目标，但这是一个水涨船高的目标，是永远达不到的目标。娜拉出走了，问题没有完结。至善达到了，一切静止了，没有冲击，没有互相激荡的力量，世界将变成单调可厌。如果我生活其中，一定会自杀。这有什么意思呢？还是不断斗争向前，还是来一些矛盾吧！

说过这一段话，民主这个问题似乎也好解决一些了。

革命家本身最初都是民主主义者。可是，如果革命家树立了一个终极目的，而且从心里相信这个终极目的，那么，他就不惜为了达到这个终极目的而牺牲民主，实行专政。斯大林是残暴的，不过，也许他之残暴，并不100％是为了个人权力，而是相信这是为了大众福利、终极目的而不得不如此办。内心为善而实际上做了恶行，这是可悲的。

反之，如果不承认有什么终极目标，相信相互激荡的力量都在促进进步，这在哲学上就是多元主义；他就会相信，无论"民主政治"会伴随许多必不可少的祸害，因为它本身和许多相互激荡的力量合法存在是相一致的，那么，它显然也是允许这些力量合法存在的唯一可行的制度了。我说过关于民主和进步、民主和科学的关系的许多话，上面也算是又一种解释吧。①

屈原云："路漫漫其修远兮，吾将上下而求索。"掩卷沉思，我们当能体会到顾准当年忍辱负重、不计成败，经历了多么崎岖坎坷的心路历程。王元化一语道明："我想，本书作者在写下这些文字的时候，大概也

---

① 《顾准文集》，贵州人民出版社1994年9月版，第373—375页。

是一样，对个人的浮沉荣辱已毫无牵挂，所以才超脱于地位、名誉、个人
幸福之外，好像吐丝至死的蚕，燃烧成灰的烛一样，为了完成自己的使命
感与责任感，义无反顾，至死方休。所以，在这种运动席卷全国的时候，
他是最早冲破教条主义的人。仅就这一点来说，他就比我以及和我一样的
人整整超前了10年。在那个时代，谁也没有像他那样对马克思主义著作读
得那样认真，思考得那样深。谁也没有像他那样无拘无束地反省自己的信
念，提出大胆的质疑。照我看，凡浸透着这种精神的所在，都构成了这本
书的最美的篇章。"

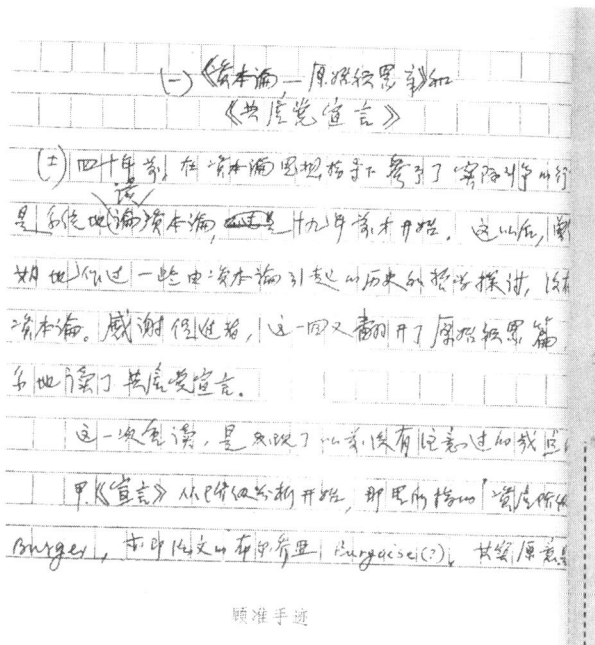

顾准手迹

顾准《从理想主义到经验主义》中的《资本的原始积累和资本主义的发展》一文手迹

　　顾准思考问题是极为广泛的，在晚年短短的时间里，他还对资本主义
的发生和发展的条件等问题，提出了自己的看法。其代表作是《资本的原
始积累和资本主义发展），共分四个部分。这本来是一篇谈《资本论·原
始积累篇》和《共产党宣言》的笔记。其实这些原著，顾准早就读过，这
次重读，他又有心得："甲、《共产党宣言》从阶级分析开始，那里所

指的'资产阶级'是burgher，亦即法文的布尔乔亚burgeois，其实原意是'市民'或'市民阶级'。在那里，马克思和恩格斯分析了市民阶级怎样从他的卑微地位上升为统治阶级，这个过程当然就是资本主义成为统治的生产方式的过程。乙、《原始积累章》是为驳斥忍欲、节约之类的谬论而写，其目的是要把资本主义的牧歌（可以译为田园诗）式的创世史，还原为它的血腥的创业史的本来面目。……然而，作者写成这两部伟大著作以后，究竟已经过去了一百多年了。后世的人，经历前辈所未曾经历过的事情；后世的人，对先前时代的历史知识当然也有某些新加的东西；所以，读这两部伟大著作，提出一些问题加以探讨，马克思和恩格斯如地下有知，必定也会赞许。这是符合他们'为人类服务'那种严肃的精神的，特别是我们中国人，虽然今天面临的已经不是资本主义发展不发展的问题了，可是，100多年来，中国从天朝大国下降到地下发掘出来的木乃伊的可怜地位，中国人对之记忆犹新。这一百年中，中国人深深具有马克思当时对德国的那种感慨：'我们……为资本主义不发展所苦'（《资本论》第1版序言）。这样，我们的探讨，就不仅仅是'无产阶级是怎样异化而成的？'它必然要涉及"我们历史上的异化是什么性质？"以及，如果这种异化不同于欧洲的话，'为什么不同？''它是否使我们苦恼更为严重？'等等。"[1]顾准刨底寻根，从资产阶级的渊源开始，一步一步地分析它是如何从希腊与罗马的城邦发展起来的。从而细致地论证了资本主义并不仅仅是一种经济现象而且是一种法权体系，只能形成于一定的政治与文化背景中与一定的历史传统下。他说："1954年我初次系统读《资本论》的时候……我从字面上理解'自由劳动者'的存在是资本主义创世的要条件的秘密，我把它对照中国的历史与现实，我发现，历史上中国从来不缺少这样的自由劳动者——那些没地种、没饭吃、铤而走险、当土匪，或者成了朱元璋式的农民，难道不是这样的自由劳动者吗？……为什么中国没有成长出资本主义来？"[2]

---

① 陈敏之、罗银胜编：《顾准文集》[增订珍藏本]，福建教育出版社2010年5月版，第271—272页。

② 同上书，第281页。

尖锐的问题需要回答，顾准指出："也许，上述自由劳动者的存在，是资本主义兴起的原由，这一理由对于劳动力缺乏、土地资源相对丰饶的欧洲，是确实的？（11世纪、英国人口不过200万人，同时期的中国，在5000万以上）也许，对于开辟了广阔无垠的殖民地的、地理大发现以后的欧洲，是确实的。后来我想想……就历史现实而论，其他的因素更为确实。所谓其他因素，《共产党宣言》所指明了的，有航海、商业和殖民地扩大了的市场，蒸汽机和机器的发明。我想再补充几点，那都是对照中国状况，似乎不得不补充的：法权体系和意识形态所决定的、国家的商业本位的根本态度；欧洲古代，加上文艺复兴积累起来的科学技术；合理经营（包括复式簿记）的知识；宗教革命，尤其是16世纪英国宗教纠纷中对天主教的深刻憎恶所激起的崇尚节俭积累的清教徒的上帝选民的意识。……"[1]

而差不多一个半多世纪来，中国多少政治家、经济学家为了证明中国有独立发展资本主义的可能性即出现资本主义的萌芽，不知耗费了多少精力。顾准在1973年6月11日写道："认为任何国家都必然会产生资本主义是荒唐的。特别是在中国，这个自大的天朝，鸦片战争和英法联军敲不醒，1884年的中法战争还敲不醒；一直要到1894年的中日战争猛敲一下，才略打一个欠伸，到庚子、辛丑才醒过来的中国，说会自发地产生出资本主义，真是梦呓！"[2]顾准的这个直截了当的论断，是基于他对中西社会和文化特点认识的必然结论。

因而，顾准大胆提出，资本主义是多种因素汇合的产物，"我们有些侈谈什么中国也可以从内部自然生长出资本主义来的人们，忘掉资本主义并不纯粹是一种经济现象，它也是一种法权体系。法权体系是上层建筑。并不是只有经济基础才决定上层建筑。上层建筑也能使什么样的经济结构生长出来或生产不出来。资本主义是从希腊罗马文明产生出来，印度、中国、波斯、阿拉伯、东正教文明都没有产生出来资本主义，这并不是偶然的。应该承认，马克思生长于希腊罗马文明中，他所认真考察过的，也只有这个文明。

① 陈敏之、罗银胜编：《顾准文集》[增订珍藏本]，福建教育出版社2010年5月版，第281页。

② 同上书，第284页。

中国不少史学家似乎并不懂得这一点。"①而在中国，之所以不会产生资本主义，其中一个重要因素，就是被长期统治在东方专制主义制度下。

以"革命"的名义在思想文化领域实行"全面专政"；中国古代文化一再成为政治角力场的工具，这是顾准面临的严峻的现实。就在"评法批儒"的一片喧嚣中，顾准以冷静的解剖刀剖析中国传统文化。中国文化起源于巫与史，有人认为中国文化是史官文化，对这一论断，他是赞同的："孔子是第一个整理王家与诸侯典籍的思想家和教育家。在他以前，识字和文化知识，是'史官'所垄断的，他们所负责管理的文化资料，无不与政治权威有关。第一个在野的思想家和教育家孔子，自命为继续文武周公的道德，所强调的是'礼乐征伐自天子出'，目的是要在'衰世'恢复成康之治，所谓'我其为东周乎'。所以，范文澜的《中国通史》，强调中国文化传统是'史官文化'是一点不错。这种文化的对象，几乎是唯一的对象，是关于当世的政治权威的问题的，而从未'放手发动思想'来考虑宇宙问题。"又说："所谓文官文化者，以政治权威为天上权威，使文化从属于政治权威，绝对不得超过政治权威的宇宙与其他问题的这种文化之谓也。"在顾准看来，史官文化便是中国文化的主要特点。他指明，中国文化"从来没有独立出来过"，虽然"说过分了"，即"庄周、惠施，有'至大天外，至小无内'之辩；公孙龙说过什么'白马非马'，总之，战国时代有过百家争鸣，可惜为时太短。即使就是那个战国时代，学术界的祭酒荀况就大声疾呼这样的辩论无裨于治，是奸人的奸辩，应予禁绝，只准谈'礼'。"②顾准这番话不是意气用事，而是在对中西文化作了广泛的比较后得出的，比如，他举了一个例子："希腊人好辩，大概也好打官司，诡辩盛行。诡辩要修辞，由此发展出一整套文法学。我们小时候读英语，一开始就学文法，老来重翻一些文法书，发现其中一些概念都十分抽象而又严谨。回过头来看看我们的传统，我们文字很美，但是文法学直到《马氏文通》（清·马建忠著）才有专著。"

---

① 陈敏之、罗银胜编：《顾准文集》[增订珍藏本]，福建教育出版社2010年5月版，第278页。

② 《顾准文集》，贵州人民出版社1994年9月版，第243页、第344页、第243页。

顾准对史官文化的批判和对基督教的剖析，引起了许多学者的同感。中国社科院研究员陈乐民曾撰文附和：所谓"史官文化"也者，其核心是宗法、封建社会的"礼法"，这于今日社会是有百害而无一利的。一个社会之发展，经济固然是基础；而如果作为上层建筑的"礼法"、"道德"之类依然支配着社会，则经济发展也会受到限制。这是一条人们烂熟于心的马克思主义的原理。所以，换言之，如果旧制度的法权不变，依然是"君王圣明、臣罪当诛"，纵使经济上有发展，也无由产生资本主义生产关系的"萌芽"。旧说这本已有之的"萌芽"是被外国侵略者扼杀的，其结果倒是开脱了中国历史上皇权专制的责任。顾准懂得历史，更有"文革"的切身体验，因而对所谓"史官文化"之窒息思想和妨碍进步，感触特深……顾准是作财经工作出身的，却得出不能以经济因素单一地决定社会进步的看法，这在今天也有参考意义吧。[①]

科学与民主，也是顾准这一笔记的重要内容，所谓顾准精神，可谓"科学精神"之同义词。顾准认为，要发扬科学与民主精神，营造民主的氛围，必然与当时的氛围形成冲突，他指出：

> 何况，现在全世界，尤其中国，还远没有达到这个程度，人民群众在政治上永远是消极被动的，能够做到当前掌握行政权的人不发展成为皇帝及其朝廷，已经很不容易了。奢望什么人民当家作主，要不是空洞的理想，就会沦入借民主之名实行独裁的人的拥护者之列。要知道，人家让你读六本书，读巴黎公社史，目的就是让你反对两党制啊！
>
> 再进一步说，人文科学中的一切东西，都是理论指导实践的，思想永远是灌输的。思想的产生，固然各有其物质生产方式的历史的根源（例如航海、商业、手工业、殖民的希腊城邦之产生民主思想，大陆的农业国家之产生专制主义等等），有阶级斗争的根

---

① 参见陈乐民：《不见人间宠辱惊》，载陈乐民、资中筠著《学海岸边》，辽宁教育出版社1995年10月版。

源，但是，顺应时代潮流的思想，总还要通过思想家的头脑炮制出来，还要形成政派加以传播，才能形成时代的思潮。多元主义和两（多）党制，适合这个规律，不过它可以使有待于灌输的思想，不是"只此一家，别无分出"的，而是"百家争鸣，百花齐放"的。这样，不同思想间经过斗争，思想本身可以愈来愈深化；而在相互斗争的各家思想的争鸣中，民智可以启迪。民智启迪，是科学发达的重要条件。"一个主义、一个党"的直接民主（当然不可能，它一定演化为独裁），唯其只有一个主义，必定要窒息思想，扼杀科学！①

顾准以严肃科学的态度，维护了独立之精神与自由之思想，并以"为人类服务"的伟大思想，发出与当时的现实社会所相违的正义之声。在顾准看来，民主是手段，进步是目的。他指出，为了确立民主与科学，必须反对中国的传统思想和权威主义，他强调："我不赞成半开门，我主张完全的民主。因为科学精神要求这种民主。"顾准心中的科学精神包括五个方面内容："（1）承认人对于自然、人类、社会的认识永无止境。（2）每一个时代的人，都在人类知识的宝库中添加一点东西。（3）这些知识没有尊卑贵贱之分。（4）每一门知识的每一个进步，都是由小到大、由片面到全面的过程。……所以正确与错误的区分，永远不过是相对的。（5）每一门类的知识技术，在每一个时代都有一种统治的权威性的学说或工艺制度，但大家必须无条件地承认，唯有违反或超过这种权威的探索和研究，才能保证继续进步。所以，权威是不可以没有的，权威主义则必须打倒。这一点，在哪一个领域都不例外。"②

概括地说，顾准的科学精神是一种进步主义的认识论：它认为世界是无始无终的，人对世界的认识是多样的、没有边界的，人类改造世界的方法同样也是多样的、没有边界的；这样，什么终极原因和终极目标以及根本方

---

① 《顾准文集》，贵州人民出版社1994年9月版，第368—369页。

② 顾准：《从理想主义到经验主义·科学与民主》，陈敏之、罗银胜编：《顾准文集》[增订珍藏本]，福建教育出版社2010年5月版，第301页。

法也就不存在；没有绝对真理、没有第一原因，没有上帝，同样也就不会有天国的降临，有的只是人对世界的认识的不断的无止境的"进步"，只是人对人的自身处境的不断的无止境的"改善"。顾准把这种科学精神也称为哲学上多元主义，它其实就是学术自由和思想自由的精神，它是与绝对权威主义相对立的。顾准认为正是这科学精神，才促使了近代科学的产生，进而促进了人类进步。进步，不正是人类社会所要追求的目的？这样，要确保人类进步就必须确保科学精神，而要确保科学精神则要实现"完全的民主"。因而，顾准说，权威主义会扼杀进步，维护科学精神的民主才是实现进步必须采用的方法。

顾准才智过人、胆识超群，大义凛然地指明——"唯有科学精神才足以保证人类的进步，也唯有科学精神才足以打破权威主义和权威主义下面恩赐的民主"。[①]这些话振聋发聩，洵为至理。

顾准强调要把民主立足于科学精神之上，根本上折射出顾准对人类进步的信仰，同时也是基于他对"民主集中制"的历史实践的反思。

在顾准看来，"民主集中制"尽管有"民主"于其中，但实质上是非民主的。"民主集中制"是民主——集中，最终落在"集中"上，是由谁来集中呢？显然是"掌权者"在进行"集中起来"的事。权威主义专制主义正来自于这"集中"之中。对此，顾准有精辟的论述："你说'集中起来'，这个集中，分明带有（1）集中、（2）归纳这两个因素。你主张你'集中起来'的是群众中正确的意见，你就是主张你归纳所得的结论是100%正确的。可是你的归纳人的归纳更具有神圣的性质，你能保证你没有归纳错了？何况，这种归结，实际上往往不过是'真主意、假商量'而已。这么看来，唯有科学精神才足以保证人类的进步，也唯有科学精神才足以打破权威主义和权威主义下面的恩赐的民主。[②]"正是为了防范"民主集中制"，顾准坚持在"科学与民主"中只有把"科学精神"作为前提，而不是把"民主"作为前提。"把民主作为前提，不免有一种危险：人家可以把民主集中制说成民

---

①　《顾准文集》，贵州人民出版社1994年9月版，第344—345页。

②　顾准：《从理想主义到经验主义·科学与民主》，陈敏之、罗银胜编：《顾准文集》[增订珍藏本]，福建教育出版社2010年5月版，第301—302页。

主，也可以恩赐给你一些'民主'，却保留权威主义的实质。相反，把科学精神当作前提，就可以把'集中起来'的神话打破。"因为科学精神是多元主义的，它拒绝绝对真理。这样，以科学精神为前提，于是"我们"就会对"你"的集中、归纳的正确性、神圣性提出质疑。"我们"才会反对"民主集中制"，才能建立真正的民主。

同时，顾准主张的"完全的民主"，与"文革"时期的极左的"大民主"是两回事。其实，对民主的政治文化的探究，由来已久，他欲从历史积淀中，掘出现实病症之源。

早在1956年，顾准在中央党校学习期间便反思，19世纪末洋务运动以来的革命家思想内容过于"单纯"，又不"珍重遗产"；思维方式粗率而激进；行为模式则习惯以"乱到极点"来追求冲击力。为此他要求："认真来一个百家争鸣，是可以补过去启蒙运动单纯之不足的。"[①]因此，顾准绝不愿简单化看待使他坠入苦海的那一幕幕历史悲剧。他深感，共和国正与他一样支付着惨重代价。共和国的现代化步履蹇涩，原因何在？

顾准潜心研究希腊城邦制度，就是要将人类社会最早的民主政制，与中国传承数千年的专制政制参照比较，以此洞开理性批判的突破口，穿越浓重的历史迷雾，辨明中国正确的发展方向。顾准针对那种希望通过"大跃进"与"文革"，推行类似巴黎公社的直接民主，建成色彩杂驳的"公社"体制，实现终极理想社会的做法，一针见血地指出：马克思以极大热忱赞许的巴黎公社，是为法国大革命还愿。而伟大的法国大革命，不幸具有一个致命伤："国民公会集立法和行政于一身，它是古罗马式的、由代表组成的直接民主机构。达到这一步，通过了恐怖主义。"不过这样的话，引出一个始料不及的结局：

> 国民公会时代，其实为拿破仑皇帝铺平了道路。也许应该说，是巴拉斯的反动，而不是革命的国民公会给拿破仑效了劳。不过，我们也可效法鲁迅"娜拉走后怎样"的口吻，问一下，罗伯斯比尔

---

① 陈敏之、顾南九编：《顾准日记》，中国青年出版社2002年1月版，第93页。

不死，而且彻底胜利了以后怎样？也许，答案是罗伯斯庇尔自己会变成拿破仑。不过这个拿破仑也许不会称帝，不会打算建立一个世袭的皇朝。也许，区别只不过是这一点点。这种区别在现代来看，无关重要。希特勒说过，皇帝（红胡子腓特烈）建立第一帝国，宰相（俾斯麦）建立第二帝国，士兵（他自己自称为社会主义者，不过是国家社会主义。戈培尔曾经是一个地道的马克思主义者）建立第三帝国云云。

历史就是如此，现实更不容乐观！顾准极大的理论勇气与现实关照揭橥了这一"真正革命的"①真相。

顾准率先在理论高度，说破了"文革"内核深藏的极左症结（与直接民主、高调民主论调有关）。正是这种特殊的社会文化心理，为"文革"的顺利发动与长期持续，提供了条件。而在顾准眼里，"直接民主是复古，事实证明直接民主行不通"②，他深刻剖析了直接民主在专权控制下的变通形式。

长期浸润于东西方文明比较研究的顾准，心中游刃有余，他钟情于间接民主："不要奢求人民当家作主，而来考虑怎样才能使人民对于作为经济集中表现的政治的影响力量发展到最可能充分的程度。既然权威是不可少的，行政权是必要的，问题在于防止行政权发展成为皇权。唯一行得通的办法，是使行政权发展成为独占的，是有人在旁边'觊觎'的，而且这种'觊觎'是合法的，决定'觊觎'者能否达到取而代之的，并不是谁掌握的武装力量比谁大，而让人民群众在竞相贩卖其政纲的两个政党之间有表达其意志的机会，并且以这种意志来决定谁该在台上。如果这一点确实被认为是唯一行得通的办法，那么，伴随着这种制度而来的一切可笑现象，只能认为是较轻的祸害。当然，这种祸害也要正视，也要逐渐减轻它。……可是，想一想，现代社会高度分工，一个工程师在其本行中精通一切，如果你和他谈政治，极可能是极其愚蠢的。既然如此，即使在文明进化到极高的时候（我不说共产

---

① 顾准：《从理想主义到经验主义·直接民主与"议会清谈馆"》，陈敏之、罗银胜编：《顾准文集》[增订珍藏本]，福建教育出版社2010年5月版，第313页。

② 同上书，第314页。

主义，你知道理由何在），政治也是一种专门的行业，有政治家，他们精心炮制政纲，争取群众拥护，以期取得政权。可是，在台上的时候，他们的地位也不过是瑞士的外交部长而不是大元帅陈毅，下台的时候，当一名教授，这对于民主的神圣含义，又亵渎了多少呢？何况，现在全世界，尤其中国，还远没有到这个程度，人民群众在政治上永远是消极被动的，能够做到当前掌握行政权的人不发展成为皇帝及其朝廷，已经很不容易了。"①顾准据此举了中国现实的例子：

> 不过，唯有有了真正的议会，不仅政策受到监督，日常行政也可以受到监督。你别看清谈馆的议会，我们的代表大会中，章乃器对预算提出一个问题，财政部还忙了几天呢。眼睛愈多，无法无天的事情愈可以减少。
>
> 所以，论到夺取政权，考茨基错了。论到"娜拉走后怎样"，考茨基对了。
>
> 对于我们来说，这一套全是进口货。不过，不进口不行。②

顾准的思维汪洋恣肆，又不失理性，为中国今后如何彻底避免"文革"浩劫重演，实施可操作的民主（间接民主）与法治，在理论上指明了道路。这是他不可磨灭的思想贡献，其意义不在他对社会主义市场经济理论的阐述之下。

"并不是只有经济基础才决定上层建筑。上层建筑也能使什么样的经济结构生长出来或不生长出来。"③这样的点悟，只有顾准做到了！

顾准在生命的最艰难时刻，曾多次向友人袒露心迹：我的研究，主要为中国改革，其次为人类进步。顾准以人为本，高瞻远瞩，首倡社会主义与资本主义互渗论，将经验主义哲学旧瓶装新酒，为中国改革所做的一系统创

---

① 顾准：《从理想主义到经验主义·直接民主与"议会清谈馆"》，陈敏之、罗银胜编：《顾准文集》[增订珍藏本]，福建教育出版社2010年5月版，第321—322页。
② 同上书，第319—320页。
③ 同上书，第278页。

新设想；充分重视中国国情，在思想构筑中率先提出，西方意义的"现代化"可有多元样式，为中国特色现代化所做的极具启发性的前瞻思考，无疑构成了他最杰出的理论贡献。遍览21世纪全球现实，中国正向纵深发展的改革大业，瑞典与奥地利建立的"杂交型社会主义"社会；美国罗尔斯（John Rawls）创立的"公平正义合法的自由主义"思想……无不证明你中有我、我中有你的互渗成果，富有生命力与历史推动力，也证明了顾准超前30年为中国所做的改革思维，兼具批判性与独创性。[1]

读顾准的书，人们的内心深处总能被他的许多石破天惊的见解所激荡，难怪人们都很佩服他的智慧，他的深刻、他的博大，他的尖锐，他的一针见血。《顾准文集》中关于东西文明的对照分析，主张哲学上的多元主义，防止当权者发展成为皇帝及其他问题，具有非常强烈的现实主义精神。另外关于马克思主义和希腊文明的关系时恩格斯、斯大林把马克思的奴隶制扩大到东方；关于斯巴达精神就必然导致形式主义和伪善；关于中国不能自发地产生资本主义等等，顾准好多这样的见解，是值得重视的。但是更敬佩顾准的精神，更崇尚顾准的人格力量。

顾准主张哲学上的多元理念，他是反对集中的目的。那么用他自己的主观来观察他的理论也应该这样。就是他的许多见解，再深刻也是一元。他的思想上的理论是完全可以讨论，事实上也有好多不同意见，他只是一元。如果说把顾准作为一种集中性，那就歪曲糟蹋了顾准学说，他只是一元，完全可以议论。但最可贵的是顾准精神。那么我就想什么是顾准精神？我们认为顾准精神的核心就是科学精神，就是西方自文艺复兴以来积淀的那种人文精神的精华，也是中国"五四"以来的人文精神。中国最需要的是

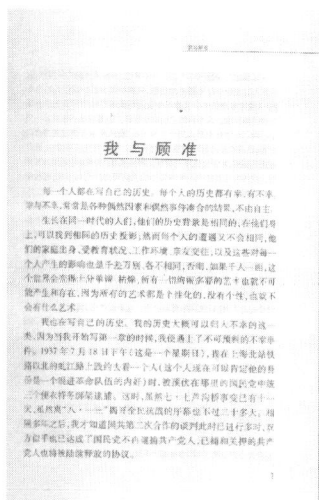

陈敏之的《我与顾准》

---

[1]　参见高建国：《顾准最大的理论贡献是什么？》，《读书》2005年第2期。

这种精神，这是核心。那么围绕这个核心，还要从以下两个方面来认识。

一个是顾准爱真理胜于他的生命的这种精神。另一个是为真理而置生死于度外，置荣辱于度外，用他自己的话说，就像布鲁诺那样，宁肯烧死在火刑柱上，而不愿放弃太阳系学说，这是顾准精神，他的一生经历就是这样。

五

顾准不仅是一位伟大的马克思主义者，同时也是一位真正的人道主义者。他秉承独立与自由的精神，既不愿盲从于任何教条，也不依附于任何流派，致力于人类社会和谐发展之路的探索。在顾准身上，具有悲天悯人的大境界，他所从事的"历史的探索，对于立志为人类服务的人来说，从来都是服务于改革当前现实和规划未来方向的"。[①]

正是基于强烈的社会责任和人道关怀精神，顾准用其毕生精力来对社会中存在的种种问题作深刻的剖析，而不是仅仅粉饰它，论证它的合理性。即使受到挫折乃至打击，顾准仍然无怨无悔——有一次张纯音问顾准："你年轻的时候不顾一切地参加革命，结果革命倒是成功了，却一步步走向'文革'，把国家祸害成这样，你后悔吗？"他说："我不后悔，我的眼睛永远向前看。这正是我现在要做的工作——总结以往走过的弯路，探索人类未来的发展方向。"

顾准自幼即接触西方基督教文化，5岁时他在其小姑母的私塾读了两年书，他的小姑母曾在清心女中上过学。清心女中，初名清心女塾，它的前身是1861年美国基督教长老会传教士范约翰和夫人在沪创办的"清心书院"。1918年定名为"清心女子中学"，成为沪上一所著名的教会学校。顾准成年

---

① 顾准：《从理想主义到经验主义·资本的原始积累和资本主义发展》，陈敏之、罗银胜编：《顾准文集》[增订珍藏本]，福建教育出版社2010年5月版，第272页。

后曾任教于三所基督教教会大学：上海圣约翰大学，上海之江大学，上海沪江大学。

顾准并非出身基督教家庭，也没有受洗成为基督徒。他在文章中曾声称："我不喜欢基督教。我深信，我上面是在用冷冰冰的解剖刀解剖了基督教，丝毫没有歌颂留恋的意思。我相信，人可以自己解决真善美的全部问题，哪一个问题的解决也无须乞灵于上帝。"然而只要你仔细阅读顾准的著作，便会留下强烈的印象，就是他对基督教独特和深刻的理解。他一生的思想和行为轨迹都没有离开过对人道，对自然法则，自然权利——即人生而具有的自由平等的权利的追索和探寻，而这正是基督教教义的根基所在。

从顾准的著作涉及基督教文化的地方很多，诸如：

> 基督教本来不过是犹太教的一个反对派，用宗教术语说，是犹太教的一个异端。（其实佛教也不过是婆罗门教的一个异端。不过佛教在印度已完全消失，在世界上信徒也寥寥无几了。）它怎么变成了罗马帝国的国教的呢？
>
> 原因在于，罗马从一个城邦共和国变成罗马帝国以后，不仅罗马城邦和意大利这个老根据地，而且整个罗马帝国广大领土，都遭到了精神解体的危机，基督教提供了当时迫切要求的福音。[1]
>
> 文法学逻辑学的研究，形而上学的研究，使人们对于使用语言这种工具来进行推理的能力感到惊讶。人本来已经被称为万物之灵了，现在人居然试图对整个宇宙作出解释，这种能力，不是生灭无常的人所能具有的，那是出于神授。[2]

> 马克思、恩格斯、列宁三人一致赞许过的狄慈根的《辩证

---

① 顾准：《从理想主义到经验主义·希腊思想、基督教和中国的史官文化》，陈敏之、罗银胜编：《顾准文集》[增订珍藏本]，福建教育出版社2010年5月版，第202页。

② 顾准：《从理想主义到经验主义·希腊思想、基督教和中国的史官文化》，陈敏之、罗银胜编：《顾准文集》[增订珍藏本]，福建教育出版社2010年5月版，第206页。

法》，全篇大谈上帝。我读了，既感厌恶，又不理解。到后来，懂得一切理性主义者都把理性归到上帝那里，或没有上帝的上帝那里，方懂得这并不奇怪。①

范文澜说，宗教狂会发生宗教战争，中国幸而没有宗教，所以没有宗教战争。要知道哪一次宗教战争，战士们都认为是圣战，是为上帝的道而战，是为解放被邪说蒙蔽没有皈依主的那些可怜的人而战，是解放全人类的战争的一个组成部分。还是梁启超说得公平。1908年，李鸿章死了，慈禧、光绪也死了，梁写文评论李鸿章时说到，中国没有宗教战争，没有那种认真的狂热，什么事都干得不像样，打仗也不像个打仗的样子，中国前途很悲观。

你再回想一下30—40年代我们的战争与革命，某种远大的理想——超过抗日的理想，以及由于这种思想而引起的狂热，宗教式的狂热，不是正好补足了梁启超所慨叹的我们所缺乏的东西吗？②

文艺复兴直到近代，思想界也是丰富多采，令人眼花缭乱。已经提出，遵从理性主义的一派，在数学、天文学方面作过巨大的贡献。大力鼓吹并成了实验主义——工具主义的弗兰西斯·培根，为实验科学的最早中心英国皇家学会奠定了思想基础。他是带着感情来鼓吹实验主义——工具主义的，他痛诋希腊思想以静观宇宙为极乐，痛诋他们不关心改进人们的工具以增进人类的福利；可是他是虔诚的基督教徒，他的出发点是基督教的爱人类。康德一方面要信仰，一方面要科学。在科学极端昌明的现在，西方人还不想也不敢

---

① 顾准：《从理想主义到经验主义·希腊思想、基督教和中国的史官文化》，陈敏之、罗银胜编：《顾准文集》[增订珍藏本]，福建教育出版社2010年5月版，第207页顾准的自注。

② 同上书，第209页。

丢掉基督呢。他们把真和美从上帝那里拿来了，可是还把善留给上帝掌握。①

欧洲文明的传统，离不开希腊。希腊的社会经济类型，希腊思想，被罗马几乎全盘继承。蛮族征服，给欧洲文明打上了日耳曼的烙印，可是罗马传统通过基督教会大部分保存下来了。13世纪以后的文艺复兴运动，更使被基督教神学掩盖掉的那部分，欢乐的、世俗的人生哲学，民主主义的政治哲学，和具有强烈实证气味的理性主义学术思想，以新的面目恢复了它们的旧观。②

希腊思想，是有教养的贵族静观世界为之出神的体系，它确实是"天不变，道亦不变"的形而上学。然而它"格物"，它有一种穷根究底的笨拙憨态，它是从希腊工商业城邦的手艺匠师对客观事物的"变革"过程中精炼出来的。它不是王家文化，它不是道德诫命。它以笨人的穷根究底的精神，企图从日常生活中找出一条理解宇宙秘密的道路出来。它的这种特征，后来确实被基督教吸收来成为它的教义的一部分；而基督教也因此而成为一种既窒息科学也抚育科学的宗教。③

中国，除了伦常礼教，没有学问，专心知识，探究宇宙秘密不是出路，要逃避王权，只好走老庄禅佛一路。所以，明末传教士带来《圣经》、《名理探》（亚里士多德的《范畴篇》）、《几何原本》和历法的时候，徐光启皈依了基督教。可惜传统的

① 顾准：《从理想主义到经验主义·希腊思想、基督教和中国的史官文化》，陈敏之、罗银胜编：《顾准文集》[增订珍藏本]，福建教育出版社2010年5月版，第212—213页。
② 同上书，第273页。
③ 顾准：《从理想主义到经验主义·要确立科学与民主，必须彻底批判中国的传统思想》，陈敏之、罗银胜编：《顾准文集》[增订珍藏本]，福建教育出版社2010年5月版，第305页。

重压太深，徐光启不为人们理解，而顾炎武等人还逃不出宋明理学的窠臼，悲夫！①

中国思想只有道德训条。中国没有逻辑学，没有哲学，有《周髀算经》，然而登不上台盘……中国没有唯理主义，范文澜痛诋宗教，他不知道与基督教伴生在一起的有唯理主义，这是宗教精神，固然窒息科学，也培育了科学。

中国有不成系统的经验主义，一种知其然不知其所以然的技艺传统，这成不了"主义"，只是传统的因袭。中国有原始的辩证法，然而中国人太聪明，懒得穷根究底，所以发展不出什么有系统的辩证法来——何况，辩证法还必须要有真正的宗教精神才发展得出来，黑格尔可以为证。也许没有宗教精神确也有好处。因为科学与民主更易被接受。然而政治权威的平民化，却不比驱逐宗教精神更容易。②

恩格斯也好，马克思也好，其实都是拿破仑第一的崇拜者，而黑格尔则曾称拿破仑是"世界精神"。黑格尔主义其实是哲学化了的基督教，英国的卡莱尔是个英雄崇拜的神秘主义者，恩格斯从他那里获得启发，相信绝对真理的人和狂热的基督教徒一样，都讨厌庸人气息，赞美一天等于20年的革命风暴，自然要对议会清谈馆深恶痛绝了。何况，把轰轰烈烈的1793年的国民公会和死气沉沉的英国议会对比一下，那种只计较一寸一寸前进的英国精神又算个什么呢？③

---

① 顾准：《从理想主义到经验主义·要确立科学与民主，必须彻底批判中国的传统思想》，陈敏之、罗银胜编：《顾准文集》[增订珍藏本]，福建教育出版社2010年5月版，第307—308页。

② 同上书，第308页。

③ 顾准：《从理想主义到经验主义·直接民主与"议会清谈馆"》，陈敏之、罗银胜编：《顾准文集》[增订珍藏本]，福建教育出版社2010年5月版，第317页。

看来，互相激荡的两股力量，都在推动历更的进步；两股力量，正在互相渗透，渗透的结果，都促使它们向前进。没有激荡，没有渗透，进步就不可想象了。这就可以谈谈终极目的了。1789年、1917年，这股力量所以强有力，一方面因为它抓住了时代的问题，一方面是因为它设定终极目的。而终极目的，则是基督教的传统：基督教的宗教部分，相信耶稣基督降生后1000年，基督要复活，地上要建立起千年的王国——一句话，要在地上建立天国。基督教的哲学部分，设定了一个"至善"的目标。共产主义是这种"至善"的实现。要使运动强大有力，这种终极目的是需要的，所以，当伯恩斯坦回到康德，即回到经验主义……他破坏了这面飘扬的旗帜，理所当然地要成为修正主义。可是，这些发生在"娜拉出走以前"。娜拉出走了，1917年革命胜利了，列宁跟他那时代的青年人说，你们将亲身而见共产主义。当时的青年，现在恐怕已经死掉不少了，还活着的人，目睹的是苏联军舰游弋全球，目睹的是他们的生活水平还赶不上捷克，目睹的是萨哈罗夫的抗议和受迫害。而究竟什么叫做共产主义，迄今的定义，与马克思亲自拟定的定义"每个的人自由发展是一切人的自由发展的条件"（见《共产党宣言》）愈来愈分歧，愈来愈不一致，也愈来愈难理解。……不过每一代人都不会满意他们的处境，都在力求向上、向上、还向上，因此每一代人都有他们的问题（按辩证法说叫做矛盾）。至善是一个目标，但这是一个水涨船高的目标，是永远达不到的目标。娜拉出走了，问题没有完结。至善达到了，一切静止了，没有冲击，没有互相激荡的力量，世界将变成单调可厌。如果我生活其中，一定会自杀。这有什么意思呢？还是不断斗争向前，还是来一些矛盾吧！

　　……

　　革命家本身最初都是民主主义者。可是，如果革命家树立了一个终极目的，而且内心里相信这个终极目的，那么，他就不惜为了达到这个终极目的而牺牲民主，实行专政。斯大林是残暴的，不过，也许他之残暴，并不100％是为了个人权力，而是相信这是为了大众福利、终极目的而不得不如此办。内心为善而实际上做了恶行，这是可悲的。

反之，如果不承认有什么终极目标，相信相互激荡的力量都在促进进步，这在哲学上就是多元主义；他就会相信，无论"民主政治"会伴随许多必不可少的祸害，因为和许多相互激荡的力量的合法存在是相一致的，那么，它显然也允许这些力量合法存在的唯一可行的制度了。我说过关于民主和进步、民主和科学的关系的许多话，上面也算是又一种解释吧。①

不是从个别事物中归纳出类概念，而是类概念产生出个别事物，从这里很容易走到绝对精神这个结论上去。而哲学化了的基督教的上帝，无非是这种绝对精神而已。

这类体系，你不妨把他解释为天神创世说的哲学化，然而希腊人开头弄出这套体系来的时候，他们的神却是神人同形的，所以这套思想体系其实是对多神的、神人同形的宗教的批判。……②

人要有想象力，那千真万确的是对的。没有想象力，我们年轻时哪里会革命？还不是庸庸碌碌做一个小市民？不过，当我们经历多一点，年纪大一点，诗意逐步转为散文说理的时候，就得分析分析想象力了。

我转到这样冷静的分析的时候，曾经十分痛苦，曾经像托尔斯泰所写的列文那样，为我的无信仰而无所凭依。

现在，这个危机已经克服了。

首先，我不再有恩格斯所说过的，他们对黑格尔，也对过去信仰过的一切东西的敬畏之念了。我老老实实得出结论，所谓按人的本生、使命、可能和历史终极目的的绝对真理论，来自基督教。所谓按人的思维的本性、使命、可能和历史终极目的的绝对直理论，

① 顾准：《从理想主义到经验主义·民主与"终极目的"》，陈敏之、罗银胜编：《顾准文集》[增订珍藏本]，福建教育出版社2010年5月版，第317页。

② 同上书，第331页。

· 374 ·

来自为基督教制造出来的哲学体系，黑格尔体系。

我也痛苦地感到，人如果从这种想象力出发，固然可以完成历史的奇迹，却不能解决"娜拉出走以后怎样"的问题。

"娜拉出走以后怎样"，只能经验主义地解决。①

当我对哲学问题和现实问题继续进行一些探索的时候，我发现，理想主义并不是基督教和黑格尔的专利品。倡导"知识就是力量"的培根，亦即被恩格斯痛骂的归纳法的大师，是近代实验科学的先知，至少，在他的书中，他说，他倡导实验科学，是为了关怀人，关怀人的幸福。这个效果，我们看见了。我想，应该承认，他的效果，并不亚于马克思主义在历史上的功绩。

我还发现，当我愈来愈走向经验主义的时候，我面对的是，把理想主义庸俗化了的教条主义。我面对它所需的勇气，说得再少，也不亚于我年轻时候走上革命道路所需的勇气。这样，我曾经有过的，失却信仰的思想危机也就过去了。

我还发现，甚至理想主义也可以归到经验主义里面去。胡适的"少谈主义，多谈问题"可以归结为缺少理想主义，其实，也可以归结为，他回避当时历史所面临的根本问题，只敢搞枝节。而就他后来参加的"低调俱乐部"，以及他发表过的一些对中国文化的主张来看，他是认为，可以让日本打进来，然后像同化满洲人那样同化他们。这只能说可耻！我们那时候起来干，那是目标弄准了。……而且，历史经验也昭告我们，每当大革命时期，飘扬的旗帜是不可少的。所以，理想主义虽然不科学，它的出现，它起作用，却是科学的。②

---

①　顾准：《从理想主义到经验主义·一切判断都得自归纳，归纳所得的结论都是相对的》，陈敏之、罗银胜编：《顾准文集》[增订珍藏本]，福建教育出版社2010年5月版，第443页。

②　同上书，第443—444页。

从自然法到自然权利，到人权宣言（法国的和美国独立战争的），传入中国，是一种十分新颖的东西。不仅如此，一般的权利义务的观念，中国也没有，契约观念也没有。①

郭沫若说过，先秦诸子中唯一可以发展成为宗教的学说是墨子。范文澜对墨家有同情而无赞美，对儒家则大肆称颂，还以为儒学功绩在于杜绝了"宗教统治"的可能性。范文澜心目中的宗教是佛教。范文澜不懂基督教，当然更不懂共产主义思想是渊源于基督教的。墨家说不是"出世"的，如果它演变成为宗教，绝不会变成佛教式的，而一定是基督教式的。②

歌颂"大一统"的范文澜，不必再为"士"在大一统专制主义下的命运操心了。"孔老二"的礼乐仁义，出发点是"尊卑"，是违反人性的，是一种矫揉造作的伦理学，远不如粗野的日耳曼的一夫一妻制，尊重女人，以至于彻底的个人本位为可爱。家族主义，是集体主义的根据。儒家学说，力求防止犯上作乱，于是一切进步都被窒息了。③

范文澜在新版中宣扬"孔老二"无鬼论的功绩，把旧版中的天命＝天子，鬼神＝卿大夫的虽然根据稍嫌不足的论断取消了。范文澜实在没有懂得，即使Marxism[马克思主义]也是基督教文明的产物，也是另一种基督教意识。基督教号召爱你的邻人，强调在上帝面前人人平等，指出富人进天堂比骆驼[穿针]还要难。和Plato[柏

---

① 陈敏之、顾南九编：《顾准笔记·历史笔记·中国古代思想中没有自然法的观念——即人生而具有的自由平等的权利的观念》，中国青年出版社2002年1月版，第25页。

② 陈敏之、顾南九编：《顾准笔记·历史笔记·范文澜〈通史〉第四章列国兼并时期——东周》，中国青年出版社2002年1月版，第107页。

③ 陈敏之、顾南九编：《顾准笔记·历史笔记·〈中国通史简编〉旧版和新版对儒家及宋明理学评论的变化（一）》，中国青年出版社2002年1月版，第111页。

拉图]、Aristotle[亚里士多德]哲学相结合的基督教神学，在一个方面，固然阻碍了科学的发展，却也为科学精神中不可缺少的理性主义开辟了道路。①

要反对不可知论是另有原因的——是唯理主义者的一种哲学原因。唯理主义者，尤其是革命家们，是革命的理想主义者。他们唯有坚持"理想"是唯物的，有根据，同时又是绝对正确的（或者谦虚一些，是组成绝对真理的某个重要成分），他们才心有所安。他们唯有坚持真就是善，才能理论与实践一致地勇往直前。这是一种道德哲学的原因，本来应该为之肃然起敬的。

我自己也是这样相信过来的。然而，今天当人们以烈士的名义，把革命的理想主义变成保守的反动的专制主义的时候，我坚决走上彻底经验主义、多元主义的立场，要为反对这种专制主义而奋斗到底！②

在顾准的著作中，有一篇专门研究基督教文化的文章，即《从理想主义到经验主义》里面的《希腊思想、基督教和中国的史官文化》。此外，顾准文字中提到基督教及其教义不在少数，从这些引文中可以大致看到他对基督教文化的基本立场，从中追寻其思维轨迹。

顾准还曾经利用《圣经》为自己争取到了读书的权利——

1968年8月，被监督的顾准虽然行动受到限制，但他仍然手不释卷。一天，他正埋头看一本书，监管人员走了过来，看了他读的那本书后，立即训斥开了：马克思早就说过宗教是人民的精神鸦片，你怎么能看这样的书？原来顾准看的是一本中英文对照的《新约全书》（即《圣经》，后来徐方告诉著者，这部《新约全书》是顾准1961年2月在北京东安市场旧书

① 陈敏之、顾南九编：《顾准笔记·历史笔记·〈中国通史简编〉旧版和新版对儒家及宋明理学评论的变化（一）》，中国青年出版社2002年1月版，第116页。
② 陈敏之、顾南九编：《顾准笔记·历史笔记·中国古代思想中没有自然法的观念——即人生而具有的自由平等的权利的观念》，中国青年出版社2002年1月版，第25页。

摊上淘到的）①。

过了几天，顾准又拿了一本书读着，那位监管人员连忙走了过来。见顾准看的是一本列宁所著的《共产主义运动中的"左派"幼稚病》，这下他放心了。顾准对那人说：列宁说修正主义者为了一碗红豆汤出卖了长子权，是什么意思啊？见他回答不上来，顾准说：这个典故出自《圣经》。一个人不读《圣经》，就根本读不懂列宁。从此，监管人员有意识地避开顾准，即使看见他在看书，也绕着走，以免尴尬。

顾准认为，这个世界最终还是要实现"大同"的；"四海之内，皆兄弟也"。故而他奉行的座右铭是"宁可天下人负我，勿让我负天下人"。正是遵循这一原则，顾准对过去所有做过对不起他的事的人一律宽容。

对此，张纯音在与他的交往中曾有争论。张纯音认为这一原则不足取，她认为《圣经》中的某些话，如："别人要是打了你的左脸，你就将右脸交给他打（大意）"完全是一种奴隶主义哲学，因而张纯音对顾准说："我的观点是针锋相对，即以牙还牙，以眼还眼。"

顾准则争辩道："人类社会正是因为有强烈的报复之心，你打我一拳，我还你一脚，才总是争斗不已。如果大家都怀有宽容仁爱之心，这个世界会好得多。"对他们的讨论，张纯音的女儿徐方感到非常有兴趣，事隔多年，她仍记忆犹新。她还记得，顾准最后借给她一本中英文对照的《新约全书》，建议她读一读。这本书在顾准去世时作为纪念品留给了徐方，至今一直珍藏着。

徐方说："那时我19岁，还很不成熟，对伯伯的许多学术思想并不能真正理解。不过，在我眼里，他从来就不是什么'右派'、'牛鬼蛇神'，而是一位极有学问的师长。我常向他请教各种问题，大到国家大事，小到个人生活，每次都能得到清晰明确的答案，绝无模棱两可。用母亲的话来形容就是'clearcut'。一次他跟母亲开玩笑说：咪咪已经把我当成她的'忏悔神父'了。"②在徐方眼里，顾准在生活上非常简朴，不修边幅。在干校时，他总戴着一顶旧呢帽干活，久而久之帽沿开线了，从一边耷拉下来，他也不

①　2013年3月中旬，率上海电视台《大师》栏目赴京拍摄《顾准》纪录片时，采访徐方记录。

②　徐方：《两代人的良师益友》，《博览群书》1999年第2期。

缝。后来顾准嫌那帽沿累赘，索性把它扯了下来，变成一顶无沿帽。从干校回来后，他还戴着这顶帽子，一直到去世。

顾准生活的年代，信仰不可能自由，是一个宗教受到禁锢的年代，人们谈论宗教信仰"噤若寒蝉"。为了"历史的探索""知识的探索"和"宗教的探索"，他不惜冒险以戴罪之身四处收集各种版本的《圣经》，仔细研读；在生命的最后阶段，顾准忍着病痛，研究乔治·卡特林论述基督教与政治关系的主要著作顾准自乔治·卡特林1939年出版的《政治哲学家史话》，选译了万余字的《基督教》。据他的日记记载：Catlin（卡特林），译基督教一段"（1974年5月30日）①。

同年8月31日，顾准在写给弟弟陈敏之信中提到，"关于基督教你现在发生了兴趣，你来的时候，我可以提供你一点资料，有一份万把字的翻译稿，这是我最近读书为求理解翻译出来的，读后可以讨论讨论。还可以介绍两本书目你设法去借。此外你最好找一本圣经，若你是在找不到，我可以帮你弄到一本《新约》"②。这份翻译稿即顾准翻译的《基督教》，陈敏之后来介绍说，"原稿是五哥去世后从给吴敬琏同志的《希腊城邦制度》中找到还给我的。1974年9月我去北京与五哥晤面，没有如约讨论基督教的问题，以后自然再也不能进行这种讨论了。"

所有这些，有人认为，这可能与顾准受到基督教某些教义的影响有关。

顾准的《新约全书》衬纸上有他签名，此书后来送给徐方留作纪念

---

① 陈敏之、丁东编：《顾准日记》，经济日报出版社1997年9月版，第306页。

② 顾准：《统一的专制帝国，奴隶制，亚细亚生产方式及战争》，陈敏之、顾南九编《顾准文稿》，中国青年出版社2002年1月版，第304页。蹊跷的是，现存5种版本的《顾准文集》，都不见这段话，不知是无意遗漏还是特意删去，待考。

第十四章　风雪夜归人

加陈任濟核故，嚴格节
纳、積累惡回家建設資金，
會計工作負責應該在
這方面充分發揮自己四
作用。
　　　啓翠
　　　　一九五〇年
　　　　十月十日

一

从干校回到北京以后，由于长期遭受迫害和营养失调，顾准心情抑郁，他在艰辛的阅读和写《希腊城邦制度》《从理想主义到经验主义》等笔记时，身体已染上疾病，只是他强忍着，以巨大的毅力，与时间赛跑，才为后人留下了中国思想史上的光辉篇章。

病魔正悄悄地吞噬着顾准健康的细胞，他患的正是肺癌。1974年9月中旬，陈敏之到京来探望哥哥，他们共同生活了约半个月，月底，他送陈敏之经宁夏返沪。这时，他的身体已经十分虚弱了。陈敏之回沪后，还收到了顾准于10月26日写的信，这就是现收录在《顾准日记》里的《致陈敏之的最后一封信》，信中谈到了自己的病情：

六弟：

23日信昨天收到，途间风寒，既已廓清，当可精神焕发地生活下去。十分高兴。

可是我却不行。咯血未愈，又加发烧，兼以服药反应弄得疲惫不堪。这里的人看我支撑为难，已写信要顾重之来此招呼，谁知道他会不会来？来倒也好，至少可以交流交流感情和思想。

病情如下：（1）病史，1970年肺炎未愈劳动，小咯血二月，（一面劳动，一面咯血）透视，支气管扩张，连续注射青霉素病愈。

又，1973年7月在一星期内由小咯血发展成为吐满口血，协和急诊，断为支气管扩张（有胸透），注射安络血四五天病愈，又1974年5—8月连续低烧，胸透支气管扩张，累次验血，白血球高，连续注射素霉素，100万单位×6，低烧停止。

（2）此次发病，9月中旬感冒，感冒期间连续喝了些葡萄酒

（平时不喝），抽了几支烟（每天不超过三支）。9月底，均应发现痰中出血。9月5日就医，给土霉素二天剂量，又给一些virK.C，9月9日就医，补给口服"安络血"，12日起注射安络血一周。但一直不愈。22日开始发现又有低烧，服云南白药三天，注射链霉素及青霉素。结果，低烧从37.75°退至37.3°，但云南白药的反应强烈，休息不好，停服。

（3）今就医，继续打青霉素、链霉素三天，继续注射安络血，同时又拍了胸部X照片，下周二看情况如何。

又自费去购"三七"，买到后每天口服一钱。

我此次对病，采取采秀于1958年告我的办法："倒下来再说"。咯血令人心烦，也要求静处。然而我没有条件。唯一的办法是住院，但是我自己无奔走力量，反正"倒下来"自然会解决。情绪当然是恶劣的。开始是觉悟到我的健康状况，决定我此生搞不出什么东西来的了。懂得这一点是痛心的，也有过踌躇。其次是，开始懂得虽然搞不出什么东西来了，然而也会可以拖得下去，那就拖吧。"拖"的决心，和"倒下来再说"的办法倒是对得起头来的。如此一来，倒也安然地拖下去了。

你听这些话一定很难过。不过，人总得有点自知之明。从前我不想在老年时苟延残喘，现在已经"忍命"了，也算勘破一关了。

军宣队这次倒希望我到上海了，我不走。一走，他们轻松了，那不行。我还得在这里拖下去。

你仔细想想，我这个办法是对的。

"情况在变"，不错，正因此，我要在这儿拖。至于乐观，我还是乐观的，然而，（一）对现在正在变的情况，我不满意；（二）中国的伟大的变化，我恐怕在其中起不到什么作用了。

易兄与我，周前盘桓过几次，现在走不动了，不去了，我也不要他来，免得我又害人。他的女儿，陈小群，66届初中毕业生，参加军垦，户口已迁回北京（因系独女），已回到东城区作就业分配登记。她希望进工厂，别当"八大员"。你写信给三妹，请她招呼招呼吧。

祝

好

五哥

二十六日十时

接到顾准的这封信，陈敏之因风尘甫定，没有打算马上去京，但是，不过数天，顾准的病情急转直下，他只得再次赶赴北京。

原来，这年10月，顾准的肺疾愈发加重，痰中的血点愈来愈多。有一天，由吴敬琏陪他到反帝医院（即原协和医院）看痰液培养的结果。大夫看到了检验报告后认为有问题，但是顾准还是戴着帽子的"右派"，不敢收他住院，就把他放在急诊室外的走廊里。过了几天，经济所只好拍电报给上海的陈敏之。

1974年11月2日（星期六）下午一时许，陈敏之午饭还没有吃毕，邮递员送来了给他的电报。电报上说顾准已住院，要他马上去北京。看了电报，陈敏之预感到情况不好，心中极为不安。

因为这时距陈敏之9月30日离开北京，不过短短一个月。离开北京以后，陈敏之去银川、兰州、西安转了一圈，10月16日回到上海后，他们兄弟俩的通信才恢复。

10月29日，陈敏之收到顾准10月26日的来信（如上所述），告知病情。

军宣队这次主动提出要顾准来上海陈敏之家里，但他不愿意来。对此，陈敏之立即回了一封复信，表示坚决不同意"倒下来再说"。并且告诉他：如果儿子重之能回来最好，由重之陪同来上海。如果重之不来，自己则准备亲自去京陪他来上海，同时又给三妹去了一信（五哥来信附去），除了告诉他五哥病情不好外，要她支持重之回来。

11月2日晚上，陈敏之夫人林樱初好不容易买到了翌日去京的车票，而且很幸运地买到了一张卧铺。陈敏之的心里自然是极度焦虑不安的。不过，他还是满怀希望，一俟五哥病情稍有好转，和他一起到上海来继续治疗和休养。

4日下午，由经济所老张同志陪同，陈敏之骑自行车匆匆赶到医院急诊观察室。见到顾准时，彼此都非常激动，彼此都强忍着噙着的泪和呜咽的声音，不愿增加哀凄的气氛。

顾准亲切地和弟弟握过手后，说道：想不到你来得这么快。

他告诉说，这次要他再次去京，出于万不得已。顾准可能已预感到这次病情的严重，和往常不同。

就在这第一次见面，他对陈敏之说：这次从前门进来，要从后门（意指太平间）出去了。随后，他又从衬衣口袋中掏出一个银行存折和积存的粮票交给了弟弟。

顾准虽然对自己的病似乎已清楚地意识到是无望的，不过，他还是对陈敏之说："希望能早一点住进病房。"

这不仅出于护理和治疗方面的方便，这时顾准对自己的疾病显然还抱有希望，争取能早日治愈，恢复工作能力。几十年来，对于一个平常人来说难以忍受颠簸、坎坷、打击，没有使他折服，疾病当然不可能轻易使他屈膝，更何况他热爱生活，热爱伟大的祖国，在他生命的余年还要继续他已经进行了二十余年的对未来的探索。生命对于他是重要的，他决不会

顾准弟媳、陈敏之夫人林樱初女士
（摄于2011年3月28日）

陈敏之《我与顾准》（上海文艺出版社2003年出版）封面

轻易放弃。

经济所的同志告诉陈敏之：从10月初顾准就开始咯血，也曾经去就医治疗，但咯血终未能止住。10月16日起，终于支撑不住而卧倒在床（查他的日记，至10月15日日记的写作中止）。

又拖延了半个月，一直到11月2日。经济所的领导看顾准实在不能再拖，才送医院。这时，每天咯血大半痰缸（200—300CC），身体的亏损是可想象的。因为1973年8月他也曾咯血，医生诊断是支气管扩张，因此，这时陈敏之虽然见咯血不止而焦急，但还以为是旧病复发，不疑有他，仍然满怀希望，以为只要咯血能止住，就能逐渐痊愈，并以此劝慰他：我保证你从前门出去。

在急诊观察室的几天，为了止住顾准的大量咯血。医院大夫用了各种止血药物，而且剂量很大，然而仍然无效。11月7日上午，迁入了病房。

但是住进病房以后，并没有带来福音。至11月11日，主管大夫贺仁通知说，经过化验，痰中发现了癌细胞。同时，根据X摄片，确认为肺癌。

顾准乍听之下，震惊得发呆了。接着一阵悲痛，便咽住了。他知道，这是无望的绝症，生命对于他已经不过是时间问题。陈敏之痛感，"病魔终将从我手中夺走他，我怎么能抑制得住自己的悲痛！"

手足之情，兄弟相聚，顾准与陈敏之合影，时在1974年

对于病情，陈敏之没有瞒顾准，因为相信他经受得住。而他，确实也经受住了，显得很平静，好像一切都在他意料之中。一直到生命的最后一刻，他始终没有唉叹过一声。为了劝慰他，也是为了鼓励他，陈敏之说：你一生是倔脾气，对病也要倔到底，斗争到底。还说：即使明知等待着你的是什么，也要高高兴兴、快快活活地迎接它。他欣然点头同意。

顾准则说：自己并不怕死，唯一感到遗憾的是对于学术、政治恐怕无能为力了。

顾准在精神上从来没有屈服过，但自然的肌体的抵抗力毕竟敌不过病魔的侵袭，他的精神一天比一天萎顿了下去。他确曾顽强地为生命的延续斗争过。虽然吞咽十分困难，但还是强迫自己多吃一点东西，以增强肌体的抵抗力。他每天输液的时间多至七八小时，至少也要五六小时，在病榻上不能辗转反侧，但总是忍受了下来，一直到临终的前几天，才加了一副铺板，使他躺在床上稍稍舒服一点。他完全信赖大夫。本来，他对中医的科学性有些偏见，但为了不忍拂逆几位老友的好意，也为了冀求治愈于万一，他毫不勉强地接受了中医和中药的治疗。

顾准对生命的态度一直是积极的。他怕旷日持久。他的意思显然是不愿意缠绵病榻，既不能工作，又拖累别人。他对陈敏之说，与其丧失工作能力而活着，不如早点死掉。他对所有来探望他的朋友、同志以及四十余年前就结识的从远地赶来的老朋友，当他们临走的时候都和他们道别。这不是怯懦的语言，而是正视自己的未来命运的勇敢的珍惜的告别。

顾准患的是中心型肺癌，有鸡蛋大小的一个肿瘤生长在靠近心脏旁边，主气管分叉的左侧，因此，在治疗方案的选择上既不能动手术切除（在手术台上就有危险），又不能照光（即深部X光照射或用同位素），唯一可选择的是化疗（即注射化学药剂）。以后经医院同意，同时又结合中医治疗，服用中药。开始化疗的头几天，反应似乎还好。咯血也略见减少，看到似有转机的希望，他很高兴。

但到11月下旬以后，顾准的病情显著恶化，脉搏增快，自原来的40—50次／分钟，增至100次／分钟左右，到最后病危时增加至140–150次／分钟。呼吸困难，竟日竟夜不能离开输氧。

顾准的病情，牵动了他的许多朋友、同志的关注，他们表现的人间友爱，给顾准最后的日子带来了些许慰藉。

为了及早让顾准住进医院的病房，骆耕漠和陈易去找新四军时的战友、当时反帝医院（原协和医院）的党委书记杨纯。特别是骆耕漠听到消息十分着急，不顾自己双目失明，挂着拐杖来回奔波。于是，杨纯派了一位秘书去打招呼，才把顾准收下住院。

与顾准同病房里还住着北京人民艺术剧院著名导演焦菊隐先生。焦菊隐患的也是晚期肺癌，经过一个疗程的化疗，癌肿由原来拳头那么大，缩小到核桃那么小，他和家人都非常高兴。焦先生是个乐观的人，时不时以自己的治疗效果为例，给顾准打气。

张纯音也从旁安慰："现代医学发展日新月异，说不定哪天就会有办法治你的病。"

可顾准却摇摇头说："我心里很明白，这次得前门进，后门（指太平间）出了。人类征服疾病是一个漫长的过程。你看，《圣经》里面描述，耶稣摸了麻风病人，那人就好了。这故事说明，当时人们多么渴望有办法治愈麻风病。可两千年过去了，这种病还在危害人类健康。至于癌症……"

张纯音事后哀叹："顾准这个人头脑太清楚了，连安慰他都很难。"

据张纯音回忆，顾准在生命的最后几天心情非常不好，伤心之极，甚至可以说是绝望。他后半生虽历尽坎坷、饱受磨难，却依旧热爱生命，留恋这个世界。希望以自己的不懈研究，为国家、为人类做出贡献。顾准对她说："生活毕竟是美好的！我才59岁，真不愿意死啊，我还有很多事没做完……"他为没来得及把已经日臻成熟的许多思想写出来而痛心疾首！

然而，顾准将殷切的希望寄托于后辈，为他们展示"神武景气"的愿景。据吴敬琏忆述："因为大夫在查房时用英语说明顾准的病情，他便清楚地知道自己得了不治之症。在这以后，他把我叫到医院去，非常冷静地告诉我，他将不久于人世，而且过不久就会气管堵塞说不出话来，所以要趁说得出话时作一次长谈，以后就不用再来了。他说，我认为中国'神武景气'是一定会到来的，但是什么时候不知道，所以我送你四个字：'待机守时'，还是要继续我们的研究工作。总有一天要发生变化。那时，要能拿得出东西来报效国家。"

骆耕漠除了找人让顾准住进病房外，还与张纯音打听到协和医院东边有个姓李的老中医，是看疑难病的高手，就去找到他。李医生给顾准看了两三次病，尽了很大的努力的。

骆老回忆说："当时北京人艺的著名导演焦菊隐同顾准在一个病房，有一次，焦菊隐对别人讲：顾准看起来是很倔强的，但也有脆弱的一面。我与顾准交往中也感到顾准有很骄傲的一面，被他看得起的人不多；但也有很谦虚的一面。……他有很固执的一面，也有儿女情长的一面。他非常想念他的儿女，特别是想见见他的小儿子。但是儿女们因深受他政治问题的株连，对他成见很深，当时政治气候还很左，他们都不愿意或不敢来见他。军宣队的人对他也很同情，在他病重时，就在一个字条上写下'我是有错误的'几个字，让他签字。希望他儿子见了字条能够来看他一下。开始他不同意签字，经过大家反复劝说，才勉强签了字。"这样，于11月16日，经济所党内外群众经过讨论，一致同意通过给顾准摘除"右派"帽子。

当天傍晚，经济所领导派了代表到医院去向顾准正式通知，还表示他的问题，应当早在1969年就解决，因为经济所长期瘫痪，因而给拖了下来，借此表示慰问和鼓励。

另据陈敏之回忆：10月16日，五哥顾准病倒在床上以后，顾准的老战友、入党介绍人林里夫每天到经济研究所来为五哥煮饮食，照顾日常生活。进医院以后，经济所领导虽然派了一位同志去照顾，但林里夫仍然每天三次去医院悉心照料；直到11月4日陈敏之到京后也仍是如此，他当时每天下班后还是要到医院去探望一下才放心回家，并且总是为五哥鼓信心。

当看到陈敏之每天上下午两次去医院，一天来回四次，整天在医院照顾，怕把他累垮了，林里夫立即要他的女儿林皎皎每天上午去医院顶替陈敏之，还不时带一些食品给顾准吃。要知道，林里夫在政治上的处境很不好，经济条件尤其困窘。然而为了挽救老友危殆的生命于万一，他根本不顾这一切。

为了照顾生命垂危的顾准，经济所的几位挚友自发轮流到医院进行护理和陪夜。这些满腔热忱、不避嫌疑前来值班的人有：骆耕漠、林里夫、吴敬琏、张纯音、赵人伟、江明等。顾准的老朋友如陈易、翁迪民、何惧等几位也在积极奔波。尤其令人感动的是何惧，他患肺癌已八年，肿瘤已转移穿孔，据他自己说，他曾被三所医院的大夫判处过"死刑"三次，但还顽强地与疾病斗争着，并且异常乐观地生活着，为了介绍他自己的经验，为顾准鼓信心，还特地到医院来"现身说法"。

陈易和女儿几乎每天都去协和医院看顾准，他的女儿陈小群甚至热心地去找她的同学的母亲来会诊。

有一次陈易问顾准："你想不想见见你母亲？"

顾准很难过，有点踌躇。

于是陈易马上去找李一氓同志，他说，顾准已经活不了多久了，他母子都不能见面。

李一氓说，"如果他愿意的话，我到施义之家里去一趟。"

第二天陈易就去告诉顾准说："是不是找老太太见见面，我已同李一氓同志讲了，他说可以出面谈谈。"

顾准停了半天说："好倒是好，据我看施义之是不会拒绝的，但是他恐怕心里也很为难，想躲也躲不开；他要拒绝这个事情呢，又说不过去。至于我妹妹，她可能劝我妈妈不要来。老太太可能想来，但是也怕住在他们家里不好处。另外，老太太来了，见到我一定很难受，我见到她也很难受，我看这个事情就算了吧。你替我谢谢一氓同志。"就这样，他替人设身所想，放弃了这母子见面的最后机会。

顾准在上海的四十多年前的老朋友李少甫、李燮泉等，从陈敏之给林樱初的信中获悉顾准患病住院并且是肺癌时，他们立即写信给顾准表示慰问和鼓励。在给陈敏之的信中表示了最深切的关怀和劝慰。

李少甫还终于在11月底以接他的女儿去上海生孩子为名专程去北京探望顾准。这时顾准已处于病危状态，但神志还十分清醒。12月1日上午，陈敏之陪同李少甫和他的爱婿李高风去医院探望顾准时，顾准对李少甫说："千里奔京，向我告别。"

这时离开顾准向这个人间永远告别已不到48小时的时间。

二

住院期间，顾准仍然苦苦期盼着孩子们来看他，时时刻刻等待着他们出现。他对前来探视的七弟声音哽咽地反复说：“我想他们（指他的孩子们）想得好苦啊！”他的六弟陈敏之为了让他在临终前能跟孩子们见上一面，不断地做几个孩子的工作。

11月4日，陈敏之到医院见到顾准的当天下午，顾准就曾对他说：“我所有的几个子女都想见见。”又问，在他临终的时候，他们会不会会见他？

对顾准提出的第一个要求，陈敏之忠实地转达了。至于第二个问题，陈敏之无法代替他们答复，只好直率地说：“这得由他们自己来答复了。”

当天晚上，陈敏之没有见到稽头。小米（逸东，顾准的大儿子）当时不在北京，在云南某地工作一年，据说因为他爱人快要临产，将提早于11月中旬回京。陈敏之为了避免和他们谈话时抑制不住自己激越的情绪，11月9日下午给他们写了一封信，全文如下：

> 历史上有许多先驱者（社会、政治、哲学、自然科学等各个领域），不被当代的人们所理解，被视为异端，这种情况并不罕见。你们的爸爸虽然还不能说是这样的先驱者，但是据我所了解，我敢断言，你们对你们的爸爸实际上一点都不理解，他比我和你们的目光要远大得多。许多年来，他不过是在探索着当代和未来的许多根本问题的答案，如此而已。如果认为作这样的探索就是一种该死的异端，那他决不是一个真正的马克思主义者。如果有人以有他为辱，我却以有他这样的哥哥为荣。
>
> 在家庭关系上，他深深地爱着你们的妈妈。自从你们的妈妈不幸去世以后，他又把全部爱倾注在你们身上。我相信，这一点，你们是会感觉到的。
>
> 这一次，他又向我表示：希望和你们兄妹五人都见见面。他还问我：如果他这次不幸死去的话，你们会不会去看他？对于这个问题，我当然无法代你们答复，这只能由你们自己答复。〔这里五哥用铅笔亲自加了如下的旁注：如果我临死的话，我还是希望见见你们，一是请你们原谅（妈妈说我害人，我实在是害了你

们），二是祝福你们。然而我怎么也抑制不住心头的酸楚。这里我又加了如下几句话：关于你们爸爸所说的"害了你们"，我想作一个注解：一个忠实于自己的信念作探索的人，往往不能两全——既忠实于自己的信念，又顾及家庭，这就是形成目前的悲剧所在。]

我没有想到我必须再次来北京，但是我觉得我不过是做了一件我应该做的事，因为我认为并不是单纯出于兄弟的情谊。

你们对你们的爸爸过去所采取的立场、态度，我不想非议。但是任何事情过分了，总会要走向反面，我想顺便指出：对于你们至今为止所采取的态度，舆论并不是没有非议的。你们的祖母这次对我说：你们现在都已经长大了，由你们自己抉择。我虽然是看着你们长大起来的，但不想有半点勉强的意思，由你们自己决定。

我已经对祖母说过：如果你们仍然坚持过去的立场、态度，对你们的爸爸的健康以至一切，我都包了，而且包到底。我说这话是算数的。

我怕控制不住自己激越的情绪，所以写这些，代替我说话。当然，我想说的远不止这些。

你们的爸爸今天上午在病床上写的两个条子附此。

顾准的两个条子，其中一个的大意是：想见他们；表示他原谅他们，也希望他们原谅他。另一个是专给小米的，祝福他幸福（已经结婚并且马上要生孩子）。

这封信给了孩子，陈敏之也与其进行了沟通，结果还是未能如愿以偿。

要顾准的小儿子顾重之回来，是经过经济所领导同意，由经济所领导写的信，当然是代表组织的意见。至于顾准，原意是想要他回来照顾，可以把陈敏之顶替出来，免得把他累垮了。一方面固然是为他着想，一方面也确实想借此机会可以和他的孩子"交流感情和思想"。因为在顾准的心目中，认为重之对他还有一定的感情。大约半个月后，重之给了陈敏之一封复信，表示坚决不回来，理由是"怕受爸爸的影响……"

11月27日，当顾准最后知道重之终于不会来，其他几个孩子也始终未去见他，他情绪激动，竟有四个小时不能平静下来。后虽经过大夫和陈敏之对他不断做工作，情绪稍稍安定下来，但从此以后，顾准病情急转直下，迅速恶化。11月28日，老中医第二次来复诊时，一搭脉，就说是着了重急，生了大气，表示已无可挽救，勉强开了处方。从这天起，到他去世，为时还不到五整天。

尽管孩子们多年来对他是这样的态度，可顾准却始终原谅他们，认为这一家庭悲剧是社会大环境使然，不应该责怪他们。他的遗嘱最后一句话还是："祝福我的孩子们"。唉，可怜天下父母心！这可真是父爱如海，深沉而宽厚。也正如他的老友陈易所说，他是"英雄肝胆，儿女情长"。

对顾准来说，还有一个无法弥补的遗憾，就是由于种种原因，他与母亲未能见上最后一面！

在知道了自己确诊是肺癌之后，在陈敏之看来，顾准的神情看起来并没有特别的不安，还是那么平静，不过似乎证实了他原来的估计：这次要从后门出去了。11月中旬的有一天，顾准跟陈敏之说：有些身后的事需要交代一下，等过一天精神稍好一些再谈。他的意思是很明白的，就是要陈敏之记下他的遗书。

11月15日下午，顾准对陈敏之交代了早已想好的身后的有些事该如何处理，和有些必须表达的话。还谆谆嘱咐陈敏之，要注意健康，坚强地活下去。当天晚上，陈敏之回去整理好了一份如下的初稿：

> 我于学问、政治已无能为力，这是我唯一的遗憾。
>
> 我热爱生活，我知道生活在人间的日子已经有限，我将勇敢地迎接死亡的来临。
>
> 对于所有关心我的朋友和同志，尤其对于里夫、耕漠两位老友对我真挚的关注，表示衷心的感谢。
>
> 我生前所用全部遗物交给重之；在京存款（补发的生活费，现由六弟交给母亲保存）交给淑林，并入妈妈的遗存；在上海现由六弟保存的存款伍百元赠予里夫老友。

　　我所有的全部书籍交给六弟并由他全权处理。遗稿（一）有关希腊史部分交给吴敬琏同志；（二）其他部分均由六弟全权处理。

　　请六弟选择一些纪念物品代我送给张纯音同志和她的女儿咪咪。

　　医院认为我的病例特殊，如果需要，我的遗体愿供解剖。我的骨灰倒在三里河中国科学院大楼（前经委大楼）前面的小河里。

　　祝福我的孩子们。

1974年11月15日下午口述，六弟记录

　　第二天，陈敏之把记述的上述初稿给顾准看了，他认为前面两段话是空话，删掉。关于遗体愿供医院解剖，是这天他嘱咐陈敏之后添加进去的。11月17日陈敏之把修改稿正式抄录了两份，由他过目以后签了字。

　　但是后来顾准对孩子的态度也有了变化。11月下旬的某一天他对陈敏之说："原来有一些考虑须修改。"陈敏之懂得他的意思，但想等他精神好一些再谈这事。12月1日，陈敏之看到顾准已经处于危殆状态，这时顾准说话已十分困难，陈敏之觉得不能再拖延了，只能把自己对此事理会的意思告诉他，问他这样办好不好，他表示同意。陈敏之当晚回去按照他同意的意见作了修改，作为他的遗书的最后定稿，谁知这时顾准已不能再执笔了。这份定稿，12月2日下午，陈敏之又向他把修改的地方最后重复说了一下，终究没有能签字。

　　修改的内容只涉及两句话，这就是："我生前所用全部遗物以及我所有的全部书籍交由六弟并由他全权处理。在京存款（补发的生活费，现由六弟交给母亲保存）交给母亲全权处理。"

　　修改后的遗书虽然顾准没有签字，但这份遗书连同过去经过陈敏之签字的遗书，陈敏之给经济所的领导同志、三妹、稗头、小米以及李少甫等几位老友都看过，以示昭信。

吴敬琏先生在顾准先生诞辰九十周年纪念会上讲话

吴敬琏在谈到顾准的最后日子时说："后来果不出顾准所料，他很快就因为癌肿堵住了气管而说不出话来。入院才两个月，已告病危。也许是预感到自已行将不起，有一天，顾准让人带话给我，说白天有亲朋好友陪伴，晚上来陪他的人是经济所派的。与其中有的人单独共处，使他感到不愉快，希望我能去陪他。当天下午我去医院，这时的顾准已经处在临危状态，癌肿几乎把气管完全堵死，他只能靠用全部力气从高压氧气瓶中抽进的一点氧气维持着一缕如丝的生命。他的兄弟陈敏之等为他梳妆安顿以后离去，我独自坐在他的床前，握着他的手，希望他能够入睡。大约到了11点钟，他挣扎着用完全听不见的声音和手势示意我打开行军床休息。我刚刚迷糊过去，就被前来抢救的医生和护士的脚步声所惊醒。在他故去以后，我首先打电话通知的是陈敏之和他的妹妹陈枫。""打完电话，我就和一位年轻的护士一起送顾准去太平间。在推车去太平间的路上，顾准临终前的一幕始终浮现我的面前。这是我有生以来的第一次亲眼目睹一个活生生的生命悄然而逝。而消逝的，竟然是这样一个嫉恶如仇却又充满爱心、才华横溢、光彩照人的生命，不能不使人黯然神伤。"

1974年12月2日，是顾准生活在这个人世间的最后一天。那天，北京的天气异常寒冷。下午，顾准一度被死神攫住，两手青紫，牙关紧闭，手足俱冷，经抢救才从昏迷中苏醒。晚上，陪伴在病床旁的陈敏之、骆耕漠、陈易，为略显平稳的顾准梳洗安顿。其时顾准神志还很清楚，虽然口齿不清，说话困难，但他仍一如往常那样说："你们走吧。"在顾准沙哑的声音一再催促下，他们先后回去休息。

陈敏之总以为第二天还能见到五哥，哪里知道这次竟成永诀，再也见不到自己活着的五哥了。

顾准病床边，只留下吴敬琏值夜班。据说顾准忍着病痛，断断续续与他作了交流，留给吴敬琏几句话是"中国的神武景气终将到来"，要"待时守机"。

入夜时分，顾准面容显得痛苦，依靠高压氧气瓶，维持着细若游丝的一缕生命。为了让与病魔搏斗而疲劳不堪的顾准得到休息，吴敬琏凑近床头，轻轻暖着他的手，希望他能入睡。11时左右，苏醒后的顾准挣扎着连连打手势，并用几乎全部被堵塞住的喉咙，发出微弱的声音，关照吴敬琏：

"打开行军床休息。"

谁知，吴敬琏刚睡下不久，正有些迷糊，就被前来抢救的医生和护士杂沓的脚步声猛地惊醒。

陈敏之接讯赶到，却已经是……

吴敬琏一起帮忙推陈敏之去医院的太平间……

吴敬琏非常难过地骑着自行车回家，这种难过的感觉，用他的话说就是，"我在回家的路上就是觉得特别特别冷，觉得那是一个冰冷的世界。顾准就像是一点点温暖的光亮，但是他走了。但是，我想，他还是给我们留下了光亮……"

1974年12月3日零时刚过，风雪交加，大地呜咽。不朽的思想者顾准溘然长逝。

在陈敏之的记忆屏幕里，1974年12月2日永远难忘。是日晚，"我到9时许才离开医院。五哥一股劲地像往常一样催我回去休息。这天下午3时左右五哥虽曾一度神志昏迷，但这时还十分清醒，我满以为第二天一定还能见到他。3日凌晨1时10分，我睡下还不久，接到吴敬琏同志电话，说五哥脉搏已停止，正在抢救。3时30分，我赶到医院时，五哥心搏和呼吸都已停止，体温尚存。护士同志把蒙在他身上的被单揭开，脸容是安祥的。深更半夜，在病室中，我必须强制自己不使失声痛哭，我含着眼泪，抚摸五哥的脸颊，这时，生命停止，感觉消灭，留下的只是一个躯体，他再也不会像过去每天见到我时那样对我微笑相迎了。在他离开这个曾经在其中生活和斗争过，饱经各种忧患，并且那样热爱，对未来寄托着满怀希望的人世间时，我竟未能有始有终地守护在五哥身旁，这是我永远无法挽回的憾疚。"

12月4日早上9点钟，经济所在医院太平间，为顾准开了一个很小的告别会，大约有一二十人参加。顾准的朋友和陈敏之，一起来到这狭窄冰冷的场所，为长眠的顾准送行。顾准的长女顾淑林、长子顾逸东和顾准的妹妹陈枫也赶来送行。大家在悲痛的气氛中，向顾准的遗体鞠躬告别。

据张纯音等参加告别仪式的老人回忆：死去的顾准，穿一身藏青色半旧中山装，蒙着一袭洁白的床单。他静静地躺在那里，两眼不闭，嘴半张着，好像还有许多话没有说出来……

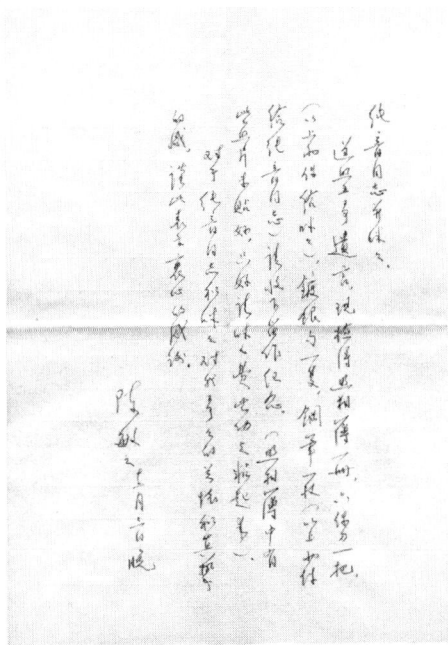

顾准于1974年12月3日凌晨病故。这是当天晚上陈敏之写给母亲的条子，连同顾准部分遗物一并交给张纯音

顾准的部分骨灰于1974年12月撒在北京三里河街旁的这条小河中

顾准的遗体由陈敏之为主护送到八宝山火化并安置。经济所领导提出，按照规定，骨灰可放到八宝山公墓，因此他们提出要把顾准骨灰放置到八宝山。

为了与顾准遗书的交代相衔接，陈敏之提出了一个兼顾的办法，顾准的骨灰，一半遵照他的遗嘱，抛撒在三里河路中科院大楼前面的小河里，另一半根据经济所的意见，安放在八宝山公墓后面的老山骨灰堂。

顾准的儿子高梁（顾南九），
非常想念自己的父亲顾准

老山骨灰堂在一个小山包上，从山脚下到骨灰堂的办公室，有几十级台阶，那天陈敏之双手捧着顾准的骨灰盒，心情是凄凉的，脚步是沉重的，他一步一步吃力地好不容易走完了台阶。办妥寄存的手续后，又放到了指定的在地下安放骨灰盒的一个小龛里面。

归途经过三里河时，由经济所的杜培荣扶着陈敏之走下陡峭的三里河前面的小河河岸。

陈敏之默默地把顾准的一包骨灰抛到河中心，看着它缓缓地随着南去的流水漂浮了一阵，随即就被无情的流水吞没了。

河岸上白杨萧萧，一抹落日的余晖透过树林斜射过来，四周一片静谧，他的心情是哀凄的！

他知道，活着的人心中怀念顾准的，并不只有他一个人，他并不孤独！

四

梦魇般的"文革"结束以后，顾准历年受到的错误处分被彻底推翻，重新恢复了名誉。

1980年2月9日，在北京为顾准和汪璧召开了追悼会，他的骨灰正式安放在八宝山革命公墓正局级墓室里。

一颗受难的灵魂应当安息了。然而他的思想的光芒——那被岁月的尘埃和时代的砂砾吹打遮埋的闪亮之珠渐渐为人们熟悉、激赏与珍视。上世纪九十年代以来，《顾准文集》《顾准日记》《顾准文存》等先后出版，为广大读者认识和理解顾准提供了极珍贵的材料。

王元化说得好："我们这里有不少人以思想家自诩，但配得上这个令人尊敬的称号的，恐怕只有像顾准这样的学者。他没有自高自大的傲慢，也没有过于自尊自重的矜持。他在写这些札记的时候，早已把名誉地位、个人得失置之度外，在求真求实的路上一往直前，义无反顾。这是使我们肃然起敬的。今天的中国知识分子就需要这种治学精神和道德品质。"①

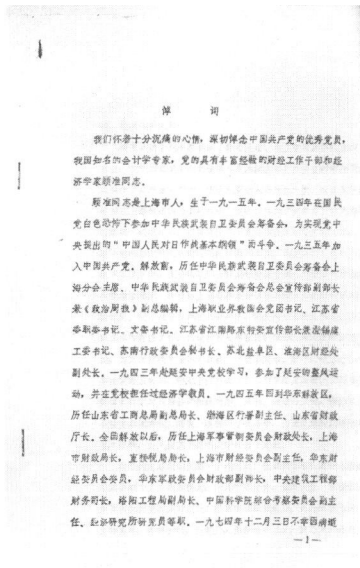

顾准同志追悼会悼词

---

① 王元化：《关于近年反思的答问》，1994年12月3日《文汇读书周报》。

人们阅读顾准，反思历史，深切感悟到顾准精神对我国现代化进程的深刻意义。

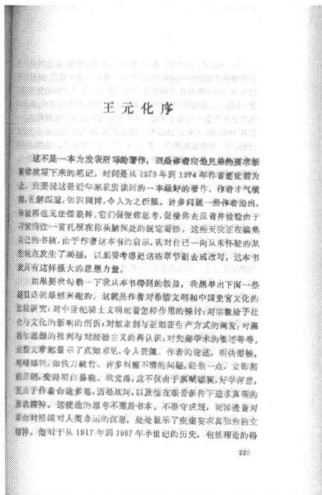

顾准《从理想主义到经验主义》的序。书是由顾准撰写的，序是王元化所作，他深深赞赏顾准在多舛命运中疾虚妄求真知的独立精神

2006年出版的《人物·书话·纪事》一书，收录了王元化先生怀念顾准之作

毋庸讳言，顾准的著作，在相隔多年的今天看来，虽然有其不可避免的局限，某些知识有失准确，观点也不乏商榷之处；但它的意义主要不仅在于知识和思想的杰出贡献，而是成了一个独立思考、坚持真理、勇于探索、敢讲真话的象征。

顾准集自尊、创造、努力、宽恕、勇敢、坚持、热情、善良、爱、正直、能力、自制、感恩和虔诚等品质于一身，他以平生的努力，追求"独立之精神、自由之思想"的意蕴，他将成为一切正直的中国知识分子的永远的榜样乃至偶像。顾准在那个思想禁锢、万马齐喑的时代，竟然还有一个大脑在按照自己的方式思考，这种勇气和魄力，不仅值得敬仰，更能反照出芸芸众生当年在思想上、精神上贫弱、痴呆抑或奴性与献媚。读顾准的著作，可以使人们得到心灵的洗礼与抚慰。从我本人来说，写作《顾准传》的漫长经历，我的心绪长久难平，我真切地感到自由思考和独立判断的难能可贵。

1995年，张劲夫、杜润生、李慎之、王元化、吴敬琏等出席中国社会科学院经济研究所召开的"顾准同志诞辰八十周年纪念会"

　　顾准的思想，是中国一代革命知识分子反思和探索的结晶，也是中国人民实现现代化的一笔精神财富。他的思想，可以将中国老中青几代志士仁人和真理的追求者联系起来，使各种知识分子的思想探索联缀成承先启后，四面通达的篇章。

　　顾准不应该是划破夜空、光芒耀眼但倏忽即逝的彗星。

　　顾准是里程碑，标识过去，指明未来。

　　顾准是灯塔，总有一天人们会沐浴于另一种光照之下，但有一段必经之路，却是由他照明的。

　　2005年7月1日，是顾准诞辰90周年的纪念日，"中国社会科学院专家团东岳寻访暨纪念著名经济学家顾准先生诞辰九十周年活动"当天如期在息县东岳举行。这一特殊的活动是由中国社会科学院经济学研究所与河南省息县东岳镇人民政府专门举办的。作为顾准母校立信校友的我，也躬逢其盛，有幸参加。

顾准先生诞辰九十周年纪念会2005年7月1日在河南息县举行。顾准胞弟陈敏之
（左五）、吴敬琏（左四）、国务院东北办副主任宋晓梧（左六）、顾准之子
高梁（左一）、经济所原所长赵人伟（左二）在主席台就座

在7月1日的顾准纪念会上，陈敏之先生简短的讲话主要是表达谢意，他在怀念顾准的同时，特别强调说，顾准对身后的评价并不在乎。我们主要学习他的探索精神。他的思想并不代表真理，如果有不足，希望能得到不断的纠正与批判。同时对东岳寄予深厚感情和殷切希望，也早有愿望能够到东岳看一看。把顾准九十周年诞辰纪念会放在东岳举办是他提出的设想，东岳方面给予老人积极的答复。他说，不单单要做好顾准的纪念活动，更重要的是要让众多的人去关注东岳，让东岳人民尽快富裕起来，尽快实现真正意义上的小康。

纪念会上，吴敬琏先生开门见山，"关于顾准的话题，并不一定都很沉重。他的坎坷经历是历史原因造成的。我们要传承的，是他的治学精神。干校两年多的时间，是我在十年'文革'中的一段重要的人生经历。对我个人而言，在东岳'五七干校'可谓是'不幸中之大幸'。"

他谈到，"在东岳我与顾准先生交往很深，成为忘年交。进了干校干的第一件活是在猪圈里起圈，这活我实在干不了。圈里垫的土黏性很大，和猪粪混合以后，一铲子插下去怎么也抬不起来了。这时顾准过来帮我，他说，你这样一个白面书生，哪能干得了这个活，我来。当时我38岁，他已经50多岁，但他劳动很认真，对我也非常照顾。在劳动之余，顾准带我进行有益的精神探讨，我们读书交流，举凡政治、经济、历史、文化，无所不谈……同时在东岳开始了我人生道路新的起点。通过干校的底层生活，我感悟到不只是中国知识分子在当时的体制下受罪，受苦最深的是广大的农民。原来在书斋里，对此是不了解的。当我了解到农村的一些情况时，内心产生了对农民的怜悯与同情。为此，顾准与我一起探讨未来发展的道路与前进的方向，我以为起点就是在东岳，还有后来明港、北京的延续。……"

骆耕漠、徐雪寒、吴敬琏一起参加纪念顾准的活动

毫无疑问，顾准是半个多世纪以来中国最伟大的思想家之一，几乎也是20世纪70年代唯一当得起思想家称号的知识分子。

2005年7月1日，是顾准诞辰90周年的纪念日，"中国社会科学院专家团东岳寻访暨纪念著名经济学家顾准先生诞辰九十周年活动"在息县东岳举行

通过这一纪念活动，对于受过顾准思想的启发和影响，得到顾准人格感召的人们来说，这真是一种莫大的安慰。对处于改革转型期的中国而言，尊重本民族的思想家，珍视他们留下的思想遗产，正是我们大步往前走的坚实起点。

后 记

　　顾准先生是中国前改革时代的思想家、经济学家。我从事顾准研究近30年，编著有《顾准传》（1999年，团结出版社）、《顾准的最后25年》（2005年，中国文史出版社）、《顾准画传》（2005年，团结出版社）、《顾准评传》（2010年，福建教育出版社）、《顾准：民主与"终极目的"》（1999年，中国青年出版社）、《顾准文集》[珍藏增订本]（2010年，福建教育出版社）、《顾准再思录》（2010年，福建教育出版社），受到了广大读者的欢迎，并提出了一些很好的建议。在此，再次表示由衷的谢意。

　　今年，我们将迎来顾准先生诞辰一百周年（1915—2015）的纪念日，在伟大的思想家顾准先生百年诞辰到来之际，谨以这本《顾准的后半生》作为心香一瓣，祭奠顾准先生在天之灵。

　　吾生也晚，当我第一次接触顾准先生的名字，记得还是在20世纪80年代初期，那时我在上海复旦大学中文系求学。一个偶然的机会，我在书店购到了由中国社会科学出版社出版的顾准先生遗著——《希腊城邦制度》，捧读之下，当即被作者敏锐高超的历史观所折服，并为之惊叹不已。

　　从此，我就一直铭记着一个名字，一个光辉的名字，他就是——顾准。

　　后来，由于工作单位变动的缘故，我从上海市人民政府来到了顾准先生早年工作、学习的地方——上海立信会计学院。得知顾准先生自1927年就在立信工作，立信是他的母校，他又是立信元老。顾准勤勉笃实、学有所长、著述丰富，深得我国杰出的会计专家、教育家、立信的创办人潘序伦先生的器重，也得到立信同仁的拥戴。在立信的十多年期间，顾准先生大器早成，很快成为一位知名的会计学者和教授。同时，他又接受了马克思主义，以职业为掩护，投身中国革命的洪流，机智勇敢，对上海地下党的工作贡献殊多。……所有这些，在我接触和参与编纂立信校史校志时，不禁心向神往，同时，也为有幸与顾准先生先后在同一学校工作而感到自豪。

这时，我还荣幸地结识了顾准先生的胞弟，时任上海社会科学院经济研究所副所长、研究员陈敏之先生，他正应聘担任立信的校务委员。由于顾准先生兄弟与立信的机缘，我不时得到陈敏之先生的悉心指教，承蒙他的无私帮助和提供大量资料，并在我读了顾准先生的《从理想主义到经验主义》的手稿后，于是我萌发了为顾准作传的念头。从此以后，一发不可收，历经十载，披阅《顾准文集》《顾准日记》《顾准文存》的原始文稿，以及陈敏之先生和顾准子女高梁、张南先生提供的其他资料。我还有计划地从京沪等地搜集了大量的档案资料、报刊、图书（包括各种回忆录、日记、书信、传记、评论文章）等，走访了许多顾准先生家属和生前友好，积累了不少素材，同时也参考引用了已有成果，经过反复推敲，数易其稿，今天终于将本书奉献给广大读者，当然这部传记还有待于进一步完善，内中不当之处，敬请指正。

这里需要特别指出的是，文化大师王元化先生十分关心这本书的出版。他为本书题写了书名，还援笔书赠了一款条幅，内容是："顾准对于从1917年到1967年半个世纪的历史，包括理论的得失、革命的挫折、新问题的出现，都作了思索，显示了疾虚妄求真知的独立精神。"陈敏之先生在身患多种疾病并多次住院治疗的情况下，仍然关心着这本书的出版，老人提笔疾书和与我攀谈的情形，令后生终身难忘。对元化先生和敏之先生的执著与真诚所要表达的感激之情，我觉得用世上任何语言来形容，都是无力的、苍白的……

顾准在令人难以想象的逆境中，从事学术研究，他对古今中外的历史、文化、哲学、经济、思想的探索，具有里程碑式的贡献，真正做到了究天人之际、明内外之势、通古今之变、成一家之言……顾准曾向世人昭示："当人们以烈士的名义，把革命的理想主义转变成保守的反动的专制主义的时候，我坚决走上彻底经验主义、多元主义的立场，要为反对这种专制主义而奋斗到底！"（顾准：《辩证法与神学》，见《顾准文集》，贵州人民出版社1994年9月版，第424页）顾准是一位勇敢的经验主义者，一位矢志不渝探索和追求真理的斗士。

顾准的"从经验主义到理想主义"的坎坷经历，是一曲可歌可泣的不平凡的人生传奇。

最后，谨以拙作《顾准的后半生》献给顾准先生诞辰一百周年。

罗银胜

2015年2月1日于上海圣舫书屋